国家自然科学基金项目资助（项目编号：71671042）
国家社会科学基金项目资助（项目编号：19CGL065）
江苏省社会科学基金项目资助（项目编号：13GLB005）

 "十三五"国家重点出版物出版规划项目

SUSTAINABLE
DEVELOPMENT

智慧城市建设与发展研究

袁竞峰　林翰　夏侯遐迩
谢红　黄伟　陈恺文　李晓英

编著

 机械工业出版社
CHINA MACHINE PRESS

本书从智慧城市的概念、内涵入手，对国内外智慧城市的建设现状进行梳理，帮助读者快速理解与阅读相关内容。全书共分 10 章，主要内容包括智慧城市研究现状及意义、智慧城市建设的架构和基本模式、智慧城市建设驱动因素研究、智慧城市发展的系统动力学分析、智慧城市服务体系构建、智慧社区居家养老服务信息平台的构建、智慧城市中电动汽车充电基础设施选址布局与调度研究、基于 BIM 与 GIS 融合的智慧校园个体需求分析以及智慧城市建设与发展的政策建议。本书本着宏观与微观层面相结合、定量分析与定性分析相结合、理论分析与案例研究相结合的原则编写，内容科学、严谨，在保证学术价值的同时，兼具研究的应用与实践价值，为智慧城市的建设与发展提供了具体的政策指导和操作指南。

本书可供从事智慧城市建设与研究的相关专业人员学习参考，也可作为高等院校工程管理及相关专业研究生教学的参考书。

图书在版编目（CIP）数据

智慧城市建设与发展研究/袁竞峰等编著. —北京：机械工业出版社，2020.8

"十三五"国家重点出版物出版规划项目

ISBN 978-7-111-65724-8

Ⅰ.①智… Ⅱ.①袁… Ⅲ.①现代化城市－城市建设－研究 Ⅳ.①C912.81

中国版本图书馆 CIP 数据核字（2020）第 091041 号

机械工业出版社（北京市百万庄大街 22 号　邮政编码 100037）

策划编辑：冷　彬　责任编辑：冷　彬　臧程程

责任校对：张　力　封面设计：张　静

责任印制：郜　敏

北京中兴印刷有限公司印刷

2020 年 8 月第 1 版第 1 次印刷

184mm×260mm·18 印张·446 千字

标准书号：ISBN 978-7-111-65724-8

定价：98.00 元

电话服务　　　　　　　　网络服务

客服电话：010-88361066　　机 工 官 网：www.cmpbook.com

　　　　　010-88379833　　机 工 官 博：weibo.com/cmp1952

　　　　　010-68326294　　金 书 网：www.golden-book.com

封底无防伪标均为盗版　机工教育服务网：www.cmpedu.com

前　言

　　推进智慧城市建设与发展，是解决当前社会经济与城镇化发展过程中出现的"城市病"的需求，也是经济新常态下经济发展和产业结构转型升级的助推剂，更是提高城市管理水平、转变城市发展模式的重要手段。鉴于智慧城市建设与发展的紧迫性和重要性，东南大学袁竞峰及其团队，也就是本书的编著者团队受江苏省社科基金的资助，针对"江苏智慧城市建设与发展研究"开展了专题研究。

　　本书编著者团队本着宏观与微观层面相结合、定性与定量分析相结合、理论分析与案例研究相结合的原则，从智慧城市政策层面（以南京市智慧城市建设与发展为例）、智慧城市框架构建（以智慧城市公共服务设施体系构建为例）、智慧城市应用层面（以智慧校园为例）等多视角出发，结合系统动力学、SWOT-AHP、问卷调查等研究方法，综合使用大数据、云计算、webservice等新一代信息技术，对智慧城市建设与发展展开调查与研究，并取得了一系列的研究成果，具备良好的实践性和可操作性。

　　本书是编著者团队在总结、借鉴、提炼上述研究成果的基础上撰写而成的，因此本书充分反映了研究课题的先进性和研究方法的科学性与严谨性，在保证学术价值的同时，兼具研究的应用与实践价值，为智慧城市的建设与发展提供了具体的政策指导和操作指南。

　　本书采用了李晓英和陈恺文在第一编著者指导下撰写的硕士学位论文，还采纳了贾斯佳在第一编著者指导下撰写的学士学位论文和智慧城市竞赛项目资料等，在此表示衷心的感谢。同时也感谢黄泽苑在本书编写过程中进行数据资料的搜集与整理工作。

　　本书相关的研究和出版得到了国家自然科学基金项目（项目编号：71671042）、国家社会科学基金项目（项目编号：19CGL065）和江苏省社会科学基金项目（项目编号：13GLB005）的资助，在此也特别表示感谢。

　　由于编著者学术水平有限，书中难免有疏漏和不妥之处，恳请读者批评指正。

编著者

目　录

第1章

智慧城市研究现状及意义

1.1 智慧城市背景

　　城市是人类经济社会发展的产物，是人类文明发展的重要标志。同时，城市也是人口、资金、信息、资源等发展要素的聚集中心，为人类社会的发展提供了保障。城市快速发展的过程中，诸如人口膨胀、交通拥堵、环境污染、资源浪费、自然灾害频发等"城市病"不断加剧，制约了城市的快速、可持续发展。随着全球物联网、新一代移动宽带网络、下一代互联网、云计算等新一轮信息技术的迅速发展和深入应用，人们的生产、生活模式正在发生革命性的变化，城市职能发生本质性变化。基础设施构成的物理空间（Physical Space）、人类活动构成的社会空间（Human Societal Space）以及网络空间（Cyber Space）共同构成了新的城市三度空间（P-H-C Space）。在城市三度空间中，如何科学地组织城市中各个要素，使各个要素之间协同工作，对民生、环保、公共安全、公共服务、商务活动等城市发展中的各项需求做出智能响应，最终实现城市的持续健康发展，正在考验着人类的智慧。

　　智慧城市就是利用新一代信息技术，在泛在信息全面感知和互联的基础上，实现人、物、城市功能系统之间无缝连接与协同联动的智能自感知、自适应、自优化，形成具备可持续内生动力的安全、便捷、高效、绿色的城市形态。2012 年以来，住建部以"智慧地推进新型城镇化发展"为目标，启动了国家智慧城市试点工作，先后遴选了三批共 290 个不同区域不同经济发展阶段的市、区、镇开展试点工作。智慧城市建设会快速改变人们的生产生活方式，对公共空间、社会组织、个人行为产生较大影响，被认为是解决"城市病"、提升城市竞争力、提高城市管理水平、提供高质量公共服务的有效途径。

　　2008 年，IBM 提出了"智慧地球"的重大发展理念，强调世界的基础结构正在向可感应、可度量的智慧化的方向发展（陈柳钦，2011），并建议政府投资新一代的智慧型基础设施，其实质是寻找金融危机后新的经济增长点。很快，该理念被世界各大城市作为推进经济发展方式转变，促进产业升级和振兴经济的重大战略（巫细波和杨再高，2010）。伴随着"智慧地球"概念的提出，2009 年 9 月，美国中西部爱荷华州的迪比克市与 IBM 共同宣布，将在美国建设第一个"智慧城市"，即通过采用一系列 IBM 新技术来使迪比克市实现完全数字化，将城市各处的资源和基础设施等连接起来（如水、电、油、气、交通等），从而实现对各种数据进行充分的感知、分析和整合，以及智能化地做出响应，最终提高城市的公共管理和服务水平（陈柳钦，2011）。当前城市发展过程中面临着环境、经济、社会等方面的诸多问题，其主要原因是城市的可持续发展能力较弱（许庆瑞等，2012），而"智慧城市"的发展理念则是通过无处不在的感知以加强城市的自我调节功能，从而实现城市的可持续发展。因此，"智慧城市"的概念自被 IBM 提出以来，各国纷纷开始进行智慧城市建设的探索，并逐渐被社会公众所认可，最终成为城市建设发展中的重要潮流。2009 年 11 月，我国提出着力发展物联网等关键技术、加强新一代信息通信技术的研发能力的号召，使信息通信产业成为推动产业升级、迈向信息社会的发动机（李德仁等，2012）。自此，我国逐步开始开展智慧城市的建设。2014 年，发改委、工信部等部门发布《关于促进智慧城市健康发展的指导意见》，提出到 2020 年要建成一批特色鲜明的智慧城市。截至 2018 年，我国共有超过 500 个城市提出要参与到智慧城市建设中，副省级和省会城市基本在进行智慧城市建设（万碧玉，2018）。

目前，全球"智慧城市"建设都还处于摸索过程中，"智慧城市"的内涵也在不断地衍生变化（陆小敏等，2014）。随着智慧城市的建设，城市未来的发展将主要依靠无处不在的感应和随时可以被访问和控制的信息，但是，城市建设决策者还没有认识到新的信息通信技术等对智慧城市未来发展带来的价值（Cosgrave 等，2013）。

智慧城市不易被实现的原因主要有以下几点（Cosgrave 等，2013）：

1）智慧城市的概念提出的时间不长，人们还停留在关注和讨论相关技术在现实生活中如何实现。

2）城市是一个由若干领域相互影响、协作而形成的一个复杂开放的系统。

3）对于城市未来的发展有许多的未知领域。

4）投资能力的限制。

5）长期的影响仍然未知。

尽管智慧城市的建设发展还在探索当中，建设的机制体制还不健全，但是"智慧"作为对事物能迅速、灵活、正确地理解和解决的能力，已成为人们的共识（程大章，2012）。我国智慧城市规划的推进速度相比于西方国家要快，这是因为近年来我国政府大力推动电子政务、电子商务、医疗信息化等智慧应用（程大章和沈晔，2013）。但是，在城市的信息化过程中，"信息孤岛""重复建设"等问题也不断产生，解决这些问题亟须统一认识，做好整体性的顶层设计。目前，各国政府都在积极推进智慧城市建设，但是智慧城市愿景、架构和模型的系统性思考有待进一步加强（许庆瑞等，2012）。

1.2 智慧城市的概念与内涵

智慧城市（Smart City）是新一代信息技术变革的产物，也是一种新的城市发展理念和形态。关于智慧城市的概念和内涵，国内外研究机构、学者有不同的理解和阐释，主要观点概括如下：

Harvard：哈佛大学商学院 2009 年提出了"智慧城市宣言"。为了使城市和社区更智慧，我们自身必须要更加智慧地搜集信息实现交互和协作。根据哈佛商学院教授 Rosabeth Moss Kanter 和 IBM 的 Stanley S. Litow 的描述，他们的愿景是，在不久的将来，领导们将结合技术能力和社会创新，创建一个更智慧的地球，并由智慧城市、智能社区作为节点来服务于城市居民的生活（Moss Kanter 和 Litow，2009）。

IBM：《智慧的城市：理解 IBM 智慧城市的基础》（IBM 红皮书）中有关智慧城市的描述为：智慧城市可以充分利用所有今天可用的互联化消息，从而更好地理解和控制城市运营，并优化有限资源的使用效率。21 世纪的智慧城市，能够充分运用信息和通信技术手段感测、分析、整合城市运行核心系统的各项关键信息，从而对于包括民生、环保、公共安全、城市公共服务、工商业活动在内的各种需求做出智能的响应，为人类创造更美好的城市生活（Dirks 和 Keeling，2009）。

MIT：美国麻省理工学院智慧城市研究团队（the Smart Cities Group）认为，城市是由不同子系统所组成的系统，在系统整合的每个层面都存在大量机会来引入数字神经系统、智能响应和最优化，涵盖了个人、建筑和整个城市的设备设施。通过数字神经系统的横向沟通，有可能协同不同系统的运作，从而实现效率提升和可持续发展（Deakin 和 Al Waer，2011）。

李德仁：中国科学院、中国工程院院士李德仁认为，智慧城市是城市全面数字化基础之上建立的可视化和可量测的智能化城市管理和运营，即数字城市＋物联网＝智慧城市，包括城市的信息、数据基础设施，以及在此基础上建立的网络化的城市信息管理平台与综合决策支撑平台（李德仁等，2011）。

由上可见，不同研究机构、学者对智慧城市有不同角度的阐释，但其本质是一致的。概括来说，智慧城市借助新一代的物联网、云计算、决策分析优化等信息技术，将人、商业、运输、通信、水和能源等城市运行的各个核心系统整合起来，使城市以一种更智慧的方式运行，进而创造更美好的城市生活。其核心特征表现为：更透彻的感知（Instrumented）、更深度的互联互通（Interconnected）和更广泛的智能应用（Intelligent）。

更透彻的感知：利用任何可以随时随地感知、测量、捕获和传递信息的设备、系统或流程快速获取城市任何信息并进行分析，便于立即采取应对措施和进行长期规划。

更深度的互联互通：通过各种形式的高速高带宽通信网络工具，将个人电子设备、组织及政府信息系统中手机和存储的分散信息及数据进行连接、交互和多方共享，从而对环境和业务状况进行实时监控，从全局角度分析形势并实时解决问题，使得工作和任务可以通过多方协作完成，改变整个城市运作方式。

更广泛的智能应用：深入分析收集到的数据，以获取更加新颖、系统且全面的洞察来解决待定问题以更好地支持城市发展决策和行动（徐静和谭章禄，2013）。

遵循信息化顶层设计方法，根据智慧城市发展目标、业务全景和建设内容，智慧城市总体架构按照层次原理（功能调用关系、信息之间的利用关系、设备的属性）进行设计，包括一个感知基础（可感知的基础设施）、两个技术平台（三网融合的网络平台、基于云计算的数据平台）、三大保障体系（标准体系、安全体系、管理运维体系）、四个应用领域（城市智慧运行、政府智慧治理、企业智慧运营、市民智慧生活）、五个架构层次（感知层、网络层、数据层、平台层、应用层）。

1.3 智慧城市发展现状及存在问题

1.3.1 国内外智慧城市的建设现状

智慧城市借助新一代的物联网、云计算等信息通信技术，将城市运行的各领域、各系统联系起来，使城市以一种更加智慧的方式运行，并呈现出快速发展的态势。随着智慧城市的不断发展，国内外各城市根据自身情况，均形成了各具特色的智慧城市发展模式。

1. 国内智慧城市建设现状

智慧城市建设与发展已经逐渐成为一个全球化的趋势，我国智慧城市建设也呈雨后春笋之势，部分城市建设智慧城市的起始年份见表 1-1。到目前为止，我国已有 20 多个一线城市提出了自己构建智慧城市的发展规划，同时，许多二线城市也逐渐提出了构建智慧城市的发展目标。

表 1-1　国内部分城市建设智慧城市的起始年份

城市名称	建设起始年份	城市名称	建设起始年份	城市名称	建设起始年份
香港	2007	广州	2009	武汉	2010
台北	2008	沈阳	2010	重庆	2010
澳门	2008	杭州	2010	长沙	2010
北京	2009	南京	2010	合肥	2010
乌鲁木齐	2013	成都	2012	贵阳	2010
兰州	2013	哈尔滨	2013	西安	2011
上海	2010	海口	2013	南宁	2011
南昌	2012	郑州	2013	太原	2012
呼和浩特	2012	银川	2012	福州	2010

上海是国家中心城市之一，整体信息化水平较高、经济实力雄厚。2011~2013 年间，上海已经完成了全城的宽带建设。凭借其发达的电子信息化技术，上海着力推动区域内互联网中心、物联网产业基地建设，重点发展金融、贸易、旅游等专业化的信息服务业，以及互动娱乐、网络视听等数字内容产业（彭继东，2012）。上海智慧城市建设的成功得益于其独特的运营模式，通过政府引导并进行部分投资以带动智慧产业发展，这不仅减轻了政府的财政负担，也提高了运营商参与智慧城市建设的积极性（韩天璞，2013）。

南京市政府于 2010 年宣布打造"智慧之都""绿色之都"，以及"博爱之都"，并落实"三个发展"的基本目标，以"智慧的城市"驱动南京的科技创新，促进产业转型升级，加快发展创新型经济。近年来，南京积极协调整合各方资源，工业化的融合，全力打造城市级的云计算服务平台和智能化的公众服务平台，深入推进以"两卡两中心"（市民卡、车辆智能卡、南京市政务数据中心、智慧南京运行展示中心）为代表的一批重点应用项目，基本实现了跨部门、跨层级、跨行业的数据交换机制，提高了城市管理和服务效能（南京市人民政府，2017）。

宁波智慧城市的建设起步较早，相对于上海、杭州、无锡等长三角地区的其他城市，宁波的信息化条件并不优越，但首先明确了自身的两大优势：货位吞吐量排名前列的世界港口和众多植根本地的中小企业。宁波凭借其准确的定位，确定了智慧应用带动型的智慧城市建设战略，并且取得了较好的成绩。宁波市政府投入大量资金建设了国际物流信息服务公司，引导智慧物流的建设，同时分析中小企业的需求，为其搭建公共服务平台，引导电子商务的发展。

佛山于 2010 年颁布了《"四化融合　智慧佛山"发展规划纲要》，提出了"四化融合，智慧佛山"发展战略，在推进信息化、工业化、城镇化、国际化融合过程中，把智慧产业、智慧城市、智慧生活、智慧管理放在战略地位，以智慧应用推动四化融合（林承亮，2012）。佛山在智慧城市建设中实现了战略与战术的完美结合，经过多年探索，成立了全国首个地级市数字政府建设管理局，大数据已在政府决策、社会治理等方面发挥重大作用。

另外我国部分智慧城市的建设现状见表 1-2。

表 1-2　我国部分智慧城市的建设现状

城市	计　划	具　体　措　施
北京	感知北京	从基础设施、经济、社会、文化四个方面提出四大具体目标打造随时随地的泛在网络，推进信息应用能力建设
深圳	智慧深圳	从科技、人文、生态三个方面打造智慧城市
沈阳	生态沈阳	创新绿色科技、智慧技术，发展生态城市循环经济，降低经济活动对自然环境的影响
杭州	智慧杭州	开展"天堂硅谷"建设项目，强调智慧技术的发展
南昌	数字南昌	以实现城市的全面数字化为突破重点建设智慧南昌
扬州	智慧扬州	推进智慧交通、智慧电网、智慧城市管理、智慧医疗、智慧旅游等应用的开发
东营	黄河三角洲云计算中心战略合作协议	打造兼顾数字化和生态化的石油新城，实现石油的智慧化管理
台湾	智慧台湾 i-235 计划	安全泛在、医疗照护、节能永续、智慧便捷、舒适便利、农业休闲六大领域实现智慧生活科技创新应用的服务示范

2. 国外智慧城市建设现状

近年来，人们对城市发展的探索一直在不断加深，在探索的进程中，"智慧城市"的概念逐渐被全球越来越多的国家和社会公众所接受。近十年来，美国、日本、新加坡和欧洲各国都在不断加大物联网、云计算等技术在城市管理中的应用，努力打造基于新一代信息通信技术的智慧城市。

美国政府在对智慧城市建设的精心规划和部署下，将智能电网项目作为其绿色经济振兴计划的关键性支柱之一，进行改革与投入。美国政府在建设智慧城市的过程中具体的规划和措施有：

1）建设现代化的智能电网，2009 年美国政府发布《经济复兴计划进度报告》，报告中指出将投资 40 多亿美元用于电网的现代化建设，规划在 3 年内为国民安装 4000 万个智能电表。

2）研制虚拟车辆设计平台，以便于不同地区甚至不同国家的工程师们可以通过计算机网络在该平台上实现实时协作，从而有效避免设计冲突，该技术也可应用于人们的日常生活中，实现人们生活中的互联互通。

3）启动道路智能照明工程，通过网络技术实现对灯具的远程智能控制，有效地降低道路照明的运行成本，并且能够很好地提高服务质量。

4）启动智能交通系统（主要包括智能基础设施和智能交通工具两大子系统），实现对道路上出现的各种情况进行实时的监控和预测。

日本政府非常重视城市信息化建设，希望通过智慧城市的建设强化城市的自主创新能力，改革城市的经济社会，以催生出新的城市活力。日本在智慧城市建设方面的具体规划和做法主要有：

1）超智能"社会5.0"概念，于2016年提出超智能"社会5.0"的概念以及实现超智能社会的必要措施。

2）推广泛在环境下的网络技术（泛在网络环境是指在互联网处于任何时候和任何情况下都可以实现全面互联的状态），日本政府希望通过执行这一战略，开拓支持日本中长期经济发展的新产业。

3）建立电子病历系统，电子病历系统整合了各种临床信息系统和知识库，如能提供病人的基本信息、住院信息和护理信息等，为医生的检查、治疗提供依据。

欧盟委员会于2009年3月发布了《信息通信技术研发和创新战略》，提出加大对新一代信息通信技术研发和创新的支持和投入，以使欧盟在该领域领先于其他国家。之后，欧盟于2011年推出了"智慧城市和社区计划"（Smart Cities and Communities Initiative），该计划通过对能源的可持续利用和生产使得温室气体排放量到2020年减少40%。2012年7月10日，欧盟委员会提出了"智慧城市和社区的欧洲创新伙伴关系"（Smart Cities and Communities European Innovation Partnership）的战略规划，将信息通信技术与城市的交通、能源等的需求相结合，并在特定的城市开展示范项目（王广斌和崔庆宏，2013）。欧洲智慧城市建设以绿色为主题，重点方向是城市的生态环境、交通和建筑，将城市信息系统与城市管理、经济发展和公共服务紧密结合。欧洲智慧城市建设的两大特征：一是强调公众参与；二是强调绿色信息通信技术向低碳经济转型（李亮，2012）。

新加坡是亚洲最早提出建设智慧城市的国家，随后，新加坡发布"智慧国家2025"发展规划，强调要通过数据共享等方式，尽力发挥人的主观能动性，帮助人实现更为科学的决策。该规划基于"以人为本"的连接、收集和理解三大理念，提出要通过覆盖全岛的数据收集、连接和分析基础设施平台，根据所获数据预测公民需求，以提供更好的公共服务（刘学华等，2016）。新加坡智慧城市建设项目中最引人注目的是电子政府方面的应用，目前新加坡电子政务的发展已经处于世界领先水平，其电子政务服务平台已经能够提供超过800项的在线服务（王静，2013）。

土耳其于2006年发布了"2006—2010年土耳其信息社会建设战略"，该行动计划以2003年政府启动的电子信息转型项目为基础，包括111项能源、信息技术产业、电子政务等多方面行动计划。2014年，土耳其又发布了"2015～2018年信息社会行动计划"，相比2006年发布的智慧城市建设计划，新的行动计划则更加注重信息技术人才培养，信息安全等方面的内容（Bilbil，2016）。

随着全球物联网、云计算等新一代信息通信技术的迅速发展和深入应用，人们对"智慧城市"已经不再陌生，很多发达国家地区在探索城市发展的过程中，较早地认识到了"智慧城市"的前瞻性，相继提出并落实了建设发展"智慧城市"的重大战略举措，且逐渐取得了成效。

1.3.2 智慧城市相关研究现状

智慧城市的概念最早是由 IBM 提出的，并将其定义为充分运用信息和通信技术手段感知、分析、整合城市运行核心系统的各项关键信息，从而对包括民生、环保、公共安全、公共服务、工商业活动在内的各种需求做出智能响应。在智慧城市的概念被提出之后，我国各城市也纷纷开展智慧城市的建设，同时许多的学者开始重视智慧城市的理论研究。

学者们从不同角度对智慧城市内涵的理解略有差别，尤其是智慧城市的范围和内容。陈立等学者（2012）提出智慧城市是以物联网、传感网等信息设施为基础，通过数据挖掘、分析等手段实现智慧经济、智慧产业、智慧技术、智慧服务充分发展的城市新模式和新形态。巫细波和杨再高（2010）认为智慧城市的核心是通过利用以物联网、云计算等为核心的新一代信息通信技术来改变人们之间的交往方式，对交通、医疗、环保等各种需求做出快速、智能的响应。宋刚和邬伦（2012）认为智慧城市是基于新一代的信息通信技术，通过全面的感知、广泛的互联以及智慧的融合应用，提升城市的创新能力，实现城市与区域可持续发展。现有对智慧城市内涵的研究主要从以下三个角度开展：①技术及基础设施；②应用领域；③系统集成。

1. 智慧技术及基础设施

智慧城市的建设强调对数据的获取、整合和分析等，这需要城市具有强大的信息通信技术的支撑以及与之相匹配的智慧基础设施。李德仁等（2012）认为智慧城市是数字城市、物联网和云计算有机融合的产物，注重物联网、云计算等智慧基础设施和智慧技术对城市发展的影响；苗再良（2013）认为智慧城市是在新一代信息通信技术不断发展的大环境下出现的新的城市形态，提出城市的关键支撑技术包括物联网、云计算、大数据、宽带互联等新一代的信息通信技术，并强调城市创新对技术发展的重要作用。

上述研究反映智慧城市的一个重要特征是城市无处不在的感知和全面的互联，智慧城市的基本布局是将城市各处的 RFID（Radio Frequency Identification，射频识别）等传感器高效地连接起来，形成物联网，获取城市各领域的海量数据。在此基础上，通过云计算等对获取的实时信息进行分析并控制，建立智慧城市的应用平台。整个架构包括对城市数据获取、传输、分析和应用，物联网技术主要是用于感知城市各角落的信息，并通过宽带互联技术将数据信息高效地传送给数据中心；云计算等技术则是对大量数据进行统筹和共享，最终通过大数据技术的分析实现数据的应用开发。

2. 智慧城市的应用领域

智慧城市的建设内容涉及城市生活的各个领域，主要通过技术手段提升城市经济和政治的效率，解决城市发展过程中出现的"城市病"等各种问题，以提高人民的生活质量和城市的竞争力（朱小丽，2013）。当前，智慧城市的信息支撑技术包括了智能识别、移动计算、云计算、物联网等，未来新兴技术的发展还会衍生出更多的技术。前述的技术被广泛应用于智慧城市中的智慧交通、智慧医疗、智慧教育、智慧电网等，随着智慧城市的不断发展，智慧城市关注的焦点不再局限于硬件设施的建设，开始注重城市的人文和创新环境建设（许庆瑞等，2012）。

Neirotti 等学者（2014）提出智慧城市的建设领域可以分为"硬"领域和"软"领域两大部分。"硬"领域主要包括交通、医疗、建筑等，在"硬"领域，感应和协调是非常重要的；"软"领域包括诸如教育、文化、创新和公共管理等，在这些领域，信息和通信技术的作用相对弱化，其主旨并非处理和集成实时信息。智慧城市的应用领域具体分类详见表 1-3。Neirotti 在世界的各大洲选取了 70 个城市对其智慧城市重点建设项目进行统计，比较发现，亚洲地区重点建设"硬"领域，欧洲地区重点建设"软"领域，而美洲，不论是北美还是南美对"硬"领域和"软"领域的建设项目都较少。

表 1-3　智慧城市的应用领域

分类	应用领域	建设目标
"硬"领域	电网（Lo 和 Sun，2014）	通过使用 ICT 技术向有关消费者和用户提供能源和启用信息交换，来减少成本和增加能源供应系统的可靠性和透明度
	公共照明设施、水等自然资源的管理（Sanseverino 等，2015）	利用地热、太阳能、风能等可再生资源实现公共照明，实现自然资源的有效利用
	环境（Jennifer，2014）	利用智慧技术来更好地管理和保护环境资源与相关基础设施，实现环境和资源的可持续性。其中包括污染控制
	交通运输和物流（曹小曙等，2015）	基于交通状况和能源消耗优化物流与城市的运输系统，为市民提供动态的综合的交通信息。利用环保燃料推动城市交通创新可持续发展
	办公和住宅建筑（Jablonski，2015）	采用可持续建筑技术来建造生活和工作环境以减少资源浪费，改造现有结构来提高能源和水的利用率
	医疗（Solanas 等，2014）	使用 ICT 和远程技术协助医疗服务机构预防与诊断疾病，为公民提供一个有足够设施和服务的有效医疗保健系统
	公共安全	使用信息通信技术搜集实时信息，准确感知、洞察危险事件发生的可能性，实现对突发事件快速响应
"软"领域	教育和文化（Kim 等，2013）	利用教育政策，为学生和老师创造更多使用 ICT 工具的机会。促进文化活动和激励人们参与。管理娱乐、旅游等领域
	社会福利	在社会学习中运用工具来减少参与障碍，提高市民特别是老人和残疾人生活的质量
	公共管理（Shin 等，2015）	为了推动数字化的公共管理，运用信息和通信技术实现电子投票与电子政务来提高政务的透明度和公民的参与度

3. 系统集成

从系统论的角度看待智慧城市，可以把其作为一个包含众多因素的大型系统，而智慧技术、基础设施和智慧城市的应用领域之间存在着千丝万缕的联系，可以看成是智慧城市系统中相互关联的子系统（Yin 等，2015）。黄少辉和周溪召（2013）在研究智慧城市的评价指标中提出，各指标之间存在着相互影响的因果关系，应以系统的角度看待智慧城市评价指标体系的建立。Javidroozi 等学者（2014）提出智慧城市是通过灵活地获取实时信息以创建和交付服务，在这个过程中智慧城市中各要素的集成与协作是至关重要的。Moss Kanter 和 Litow（2009）将智慧城市看作是一个由智慧技术、智慧基础设施及智慧应用等要素联系成的网络化的有机整体。Dirks 和 Keeling（2009）认为智慧城市是一个系统之系统（System of System），其中各个子系统之间的相互影响、协同作用，使得城市更加智慧化。

1.4 智慧城市建设的重大意义

当今城市的发展面临诸多问题，必须寻求一种解决之道，自智慧城市的概念被提出以来，世界各国纷纷加入了智慧城市建设的热潮中，我国各城市也积极响应，相继出台了智慧城市建设的各类规划措施。从目前的形势来看，我国的智慧城市建设并没有从传统的建设模式和机制中走出来，建设过程中仍然存在着许多的问题和风险，这是由于我国智慧城市的建设还处于初级阶段，缺乏相关的理论研究和实践经验造成的。在此背景下对智慧城市的相关理论进行研究具有十分重要的意义。

（1）智慧城市建设促进城市化模式的转变

城市化已经成为推动我国经济增长的重要引擎，城市化发展迅猛。而目前"粗放型""外延式"的城市化模式越来越显示出其弊端，有些城市承载能力已经达到饱和，难以持续。我国城市化模式迫切需要转向"提高资源利用效率和优化生存环境"为导向的"集约型"和"内涵式"模式。智慧城市系统，从整体规划、系统综合运行到具体智慧服务，以整合、节约资源和创造宜居生活为宗旨，将成为我国城市化模式转型的重要平台。

（2）智慧城市建设提高了政府公共服务能力

高速城市化中，公共服务和社会管理压力加剧，政府承担的公共责任越来越大。智慧城市使政府信息化建设从传统的"电子政府"过渡到"整合的政府""无处不在的服务性政府"，最终达到"智慧政府"，大大提高了政府提供公共服务的能力。

1）降低城市管理成本、提高行政效率。智慧城市的基础业务能实现低成本并及时准确对城市管理和公共安全做出响应；行政业务整合了各部门的行政资源，提高行政资源使用效率。

2）公共服务层次深化。智慧服务提供高层次的、细化的公共服务，涉及食品、医疗、教育、电力、供水、交通等，有一种公共服务如影相随、量身定制的感觉。

3）促进政府职能转变。比传统的"管理与被管理"式的服务更进一步，智慧城市各项服务更加人性化，形成政府和被管理者的友好互动关系，最终促进政府职能从根本上转变。

（3）智慧城市建设对城市经济起到促进作用

1）智慧城市建设成为新的经济增长点。传感网、物联网、互联网更新，超级电子计算机以及数据处理、计算技术的研发、制造和应用，这些高科技资本密集产业会成为新的经济增长点和产业升级的引擎，对相关产业带动极强。

2）智慧城市建设提升城市经济发展的质量。智慧城市使得城市系统升级换代，基于城市系统的财富创造活动也升级换代，促进整个城市经济向知识经济和创新经济转型，提升经济发展质量，达到高效、低耗、可持续。

本 章 小 结

本章首先介绍了智慧城市的背景、概念与内涵。其次，梳理了国内外智慧城市的建设现状，以及智慧技术及基础设施、智慧城市的应用领域和系统集成等与智慧城市相关的研究现状。最后，提出智慧城市建设有促进城市化模式的转变，提高政府公共服务能力和对城市经济起到促进作用的重大意义。

第 **2** 章

智慧城市建设的架构和基本模式

2.1 智慧城市建设的架构

一般来说，智慧城市建设的结构体系可分为四层，由下往上分别为感知层、传输层、处理层和应用层（Gaur 等，2015），如图 2-1 所示。

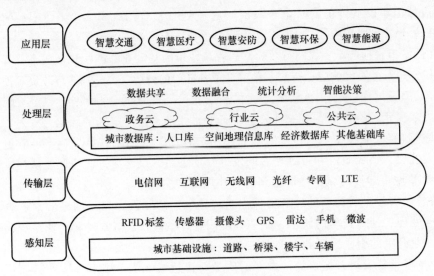

图 2-1 智慧城市的层次架构

感知层主要通过感知基础设施实现对城市无处不在的信息采集，传输层通过各种网络接入实现信息的传输，处理层负责对传输来的信息进行实时的处理和分析，应用层则是在数据分析的基础上完成特定的智能化服务，感知层、传输层、处理层和应用层四个层面相互协作，以实现智慧城市的正常运转。

1. 感知层

感知层以基础设施的建设为核心，主要用于实现对城市无处不在的感知，实时地采集城市各处的信息，属于智慧城市的"感觉器官"。通过将 RFID 标签、传感器等基础感知设施嵌入城市的各个角落，就能够及时采集到城市环境中发生的活动数据和其他相关信息，如交通情况、地理位置信息等。感知层是智慧城市建设中的最基础的一层，该层决定了城市中的哪些信息可以被感知和关注。以上各层的数据传输、处理和执行都必须依靠感知层采集到的信息，有了感知层，城市才能够监控其中的各处信息，同时向各处传递指令。

2. 传输层

传输层主要是完成数据信息的传递功能。通过互联网、电信网等形成泛在的网络承载系统，将感知层采集到的信息进行实时、准确的传递，实现和保证城市中各处之间的远距离通信，以完成整个城市不同行业、部门领域间的沟通和信息共享，实现更加透彻的感知和实时的互联互通，这也是智慧城市的一个重要特征。

3. 处理层

处理层通过对传输来的感知信息的处理、分析和控制，以辅助完成社会层面上的应用。该层主要是由各类数据库中心和云计算支撑平台等构成，通过对所搜集到的信息进行整合、分析，及时反映出城市各处的动态，向智慧应用提供数据分析结果。

4. 应用层

应用层是整个智慧城市系统与行业专业领域相结合，提供广泛智能化应用的最高层，是智慧城市的控制中心和决策中心。应用层的主要功能是根据处理层所提供的数据分析结果，为政府、企业或者市民提供相关应用，辅助决策者进行决策。应用层是智慧系统与行业领域最直接的连接，建设好应用层对城市经济和社会具有广泛而深远的影响。

2.2 智慧城市建设的基本模式

我国各地智慧城市建设的起步时间不尽相同，各城市的经济状况、地理环境、社会发展等也有很大的差异，这导致我国各智慧城市的建设模式也各具特色。

基于智慧城市的基本架构和各城市建设的重点，我国智慧城市建设的基本模式有三类，分别是基础设施驱动型、核心技术驱动型、智慧应用驱动型三种。

1. 基础设施驱动型

基础设施驱动型建设模式是指把 RFID 标签等智慧基础设施的建设和完善作为智慧城市建设发展的切入点和突破口，以智慧基础设施的建设带动相关智慧应用和物联网等智慧产业的发展。如智慧上海，上海市提出智慧基础设施的建设要"以提升网络宽带化和应用智能化水平为主线"，当前，上海智慧城市建设也并不是完全停留在智慧基础设施的建设上，而是以智慧基础设施的建设为龙头，来带动智慧应用和智慧产业的发展。

2. 核心技术驱动型

核心技术驱动型建设模式主要是指重点发展物联网、云计算等新一代信息通信技术，以培育和发展物联网等相关产业来驱动智慧城市的建设和发展。这类城市对自身的信息化水平和技术研发能力要求较高。如智慧无锡，政府倾斜性地重点发展物联网技术，中国电信、移动和联通相继在无锡成立了物联网研究中心，进一步奠定了无锡物联网发展中心的地位，无锡逐渐形成了以物联网联动云计算产业，并进一步向智慧应用拓展的发展模式。

3. 智慧应用驱动型

智慧应用驱动型建设模式是指以智慧技术与相关行业领域的结合为切入点，重点发展智慧应用，包括智慧教育、智慧医疗、智慧交通、智慧环保等。这类城市以技术的应用为主，重点是提高城市运行的效率，降低城市管理的成本，同时提高市民的生活质量。如智慧佛山，佛山市政府高度重视智慧技术在社会管理、丰富大众生活和加快产业升级方面的应用，强调公共事业智慧化、交通管理智慧化、安全管理智慧化和环境保护智慧化。

总的来说，智慧基础设施、智慧技术和智慧应用是智慧城市建设发展的最基本驱动因素，但是由于城市的发展是一个复杂的过程，其受多种因素的影响，因此本书在研究智慧城市建设发展时会以智慧基础设施、智慧技术和智慧应用为基础综合考虑城市大环境以及相关利益诉求等其他因素。

2.3 智慧城市建设典型案例

2.3.1 纽约

纽约是美国最大城市及最大商港，也是世界经济中心之一，21 世纪初提出旨在促进城市信息基础设施建设、提高公共服务水平的"智慧城市"计划，并于 2009 年宣布启动"连接的城市"（Connected City）行动，以增加普通民众与政府的联系、人与人之间的联系、企业与政府的联系以及企业与民众的联系（杨红艳，2012）。通过信息化建设的纽约市已经成为全球知识和信息交流中心与创新中心。

1. 社会公共服务应用

2005 年，纽约市启动电子健康记录系统，并于 2009 年由美国联邦政府与纽约市健康和心理卫生局共同推进该系统的建设和升级。目前，纽约市各大医院和社区医疗保健机构普遍采用全套电子病历系统，该系统极大地方便了医生对病人病历的调档会诊，提高了医疗措施的准确性。通过建立网上医疗信息交换系统，促进系统之间医疗信息交换和信息共享，通过开发移动医疗应用程序，为居民提供随时随地的医疗健康服务，随着信息技术在医疗领域的深入应用，电子医疗已经成为纽约吸引人才和创造就业关键的三大领域之一。

加快推进宽带服务校园计划，扩大宽带铺设和数字服务覆盖率，加快纽约打造美国最大的无线网络覆盖城市。各大校园广泛推进智能图书馆和智能校务管理计划，利用无线射频识别、传感器等技术，创建智慧读者服务大厅和教学管理信息系统，实现自动图书管理和教务信息智能管理等。纽约大学致力于推进信息化在教学管理中的应用，通过升级 Blackboard 教学管理平台，基于 Java 语言开发 Sakai 平台，实现对教学管理特殊功能的个性化定制和设置，力争通过物联网等信息技术实现其连接全球各个社区的战略目标。

2. 城市建设管理应用

纽约智慧交通的建设始于 20 世纪末，目前已建成一套智能化、覆盖全市的智慧交通信息系统，成为全美最发达的公共运输系统之一。纽约智能交通信息服务系统可以及时跟踪、监测全市所有交通状态的动态变化，极大地方便了机动车驾驶者根据信息系统发布的交通拥堵和绕行最佳路线的信息选择行驶路线，以及相关部门根据后台智能监控系统提供的路况信息进行交通疏通处理。纽约在全市范围内广泛推行 E-Zpass 电子不停车收费系统，这种收费系统每车收费耗时不到 2 秒，而收费通道的通行能力是人工收费通道的 5～10 倍。

纽约市政府设立了"311"代理呼叫热线，集成了纽约市的所有服务（紧急事故服务除外）。纽约的"311"代理呼叫系统与苹果公司合作，建立了推广热线的移动版，使市民可以通过电话、短信、NYC311应用程序等来获取政务服务，向市民和企业提供政府部门的单点连接，从根本上转变了城市公用事业运作方式（Bloomberg等，2010）。自设立"311"热线以来，"911"报警电话的呼叫量34年首次下降。纽约市通过整合代理呼叫中心，节省了数百万美元的财政支出。

近年来纽约市政府对下水道系统进行了一系列维修改造。建立全市下水道电子地图，清晰显示市内下水管道和相关设施，方便施工人员的下水道清淤等作业活动。通过在下水道井盖下方安装电子监视器，对水流、水质、堵塞等情况实施不间断监测，当下水道堵塞、水流水位高于警戒线时，监视器就会自动发出警报，工作人员根据监视器发回的信息及时采取相应措施，最大限度地预防灾害的发生，进一步提高了全市下水道的运行能力。

纽约市制定了PLANYC系列规划行动和市民行为设计指南等项目，从土地、水源、交通、能源、基础设施、气候等方面制订相应实施计划，通过对城市温室气体排放的智能管理和市民参与式城市治理，实现到2030年将纽约建成"21世纪第一个可持续发展的城市"的战略目标。目前，纽约市启动"纽约市规划计划"，对该市每座面积超过5万ft^2（$1ft^2 = 0.092903m^2$）的建筑物的能源使用情况进行年度测量和披露，旨在将纽约建设成为一个更加绿色、更加美好的城市。

3. 电子政务应用

纽约市制定了《信息自由法》（Freedom of Information Law，FOIL）和关于数据开放的第11号法令，将各部门所有已对公众开放的数据纳入统一的网络入口，并在此基础上搭建了纽约市开放数据平台（NYC Open Data）和纽约市政府门户网站（http://www1.nyc.gov），通过便于使用、机器可读的形式在互联网上开放。为了促进政府信息和数据的有效利用及公众的政务参与，纽约市通过"311"呼叫服务系统，以及引入社交媒体等渠道传播信息。据统计，每个月平均均有530多万人通过市政部门开发的各种渠道了解政务信息。同时，纽约市改造升级政府部门的电子邮件系统，并建立"纽约市商业快递"网站，进一步提高政府工作效率和服务水平（王新才，2014）。

2.3.2 新加坡

2006年，新加坡开始实施"智能城市2015"计划，欲将新加坡建设成为以信息通信为驱动的国际大都市，利用信息与网络科技提升数码媒体与娱乐、教育与学习、金融服务、电子政府、保健与生物医药科学、制造与后勤、旅游与零售等七大经济领域，意在使新加坡成为一个信息技术产业所驱动的智慧国家。在多年的发展过程中，新加坡在利用信息通信技术促进经济增长与社会进步方面都处于世界领先地位。

随后，新加坡发布了"智慧国家2025"发展规划，该规划是全球首个智慧国家蓝图。作为"智能城市2015"计划各项目标全部提前或超额完成基础上发布的智慧城市升级版，"智慧国家2025"强调要通过数据共享等方式，尽力发挥人的主观能动性，帮助人实现更为科学的决策。其基于"以人为本"的连接、收集和理解三大理念，提出要通过覆盖全岛的数据收集、连接和分析基础设施平台，根据所获数据预测公民需求，以提供更好的公共服务（刘学华等，2016，图2-2）。

在电子政府、智慧城市及互联互通方面，新加坡的成绩更是引人注目，表2-1为智慧国

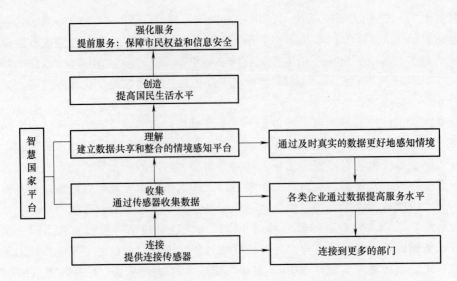

图 2-2　新加坡"智慧国家 2025"总体构想（刘学华等，2016）

家建设里程碑项目。

表 2-1　智慧国家建设里程碑项目

项　　目	2017 年	2018 年	2019 年	2020 年	2021 年	2022 年
全国身份认证系统		密码生成器 全国个人信息平台 MyInfo 扩大至更多政府及私人机构		全国身份认证系统平台启动		更广泛采用全国身份认证系统
电子付费	跨银行转账服务	QR 码扫描付费标准	小贩中心实行电子付费			
	公共交通账户式付费系统		推出 20500 个统一销售终端			
智慧国家传感器网络		在乌节路及指定地点设置无线传感器网络	推行智能灯柱实验计划			集合城市传感器供业界和公共使用
智能城市通勤	公共巴士车队管理系统让巴士及时到站	测试"随需而至巴士服务"				采用无人车改善公共交通
"人生时刻"数码平台		为有年幼孩童家庭推出人生时刻应用	扩大家庭服务内容			扩大服务范围至不同的人生阶段

1. 信息技术提高社会公共服务效率

新加坡建立了综合医疗信息平台，该平台是基于互联网信息技术建设的新型医疗行业综合信息服务系统，通过整合医疗信息资源，利用传感器、电子记录等多种信息化手段，将医疗相关服务一体化，改变人们传统就医方式，提升医疗信息共享水平和就医效率。此外，开发建成 Carestream 医疗影像信息管理系统，通过该系统，可以在任何地方快速地访问影像数据，为集团下属的医院、专科中心与诊所创建一个统一的患者影像档案，以及更好地访问 SingHealth 和 EH Alliance 旗下医院、专科中心和诊所的信息。

信息技术在教育领域中的应用十分广泛。"未来学校"项目把人工智能以及自动在线系统等创新技术应用于教学过程中，实现对课程评估、教学内容和学习资源共享、人力资源开发等信息化处理。新加坡资讯通信管理局联合新加坡教育部推出第三代未来教室项目，打造一个融合动力学、4D 沉浸技术、语义搜索以及学习分析等 20 多种新技术在内的智能教室空间。通过利用资讯通信技术，促使学校内部、学校之间，以及学校与外部世界之间的联系更加密切和有效，增强教育管理的有效性。

2. 物联网技术激活城市建设管理的多方面应用

在交通领域，新加坡在城市智能交通建设方面推出多个智能交通系统，连接公交车系统、出租车系统、城市轨道交通系统、城市高速路监控信息系统、道路信息管理系统、电子收费系统、交通信号灯系统等子系统。城市智能交通管理体系的规划和建设大致经历了交通管理系统整合、公共交通系统整合、智能交通体系建设三个阶段，实现了对城市智能交通建设的智能化管理，为出行者和道路使用者提供方便与便捷，同时更注重对车辆最佳行驶路线确定、繁忙时间道路控制、公共交通的配合和衔接，为高密度的人流和车辆提供优质的服务。

在公共安全领域，新加坡城市公共安全监管体系规划将整个城市综合安全防范与治安监控的整体技术性能和自动化、多功能的协同联动响应能力作为其基本要求，同时重视城市公共安全管理在信息层面上的执行和运作过程。建立新加坡全岛统一的城市公共安全信息平台，通过实时监测城市公共安全运行情况，实现对影响城市公共安全事件的快速发现、实时响应、协同处置的统一监管、信息集成、高效协同指挥，并将城市公共安全各单一业务及监控系统进行网络融合、信息交互、数据共享。

在城市公共设施领域，新加坡在路灯和公交车站等室外公共场所部署了与光纤相连的技术设备，该设备与具有检测空气污染情况、雨量或交通堵塞情况等功能的传感器相连，通过传感器发回的信息方便工作人员采取措施，达到监测环境质量和清淤的目的。新加坡当局研发出能够报告垃圾桶是否装满垃圾的传感器以及发现并提醒乱丢垃圾者捡起垃圾的摄像头，这种带有语音提示的传感器和摄像头对增强市民环境保护自觉性有很大的帮助。充分利用海浪发电、太阳能光伏发电等再生清洁能源并网供电，极大地节省发电能耗。

3. 电子政务提升政府能效

电子政务作为新加坡智慧城市建设的一部分，其建设分为四个阶段：①第一阶段，以推进新加坡政府机构办公自动化为重点，引导、带动全社会信息化水平的提高；②第二阶段，实施"国家信息技术计划"，建成连接 23 个政府主要部门的计算机网络，逐步推进政府跨部门的行政业务流程实现自动化与集成化；③第三阶段，建立包含广泛公共服务的网络体系，推行融合政府资源的电子服务；④第四阶段，设计电子政务的主体框架和各个层面的具体应用,提供最广泛的公共事务网上服务。

目前,新加坡已经建立起一个"以市民为中心",市民、企业、政府合作的电子政府体系,市民和企业可随时随地参与到各项政府机构事务中。新加坡电子政府建设处于全球领先地位,其成功有赖于政府对信息通信产业的大力支持。政府业务的有效整合实现了无缝管理和一站式服务,使政府以整体形象面对公众,达成与公众的良好沟通。时至今日,电子政府公共服务架构(Public Service Infrastructure)已经可以提供超过800项政府服务,真正建成了高度整合的全天候电子政府服务窗口,使各政府机构、企业以及民众间达成无障碍沟通。其中一项成功的大型电子政府工程——网上商业执照服务(OBLS)旨在缩减商业执照申请的烦琐流程。通过使用OBLS的整合服务系统,新加坡企业可在网上申请40个政府机构和部门管辖内的超过200种商业执照。执照的平均处理时间也由21天缩短至8天。这一服务的实施,使企业执照申请流程更有效、更经济、更少争端,有利于培育亲商环境。

4. 公众参与提升城市建设效率

新加坡是一个城市国家,在"智慧国家"的战略规划与操作实施上,属于政府主导模式,企业与公众属于合作者和参与者,在政府的引导下开展相关工作。新加坡注重加强政府顶层设计,建立全面系统的"智慧国家"建设体系。新加坡政府在启动"智慧国家"建设计划伊始,就实施了建设新一代信息通信基础设施,发展具有全球竞争力的信息通信产业,开发精通信息通信并具有国际竞争力的信息通信人力资源,实现关键经济领域、政府和社会的转型这四大战略。为了支撑"智慧国家"建设愿景,2017年,新加坡政府颁布了《数字经济框架》《数字政府蓝图》和《数字准备蓝图》等政策性文件,从企业、政府和公民三大建设主体入手更加全面系统地推进智慧国家建设。总体而言,新加坡智慧国家以服务公民需求为重点,实行以政府为推动主体,与企业和公民深度合作,涉及智慧经济、智慧民生、智慧政府、城市基础设施建设等多方面的智慧国家建设路径(刘红芹等,2019)。

2.3.3 上海

2010年以来,上海全面推进面向未来的智慧城市建设,城市数字化、网络化、智能化水平显著提升,交通、医疗、政务等一批与城市和人民生活息息相关的智能服务得到了广泛普及,有效改善了居民生活品质,"十三五"期间更是加快互联网、大数据、人工智能等与实体经济的深度融合,最终建设一个泛在化、融合化、智敏化的新型智慧城市。

1. 智慧上海建设总体框架

上海"十三五"智慧城市建设总体框架如图2-3所示。

生活、高端化的智慧经济、精细化的智慧治理、协同化的智慧政务为重点,以新一代信息基础设施、信息资源开发利用、信息技术产业、网络安全保障为支撑的智慧城市体系框架进一步完善,初步建成以泛在化、融合化、智敏化为特征的智慧城市。

第一,基本形成具有"上海特色、国内领先、国际先进"的普惠化应用格局。智慧生活形态丰富,基于网络的智能化医疗、教育、交通、养老等公共服务基本涵盖全体市民。智慧经济蓬勃发展,信息化与工业化融合指数达到105,企业信息化投入占主营业务收入比重达到0.5%,电子商务交易额达到3.5万亿元。智慧治理不断深化,基于网格化的城市综合管理平台基本覆盖全市域。智慧政务取得突破,政务数据资源内部共享和对外开放机制进一

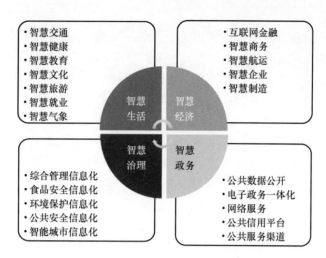

图 2-3 "十三五"智慧上海建设总体框架

步完善。

第二，基本形成高速、移动、安全、泛在的新一代信息基础设施体系。落实网络强国战略，使上海成为全国带宽最宽、网速最快、网络服务最具竞争力的地区之一。实际光纤入户率达到 70%，家庭光纤用户平均互联网接入带宽达到 100Mbit/s，固网宽带用户平均下载速率超过 25MB/s，全市 iShanghai 公益 WLAN 接入场所达到 4000 个，全面完成网络设施的 IPv6 改造。

第三，基本形成广泛汇聚、共享开放、深度应用的数据资源利用体系。政府数据公开网站开放数据集超过 5000 项，数据产品和数据服务交易额国内领先。引进和培育 50 家以上大数据龙头企业，建成 3~5 个大数据产业基地。上海大数据发展水平率先迈入国际先进行列，成为国家战略数据储备中心、亚太地区重要的数据交易市场和全球"数据经济"枢纽城市。

第四，基本形成创新驱动、结构优化、绿色发展的信息技术产业体系。培育形成一批在全国引领技术创新的龙头企业，集成电路、新型显示、信息服务等领域的技术水平和产业规模居于国际前列。建设若干个开放式的技术创新、产业发展公共服务平台。新一代信息技术产业占整个信息技术产业的比重超过 80%；信息服务业经营收入超过 1 万亿元，增加值占全市国内生产总值的比重力争达到 7.5% 左右。

第五，基本形成可信、可靠、可控的信息安全保障体系。按照国家关于网络安全的战略部署，结合智慧城市建设实际，显著提升城市应对"信息灾害"的能力、网络空间安全监管治理能力、信息基础设施和重要信息系统安全保障能力、信息安全基础支撑能力。

2. 智慧上海建设经验和成效

（1）智慧医疗

上海健康网经过两期建设，初步实现了全市公立医疗卫生机构的互联互通和数据共享，初步建成国内最大的人口健康大数据中心，2017 年汇聚了 300 多亿笔临床诊疗数据，包括 10 亿份门诊病历和 1000 多万份住院病历。基于人口健康大数据，开展了人口健康大数据应用的探索，在医疗服务价格调整、社区"1+1+1"、公立医院评价等政策设计中发挥了决定性作用，实现了政府过程管理、精细化的要求，推动了政府管理模式的转变。

（2）智慧政务

首先，建设政务信息共享平台。2017 年，上海市政务信息共享平台已实现近 200 个信息系统基于电子政务云部署，推进自然人、法人、空间地理信息的共享使用，开展跨部门协同应用试点。目前，上海市政务信息共享平台已实现和全国政务信息共享平台的联调联通，为跨地区、跨层级、跨部门政务数据交换和共享奠定坚实基础。

其次，建设和应用网上政务大厅。上海政务大厅现已实现审批事项 100% 接入，服务事项逐步汇集，上线以来累计网上办理事项 1000 余万件。网上办理深度进一步深化，市级网上政务大厅已有 100 个审批事项实现"全程网上办理"。形成线上线下功能互补的电子政务服务新模式，全市 200 余家社区实务受理服务中心全部实现网上预约办事，66 个事项实现全市互办。

再次，建设事中事后综合监管平台。2017 年上海市工商和市场监管部门依托平台共向 40 多个审批部门推送市场主体登记信息 10 万余条。通过平台共建共用，推动跨部门监管协同，发挥监管合力，提升监管效能。

最后，建设市民云平台。2017 年，上海市市民云平台已实现包括违章缴费、健康档案、预约挂号、社区事务预约等便民应用在内的逾百项公共服务，实名注册用户超过 760 万人，平均每 3 位上海市民就有 1 人使用市民云平台。在 16 个区共开展了 79 场百人规模以上的培训，进一步提升了市民云平台在基层的影响力。建立起统一身份认证体系和政府部门轻应用接入规范体系，有效支撑市民云平台应用。

（3）智慧交通

第一，建成道路交通信息采集、发布、管控系统。上海基本形成了针对不同路网交通特征，应用线圈、出租车 GPS 信息、手机信令、SCATS（自适应信号控制系统）、牌照识别、微波等多种技术手段，分别采集快速路、地面道路和干线公路等道路交通实时信息，通过对这些动态数据进行处理，实现交通实时运行状态的发布；建设了 800 余块图形和文字可变信息标志设施，发布以红、黄、绿颜色标示的道路交通实时运行状态图形以及车辆行程时间等文字信息，提供了实时的道路路况信息和相关交通信息；基本建成了 3900 多个路口、覆盖中心城区范围的 SCATS，实现了快速路全覆盖和地面主要道路车辆通行状况实时视频监控。建成并运行高速公路 ETC 不停车收费系统，提高了高速公路收费口收费效率和通行能力，也方便了出行者跨省高速公路收费结算。

第二，建成公共交通信息采集、监控及发布系统。上海市建成了轨道交通运行监控和信息发布系统，实现了轨道交通线路运行状态和拥挤度的实时采集和监控，实现了轨道交通各个站点进、出站客流量的实时采集，为统计分析客运总量和客流 OD 等提供了依据。1.6 万多辆公交车安装了 GPS 车辆定位设备为主的车载智能终端，实现对地面公交车的运行监控。4.9 万多辆出租车装载了 GPS 设备，实现了出租车电子调度。建成公共停车场库动态停车泊位采集系统，部分公共停车场库实现了动态停车泊位信息采集并实时汇聚到交通综合信息平台。建成"危险品运输车辆监控系统"。全市 5500 多辆危险品车纳入这个监控系统，危险品车全部安装了 GPS 设备，部分示范车辆安装了北斗定位导航系统，车辆型号、车载物品、目的地、驾驶员和押运员信息等信息全部录入系统，有效提高了危险品车运行的安全性。

第三，初步建成对外交通信息采集汇聚、枢纽交通信息服务等系统。上海市已建成虹桥枢纽、浦东国际机场、新客站、南站、吴淞客运码头、国际航运中心等大型对外综合交通枢纽的地理位置、动态班次、客运量信息的采集与信息化管理系统,形成对外交通信息发布与服务的能力。全市主要长途汽车站客运联网售票系统,方便旅客就近买票。市域主要出入道口的流量采集、视频监控、稽查布控等信息化管理系统,实现了主要道口对外交通流、客流的动态分析。

第四,基本建成上海市交通信息整合共享与发布服务平台。上海市交通综合信息平台,是全面、实时整合、处理全市道路交通、公共交通、对外交通领域车流、客流、交通设施等多源异构基础信息数据资源,实现跨行业交通信息资源整合、共享和交换的信息集成系统。平台共整合了市政、交警、城市公共交通、机场、铁路、码头等不同交通管理行业,包括道路交通、公共交通、对外交通领域在内的各类交通信息数据共 200 多项。交通信息服务应用平台,可通过网站、电台、电视台、手机、车载导航、查询终端等多种方式,向公众提供三张路网实时交通状态信息、热点区域交通状态信息、事故事件信息、公交线路与换乘信息等交通信息服务,初步形成了面向社会公众的交通信息服务能力。

2.3.4　南京

1. 智慧南京建设规划

2018 年,《"十三五"智慧南京发展规划》发布。该规划指出,到 2020 年,基本构建起以便捷高效的信息感知和智能应用体系为重点,以宽带泛在的信息基础设施体系、智慧高端的信息技术创新体系、可控可靠的网络安全保障体系为支撑的智慧南京发展新模式。智慧南京作为推进城市治理能力现代化的重点抓手、驱动经济社会发展的先导力量和南京城市品质的新名片,在国内城市治理、引领发展多个领域发挥示范带动作用,成为国家大数据(南京)综合试验区和国家新型智慧城市示范城市。

(1)信息基础设施水平达到国际一流

国际一流的信息网络建设完成,3G/4G/WiFi 及宽带固网的城域高速网络全面覆盖,3G/4G 用户普及率超过 130 户/百人,5G 网络探索与试验逐步成熟,感知监控网络得到有效整合,信息安全保障体系完备,实现高速安全、多层次、立体化网络覆盖。全市城区互联网宽带接入能力普遍达到 1000Mbit/s,农村互联网宽带接入能力普遍达到 200Mbit/s,全市家庭宽带普及率达到 95% 以上,互联网用户体验度明显提升。城市基础设施智慧化取得明显进展,物联传感设备广泛应用于交通、能源、给水排水、环保等城市公共领域,实现城市地上地下空间资源的全面感知和统一管理。

(2)智慧化的城市运行管理与服务国内一流

基于大数据应用的城市管理、公共资源配置和宏观决策能力明显提升,城市治理方式向智慧治理转变。信息资源开发利用规范有序,政务数据共享和开放取得实效,公共信用体系服务社会治理的新模式基本形成。统一调度的全市应急处置机制基本建立,实现城管、城建、食药监、安监、公安、应急等部门应急信息全面共享,城市突发事件响应速度与处理能力明显提升。基于移动互联网的公共服务普惠公众,智慧化医疗、教育、社保、社区等服务基本涵盖全体市民,实现无处不在的惠民服务。围绕重点示范应用项目的建设和深化,参与形成一批国际国内标准。

(3)智慧城市与智慧产业融合发展水平大幅提升

公共数据资源开放对产业发展的带动作用显著增强,人工智能、生物识别、区块链等一批新技术形成突破并实际应用。智慧产业位列全国第一方阵。到 2020 年，全市软件与信息服务业收入年均增幅超过全国水平 2~3 个百分点，涉软企业超过 5000 家，涉软从业人员达 100 万人，产业规模在国内城市中名列前茅，初步建成国际软件名城和中国"互联网＋"名城。全市电子商务交易额达到 18000 亿元，网络零售额达到 3500 亿元。移动互联网、大数据、云计算、物联网等与各行各业深度融合，基于互联网的创新服务、中小企业服务全面普及，商业新模式、产业新形态不断涌现。智能工厂建设广泛推进，传统制造向高端制造转型，信息化与工业化深度融合。信息消费意愿持续增强，信息消费能级稳步提升，信息产品和服务更加丰富。

（4）网络安全自主可控

智慧城市关键安全设备自主可控程度达 90% 以上，重点领域、重点区域网络安全防护、安全监管、监测预警、应急处置、网络空间综合治理能力增强。全民信息安全意识普遍提高，网络安全技术产业健康有序发展。城市网络安全总体实现可信、可靠、可控，基本建成国家网络安全服务高地。

2. 智慧南京建设经验

（1）着力提升顶层规划设计，突出机制完善

科学规划和顶层设计是智慧城市建设的前提和基础。在城市硬实力普遍发展的未来，城市发展的竞争力将更体现在科技、知识、创新等城市软实力上。所以顶层设计就是在更高层次上发挥信息化的引领和带动作用，推动物联网等新一代信息技术的快速发展与渗透，确保在新一轮信息技术竞争发展中把握主动权，在更高平台上实现指数级、跳跃式发展，快速抹平差距，实现与先进国家新技术应用水平和世界经济发展进程接轨的跨越式发展（周斌等，2017）。

南京市通过多年研究和论证，确定智慧南京为城市建设重要战略。首先南京市在智慧城市建设过程中，于 2006 年积极研究探索新形势下南京特色发展道路，完成了"构建智慧城市、引领未来发展"等重要课题的研究，提出了构建智慧城市的初步设想。在《南京市国民经济和社会发展第十二个五年规划纲要》中，打造"人文绿都、智慧南京"成为"十二五"期间南京城市发展的基本取向。按照"十二五"智慧南京发展规划，围绕资源共享、业务协同、示范应用，建立各部门协调配合的工作机制，并积极引导全社会资源共同参与，陆续建设国内首个"智慧城市综合管理与运营展示中心"、政务数据中心、智慧南京 APP、南京智慧旅游公共服务平台，促进智慧南京健康可持续发展。

（2）紧密结合南京特色和需求，整合各部门、各行业资源

南京市紧密结合城市特色和需求，从横向和纵向上加强全市数据资源整合、汇聚和共享，统筹建设了政务数据中心，逐步整合各部门应用系统和数据资源。在此基础上，建设了智慧南京综合运营与管理中心，其建设的总体目标是以"数据集中、系统整合、业务协同"为主线，服务于各部门业务需求，通过整合相关应用系统，全面感知城市运行状态，提升城市的智慧管理和服务能力，实现城市日常运行管理以及突发事件应急联动指挥等全景指挥中心功能。通过智慧南京中心，全面汇聚各部门、各行业应用系统和信息资源，建立了统一的汇聚展示和应用平台。

（3）建设"互联网＋城市服务"信息平台，突出集成应用

南京市在全国领先建设无线宽带政务专网，突出跨部门、跨系统功能集成，提升了青奥

会、城市管理等信息服务、指挥调度和安全保障能力。此外,南京市践行信息惠民理念,推进公众信息门户建设,开发城市智能门户等公共服务平台,集成推出各项惠民应用。南京"互联网 + 城市服务"信息平台具备综合、高效的集成统一架构和枢纽渠道,在统一规划等一致性要求下,以服务公众为目标,以用户需求为导向,以整合资源为抓手,以服务共享引导和促进使用者与服务者的双重汇聚,最终贯通全媒体信息通道,形成政府引导、社会参与、面向公众服务的南京城市智能服务平台,实现"业务驱动、服务融合"的目标,构建平台共享、资源共用、服务互补的平台生态。以市民需求为中心,对现有信息进行重新组织,并通过深入挖掘现有数据资源满足用户需求,在实现功能的过程中,注重改善用户体验。进一步整合资源,促进内部政务业务服务融合、公共服务的聚集,形成协同;通过南京"互联网 + 城市服务"信息平台为公众提供医疗、交通、教育、旅游等优质信息服务 (陈晓娟等,2016)。

2.3.5　案例总结

1) 以城市的特点和需求出发,做好智慧城市建设的顶层设计。智慧社会是未来中国社会的美好蓝图,蕴含着人们对中国社会发展的美好憧憬。制定切实可行的顶层设计与战略发展规划是智慧城市建设快速推进的保证。根据国内外智慧城市建设经验来看,顶层设计应从城市的特点和需求出发,以拓展实际应用为核心目标,主要聚焦在产业经济、社会生活、生态环境和政府治理四个领域,有效利用网络基础采集并经数据融合架构加工过的社会运行全过程资源 (李超民,2019)。此外,还应推广建设智慧社会的理念,规划重点领域的建设计划,布局关键技术研发方向,强化数字基础设施建设和技术人才培养,加强对人工智能产业的扶持,做好体制机制、资金和法规等方面的保障等,切实将建设智慧社会提升为国家行动。

2) 打通信息交互渠道,推进智慧技术平台的建设。智慧城市建设的基础是信息,核心是信息的互动。有研究机构测算,大约 70% 的与社会治理相关的数据都掌握在政府手里,这些海量数据散落在各个部门,特别是部分垂直管理部门信息系统仅限于部门内部使用,信息交互不通畅,对智慧城市建设的信息共享和资源共通造成了一定的阻碍。无论是新加坡智能交通体系的建设,还是上海市的交通信息整合共享与发布服务平台,都涉及不同行业、多个部门。以上智慧城市建设的实践经验证明,要把智慧城市建设向纵深推进,就必须打破部门间、行业间的信息壁垒,真正打通信息交互渠道,而最重要的实现方式就是要务实推进智慧技术平台建设,为智慧社会建设提供技术支撑和平台保障。以大数据、云计算为手段,从海量数据中分析提取出最有价值的信息,深入推进城乡规划、城乡建设、城市管理、城市运行等领域信息化建设,不断提高城市土地、空间、能源等资源利用效率和综合承载能力,从而有力推动智慧城市建设。

3) 注重跨界整合,鼓励多元主体参与,保障智慧社会推进。在智慧城市的建设过程中,应强调多方参与,在宏观规划智慧社会时,要综合考虑优化智慧社会运营市场环境与政策环境,鼓励社会主体参与智慧城市建设,优势互补,提升建设效率。新加坡强调智慧国家建设的核心是为人服务,因此公民和企业的参与是智慧国家建设的关键。在《数字政府蓝图》提出的战略中特别强调了围绕公民和企业需求整合政府服务,政府与公民和企业促进技术的采用。新加坡政府发布的《数字经济框架》也特别强调要使社区和企业共同推动数字技术的采用。建设智慧社会是一项系统工程，需要政府、企业、科研机构、公众等多个主体共同参与。在发挥政府引领作用的同时，应重视发挥企业的市场化主体作用，激发多主体参与的活力（刘红芹等，2019）。

本 章 小 结

本章首先介绍了智慧城市建设的结构体系。其次基于智慧城市的基本架构和各城市建设的重点，综述了我国智慧城市建设的基础设施驱动型、核心技术驱动型、智慧应用驱动型三种基本模式。最后介绍了国内外四个典型智慧城市案例。经验表明，智慧城市建设首先应以城市的特点和需求出发，做好智慧城市建设的顶层设计；其次要打通信息交互渠道，推进智慧技术平台的建设；最后应注重跨界整合，鼓励多元主体参与，保障智慧社会推进。

第**3**章

智慧城市建设驱动因素研究

3.1 智慧城市建设发展的驱动因素识别

智慧城市是一定条件下城市发展的必然趋势，是由多种因素相互影响的结果，既有来自城市经济、社会发展的影响，也有来自智慧城市自身发展所带来的优势的影响。本书综合考虑影响智慧城市建设的内部因素和外部因素，从智慧城市建设的宏观环境、自身发展条件和智慧城市建设参与者三个角度来识别智慧城市建设发展的驱动因素（图3-1）。

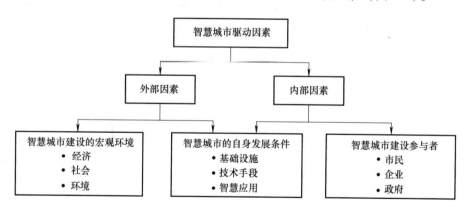

图 3-1　智慧城市驱动因素识别框架

3.1.1 智慧城市建设的宏观环境

智慧城市是城市发展的高级阶段，其发展受城市宏观环境的影响。智慧城市的建设需要投入大量的资金，因此智慧城市的发展水平在一定程度上也受城市经济实力的制约和影响。同时，智慧城市的建设很大程度上依赖新技术的开发和新设施的建设，因此城市的创新能力和人才基础也是影响智慧城市建设的重要因素。智慧城市建设的主体主要有政府、企业和市民，试点智慧城市建设的现状与经验会影响到政府对智慧城市的支持程度，政府的政策会影响到企业的发展战略与发展重点，进而影响到整个智慧城市建设发展的进程。

1. 城市经济实力

智慧城市的建设需要大量的信息化基础设施建设投入，同时在信息化技术研发方面也需要投入大量的资金，且具有投资周期长的特点（冯俊，2014）。根据不同的建设项目，投资模式主要有政府投资、公私合营、政府带头民营企业参与以及个人企业投资等（郭小华，2015）。随着智慧城市的不断发展，人们关注的焦点不再停留于基础设施等硬件实力上，逐渐开始关注智慧技术在城市建设中的应用，智慧城市的观念逐渐开始面向市场（许庆瑞等，2012），因此城市的经济实力及合理化的投资模式也是驱动智慧城市发展的一项重要因素。

2. 城市创新能力

每个城市根据自身特色有不同的发展模式，王璐等（2012）在对不同智慧城市的建设路径进行研究时，提出了以创新体系为核心的创新驱动型路径；蒋明华等（2015）基于南京市时间序列数据的研究也表明，城市的各种创新资源，包括推动创新的物力、财力、人力是促使新技术、新应用产生的根本动力；因此，城市创新能力是推动智慧城市发展的重要驱动力（严清清，2015）。

3. 城市人才基础

智慧城市的建设发展在很大程度上依赖于知识密集的新一代电子信息技术，尤其是物联网及云计算技术（杨再高，2012），而这些技术的发展又需要大量的专业技术人才。所以，对物联网、云计算等信息技术人才的培养，在很大程度上推动了智慧城市的发展。

4. 智慧城市试点工作的开展

城市管理者对智慧城市理念的认可是推动智慧城市发展的最直接动力。随着智慧城市试点工作的不断开展，智慧城市在基础设施、智慧应用等各领域的建设标准也日渐成熟，不少成功案例，如无锡市阳山镇——构建生态生产生活相协调的小镇，为我国广大中小城市开展相关工作提供了不少经验。

5. 政策环境

自我国开展智慧城市建设以来，政府相继颁布了《国家智慧城市（区、镇）试点指标体系（试行）》《国家智慧城市试点暂行管理办法》等指导文件，从这些政策中可以看出我国政府对智慧城市的建设给予了较大的支持，成为智慧城市建设的一大推动力（韩天璞，2013）。

3.1.2 智慧城市的自身发展条件

智慧城市发展的最基本驱动因素就是智慧技术和智慧基础设施。信息通信技术的不断发展，衍生出一批新的智慧技术——物联网技术、云计算技术以及大数据处理技术等，与之相呼应的智慧基础设施相继出现。通过采集城市各处的信息，进行分析、处理和共享，最终以满足政府、企业和市民对各种智慧应用的需求，这是智慧城市建设发展最基本的驱动模式。

1. 信息通信技术的发展

新一代移动通信技术的发展，为城市注入了新鲜活力，带来新的机遇，催生出一批新技术——物联网、云计算等（张少彤等，2013）。新一代信息通信技术的发展也将带动新产业的产生，促进城市产业结构的调整和知识型人才的聚集，从而创造出一个良性运行的发展模式，推动了智慧城市的不断发展。

2. 信息基础设施的建设

智慧城市建设的基础就是实现对城市的全面感知，无线网、RFID 技术设施等的大规模覆盖和应用，实现了人与人、人与物、物与物之间直接的相互连通，从而使得教育、医疗、交通等公共服务更加智能和高效，有力地带动了智慧应用和智慧产业的发展。

3. 物联网产业等智慧产业的发展

物联网技术涉及的是一个大规模产业链的形成，包括终端制造、网络服务以及基础设施建设等（巫细波和杨再高，2010）。如智慧城市基础设施的建设，主要是采用公私合营的运作模式，通过对基础设施的运营和维护，将会为企业带来一定的利润，在这种利益的驱动下，政府带动企业共同建设的智慧城市的局面将逐渐扩大（钱斌华，2012）。

4. 智慧应用的发展

智慧应用驱动，是指将物联网、云计算等智慧城市核心技术在一个或者几个领域的应用为切入点，开展智慧城市建设。如果城市自身的基础技术研发能力不强，应以技术应用为主，重点是降低城市运行和管理成本，提高发展效率。

5. 大数据技术的发展

智慧城市是通过无处不在的信息基础设施实现对城市的感知，每天会产生大量的数据（李德仁等，2014），这些数据规模巨大、关系复杂。大数据技术的出现，不仅使得这些数据得到了有效的分析整合，也可以提供多样化的智慧应用（邹国伟，2013）。

3.1.3 智慧城市建设参与者的利益诉求

政府、企业和市民不仅是智慧城市的建设者，同时也是智慧城市建设的体验者，满足他们的利益诉求是智慧城市建设发展的根本目的，也是智慧城市建设发展的重要驱动因素。随着"城市病"问题的出现，智慧城市的优势也不断显现，利用新一代的信息通信技术实现对城市数据的整合分析，从而改善城市的资源配置，提高城市的运行效率。城市产业结构调整的需求、政府精细化管理的需求、部门及企业间信息共享的需求，以及市民生活质量提升的需求，这些利益诉求在很大程度上都不断影响着各领域建设者进行不同的智慧探索，从而推动智慧城市的整体建设。

1. 解决"城市病"问题的需求

随着城市化进程的不断加快，交通拥堵、环境恶化、大量失业等"城市病"问题也逐渐显现出来。空间规划不合理、资源分配不均衡以及市场的影响都是导致"城市病"产生的原因（向春玲，2014）。智慧城市在充分利用物联网、云计算等新一代信息通信技术的基础上，对城市资源、交通等各方面的数据进行感知、整合、分析，从而改善资源配置，解决"城市病"问题（赵赛丽等，2013）。

2. 产业结构调整的需求

智慧城市的建设发展涉及 RFID 技术、物联网、云计算等，每一种技术都会涉及众多的产业领域（巫细波和杨再高，2010），这些技术的发展能够带动大规模新兴产业的产生，从而引导产业结构转型升级。

3. 政府精细化管理水平提升的需求

智慧城市的建设将实现人与物、物与物的信息交互和无缝连接，提供精确可靠的大数据处理过程和能力，将数据加工成信息，将信息智能化，为城市建设者提供决策支持，提升城市的精细化治理水平。

4. 部门及企业间信息共享、协同发展的需求

目前城市发展中许多领域的数据都相对孤立和封闭，缺乏有效的互联互通，这导致了数据的挖掘和应用存在瓶颈（冯俊，2014）。比如城市建设的街道、建筑、交通和照明等，只有较少的相关数据可以被查询，很难查到更为深入的数据。再如城市的环境数据：水的数据、空气的数据以及垃圾的数据等，都难以全面查到，其实各主管部门和相关企业都有各自领域内的详细数据，但是相互之间却缺乏数据共享，致使这些数据未能得到充分利用，使得这些数据的使用价值大打折扣。智慧城市一大重要特征就是广泛地实现各业务部门之间的互联互通和信息共享，从而实现协同发展。

5. 市民生活质量提升的需求

智慧城市的建设是以市民的需求为导向，不仅仅是为了满足一般物质上的需求，而是通过对城市的全面感知、数据的分析利用，为市民提供实时的出行、就医、采购等信息，增加市民的幸福感。

3.2 智慧城市建设发展影响因素的问卷调查与分析

为了识别出智慧城市建设发展的主要影响因素，以及了解政府、企业和相关研究人员对这些影响因素的意见，故设计了针对智慧城市驱动因素的问卷进行调研。问卷内容包含两大部分，第一部分主要是了解问卷填写者的基本信息，包括年龄、教育背景、工作领域、工作经验等；第二部分主要是对驱动因素进行 1～5 打分；1 分表示该驱动因素对智慧城市的影响极小，2 分表示影响较小，3 分表示影响一般，4 分表示影响较大，5 分表示影响极大。

本次共发出 206 份问卷，回收 154 份有效问卷，总的有效回收率为 74.76%，具体详见表 3-1。

表 3-1　问卷发放及回收数量统计

完成问卷的利益相关者	发出问卷		回收问卷		有效回收率
	数量	百分比	有效问卷	百分比	
政府部门和相关事业单位	57	27.67%	47	30.52%	22.81%
智慧服务供应商或相关企业	33	16.02%	20	12.98%	9.71%
高校或相关研究院所	46	22.33%	36	23.38%	17.48%
市民	70	33.98%	51	33.12%	24.76%
总计	206	1	154	1	74.76%

1. 被调查者的基本信息

本次问卷主要从四方面了解被调查者的基本信息，包括调查者的年龄、教育背景、工作性质以及工作经验。从问卷反馈信息可以看出被调查者的年龄主要集中在 31～40 岁，21～30 岁和 41～50 岁也占较大比例，说明受访者年龄分布较为均匀，普遍性较好且具有较强的代表性。90% 的被调查者的教育背景为大学本科及以上，其中一半为研究生及以上学历，说明被调查者的教育水平较高，对智慧城市可以有较高层次的认识，很大程度上保证了问卷的有效性和科学性。本次问卷调查的调查对象主要包括政府机构、智慧城市建设公司以及相关研究机构，通过多视角了解不同驱动因素对智慧城市的影响。被调查者中大部分都有超过 5 年的工作经验，说明本次调查的数据可信度较高。被调查者基本信息详见表 3-2。

表 3-2　问卷填写者基本信息

调整项目	基本信息				
年龄结构	21～30 岁	31～40 岁	41～50 岁	51～60 岁	60 岁以上
百分比	45.50%	39.60%	13.20%	1.70%	0%
教育背景	中专及大专	大学本科	研究生	—	
百分比	4.96%	58.68%	36.36%	—	
工作部门	政府部门	建设单位	研究机构	市民	
百分比	38.84%	16.53%	29.75%	14.88%	—
工作经验	5 年及以下	6～10 年	11～15 年	16～20 年	20 年及以上
百分比	25.62%	47.11%	14.87%	9.92%	2.48%

2. 统计性分析

描述性统计分析主要目的在于说明各个观测指标的描述统计。一方面，通过描述每个观测指标的得分情况，包括最小值（Minimum）、最大值（Maximum）、平均数（Means）与标准差（Standard Deviation）信息，了解被调查对象对各观测指标的看法及差异性；另一方面，对各观测指标的得分进行峰度（Kurtosis）和偏度（Skewness）的分析，获得其集中与分散的情形，对样本数据是否满足正态分布进行验证。

本次问卷调查各个观测指标的描述性统计分析结果见表 3-3。

表 3-3　驱动因素描述性统计分析结果

序号	驱动因素	极小值	极大值	均值	标准差	偏度	峰度
1	城市的经济实力	2	5	4.08	0.762	-0.836	0.940
2	城市的创新能力	1	5	3.85	1.040	-0.607	-0.624
3	城市的人才基础	2	5	3.84	0.714	-0.637	0.571
4	政府的政策环境	2	5	3.98	0.799	-0.846	0.427
5	智慧城市试点工作的开展	1	5	3.46	0.910	0.087	-1.001
6	新一代信息通信技术的发展	2	5	4.05	0.798	0.596	0.023
7	智慧基础设施的建设	1	5	4.16	0.778	-0.829	1.198
8	物联网等智慧产业的发展	1	5	4.21	0.766	-0.832	1.163
9	智慧应用（智慧交通、智慧医疗等）的不断开发与发展	3	5	4.18	0.733	-0.432	-0.582
10	大数据处理技术的不断发展	2	5	4.07	0.790	-0.550	-0.131
11	日益严重的"城市病"问题	1	5	3.72	0.856	-0.750	0.916
12	产业结构调整的需求	2	5	4.05	0.751	-0.452	-0.358
13	政府精细化管理水平提升的需求	2	5	3.98	0.793	-0.674	0.374
14	部门间信息共享、协同发展的需求	2	5	4.87	0.726	-0.668	0.473
15	市民生活质量提升的需求	2	5	3.77	0.742	-0.851	0.568

从问卷分析的描述性结果可以看出，所有驱动因素的均值均大于 3，说明所选取的指标对智慧城市的发展都起着非常重要的作用，其中指标 7、8、9 的得分明显高于其他指标，说明智慧基础设施的建设、物联网等智慧产业的发展、智慧应用（智慧交通、智慧医疗等）的不断开发与发展这三项是推动城市智慧性建设的主要因素；从标准差一栏可以看出，指标 2 的标准差略大于 1，说明受访者对于城市创新能力对智慧城市建设发展的影响评价存在一定的分歧；从"偏度"和"峰度"两栏可以看出，偏度的绝对值的最小值为 0.432（智慧应用的不断开发与发展），最大值为 0.851（市民生活质量提升的需求），峰度的绝对值的最小值为 0.358（产业结构调整的需求），最大值为 1.198（智慧基础设施的建设），所有指标的偏度和峰度都满足"偏度绝对值小于 2，峰度绝对值小于 5"的要求（郑磊等，2012），可以认为该样本数据满足正态分布要求。

3. 信度分析

信度即可靠性，是指采用同样的方法对同一对象重复测量时所得结果的一致性程度，信度分析最常用的方法是 Cronbach α 信度系数法，这种方法适用于态度、意见式问卷的信度分析。当 Cronbach α 系数大于 0.9 时，表示内在信度好；系数大于 0.8、小于 0.9 时，表示问卷的信度可接受；当系数小于 0.8 时表示信度一般，需修订量表。本次问卷调查各个观测指标的信度分析结果见表 3-4 和表 3-5。

表 3-4　可靠性统计量

Cronbach α	基于标准化项的 Cronbach α	项　数
0.804	0.805	15

表 3-5　项总计统计量

序号	驱动因素	校正的项总计相关性	项已删除的 Cronbach α 值
1	城市的经济实力	0.524	0.802
2	城市的创新能力	0.446	0.800
3	城市的人才基础	0.536	0.792
4	政府的政策环境	0.432	0.795
5	智慧城市试点工作的开展	0.336	0.822
6	新一代信息通信技术的发展	0.522	0.788
7	智慧基础设施的建设	0.526	0.788
8	物联网等智慧产业的发展	0.474	0.792
9	智慧应用（智慧交通、智慧医疗等）的不断开发与发展	0.418	0.796
10	大数据处理技术的不断发展	0.440	0.794
11	日益严重的"城市病"问题	0.463	0.792
12	产业结构调整的需求	0.465	0.795
13	政府精细化管理水平提升的需求	0.364	0.810
14	部门间信息共享、协同发展的需求	0.423	0.795
15	市民生活质量提升的需求	0.511	0.789

从表 3-4 可以看出，该问卷基于标准化的 Cronbach α 系数为 $0.805 > 0.8$，这说明该问卷的信度可以接受；其中，指标 5 "智慧城市试点工作的开展"和指标 13 "政府精细化管理水平提升的需求"的总计相关性小于 0.4，且删除后 Cronbach α 系数明显增加，说明删除该两项指标有利于提高问卷的整体信度，故将其删除。

4. 效度分析

效度指的是测量值和真实值的接近程度。效度高，则信度也一定高，信度高，效度却不一定高，也就是说信度是效度的必要非充分条件。

在信度分析结束后，对剩下的 13 个驱动因素进行效度分析，检验量表的建构效度。问卷的效度分析主要是进行 KMO 值分析和巴特利（Bartlett）球形检验。KMO 值分析用于检验变量间的偏相关性，如果 KMO 值 > 0.5，则说明问卷的效度可以，并且可以进行因子分析；巴特利检验是判断相关矩阵是否是单位矩阵，如果巴特利检验的 $P < 0.001$，表示变量间的相关系数矩阵不是单位矩阵，即变量间具有较强的相关性，说明问卷的效度可以。对问卷进行 KMO 值分析和 Bartlett 球形检验，最终 SPSS 输出的结果见表 3-6。

表 3-6　问卷 KMO 值及 Bartlett 球形检验结果

指　　标	KMO 样本测度	Bartlett 球形检验		
		卡方值	自由度	显著性概率
数值	0.555	161.590	78	0.000

由表 3-6 可以看出，KMO 的值 $= 0.555 > 0.5$，则说明因子分析的效度还行，可以进行因子分析；同时，$P = 0.000 < 0.001$，说明因子的相关系数矩阵非单位矩阵，即变量间具有较强的相关性，即效度可以。

3.3 基于结构方程模型的智慧城市建设发展影响因素相关性分析

结构方程模型（Structural Equation Model，SEM）是一种基于变量的协方差矩阵来分析变量之间关系的统计方法（侯杰泰，2004），它可以用来分析变量之间的相关性及因果关系，并且允许有误差。建立及分析结构方程的软件有很多，包括 AMOS、LISREL、CALIS、EQS 等。考虑到软件的易操作性及功能的全面性，本书采用的是 AMOS 软件建立智慧城市建设发展的结构方程，探究各影响因素之间的相互关系，同时也为构建智慧城市建设发展的系统动力学仿真模型提供理论基础。

结构方程模型可以分为测量方程和结构方程两个部分，其中测量方程描述潜变量与指标之间的关系，而结构方程描述潜变量之间的关系（李锡钦，2011）。

测量模型中，指标与潜变量之间的关系方程可描述如下：

$$X = A_X \xi + \delta$$
$$Y = A_Y \eta + \varepsilon$$

式中　X——外生显变量；

　　Y——内生显变量；

　　A_X——外生指标与外生潜变量之间的关系，是外生指标在外生潜变量上的因子负荷矩阵；

A_Y——内生指标与内生潜变量之间的关系，是内生指标在内生潜变量上的因子负荷矩阵；

δ——外生指标 X 的误差项；

ε——内生指标 Y 的误差项；

ξ——外生潜变量；

η——内生潜变量。

结构模型中，潜变量之间的关系方程可描述如下：

$$\eta = B\eta + \Gamma\xi + \zeta$$

式中　η——内生潜变量；

ξ——外生潜变量；

B——内生潜变量间的关系；

Γ——外生潜变量对内生潜变量的影响；

ζ——结构方程的残差项，反映了 η 在方程中未能被解释的部分。

在智慧城市建设发展的影响因素调查问卷中，最终确定的 13 个影响因素指标，智慧城市智慧服务供给能力和城市的经济、环境、社会发展情况是潜变量。测量模型反映因子与指标之间的关系，结构模型反映因子之间的关系。本书主要运用结构方程模型分析智慧城市建设发展影响因素之间的因果关系，因而需要进行结构方程分析。

3.3.1　结构方程模型的构建

结构方程模型的假设主要是根据已有的理论基础和实证资料来界定潜在变量之间的假设关系，从而形成基本的模型架构。根据分析将智慧城市建设发展的影响因素主要分为三大类。这三大类因素之间相互影响，城市发展的宏观环境会对智慧城市内部驱动因素和满足相关的利益诉求方面产生正向影响，如城市雄厚的经济基础会加大智慧基础设施的投入，也会在一定程度上提高市民的生活质量；智慧城市内部驱动因素的发展又会不断促进城市大环境的优化，并且提高满足利益诉求的能力；最后各方利益诉求得到极大的满足也会带动如城市创新力等大环境的发展，并且进一步带动智慧应用等智慧城市建设的内部驱动因素的发展。智慧城市建设发展的结构方程模型假设关系如图 3-2 所示。

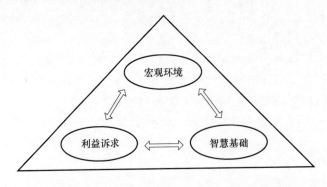

图 3-2　智慧城市建设发展的基本关系假设图

将上述假设的指标间关系输入 AMOS 软件中，对其进行验证，用 154 个样本数据来拟合模型中的假设关系，最终得到智慧城市建设发展结构模型的完全标准化解，具体的结构模型与各参数的标准化解如图 3-3 所示。

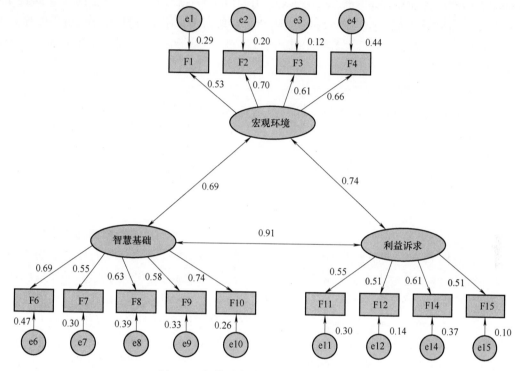

图 3-3　智慧城市建设发展结构方程模型

3.3.2　结构方程模型检验

衡量一个模型是否可以接受，主要看所假设的模型与样本数据的拟合情况，包括卡方检验、相对拟合指数检验、绝对拟合指数检验，上述智慧城市建设发展的结构方程模型的主要拟合指标见表 3-7。

表 3-7　智慧城市建设发展结构方程模型拟合指标值

拟合指标	χ^2/df	NFI	RFI	IFI	TLI	CFI	RMR	RMSEA	P
模型值	2.83	0.863	0.839	0.913	0.887	0.902	0.01	0.076	0.06

1. 卡方检验

在 SEM 分析中，最常用的评价模型的方法是 χ^2 检验，但是由于 χ^2 的数值大小易受到样本数大小而波动，样本数越大，χ^2 值越容易达到显著，从而导致理论模型假设被拒绝，因此通常将 χ^2 值和自由度联系起来作为评价模型整体拟合度的指标，即 χ^2/df。通常认为 $\chi^2/df < 3$ 表明模型拟合度较好；$3 < \chi^2/df < 5$ 表明模型拟合度不是很好但也可以接受；$\chi^2/df > 5$ 表明模型拟合度较差，不可接受。从表 3-7 可知智慧城市建设发展结构模型的 χ^2/df 值为 2.83 小于 3，同时显著性 P 为 0.06 大于 0.05，所以可以认为该模型的整体拟合度较好。

2. 相对拟合指数检验

除了卡方检验，还可使用相对拟合指数来检验结构方程模型，需检验的指标包括 NFI（Normed Fit Index）、RFI（Relative Fit Index）、IFI（Incremental Fit Index）、TLI（Tucker and Lewis Index）、CFI（Comparative Fit Index）五项。一般认为以上五项适配指标数值需都大于0.9，从模型的输出结果看，只有 IFI 和 CFI 的数值符合要求，其他三项均小于0.9，所以考虑对模型进行修正。

3. 绝对拟合指数检验

除了以上两项检验，绝对拟合指数也是一项检验模型拟合度水平的非常重要的指标，普遍认为 RMR 的值小于0.035，RMSEA（Root Mean Square Error of Approximation）的值小于0.08，说明模型与样本数据的整体拟合度较好。从表3-7的结果可以看出 RMR 的值为0.01，RMSEA 的值为0.076，均满足要求，所以可以认为该两项指标结果较好。

3.3.3 结构方程模型修正

本书首先考虑通过修正指数对模型进行修正，通过单击工具栏，查看模型输出的修正指数结果。双箭头（←→）部分表示的是相关关系路径，说明如果增加两个量之前的相关路径，就能至少减少相应的卡方值；单箭头（←）部分表示的是因果关系，说明如果增加两个量之间的因果关系路径，就能至少减少相应的卡方值。在对模型进行修正时，通常优先添加修正指数较高的路径，同时也会考虑所添加的路径是否能够被所研究的理论模型所解释，具有现实意义。根据模型输出的修正指数结果（表3-8）以及模型的现实意义，增加 e8←→e10 和 e2←→e3 两条路径。说明指标 F8 和 F10，F2 和 F3 之间存在相关关系，即智慧基础设施的建设和智慧应用的发展之间存在较强的相互影响关系，城市的人才基础和创新能力之间也存在较强的相互影响关系。修正后的模型主要拟合指数见表3-9，修正后的模型如图3-4所示。

表3-8　结构方程模型修正指数输出结果

路径	M. I.	Par Change
e15←→e11	4.267	−0.077
e6←→e11	8.881	0.085
e8←→e11	8.778	−0.097
e8←→e12	4.107	0.058
e10←→e13	9.362	−0.074
e10←→e15	6.461	−0.090
e10←→e8	16.944	0.121
e4←→e9	8.756	−0.091
e4←→e6	7.638	−0.081
e4←→e9	4.774	−0.072
e3←→e9	4.536	0.069
e2←→e3	13.044	0.115

表3-9　智慧城市建设发展结构方程拟合指标值

拟合指标	χ^2/df	NFI	RFI	IFI	TLI	CFI	RMR	RMSEA	P
模型值	2.69	0.902	0.889	0.935	0.917	0.922	0.01	0.068	0.06

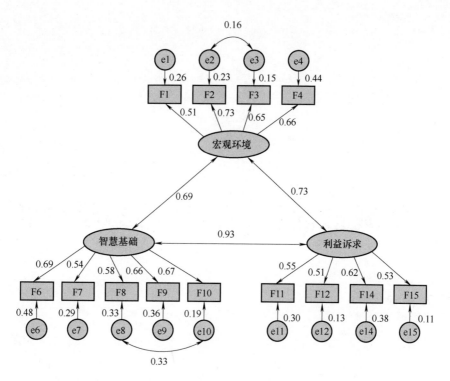

图 3-4　修正后的智慧城市建设发展结构方程模型

从表 3-9 可以看出，修正后的模型各项拟合指数都得到了改善，除了 RFI 为 0.899，略小于 0.9，其他拟合指标均在建议的范围内，说明智慧城市的结构方程模型拟合度较好。从图 3-4 可以看出，智慧城市建设发展结构模型的完全标准化解中，宏观环境与智慧基础之间的相关系数为 0.69，与利益诉求之间的相关系数为 0.73，智慧基础与利益诉求之间的相关系数为 0.93，均大于 0.5，表明三者之间具有较强的相关关系。

本 章 小 结

首先本章研究了智慧城市影响因素，采取了理论与实际相结合的方法，获得了较为全面的影响因素，通过问卷调查与分析的方法得出了智慧城市建设与发展的 13 个主要影响因素，分别为：城市的经济实力；城市的创新能力；城市的人才基础；政府的政策环境；新一代信息通信技术的发展；RFID 等智慧基础设施的建设；物联网等智慧产业的发展；智慧应用（如智慧交通、智慧医疗等）的不断开发与发展；大数据处理技术的不断发展；日益严重的"城市病"问题；产业结构调整的需求；部门间信息共享、协同发展的需求；市民生活质量提升的需求。其次，本章运用结构方程模型，探究了各影响因素之间的相互关系，宏观环境、智慧基础和利益诉求三大影响因素之间存在较强的相关关系，本章的研究结论也为下一章构建智慧城市建设发展的系统动力学仿真模型提供理论基础。

第4章

智慧城市发展的系统动力学分析

4.1 系统动力学基本理论

系统动力学是一门认识和解决复杂系统问题的综合性学科，是由美国麻省理工学院的 Forrester 教授创立的（佟贺丰等，2010），是一门关于连续系统模拟建模技术的方法论学科，以构建匀速之间的因果关系及数量关系为基础，以计算机模拟技术为手段研究复杂系统的定量方法，其中信息反馈控制理论是系统动力学的主要理论基础（张晓，1989）。

4.1.1 系统动力学建模原理

系统动力学是将系统的运动假想成流体运动，使用因果关系图和系统流图来表示系统的结构，系统中因素之间的具体数量关系通过线性或者非线性微分方程表示。

1. 因果关系图

因果关系图是系统中各要素通过一系列的因果关系组成的闭合回路。闭合回路分为正闭合回路（正反馈回路）和负闭合回路（负反馈回路）。正反馈回路是自我增强的回路，用"＋"表示，在该回路中，增大任何一个因素的量，都会引起回路中其他的因素发生一系列变化，最终使最初变化的因素增加得更大；负反馈回路则是自我减弱的回路，用"－"表示，其作用与正反馈回路正好相反。具体如图 4-1 所示，"固定资产总量↑→产品产出量↑→固定资产投资↑→固定资产总量↑"为正反馈回路；"固定资产总量↑→固定资产折旧↑→固定资产总量↓"为负反馈回路。

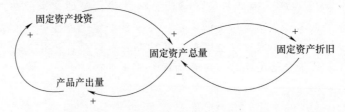

图 4-1　固定资产总量的因果回路图

2. 系统动力学模型变量类型

系统中的各要素都是时间 t 的函数，它们在系统中随着时间的变化而不断地变动，构成系统特有的功能，系统动力学模型中的主要变量可以归纳为以下四种：

1）流位变量：即存量，是系统中具有累积效应的变量，在系统动力学模型中，流位变量表征的是物质、能量与信息的储存。

2）流率变量：表征流位变量的变化速率，是直接影响流位变量的量。

3）辅助变量：是从信息源到流率变量或者流位变量之间的中间变量。

4）常量：在某一计算过程中不随时间变化的量。

3. 系统流图

由于因果关系图无法清楚地描述系统管理和控制的过程，因此只能被用于建模初期。建立完整的系统动力学模型还需进一步定义变量的性质，建立系统流图。流位变量和流率变量是系统动力学模型中最基本的两种变量，流位变量代表积累，表征系统的状态；流率变量则反映流位变量的时间变化，流入和流出产生了流位变量的变化。系统流图的表示方法如图 4-2 所示。

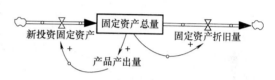

图 4-2 固定资产总量的系统流图

4. 系统方程

构建方程式是系统动力学研究问题必不可少的环节，系统流图中的每一个流位都需要一个微分方程，流入或流出的物资、信息和能量等都需要明确的结构方程式表示。一个系统动力学模型其实就是一系列的线性或者非线性的微分方程。

$$\frac{\mathrm{d}x(t)}{\mathrm{d}x} = f(x, p)$$

式中　x——流位变量；

　　　p——一组参数；

　　　f——函数关系。

4.1.2　系统动力学建模步骤

系统动力学模型主要是通过分析各因素之间的因果关系和确定它们之间的数量关系来构建一个系统的存流量图。构建模型的具体步骤如下（边兰兰，2010）：

（1）确定建模目的及模型边界

建立系统动力学模型，最重要的一步就是明确问题，即确定建模的目的，只有明确问题才能找出建立模型的关键指标，所以建立系统动力学模型的第一步就是，针对所要研究的实际问题，分析其影响因素，明确所研究问题涉及的关键变量，确定系统边界。

（2）根据变量关系绘制因果关系图

根据所要研究的实际问题，分析各关键因素之间的相互影响关系，将系统中的各变量通过因果关系联系起来，建立一个足以解决所要研究问题的因果关系图。

（3）根据因果关系图绘制系统流图

根据所建立的因果关系图，考虑干扰作用等系统的行为特点，根据变量之间的深层次关系，绘制能够进一步表达系统背后物理结构的存量流量图。

（4）确定系统方程

变量之间除了需确定其因果关系，还需进一步确定更加具体的数量关系，用微分方程的形式表示各因素之间的关系。该步的主要工作是根据历史经验或者历史数据拟合，确定各变量之间的系统微分方程。

（5）模型检验

将确定的系统方程输入计算机，并进行模拟计算，检验所建立的系统动力学模型结构是否合理，以及是否能够较为准确地反映所要研究问题的实际情况。

（6）模型仿真与策略分析

以所建立的模型为基础，结合所要研究的实际问题，通过调控模型中设定的相关参数，来观察各种变化对模型最终的输出结果的影响情况，从而提出解决实际问题的政策建议。

4.1.3 系统动力学建模软件

系统动力学模型的构建、分析、预测需要借助于计算机软件来完成。第一代的系统动力学模拟软件是 DYNAMO，但是此软件需要编写程序语言，操作复杂、较难掌握。随着计算机技术的不断发展，系统动力学模拟软件从原来的编写语言发展到了现在的图形应用化，如 STELLA/iThink、Vensim、Powersim、Anylogic 等，其中 Vensim 是最常用的软件。

Vensim 是由美国 Ventana 公司开发的一个可视化的系统动力学建模软件，可以将所要研究的系统问题概念化和文档化，并对其进行模拟、分析和预测。Vensim 提供了一种简单灵活的方法来绘制因果关系图和系统流图，用文字表示系统变量，用箭头表示变量间的因果关系，在此基础上，通过公式编辑器输入变量间的微分方程，从而完成模型的建立。

考虑到 Vensim 软件的功能全面性及简单易操作性，故本书采用 Vensim 软件进行智慧城市的系统动力学模型构建。

4.2 智慧城市发展的系统动力学模型

4.2.1 建模目的与模型边界

1. 建模目的

随着智慧城市概念的不断成熟，学界的关注焦点也在发生变化。人们对智慧城市的认识不仅仅停留在信息平台关键技术应用以及资金支持等的"硬实力"上，更多地开始注重人才培养、制度创新等"软实力"的建设。如何软硬兼施实现，做好智慧城市的顶层规划和部署是本书要研究的重点内容。

本书构建智慧城市建设结构演变及情景分析的系统动力学模型的主要目的有：

1）从宏观上研究智慧城市的演变过程，建立经济、社会和环境三个子系统相关要素的因果反馈关系。

2）探究智慧化的产业发展对区域经济及产业转型升级的影响，识别出智慧城市建设对产业结构调整的关键路径，通过合理的政策调控来更大程度上促进城市经济发展。

3）结合地区特色，分析智慧基础设施及智慧应用的建设现状，考虑市民对智慧应用的需求，探索如何最大限度上满足市民的需求，从而做到提升市民的生活品质。

4）通过分析智慧城市建设对资源、环境及人口的影响，识别出影响城市可持续发展的关键因素，并寻求改进途径，为我国城市智慧化的可持续发展提供理论支持和方法论依据。

2. 模型边界

系统是一个相对的概念，是相对于所研究问题的具体内容及建模目的而言的。由于现实系统的各个要素之间往往存在着千丝万缕的关系，如果尽可能地一一考虑，往往会使得模型特别庞大，而抓不住重点，因此，界定所要研究问题的模型边界对后续的深入研究是非常必要的。

确定模型边界的一般原则：①目的性原则，确定所要研究的变量是受哪些状态变量控制，并继续跟踪其所要依靠的自变量，一直追究到其自变量可以忽略；②就简性原则，即尽可能地缩小系统的边界的范围，如果不考虑某变量要素，仍能达到系统的研究目的，那么就不需要把该变量因素列在边界范围内；③有效性原则，确定每一个变量之间的相互关系，筛选出那些找不到相关关系的状态变量，将之从模型中剔除。

智慧城市发展的目标是实现经济、社会和生态的可持续发展，故本书考虑将智慧城市的系统动力学模型分为经济子系统、社会子系统和环境子系统。经济子系统中主要研究以电子信息产业及物联网产业等为代表的智慧产业对城市产业结构调整的影响，以及财政收入对公共服务支出的影响；社会子系统主要从社会创新、智慧交通、智慧医疗等方面来研究，探究智慧城市的建设对交通、医疗产生的影响；环境子系统主要研究的问题为资源的消耗及城市碳排放量的变化趋势。因此主要的系统要素包括以下几个方面：

1）智慧产业发展要素：包括国民生产总值（GDP）、第三产业产值占 GDP 比重等。

2）社会发展要素：包括城市人口总数、城市创新水平、智慧交通产业规模、智慧医疗产业规模、公共交通使用比例、医疗效率等。

3）生态发展要素：包括万元 GDP 能耗、碳排放量等。

4.2.2　智慧城市系统模型因果关系图

智慧城市是一个复杂的系统，其各组成部分之间存在着许多的循环、连锁的关系，运用系统动力学的思想，将这些因素之间的关系用正反馈回路和负反馈回路来描述。

根据对智慧城市经济子系统、社会子系统和环境子系统边界要素的确定，并结合智慧城市影响因素之间的相关关系分析，可得到南京市智慧城市建设的因果关系图，如图 4-3 所示。

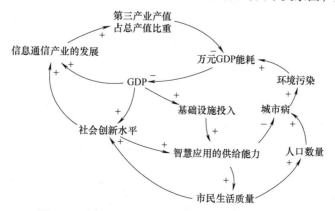

图 4-3　南京市智慧城市建设系统模型因果关系图

上述因果关系图包含了 3 个反馈环，其中 2 条正反馈回路，1 条负反馈回路，它们分别是：

1）社会创新水平↑→信息通信产业的发展↑→第三产业产值占总产值比重↑→万元 GDP 能耗↓→GDP↑→社会创新水平↑（正反馈回路）。该反馈回路反映了智慧城市的建设对城市经济产业结构调整的影响。智慧城市发展的根本动力是信息技术的"硬实力"与社会创新能力的"软实力"的结合，带动第三产业的发展，从而减少由于经济增长而引起的资源消耗和环境污染，万元 GDP 能耗的降低又对经济的增长起到了积极的作用，进一步促进了社会创新水平的提高和信息产业的发展。

2）GDP↑→基础设施投入↑→智慧应用的供给能力↑→市民生活质量↑→人口数量↑→城市病↑→环境污染↑→万元 GDP 能耗↑→GDP↓（负反馈回路）。该反馈回路反映了社会发展和环境的协调关系。经济的增长提高了智慧应用的供给能力，市民的需求不断地得到满足，生活质量得到提升，良好的社会生活环境导致大量的人口迁入，使得城市人口规模不断扩大，从而引起"城市病"问题的加剧，最终对经济发展造成负面影响。

3）GDP↑→基础设施投入↑→智慧应用的供给能力↑→市民生活质量↑→社会创新水平↑→GDP↑（正反馈回路）。该反馈回路反映了社会发展和经济的协调关系。经济的发展使得政府加大对公共服务基础设施的投入，提高智慧应用的供给能力，市民的需求得到满足，生活质量得到提升，良好的社会环境会进一步激发社会的创新水平，最终对经济发展产生积极的影响。

4.3 模型变量及系统流图

4.3.1 经济子系统变量的定义及其系统流图

智慧城市建设与固定资产投资以及产业结构调整密不可分。胡军燕和纪超逸（2015）的研究显示，经济发达城市经济增长的重要因素之一就是高新技术产业占比提高，且智慧城市的主要特征就是充分利用先进的信息通信技术实现对城市各处信息的感知、分析和应用，这说明处于城市发展高级形态的智慧城市更应强调信息技术产业等第三产业的发展。

另外研究表明在城市发展的初级阶段，GDP 增长在一定程度上都常常伴随着对自然环境不可逆转的毁坏，这就意味着城市经济发展越快会消耗越多的自然资源。孙永平和叶初生（2011）的研究显示，过度依赖资源会阻碍产业结构的多元化和高级化，从而阻碍城市经济发展。故本书针对智慧城市产业经济发展做出如下假设：

1）物联网产业、电子信息产业等智慧产业对智慧城市经济发展有明显的正向促进作用。

2）GDP 增长过快会引起资源消耗量增大，不利于智慧城市经济的可持续发展。

基于以上考虑，在经济子系统中，除去对智慧城市系统的发展产生较弱影响的反馈，对系统进行简化，最终确定经济子系统的系统结构流图，如图 4-4 所示。

对经济子系统的系统变量做如下的选择及定义：

（1）流位变量

国民生产总值（GDP）：GDP 的大小体现了经济发展的规模和水平，它的大小等于第

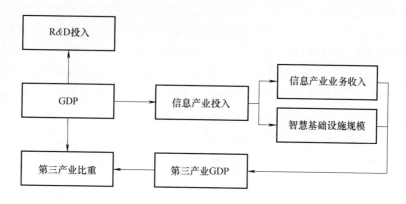

图 4-4　经济子系统流图

一、二、三产业增加值的总和。

（2）速率变量

GDP 增长率：也就是 GDP 相对于上一年增长的百分比。

（3）辅助变量

1）电子信息产业投资比例。

2）电子信息产业投资规模。

3）R&D 研究经费投入。

4）电子信息产业主营业务收入。

5）RFID 产业规模：RFID 技术也称射频技术，是物联网发展的核心技术，RFID 标签是智慧城市建设发展过程中基础设施的重要组成部分，故用 RFID 产业规模代表智慧城市基础设施的建设发展情况（汤雨洋和邓少灵，2013）。

6）物联网产业规模：在智慧城市建设过程中物联网技术是推动智慧基础设施、智慧交通、智慧医疗等智慧应用建设的重要手段，故用物联网产业规模来衡量智慧城市智慧应用的服务供给能力（郝书池，2012；孙涛和董永凯，2015）。

7）第三产业产值。

8）第三产业产值占总产值比重：是衡量产业结构优化结果的重要指标。

9）人均 GDP：GDP 与城市人口总数的比值，反映市民收入情况的指标。

4.3.2　社会子系统变量的定义及其系统流图

智慧城市是城市化与信息化相融合的产物，不仅在技术上推进城市功能的拓展，在社会公共服务方面也发挥了很大的作用。通过对交通信息的自动采集、处理、分析和发布，实现人、车、路三者之间的协调，以平衡交通资源和改善交通情况；通过教育信息共享，为各类用户提供最需要、最适合、最准确的教育服务，实现一个开放灵活、智能化的教育环境；通过电子病历、健康档案等手段，促进医患之间的信息交流，提高医疗服务质量。

以人为本的公共服务是智慧城市建设的主要内容。交通出行和空气治理是城市公共服务智慧化亟待解决的问题，医疗教育和社会保障也是公众比较关心的问题（赵勇等，2015）。

另外，随着智慧城市建设的不断深入，越来越多的学者开始关注城市的创新力及软环境对智慧服务供给能力的影响。蒋明华等（2015）提出各种创新资源是智慧城市成长的主要驱动力，其中主要是财力创新和智慧创新，并且智慧城市的成长有利于进一步吸引越来越多的创新资源来推动自身的进一步成长，即财政投入带动的智慧产业发展与管理理念与制度的创新是提高智慧服务供给能力的有效支撑。同时，良好的社会创新环境进一步带动城市创新能力的发展，但是公共服务水平的提高引起人口增长带来的交通拥堵等"城市病"问题也不容忽视。故本书针对智慧城市的社会子系统做出如下假设：

1）智慧城市的创新能力可以明显地增强智慧服务的供给能力，进而提高社会的公共服务水平。

2）高质量的公共服务在一定程度上会带动社会创新能力的发展。

3）智慧城市社会公共服务主要包含交通和医疗两个方面。

基于以上考虑，在社会子系统中，除去对智慧城市系统的发展产生较弱影响的反馈，对系统进行简化，最终确定社会子系统的系统结构流图，如图4-5所示。

对社会子系统的系统变量做如下的变量选择及定义：

（1）流位变量

人口总数：也就是城市常住人口数。

图4-5　社会子系统流图

（2）速率变量

人口增长率。

（3）辅助变量

1）人口增长量：指的是人口的净增长量，人口净增长率与人口总数的乘积。

2）智慧交通市场规模：本书采用智慧交通市场规模来衡量智慧交通的发展现状以探究其对城市交通及居民出行结构的影响。

3）智慧医疗市场规模：本书采用智慧医疗市场规模来衡量智慧医疗的发展现状以探究其对城市医疗服务效率的影响。

4）公共交通出行比例：乘坐公交出行总人次与出行总人次的比值，是衡量公共交通发展、城市交通结构合理性的重要指标，本书将交通工具只分为公共交通与私人交通，即公共交通使用比例+私家车使用比例=1。

5）私家车保有量：私家车使用比例的增长量，私家车使用比例增长会导致公共交通使用比例的减少。

6）公共交通客运量：公共交通客运量是影响公共交通出行的重要因素。

7）社会创新能力：对于研究社会创新能力，不同的研究者采用不同的指标，主要是采用专利授权数量或者研究机构数量，考虑到研究机构数量的提高也会在一定程度上引起专利授权数量的增多，故本书采用单位研究机构专利授权数量来综合衡量社会创新能力，即社会创新能力＝专利授权数量/研究机构数量。

8）医疗服务效率：参考医疗体系评价指标的相关研究成果，采用平均每位医生人均年门诊人次、平均每位医生人均住院人次、人均手术例数、出院者平均住院日、实际病床使用率五个指标来综合衡量医疗效率，它们的权重分别是 0.2、0.25、0.2、0.1、0.25，即医疗服务效率 = 0.2 × 平均每位医生人均年门诊人次 + 0.25 × 平均每位医生人均住院人次 + 0.2 × 人均手术例数 + 0.1 × 出院者平均住院日 + 0.25 × 实际病床使用率（蒋明华等，2015）。

4.3.3 生态子系统变量的定义及其系统流图

目前，我国城市污染问题总体态势严峻，严重制约城市的生态文明建设，所以城市的低碳生态转型将成为我国城市发展的战略型模式。而智慧城市的特征之一就是宜居的生态环境，实现经济、社会、环境的协调可持续发展。借助于物联网技术，实现对城市污染源的监测预警和控制，使得自然资源得到合理的利用并减少污染和浪费。

因此可针对智慧城市的环境子系统做出如下假设：

1）城市的信息化程度对城市的生态及资源优化有正向的促进作用。

2）能源消耗量与碳排放量成正相关关系，即能耗的增加会引起碳排放量的增加，同样碳排放量过高也会影响能源消耗量增加。

基于以上考虑，在环境子系统中，除去对智慧城市系统的发展产生较弱影响的反馈，对系统进行简化，最终确定环境子系统的系统结构流图，如图4-6所示。

对环境子系统的系统变量做如下的变量选择及定义：

1）万元 GDP 能耗：是指一定时期内每生产万元的国内生产总值所消耗的能源，是反映能源消费水平和节能降耗状况的主要指标。

图 4-6 环境子系统流图

2）碳排放量：是指城市每年排放碳的量，是衡量城市污染治理水平的重要指标。

4.3.4 智慧城市系统流图

智慧城市的发展战略是实现经济、社会、环境的全面、协调、可持续发展，科学统筹人与城市、人与社会、人与自然的关系。城市的信息化规划是城市发展的基础，同时智慧城市的建设也不能仅仅局限于信息技术的发展，更应注重创新等软实力，以市民需求为导向，建设资源节约型、环境友好型城市。

经济、社会、环境三个子系统的各要素之间相互影响，智慧经济产业的发展带动产业结构调整，在增加财政收入的同时减少对环境的污染和资源的浪费，而社会公共服务的财政支出与经济增长呈正相关，公共服务水平的提高能够有效地促进经济的持续增长。另外，公共服务水平的提高，也有利于培养市民的节能减排意识，例如，智能电表的使用可以有效地降低高峰时段的用电量，在一定程度上缓解国家电网的发电压力。结合对经济、社会和环境子系统的分析，最终得出智慧城市的系统动力学流图，如图4-7所示。

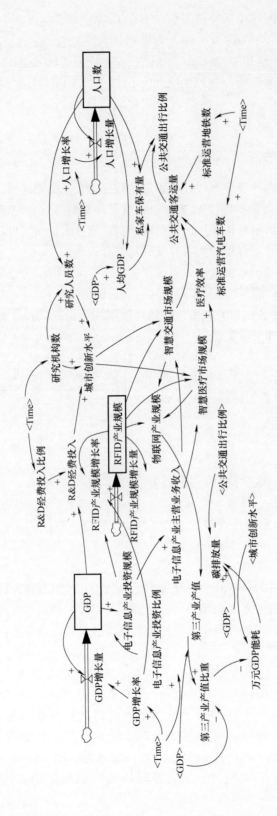

图 4-7　智慧城市的系统动力学

4.4 模型检验与仿真结果分析

系统动力学模型的仿真是建立在确定存量流量图中各变量之间的具体数量关系的基础上。将基本数据输入系统模型后，才能进行准确的模拟和仿真。如果模拟结果与实际的历史情况偏差较大，则需对变量之间的结构关系及数量关系进行调整。本书是基于 Vensim 系统动力学软件进行的模拟和仿真，模型中的预测范围为 2006～2025 年，其中 2006～2013 年为模型的历史检测年，仿真步长为 1 年。模型中的主要数据来源于《南京市统计年鉴》《中国信息年鉴》《中国智慧城市发展评估报告》《中国电子商务行业发展公告》《江苏省卫生事业发展公告》《中国在线医疗行业研究报告》等资料，针对上述数据采用 SPSS 软件进行回归分析以拟合出具体公式。

4.4.1 模型检验

智慧城市建设发展的系统动力学模型是通过分析各驱动因素之间的因果关系，以历史数据为基础建立的系统模型，模型是否能够有效地描述显示系统，需要对所建立的模型进行检验，模型的检验主要包括结构检验、有效性检验和灵敏度检验三部分。

1. 模型的结构检验

模型的结构检验主要是针对因果关系图的建立，对涉及的变量之间的因果关系的合理性进行检验，以保证模型结构的合理性。本书主要从智慧城市建设发展的主要驱动因素、智慧基础设施、智慧服务供给能力、智慧应用及城市创新水平等变量之间的因果关系来检验其结构的合理性。

物联网产业是智慧城市建设发展的核心产业，主要包括 RFID 等基础设施产业、数据分析及应用开发，即本书所选取的变量 RFID 产业规模及电子信息产业主营业务收入。图 4-8 为模型的物联网产业规模原因树图，其结构关系与分析一致，故智慧基础设施、智慧技术、智慧服务供给能力之间的结构关系合理。

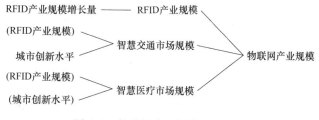

图 4-8　物联网产业规模原因树图

智慧应用的发展主要受到智慧服务供给能力及城市创新水平的影响。图 4-9、图 4-10 分别为模型智慧交通及智慧医疗发展的原因树图，其结构与分析一致，可以认为其结构合理。其余各变量之间的结构检验与上文相同，故不再一一列举。

2. 模型的有效性检验

模型的有效性检验实际上就是通过分析结构产生的行为来评价模型结构的适度性问题，模型的有效性其实就是模型运行效果的反映，最有效的方法就是运用历史回顾检验法，分析模型仿真输出的结果和实际的历史数据的一致性，将模型分析运行的结果数据与真实数据进

图 4-9　智慧交通市场规模原因树图

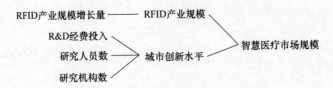

图 4-10　智慧医疗市场规模原因树图

行对比，计算两者之间的绝对误差：

$$\varepsilon = \frac{|Y_{it} - Y'_{it}|}{Y_{it}} \quad i = 1, 2, 3, \cdots n; t = 2006, 2007, \cdots, 2013$$

其中，Y_{it}，Y'_{it} 表示第 i 个变量在第 t 年的实际值和模拟值；n 表示模型中变量的数量。

根据计量经济学相关理论，普遍认为模型的总体的有效性较好，即仿真及预测的准确度较高的标准为每个变量的绝对误差不超过 10%，且大部分变量的绝对误差不超过 6%（赵娟，2014）。本书的检验年为 2006～2013 年，对模型主要变量的检验结果见表 4-1。

表 4-1　智慧城市建设发展的系统动力学模型有效性检验

变量名	时间	2006	2007	2008	2009	2010	2011	2012	2013
物联网产业规模	实际值	14.09	16.04	17.27	20.81	23.70	32.76	49.21	66.71
	模拟值	12.99	14.68	16.28	19.25	24.99	34.52	48.92	63.44
	绝对误差	7.81%	8.48%	5.73%	7.50%	5.44%	5.37%	0.59%	4.90%
电子商务规模	实际值	—	—	349.24	440.62	588.42	812.42	1105.60	1372.04
	模拟值	267.54	286.70	335.87	458.01	561.93	778.27	1117.88	1381.52
	绝对误差	—	—	3.83%	3.95%	4.50%	4.20%	1.11%	0.69%
第三产业产值	实际值	1331.82	1590.07	1923.94	2170.42	2542.50	3320.41	3845.73	4356.56
	模拟值	1303.08	1605.19	1890.66	2194.22	2626.16	3229.63	3883.08	4342.12
	绝对误差	2.16%	0.95%	1.73%	1.10%	3.29%	2.73%	0.97%	0.33%
第三产业产值比重	实际值	47.94%	48.43%	50.44%	51.31%	50.72%	52.40%	53.40%	54.38%
	模拟值	46.16%	48.06%	49.56%	51.87%	52.39%	52.55%	53.92%	54.20%
	绝对误差	3.71%	0.76%	1.74%	1.09%	3.29%	0.29%	0.97%	0.33%
万元GDP能耗	实际值	1.31	1.25	1.18	1.12	1.06	0.84	0.79	0.73
	模拟值	1.39	1.29	1.20	1.03	0.99	0.93	0.76	0.71
	绝对误差	6.11%	3.20%	1.69%	8.04%	6.60%	10.71%	3.80%	2.74%

（续）

变量名	时间	2006	2007	2008	2009	2010	2011	2012	2013
城市创新水平	实际值	2847	3778	4816	6591	9150	12404	18612	19484
	模拟值	2953	3695	4811	7249	9067	11706	17902	20012
	绝对误差	3.72%	2.20%	0.10%	9.98%	0.91%	5.63%	3.81%	2.71%
智慧交通市场规模	实际值	—	—	77.00	88.00	100.00	131.00	160.00	192.00
	模拟值	69.43	70.10	76.26	93.20	102.39	123.84	162.60	185.99
	绝对误差	—	—	0.96%	5.91%	2.39%	5.47%	1.63%	3.13%
公共交通出行比例	实际值	19.29%	21.46%	21.56%	21.86%	23.00%	24.40%	—	—
	模拟值	20.45%	20.60%	21.00%	21.81%	23.53%	24.26%	25.19%	25.66%
	绝对误差	6.01%	4.01%	2.60%	0.23%	2.30%	0.57%		
智慧医疗市场规模	实际值	—	—	71.60	90.60	114.10	146.30	176.60	218.30
	模拟值	69.57	72.51	76.81	93.98	108.38	137.70	182.26	218.77
	绝对误差	—	—	7.28%	3.73%	5.01%	5.88%	3.20%	0.22%
医疗效率	实际值	0.48	0.52	0.55	0.58	0.61	0.68	0.69	0.70
	模拟值	0.45	0.49	0.53	0.56	0.59	0.63	0.67	0.71
	绝对误差	6.25%	5.77%	3.64%	3.45%	3.28%	7.35%	2.90%	1.43%

一个模型不可能恰好是现实情况的再现，建立系统动力学模型的目的更多的是反映问题之间的逻辑关系，并预测其变化趋势。通过表 4-1 的分析可知，所有绝对误差都控制在 10% 以内，绝大部分的绝对误差控制在 6% 以内，模型的仿真结果与实际的历史数据基本吻合。因此，可以认为智慧城市建设发展的系统动力学模型通过了有效性检验，此模型是真实可靠的，可以有效地代表实际系统，适合进行仿真模拟和政策分析。

3. 模型的灵敏度检验

由于系统动力学模型的建立过程十分复杂，往往容易简化变量之间的关系，或者是根据主观判断，因此系统动力学模型的参数会带有一定的近似性。灵敏度检验就是用于研究参数的变化对系统行为的影响程度。如果对模型中的参数或者结构方程进行一定程度地改变会使模型模拟的行为曲线有较大的变化，那么就认为模型不利于在实际中的应用；如果一定程度地改变模型中的参数或者结构方程，模型模拟的行为曲线并未发生很大的变化，则认为该模型有利于在实际中的应用。

通过改变 GDP 增长率、人口增长率和 RFID 增长率来测试模型的灵敏度，具体见表 4-2。图 4-11、图 4-12、图 4-13 分别列举了物联网产业规模、城市创新水平、公共交通出行比例的灵敏度检验结果，由于受篇幅限制，其他变量的检验结果不再一一列举。

表 4-2　灵敏度检验

变量	时间	2006	2007	2008	2009	2010	2011	2012	2013	2014
GDP 增长率（%）	改变前	18.32	14.21	10.90	18.49	22.60	17.18	11.25	10.1	10.2
	改变后	19.32	15.21	11.90	19.49	23.60	18.18	12.25	11.1	11.2

（续）

变量	时间	2006	2007	2008	2009	2010	2011	2012	2013	2014
人口增长率（%）	改变前	3.09	2.37	1.64	3.82	1.27	0.64	0.33	0.35	1.97
	改变后	3.39	2.67	1.94	4.12	1.57	0.94	0.66	0.65	2.27

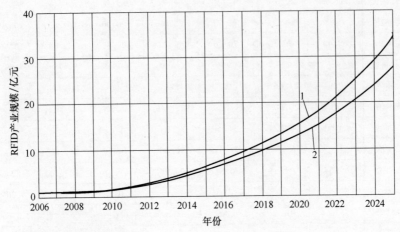

1—RFID产业规模灵敏度检验
2—RFID产业规模模拟数据

图 4-11　物联网产业规模灵敏度检验结果

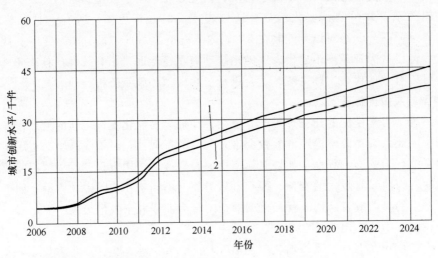

1—城市创新水平灵敏度检验
2—城市创新水平模拟数据

图 4-12　城市创新水平灵敏度检验结果

从图 4-11、图 4-12、图 4-13 可以看出，在对 GDP 增长率、人口增长率和 RFID 做一定程度的改变后，虽然模型输出的行为曲线在振幅大小上有所变化，但是变化不大，且曲线的变化确实没有出现较大的变动，这说明模型针对 GDP 增长率和人口增长率的灵敏度不高，这有利于模型在实际中应用。

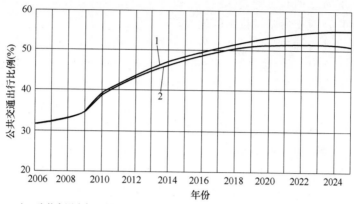

1—公共交通出行比例灵敏度检验
2—公共交通出行比例模拟数据

图 4-13 公共交通出行比例灵敏度检验结果

4.4.2 模型的仿真结果分析

系统动力学模型的模拟仿真是建立在已建成的系统流图及各变量之间的相互关系基础上的，利用系统动力学软件 Vensim 在计算机上进行动态的仿真计算出来的。现利用南京市历史数据对各参数进行赋值，得到了 2006～2025 年南京市智慧城市建设发展的系统仿真和模拟结果，其中 2014～2025 年为预测值，具体结果介绍如下。

智慧基础设施的建设及信息通信技术的发展推动了智慧交通的建设，也在一定程度上影响着居民的出行，如何缓解交通拥堵，提高交通可达性和居民的出行效率，减少碳排放量一直是智慧交通建设所要解决的关键问题之一。基于智能的交通系统，通过摄像头和传感器对道路设施和交通情况进行数据采集分析，为居民提供实时、准确的出行消息，以提高出行效率。从图 4-14 可以看出，智慧交通的市场规模呈现出快速发展的态势，并对居民出行方式的选择产生一定程度的影响，与城市的公共交通出行比例呈正相关关系，但是随着公共出行

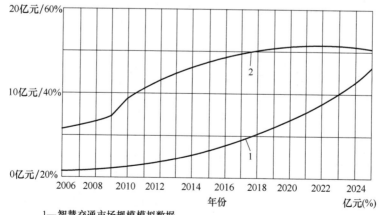

1—智慧交通市场规模模拟数据

2—公共交通出行比例模拟数据

图 4-14 智慧交通市场规模及公共交通出行比例变化趋势

比例的不断提高，智慧交通对出行效率的影响开始受到交通基础设施的制约，故随着智慧交通的不断发展，也应注重交通基础设施的建设。

智慧基础设施的建设和智慧应用的开发是智慧城市建设中的重要内容，图4-15中曲线1表示智慧基础设施RFID产业规模的变化趋势，曲线2和3分别代表智慧交通和智慧医疗两项智慧应用的市场规模发展趋势，从图中可以看出智慧基础设施的发展速度明显高于智慧应用的发展速度，这与南京在智慧城市发展规划中提出的"进一步加强智慧城市信息化基础设施建设"的政策有很大的关系。也就是南京市在智慧城市建设初期，注重基础设施的建设以带动智慧应用及相关产业的发展，然而随着智慧城市建设的不断深入，有可能会出现基础设施建设与应用发展不协调的情况，而导致这种现象出现的主要原因是不同行业、不同部门间条块分割，形成各自的小数据中心建设，缺少数据的共享与应用，使得智慧城市的建设存在较为严重的重复建设问题，而阻碍智慧应用的发展。

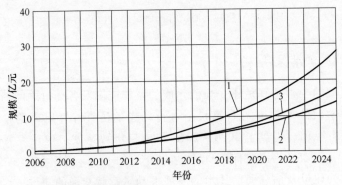

1—RFID产业规模模拟数据
2—智慧交通市场规模模拟数据
3—智慧医疗市场规模模拟数据

图4-15　RFID标签基础设施及智慧应用市场规模变化趋势

智慧城市建设过程中，以物联网产业为代表的智慧产业是产业发展的高级阶段，是引领产业转型升级的重要方向。发展智慧产业对我国的产业结构调整具有重要意义。从图4-16可以看出南京市产业结构变化趋势中，第三产业产值比重不断增大，但是其增速在2014～2018年阶段略微缓慢，而之后的阶段增速提高，这说明智慧产业对南京市产业结构的调整，在最初阶段作用较弱，但是随着智慧产业的发展对产业结构调整的影响不断增强；这也说明智慧产业的发展对城市经济转型有着深远的影响和重大的意义。在智慧产业的发展中，应注重建立以政府投入为引导，企业投入为主体，社会投入为重要来源的智慧产业多元化投融资体系。通过直接投资、补贴、贷款贴息等多种方式支持智慧产业的核心技术和基础设施建设。

随着城市的不断发展，"城市病"问题不断出现，如资源短缺、环境恶化，使得环境保护已经到了刻不容缓的地步，智慧城市建设是解决"城市病"问题的有效手段。从图4-17可以看出，南京市发展的万元GDP能耗呈降低趋势，这在一定程度上与资源消耗小、环境影响小、知识密集的智慧产业的发展有很大的关系。智慧产业带动产业结构调整，引导产业升级，由资源依赖型经济向智慧密集型经济发展。从图4-18不难发现，城市碳排放量的变化确实并没有得到很大的改变，仍呈上升趋势，这说明南京市智慧城市建设过程中对智慧环

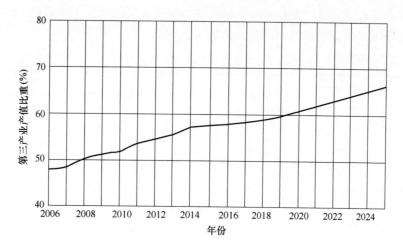

图 4-16 第三产业产值比重变化趋势

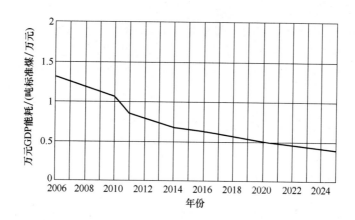

图 4-17 万元 GDP 能耗变化趋势

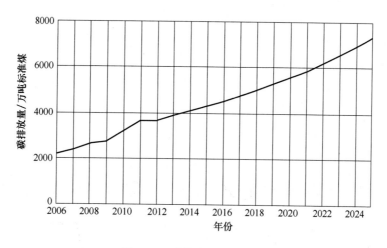

图 4-18 碳排放量变化趋势

保方面的重视程度还需增强，需加强节能减排方面智慧应用的开发。综合以上分析，智慧城市建设发展过程中可能会出现的问题总结见表4-3。

表 4-3　智慧城市建设发展仿真结果

子系统	仿真结果
经济	智慧城市初期阶段对产业结构的调整影响较弱，随着智慧城市建设程度的不断深入，影响程度逐渐增大
社会	智慧城市的建设对改善市民生活具有明显的正向作用，但是随着智慧城市的不断发展，基础设施建设与智慧应用的开发不协调，基础设施建设过剩的现象将会逐步显现出来
环境	智慧城市的建设对碳排放的遏制作用并不明显，智慧城市的建设中对环境的重视程度仍不高

任何事物的发展都有其内在的规律，智慧城市的建设也存在其发展的必然规律，有着特定的发展阶段。政府应该从宏观整体把控智慧城市的建设，防止基础设施重复建设，数据产能过剩等问题的出现。从以上的分析可以看出，智慧城市建设程度逐步提高，发展环境持续利好，但就目前的发展情况来看，智慧城市建设整体还处于起步阶段，智慧城市的创新应用能力有待提升。南京市智慧城市的建设策略采取的是基础设施带动智慧应用及智慧产业的方式，但是随着建设的不断推进，有可能出现基础设施建设与智慧应用失衡的情况。从目前的阶段看，南京市智慧基础设施的建设已经有了一定程度的积累，政府同时也需开始注重智慧应用的开发与建设。

4.5　推进智慧城市建设的政策仿真——以南京为例

4.5.1　基于 AHP-SWOT 分析的智慧南京政策目标定位

SWOT 分析法也被称为态势分析法或优劣势分析法，S、W、O、T 四个字母分别代表优势（Strength）、劣势（Weakness）、机会（Opportunity）和威胁（Threat），其中优势和劣势是内部因素，机会和威胁是来自于外部的因素。SWOT 分析法主要是通过对所研究对象的内部优势、劣势和外部机会、威胁结合起来分析，从而得出一套属于支撑的结构化系统平衡分析体系，以帮助研究者对所研究对象制订更加全面和科学的战略计划。

1. 智慧南京建设的 SWOT 指标

在上文对智慧城市影响因素的研究中，将影响因素分三类，分别为城市宏观环境、智慧城市的自身发展条件以及智慧城市建设参与者的利益诉求。故本书主要从智慧城市建设的利益诉求和自身发展条件的角度来进行优势和劣势分析，从智慧城市建设的利益诉求和城市宏观环境角度来进行机会和威胁分析。

（1）优势分析

1）信息通信技术的发展及其基础平台的构建。智慧城市建设运用的主要技术是物联网及云计算技术，物联网的两大核心技术为无线传感器网络（Wireless Sensor Network，WSN）和射频识别技术（RFID）（卜子牛，2014）。这些技术将实现对城市中各个方面信息的充分感知和整合，云计算将对这些海量信息进行充分的处理。从《中国信息化发展水平报告》和《江苏省信息化发展水平报告》可以看出，南京市的信息化水平处于国内领先水平，同时信息技术的发展与应用都处于较高的水平，并且南京市政府也投资 4 亿元建成南京市云计算中心，位于江宁开发区吉山软件基地。南京市信息技术的发展和云计算中心等基础平台的建设是智慧南京建设的一大优势。

2）政府相关优惠政策及制度引导。自智慧城市的概念提出以来，新一代的智慧技术在交通、医疗、能源、环保等方面的应用效果逐步显现，国家相关部门、政府为推动智慧城市的发展，给予了多项政策的支持（肖如斐，2013），例如国家通过智慧城市试点工作的开展，来推动智慧城市的广泛建设。南京市政府颁布的《南京市"十三五"智慧城市发展规划》以及相关政策，在一定程度上都有效地引导和促进了南京市智慧城市建设工作的开展。

3）智慧交通、智慧医疗等智慧应用的发展（朱洪波等，2014）。伴随着当前对智慧生活服务设施产业的大力投入，一系列智慧服务产品如动态涂料、交互式感应电灯、智能高速公路等无疑都将成为提升人们出行便捷度的智慧化生活服务元件。传统的交通、医疗、教育模式难以满足人们日渐多样化的需求，而数字化、信息化的公共服务大大提高了人们生活的便捷程度，成为新的需求点。

4）良好的学习及区域创新环境。城市创新中心的建成、产品研发与实验中心的开发都是提高智慧城市创新能力的必要手段（严清清，2015）。为营造良好的创新环境，2015 年 9 月南京市建成麒麟科技创新园，并且签约了包括科技平台类和重大产业类等重大项目，有效地聚集了一大批专业化的高素质人才。此外，南京近年来出台了建设创新名城系列政策，包括推动科研成果和新型研究机构落地，大力发展创新型产业集群，依托于高校及研发机构实现产学研融合等。南京市为提高城市创新能力系列政策的落地，为南京市创新能力的提升和智慧技术的快速发展奠定了基础。

（2）劣势分析

1）资金需求量大，建设资金筹集困难。智慧城市建设需要巨额的资金投入，在我国现行的分税制体制下，政府财力主要集中于中央财政，而地方城市的财政部门在短时间内聚集大量的建设资金较为困难（蒋明华等，2014）。因此，仅仅依靠城市财政资金无法完成智慧城市的预期建设目标，必须建立多元化投融资模式。

2）较大的信息安全风险。智慧城市的建设运用了大量的传感技术及无线宽带技术，来获得人在任何时候和任何地点的信息，且云平台的建设使得这些信息被集中起来，在提高资源共享、资源利用率的同时也带来了巨大的信息安全风险，海量的信息资源一旦被不良利用势必会对国家秘密、商业秘密以及个人隐私构成极大的威胁（满晓元，2013）。

3）智慧产品技术性强，功能实现复杂。尽管智慧产品的使用给人们带来了极大的方便，使产品价值产生了质的飞跃，但也带来了新的挑战和负面影响。实现这些智慧功能的程度正引起复杂性的指数级增长（吴运建等，2013）。如智慧电网应用中智能电表的使用，由于其操作与普通电表相比较复杂，导致其推广具有一定的困难。

4）评价指标体系不完善。目前我国智慧城市建设尚未出现一个国家层面的统一的、明确的智慧城市评价指标体系（王思雪和郑磊，2013）。虽然有关科研机构、政府部门建立了各自的评价指标体系，如国家发展改革委等部门发布的《新型智慧城市评价指标（2016年）》和《新型智慧城市评价指标（2018 年）》，中国信息化研究与促进网、国衡智慧城市科技研究院联合太昊国际互联网大数据评级等权威社会第三方研究机构于 2017 年发布的《2017—2018 中国新型智慧城市建设与发展综合影响力评估指标》等，但是其评价重点及评价方法各有特色，并不统一。南京市在智慧城市建设过程中，既没有形成针对性较强的南京市智慧城市评价指标体系，也没有国家层面统一的评价指标体系，这就导致智慧南京的建设缺乏有效的评价，从而引起对自身建设现状及重点不明确的问题。

（3）机会分析

1）产业结构调整的需求。智慧城市建设中传感网、物联网、云计算等技术的发展将带动形成新的经济增长点，促进产业结构调整，提高经济发展的质量，缓解就业压力。在2015年，我国智慧医疗的市场规模已达到30亿元，2015～2017年，其以80%的复合增长率稳步提高，2017年超过200亿元，带动了相关高新技术产业和服务行业的发展（葛梅，2019）。

2）"城市病"问题解决的需求。随着城镇化率的提高，我国许多城市正处于"城市病"爆发时期，出现交通拥堵、环境恶化、能源资源紧缺等问题。传统的技术和管理手段难以应付，而智慧城市从技术上能提高城市公共服务和基础设施的运行效率，提高城市资源利用率，创建以智慧技术、智慧产业、智慧服务、智慧管理、智慧生活等为重要内容的城市发展新模式，以缓解当前日益严重的"城市病"（赵赛丽等，2013）。如智慧交通开放路况、气象等动态信息，方便市民选择是否出行以及出行方式，减轻了交通拥堵，提高了出行效率；智慧医疗共享病人的病例和保险信息，提高就医效率，降低医疗成本。因此"城市病"问题亟须解决的现象也为智慧城市的发展带来了一定的机遇。

3）提升市民生活质量的需求。随着经济社会的不断发展，人们对生活的需求已经不仅停留在物质需求阶段，还开始更加关注出行、安全、教育等社会服务。智慧城市强调"以人为本"，注重提高市民的生活质量，追求社会的全面发展。随着智慧城市的发展，智慧技术将全面地渗透到我们日常生活的方方面面。如智慧安防满足人们的安全要求，智慧交通提高人们的出行质量，智慧教育方便市民随时随地地学习。

4）提升城市治理的精细化水平和政府决策能力的需求。社会的不断发展对政府管理水平提出了更高的要求，需要政府及时协调各领域的发展。智慧城市则能够充分运用智能信息技术手段感知、分析、整合城市运行系统的各项信息，从而对城市各个方面需求及管理做出智能的响应及判断、决策、行动，同时各类信息资源达到空前高效的整合，公开透明的信息资源使得市民的知情权能够得到更充分的落实（齐丽斯，2015）。

（4）威胁分析

1）智慧城市建设目标及需求的准确识别风险。智慧城市的建设是空前的创造，全球都缺乏可供参照的成熟模式。因此，作为主导者的政府容易盲目借鉴其他城市的做法，进而制约城市的创新发展，导致各智慧城市的建设大同小异，缺乏特色。

2）政策支撑体系及评价标准不完善（赵大鹏，2013）。政策是一种资源的权威性分配。它一方面能够有效地将有限的资源投入到某个限定的领域，另一方面也能够吸引社会资源向该领域的集中，因此，政策对于一个行业的发展来说是极为重要的制度性资源。在我国部分城市，政府已经提出智慧城市建设规划纲要，但是其配套的政策和措施还不完善。智慧城市的评价对智慧城市的建设有指导性作用，而我国尚未有一套完整的智慧城市建设的评价指标体系，导致许多城市盲目建设。

3）智慧城市建设人才基础薄弱。智慧城市的建设需要大量的智力投入，各种类型的人才是智慧城市建设的有效保障。我国虽然是个人才大国，但满足智慧城市发展领域的人才基础薄弱。首先，人才数量不足，我国物联网及新一代信息技术的发展时间较短，积累的人才尤其是高精尖人才较少，技术创新人才较为匮乏。其次，人才结构分布与智慧城市发展的要求不匹配，智慧城市建设涉及的领域较广泛，除了需要一些专业性较强的人才，还需要大量的复合型人才。

4）政府组织结构的"条""块"分割现象严重，各部门之间缺乏有效的沟通（胡丽和陈友福，2013）。智慧城市建设物联网、云计算技术的发展为社会协同治理提供了优良的平台，同时对智慧城市的系统机制也提出了更高的要求。目前许多城市数据都相对孤立和封闭，往往不向外界开放，数据的挖掘和应用存在瓶颈。且我国行政体制处于"条""块"分割的状态，要实现一定的业务协同存在较大的难度。

综上所述，对智慧城市建设发展的经济、社会、文化环境，及政府、企业、市民的智慧城市参与者分析，总结出智慧城市发展外部面临的机会和威胁；对其自身发展的智慧手段、智慧应用等分析，总结出其发展的优势和劣势（图 4-19）。

	优势（S）	劣势（W）
内部条件	（1）智慧技术的发展	（1）融资困难
	（2）政府政策的支持	（2）信息安全风险
	（3）智慧应用的开发	（3）智慧产品功能实现复杂
	（4）良好的学习和创新环境	（4）评价指标体系不完善
	机会（O）	威胁（T）
外部环境	（1）产业结构调整的需求	（1）需求的准确识别
	（2）解决"城市病"问题的需求	（2）政策落实困难
	（3）市民生活质量提升的需求	（3）"条""块"分割现象严重
	（4）政府精细化管理的需求	（4）人才基础薄弱

图 4-19　智慧城市建设与发展的 SWOT 指标

2. 关于智慧南京政策目标的问卷调查及 AHP-SWOT 分析

本书将智慧城市的建设发展作为目标层，优势、劣势、机会和威胁作为准则层，各项具体条件作为指标层。采用专家打分法分析得出各准则层及指标层的权重。具体的 SWOT 分析矩阵如图 4-20 所示。

优势	S1	S2	S3	S4	劣势	W1	W2	W3	W4
S1	1	1	3	1	**W1**	1	3	1	1/5
S2	1	1	5	3	**W2**	1/3	1	1/3	1/4
S3	1/3	1/5	1	1	**W3**	1	3	1	1
S4	1	1/3	1	1	**W4**	5	4	1	1
机会	O1	O2	O3	O4	威胁	T1	T2	T3	T4
O1	1	5	5	5	**T1**	1	4	5	1
O2	1/5	1	1	1	**T2**	1/4	1	3	1/4
O3	1/5	1	1	1/3	**T3**	1/5	1/3	1	1/3
O4	1/5	1	3	1	**T4**	1	3	3	1

图 4-20　智慧城市建设与发展的指标层 AHP 矩阵（专家一）

在分析过程中采用专家打分法对各因素强度进行评分,并建立判断矩阵。共向21位专家发放了问卷进行调查,21人专家组中,政府部门8人,智慧服务供应商或相关企业9人,高校或相关科研院所4人。这些专家理论基础扎实,实践经验丰富。每位专家结合自己专业背景进行了深入的分析和评估。通过问卷形式回收了所有专家的打分结果。

SWOT的问卷调查主要包括两部分,第一部分是对每个指标按照4级标度(0~4或-4~0)进行打分,即在优势指标(S)中,如果该单项指标处于绝对优势则评分为4分,重大优势为3分,较大优势为2分,一般优势为1分;在劣势指标(W)中,如果该项指标处于极端劣势则为-4分,严重劣势为-3分,较大劣势为-2分,一般劣势为-1分;同理在机会指标(O)中,最佳机会为4分,重大机会为3分,较大机会为2分,一般机会为1分;在威胁因素(T)中,极度威胁为-4分,重大威胁为-3分,较大威胁为-2分,一般威胁为-1分。

问卷第二部分则是对每一准则层下的每两个指标之间的相对重要性按照9级标度(-1/5~1/5)进行打分,例如在优势指标中的S1与S2比较,如果认为S1比S2极端重要则为5分,认为S1比S2明显重要则为3分,同等重要则为1分,2、4为其中间值;相反如果认为S1比S2极端不重要则为1/5分,认为明显不重要则为1/3分,同等重要1分,1/2、1/4为其中间值。

在综合考虑了指标权重和指标评分的情况下,就可以计算出各单项指标的强度值,再结合准则层的相应权重计算出准则层的强度值,最后汇总得到一份专家评定出的目标强度表,见表4-6和表4-7。

(1)准则层指标权重的确定

根据各专家对各项指标的单独打分,通过下式计算出各准则层的权重,具体结果如下。

$$\omega_S = \frac{\left| \sum_{r=1}^{n} \sum_{i=1}^{4} U_{rSi} \right|}{\left| \sum_{r=1}^{n} \sum_{i=1}^{4} U_{rSi} \right| + \left| \sum_{r=1}^{n} \sum_{i=1}^{4} U_{rWi} \right| + \left| \sum_{r=1}^{n} \sum_{i=1}^{4} U_{rOi} \right| + \left| \sum_{r=1}^{n} \sum_{i=1}^{4} U_{rTi} \right|} = 0.28$$

$$\omega_W = \frac{\left| \sum_{r=1}^{n} \sum_{i=1}^{4} U_{rWi} \right|}{\left| \sum_{r=1}^{n} \sum_{i=1}^{4} U_{rSi} \right| + \left| \sum_{r=1}^{n} \sum_{i=1}^{4} U_{rWi} \right| + \left| \sum_{r=1}^{n} \sum_{i=1}^{4} U_{rOi} \right| + \left| \sum_{r=1}^{n} \sum_{i=1}^{4} U_{rTi} \right|} = 0.22$$

$$\omega_O = \frac{\left| \sum_{r=1}^{n} \sum_{i=1}^{4} U_{rOi} \right|}{\left| \sum_{r=1}^{n} \sum_{i=1}^{4} U_{rSi} \right| + \left| \sum_{r=1}^{n} \sum_{i=1}^{4} U_{rWi} \right| + \left| \sum_{r=1}^{n} \sum_{i=1}^{4} U_{rOi} \right| + \left| \sum_{r=1}^{n} \sum_{i=1}^{4} U_{rTi} \right|} = 0.27$$

$$\omega_T = \frac{\left| \sum_{r=1}^{n} \sum_{i=1}^{4} U_{rTi} \right|}{\left| \sum_{r=1}^{n} \sum_{i=1}^{4} U_{rSi} \right| + \left| \sum_{r=1}^{n} \sum_{i=1}^{4} U_{rWi} \right| + \left| \sum_{r=1}^{n} \sum_{i=1}^{4} U_{rOi} \right| + \left| \sum_{r=1}^{n} \sum_{i=1}^{4} U_{rTi} \right|} = 0.23$$

其中,U_{rSi}、U_{rWi}、U_{rOi}、U_{rTi}表示第r个问卷调查者对S、W、O、T各因素的打分。

(2)指标层权重的确定

根据图4-20的数据,计算专家—各指标层的权重。

1)S矩阵权重确定。由$\overline{W}_i = \sqrt[4]{\prod_{j=1}^{4} S_{ij}}$($i = 1, 2, 3, 4$)可得:

$$\overline{W}_{S1} = 1.316, \overline{W}_{S2} = 1.968, \overline{W}_{S3} = 0.508, \overline{W}_{S4} = 0.7598$$

对向量$\overline{W} = (\overline{W}_{S1}, \overline{W}_{S2}, \overline{W}_{S3}, \overline{W}_{S4})^T$做归一化处理,并且特征向量$\omega_{Si} = \frac{\overline{W}_{Si}}{\overline{W}}$,可得

$$\overline{W} = \sum_{i=1}^{4} \overline{W}_i = 4.552, \omega_{S1} = 0.289, \omega_{S2} = 0.432, \omega_{S3} = 0.112, \omega_{S4} = 0.167$$

求最大特征根 $\lambda_{\max} = \sum_{i=1}^{4} \dfrac{\sum_{j=1}^{4} S_{ij}\omega_{Si}}{4\omega_{Si}}, \quad (i = 1,2,3,4)$

$$= \frac{1}{4} \times \left(\frac{1 \times 0.289 + 1 \times 0.432 + 3 \times 0.112 + 1 \times 0.167}{0.289} + \right.$$

$$\frac{1 \times 0.289 + 1 \times 0.432 + 5 \times 0.112 + 3 \times 0.167}{0.432} +$$

$$\frac{1/3 \times 0.289 + 1/5 \times 0.432 + 1 \times 0.112 + 1 \times 0.167}{0.112} +$$

$$\left. \frac{1 \times 0.289 + 1/3 \times 0.432 + 1 \times 0.112 + 1 \times 0.167}{0.167} \right)$$

$$= 4.187$$

一致性检验，$CI = \dfrac{1}{n-1}(\lambda_{\max} - n) = 0.062$，由 $n = 4$，查表 4-4 可知 $RI = 0.90$，则 $CR = CI/RI = 0.062/0.90 = 0.069 \leqslant 0.1$，通过一致性检验，说明指标设定符合要求。

表 4-4　平均随机一致性指标

矩阵阶数	1	2	3	4	5	6	7	8	9	10
RI	0	0	0.58	0.90	1.12	1.24	1.32	1.41	1.45	1.49

2）W 矩阵的权重确定。按照 S 矩阵的做法可得：

$$\overline{W_{W1}} = 0.880, \quad \overline{W_{W2}} = 0.408, \quad \overline{W_{W3}} = 1.316, \quad \overline{W_{W4}} = 2.115$$

进而，$\omega_{W1} = 0.186$，$\omega_{W2} = 0.087$，$\omega_{W3} = 0.279$，$\omega_{W4} = 0.448$

$\lambda_{\max} = 4.284$，查表 4-4 知 $RI = 0.90$，则 $CI = 0.095$。

$CR = CI/RI = 0.105 > 0.1$，一致性检验不合格，所以需要对判断矩阵进行修正。

采用全局修正法修正判断矩阵，专家判断矩阵为 $A = (a_{ij})_{n \times n}$，则由第 i 行生成的矩阵为 $A_i = (a_{kl}^{(i)})_{n \times n} = (a_{il}/a_{ik})_{n \times n}$。其中 i 表示矩阵 A_i 是以原判断矩阵 A 中第 i 行数据为基础构造得来的。

$$A_1 = \begin{pmatrix} 1 & 3 & 1 & 1/5 \\ 1/3 & 1 & 1/3 & 1/15 \\ 1 & 3 & 1 & 1/5 \\ 5 & 15 & 5 & 1 \end{pmatrix} \qquad A_2 = \begin{pmatrix} 1 & 3 & 1 & 3/4 \\ 1/3 & 1 & 1/3 & 1/4 \\ 1 & 3 & 1 & 3/4 \\ 4/3 & 4 & 4/3 & 1 \end{pmatrix}$$

$$A_3 = \begin{pmatrix} 1 & 3 & 1 & 1 \\ 1/3 & 1 & 1/3 & 1/3 \\ 1 & 3 & 1 & 1 \\ 1 & 3 & 1 & 1 \end{pmatrix} \qquad A_4 = \begin{pmatrix} 1 & 4/5 & 1/5 & 1/5 \\ 5/4 & 1 & 1/4 & 1/4 \\ 5 & 4 & 1 & 1 \\ 5 & 4 & 1 & 1 \end{pmatrix}$$

由 $K_i = \sum_{i=1}^{n} \sum_{j=1}^{n} (a_{ij} - a_{ij}^{(i)})^2$，矩阵 A_i 与矩阵 A 的贴近程度 $k_i = 1 - \dfrac{K_i}{\sum K_i}$ 可得

$$K_1 = 137.674 \quad K_2 = 13.921 \quad K_3 = 26.203 \quad K_4 = 23.890$$

$$k_1 = 0.317 \quad k_2 = 1.00 \quad k_3 = 0.875 \quad k_4 = 0.875$$

$k_S = \max\{k_i\} = k_2$，所以由第 2 行数据为基础生成的矩阵 A_2 与原矩阵最贴近。

由 A 与 A_2 构造新的矩阵 $\widetilde{A} = \{a_{ij}\}_{n \times n}$，其中 $a_{ij} = (1-t)a_{ij} + ta_{ij}$，$t \in [0,1]$，一般取 $t = 1/3$。

$$\widetilde{A} = \begin{pmatrix} 1 & 3 & 1 & 23/60 \\ 1/3 & 1 & 1/3 & 1/4 \\ 1 & 3 & 1 & 11/12 \\ 34/9 & 4 & 10/9 & 1 \end{pmatrix}$$

按照 S 矩阵的做法计算新矩阵 $\widetilde{A}$ 可得：

$$\overline{W_{W1}} = 1.036, \overline{W_{W2}} = 0.408, \overline{W_{W3}} = 1.288, \overline{W_{W4}} = 2.024$$

$$\omega_{W1} = 0.218, \omega_{W2} = 0.086, \omega_{W3} = 0.271, \omega_{W4} = 0.426$$

$\lambda_{max} = 4.239$，查表 4-4 知 RI = 0.90，则 CI = 0.020。

CR = CI/RI = 0.022 ≤ 0.1，所以通过一致性检验，说明指标设定符合要求。

3）O 矩阵的权重确定。按照 S 矩阵的做法可得：

$$\overline{W_{O1}} = 3.344, \overline{W_{O2}} = 0.669, \overline{W_{O3}} = 0.508, \overline{W_{O4}} = 0.880$$

进而，$\omega_{O1} = 0.619, \omega_{O2} = 0.124, \omega_{O3} = 0.094, \omega_{O4} = 0.163$

$\lambda_{max} = 4.153$，查表 4-4 知 RI = 0.90，则 CI = 0.051。

CR = CI/RI = 0.057 ≤ 0.1，所以通过一致性检验，说明指标设定符合要求。

4）T 矩阵的权重确定。按照 S 矩阵的做法可得：

$$\overline{W_{T1}} = 2.115, \overline{W_{T2}} = 0.707, \overline{W_{T3}} = 0.386, \overline{W_{T4}} = 1.732$$

进而，$\omega_{T1} = 0.428, \omega_{T2} = 0.143, \omega_{T3} = 0.078, \omega_{T4} = 0.351$

$\lambda_{max} = 4.147$，查表 4-4 知 RI = 0.90，则 CI = 0.049。

CR = CI/RI = 0.054 ≤ 0.1，所以通过一致性检验，说明指标设定符合要求。

根据以上计算汇总得出智慧城市建设与发展的 AHP-SWOT 分析指标体系以及准则层和各指标权重（专家一），详见表 4-5。

表 4-5　智慧城市建设与发展的 AHP-SWOT 分析指标体系及权重（专家一）

目标层	准则层	指标层
智慧城市 建设发展	S 优势（0.28）	S1 信息通信技术的发展及其基础平台的构建（0.289）
		S2 政府相关优惠政策及制度引导（0.432）
		S3 对智慧应用的需求（0.112）
		S4 良好的学习及区域创新环境（0.167）
	W 劣势（0.22）	W1 资金需求量大，融资难度大（0.218）
		W2 数据处理复杂且存在较大的信息安全风险（0.086）
		W3 智慧产品技术性强，功能实现复杂（0.271）
		W4 智慧城市评价体系不完善（0.426）
	O 机会（0.27）	O1 产业结构调整的需求（0.619）
		O2 解决"城市病"问题的需求（0.124）
		O3 提高居民的生活质量的需求（0.094）
		O4 提升城市治理的精细化水平和决策能力的需求（0.163）
	T 威胁（0.23）	T1 由于城市不同导致需求差异化的准确识别风险（0.428）
		T2 政府建设目标的趋同性及目标政策执行困难（0.143）
		T3 政府的"条""块"分割现象，缺乏有效沟通（0.078）
		T4 智慧城市建设人才基础薄弱（0.351）

（3）指标效应及准则效应

根据计算出的各项指标权重、准则层权重以及专家一对各指标的单独打分，计算出关于专家一的各单项指标效应及准则层效应，计算结果详见表4-6。

表 4-6　智慧城市建设与发展的战略评价指标强度（专家一）

准则层	准则权重	指标层	指标权重 W_{ij}	指标评分 P_{ij}	单项指标效应 S_{ij}	准则效应 B_{ij}
S	0.28	S1	0.232	1	0.928	0.509
		S2	0.138	3	0.414	
		S3	0.138	1	0.552	
		S4	0.492	2	0.984	
W	0.22	W1	0.187	-2	-0.560	-0.668
		W2	0.108	-1	-0.323	
		W3	0.423	-3	-0.827	
		W4	0.292	-4	-0.584	
O	0.27	O1	0.227	1	0.682	0.303
		O2	0.122	2	0.489	
		O3	0.227	1	0.682	
		O4	0.423	1	0.846	
T	0.23	T1	0.453	-2	-0.906	-0.409
		T2	0.262	-1	-0.523	
		T3	0.167	-1	-0.501	
		T4	0.118	-2	-0.355	

按照以上方法对每份专家问卷进行分析，对评分结果分别进行了计算和一致性检验，对不符合一致性检验的数值进行修正，对修正后的数据再次分析检验，直到数据检验合格，然后对调查问卷的各项评分值进行了均值化处理并取近似值，详细过程见表4-7，最终得出的结果见表4-8。

3. 智慧南京建设的战略分析和政策定位

对所计算的优势、劣势、机会、威胁各指标强度进行准则层战略分析，如图4-21所示。从图中可以看出，目前智慧城市建设发展中促进效应最强的是物联网、云计算等智慧技术的发展及当前我国产业结构调整的需要，其次为良好的学习及创新环境、政府决策能力提高的需求、政府的政策支持与优惠、解决"城市病"问题的需要等；而智慧城市建设发展的最大阻力是城市差异化导致的城市需求准确识别风险、建设资金筹集困难，其次是智慧城市建设人才基础薄弱、评价体系不完善、政策支撑体系不完善及目标政策落实困难、智慧产品技术性强而功能实现复杂等。

表4-7 智慧城市建设发展的战略评价指标强度综合表

序号	各优势指标效应				各劣势指标效应				各机会指标效应				各威胁指标效应			
	S1	S2	S3	S4	W1	W2	W3	W4	O1	O2	O3	O4	T1	T2	T3	T4
1	1.965	0.393	0.501	1.540	-0.330	-0.414	-0.351	-0.427	1.566	0.741	0.467	0.376	-1.122	-0.751	-0.362	-0.170
2	1.635	0.739	0.886	0.561	-1.682	-0.631	-0.500	-0.088	1.159	0.623	0.360	1.159	-0.317	-0.405	-0.129	-0.202
3	0.176	0.463	0.369	1.945	-0.676	-0.444	-0.354	-0.465	0.578	0.402	0.321	0.410	-0.091	-0.315	-1.084	-1.426
4	2.281	0.569	0.962	0.447	-0.330	-0.407	-0.364	-0.511	1.458	0.820	0.371	0.376	-0.908	-0.908	-0.305	-0.241
5	1.031	0.578	0.439	0.107	-0.354	-0.277	-0.177	-0.339	0.689	0.502	0.467	0.262	-1.222	-0.863	-0.188	-0.218
6	1.218	0.432	0.458	1.142	-0.204	-0.783	-0.553	-0.354	0.641	0.381	0.270	0.641	-0.533	-0.417	-0.295	-0.923
7	0.972	0.621	0.236	0.131	-0.406	-0.210	-0.357	-0.258	0.335	0.820	0.731	0.563	-0.303	-0.764	-0.275	-0.950
8	0.522	0.220	0.466	0.522	-0.943	-0.204	-0.327	-0.595	0.524	0.298	0.156	0.580	-0.634	-0.340	-0.393	-0.634
9	0.569	0.416	0.596	0.397	-0.760	-0.298	-0.380	-0.545	0.433	0.279	0.502	0.466	-0.701	-0.467	-0.351	-0.351
10	0.972	0.621	0.236	0.131	-0.406	-0.210	-0.357	-0.303	0.335	0.820	0.731	0.563	-0.303	-0.764	0.275	-0.950
11	0.611	0.282	0.494	0.657	-0.302	-0.201	-0.830	-0.931	0.515	0.237	0.350	0.661	-0.563	-0.173	-0.342	-1.211
12	1.014	0.363	0.552	0.513	-0.695	-0.560	-0.426	-0.792	1.006	0.518	0.341	0.811	-0.467	-0.933	-0.689	-0.422
13	0.928	0.414	0.552	0.984	-0.560	-0.323	-0.827	-0.584	0.682	0.489	0.682	0.846	-0.906	-0.523	-0.501	-0.355
14	0.289	1.297	0.112	0.334	-0.435	-0.086	-0.812	-1.703	0.619	0.248	0.094	0.163	-0.856	-0.143	-0.078	-0.701
15	1.334	1.014	0.499	0.232	-1.474	-0.333	-0.584	-0.457	1.173	1.003	0.643	0.366	-1.078	-0.501	-0.392	-0.795
16	1.259	0.532	0.585	1.349	-0.896	-0.496	-0.402	-0.327	1.101	0.589	0.383	0.648	-0.510	-0.490	-0.525	-0.599
17	1.510	0.526	0.620	0.565	-0.296	-0.489	-0.365	-0.401	0.929	0.568	0.369	0.426	-0.888	-0.729	-0.263	-0.461
18	0.688	0.419	0.433	0.350	-0.703	-0.237	-0.355	-0.466	0.431	0.466	0.463	0.536	-0.546	-0.524	-0.340	-0.645
19	0.866	0.422	0.427	0.434	-0.468	-0.324	-0.538	-0.675	0.619	0.525	0.474	0.678	-0.444	-0.623	-0.252	-0.861
20	0.973	0.752	0.437	0.689	-0.661	-0.326	-0.506	-0.826	1.169	0.555	0.469	0.433	-0.763	-0.529	-0.315	-0.727
21	0.911	0.717	0.442	0.471	-0.799	-0.280	-0.715	-0.646	0.437	0.569	0.436	0.575	-0.851	-0.411	-0.350	-0.527
求和	21.723	11.790	10.302	13.501	-13.38	-7.533	-10.08	-11.69	16.40	11.452	9.080	11.540	-14.01	-11.57	-7.153	-13.37
平均值	1.034	0.561	0.491	0.843	-0.637	-0.359	-0.480	-0.557	0.781	0.545	0.432	0.550	-0.667	-0.551	-0.341	-0.637

表 4-8 智慧城市建设发展的战略评价指标强度

准则层	准则权重	指标层	单项指标效应 S_{ij}	准则效应 B_{ij}	目标强度
S	0.28	S1 信息通信技术的发展及其基础平台的构建	1.034	0.764	
		S2 政府相关优惠政策及制度引导	0.561		
		S3 对智慧应用的需求	0.491		
		S4 良好的学习及区域创新环境	0.843		
W	0.22	W1 资金需求量大，融资难度大	-0.637	-0.447	0.435
		W2 数据处理复杂且存在较大的信息安全风险	-0.359		
		W3 智慧产品技术性强，功能实现复杂	-0.480		
		W4 智慧城市评价体系不完善	-0.557		
O	0.27	O1 产业结构调整的需求	0.781	0.623	
		O2 解决"城市病"问题的需求	0.545		
		O3 提供更加优质的服务，提高居民的生活质量的需求	0.432		
		O4 提升城市治理的精细化水平和政府决策能力的需求	0.550		
T	0.23	T1 由于城市不同导致需求差异化的准确识别风险	-0.667	-0.505	
		T2 政府建设目标的趋同性及目标政策执行困难	-0.551		
		T3 政府的"条""块"分割现象，缺乏有效沟通	-0.341		
		T4 智慧城市建设人才基础薄弱	-0.637		

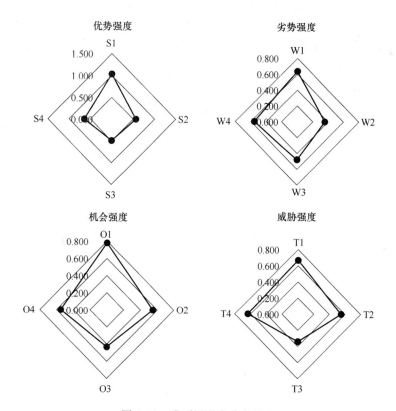

图 4-21 准则层强度分布雷达

智慧城市建设发展的 SWOT 综合评价得分为 0.435，正向的促进效应大于负向的阻碍效应，说明智慧城市建设发展中有很大的优势及良好的机会，但是其目前发展仍然存在较大的阻力和威胁，所以在智慧城市的建设发展过程中要注意抓住机遇，同时不断完善发展模式，克服威胁，智慧城市建设发展的积极效应将更加明显。

以总优势强度 S、总劣势强度 W、总机会强度 O 和总威胁强度 T 四个指标变量为半轴，构成四维坐标系。在四维坐标系上分别找出总优势强度 S、总劣势强度 W、总机会强度 O 和总威胁强度 T 的对应点 S、W、O、T，并用线段依次连接四点即可得到战略四边形 SWOT，如图 4-22 所示。

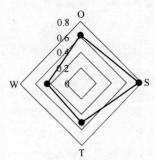

图 4-22　智慧城市发展战略四边形

影响智慧城市建设发展的优势、劣势、机遇与威胁四个因素中，按影响程度排序应该是：优势 > 机遇 > 威胁 > 劣势。也就是说，智慧城市建设发展的优势比较显著，其中以物联网、云计算为代表的智慧技术的发展带来的优势尤为明显，此外政府对智慧城市建设的优惠政策及良好的学习与创新环境带来的优势也较为显著，均对智慧城市的建设发展产生了积极影响；机遇因素在总影响排序中位于第二，说明智慧城市的建设发展存在较好的机遇，其中带动产业结构调整，提升城市智力的精细化水平和政府决策能力的机遇尤为显著；威胁因素的影响程度为第三位，并且与优势因素的影响程度相近，说明智慧城市建设发展的机遇和挑战是并存的，这需要抓住机遇的同时完善政府政策法律体系、重视专业技术人才的培养、准确识别城市发展需求、促进有效沟通，为智慧城市的建设发展提供支持；劣势的影响是四个因素中最小的，说明虽然智慧城市的建设发展具有一定的消极影响，但是相对于面临的巨大机遇和具有的自身优势，劣势的消极影响并没有很严重地影响智慧城市的建设与发展。

根据所绘的战略四边形的重心坐标 $P(X, Y)$ 所在的象限可以确定战略类型。其中：$P(X, Y) = (\sum X_i/4, \sum Y_i/4) = (0.0793, 0.0295)$，即落在图 4-22 所示的战略四边形坐标体系的第一象限。

从而，战略方位角 $\theta = \arctan(Y/X)(0 \leqslant \theta \leqslant 2\pi) = 0.356 \in [0, \pi/4]$，战略方位角与战略类型的对应关系见表 4-9。

表 4-9　战略方位角 θ 与战略类型的对应关系

第一象限		第二象限		第三象限		第四象限	
开拓型战略		争取型战略		保守型战略		抗争型战略	
类型	方位域	类型	方位域	类型	方位域	类型	方位域
实力型	$[0, \pi/4]$	进取型	$[\pi/2, 3\pi/4]$	退却型	$[\pi, 5\pi/4]$	调整型	$[3\pi/2, 7\pi/4]$
机会型	$[\pi/4, \pi/2]$	调整型	$[3\pi/4, \pi]$	回避型	$[5\pi/4, 3\pi/2]$	进取型	$[7\pi/4, 2\pi]$

另外，还需要确定战略强度，正强度为 $U = O \times S$，负强度为 $V = T \times W$，为了综合考虑战略正强度和负强度，定义战略强度系数 $\rho = U/(U+V)(\rho \in [0, 1])$，一般以 0.5 作为临界

点，当 $\rho > 0.5$ 时，采取积极开拓式战略；当 $\rho < 0.5$ 时，采取消极保守式战略。这里 $\rho = 0.678 > 0.5$，因此需要采用相对积极强度的战略。

根据计算结果和分析可知，智慧城市建设发展的战略定位在第一象限，并且在 $[0, \pi/4]$ 区域内，位于开拓型战略区域中，应采取实力型战略，以有效利用城市各方面的优势；同时，由于战略强度系数 $\rho > 0.5$，应该采取积极的开拓型战略。具体而言，即把握优势，充分开发引导物联网、云计算等技术在智慧城市建设中的运用，建立健全的法律体系和优惠政策引导相关部门、企业进行智慧城市建设，准确识别并充分满足市民对智慧应用的需求，利用良好的学习环境进行积极创新，以保证城市的高效发展。

4.5.2 智慧南京建设的政策模拟

系统动力学是一种仿真结构模型，不仅能够预测主要变量的发展趋势，还能够通过调节相关变量以实验不同的政策行为对系统产生的影响，从而为做出科学的决策提供理论依据。通常，通过政策的变化只是改变信息影响与行动的程度，所以如果所研究的系统对其内部的大多数参数的变化不敏感，则意味着该系统对政策变化的响应程度也不高，因为当发生政策变更时，系统中大多数变量的值只会产生较小范围的变化。但是，复杂的系统通常也会对个别参数以及部分结构的变化十分敏感，所以，在所构建的系统模型中，总能找到政策作用点，改变该点的相关参数或结构，系统中相关行为将会产生很大的变化。

通过政策目标分析，应加强对智慧城市建设优势的利用，加大智慧技术的发展、提高城市的创新能力、加强智慧应用的开发。同时，结合对智慧城市 SD 模型的分析，考虑通过改变电子信息产业投资比重和 R&D 经费的投入比例两项指标来设定相关政策，以探究其对智慧城市建设发展的影响。本书共设定 9 种政策方案，即将电子信息产业的投资比重和 R&D 经费的投资比重分别增加 10%、20% 和 30%，并将其相互组合，最终形成的具体方案见表 4-10。由于本书所采用的历史数据来自 2006～2014 年，2015 年开始之后的数据为预测值，故选取 2015 年作为政策的作用点，观察在不同的政策方案下的仿真结果。

表 4-10 智慧南京政策方案设定

方 案	电子信息产业投入比重		R&D 经费投入比重	
	投资比重增长	投资比重	投资比重增长	投资比重
方案 1	10%	2.0862579%	10%	0.61354%
方案 2	10%	2.0862579%	20%	0.66932%
方案 3	10%	2.0862579%	30%	0.72509%
方案 4	20%	2.2759177%	10%	0.61354%
方案 5	20%	2.2759177%	20%	0.66932%
方案 6	20%	2.2759177%	30%	0.72509%
方案 7	30%	2.4655775%	10%	0.61354%
方案 8	30%	2.4655775%	20%	0.66932%
方案 9	30%	2.4655775%	30%	0.72509%

经过计算机软件 Vensim 的计算和分析后，最终得出了不同方案下系统运行结果，具体结果如图 4-23 ~ 图 4-28 所示。

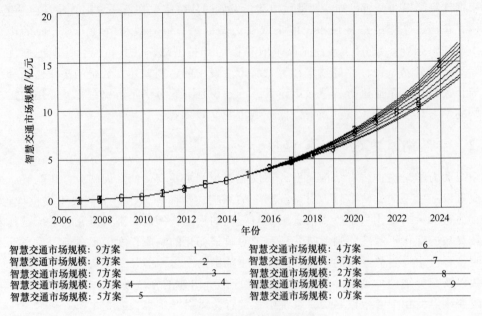

图 4-23　智慧交通市场规模对比图

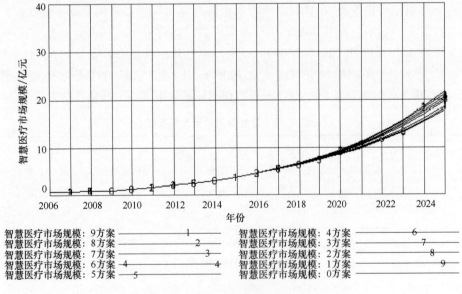

图 4-24　智慧医疗市场规模对比图

从表 4-11 的具体数据可以看出在电子信息产业投入比例一定的情况下，R&D 经费投入越大，则智慧交通和智慧医疗的产业规模增长率也越大；同样，在 R&D 经费投入比例一定的情况下，电子信息产业的投入规模越大，则智慧交通和智慧医疗的产业规模增长率也就越大。所以说，电子信息产业的投入和创新经费的投入都会对智慧应用产业的发展产生正向的

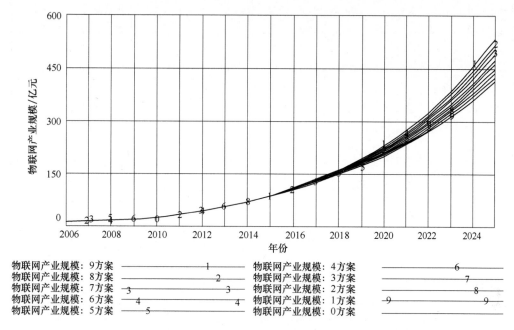

物联网产业规模：9方案	——————————1——————————	物联网产业规模：4方案	——————6——————
物联网产业规模：8方案	——————————2——————————	物联网产业规模：3方案	——————7——————
物联网产业规模：7方案	—3——————————3——	物联网产业规模：2方案	——————8——————
物联网产业规模：6方案	—4——————————4——	物联网产业规模：1方案	—9——————9——
物联网产业规模：5方案	——5——	物联网产业规模：0方案	

图 4-25　物联网产业规模对比图

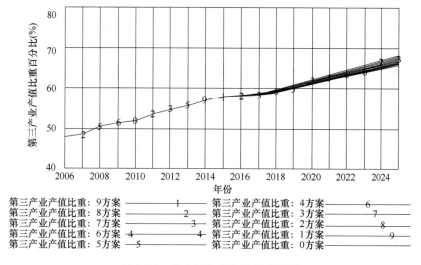

第三产业产值比重：9方案	——————————1——————————	第三产业产值比重：4方案	——————6——————
第三产业产值比重：8方案	——————————2——————————	第三产业产值比重：3方案	——————7——————
第三产业产值比重：7方案	——————————3——	第三产业产值比重：2方案	——————8——————
第三产业产值比重：6方案	—4——————————4——	第三产业产值比重：1方案	—9——————9——
第三产业产值比重：5方案	——5——	第三产业产值比重：0方案	

图 4-26　产业结构变化趋势对比图

影响。但是，在增大同样比例的电子信息产业投资规模和创新经费投入规模时（如方案2和方案4），明显前者导致的智慧应用产业规模的增长量会大于后者，这说明电子信息产业的投资规模对智慧产业的影响会强于城市的创新投入。

从模型的仿真结果图4-25、图4-26和表4-12可以看出，电子信息产业的投资规模和R&D经费的投入对物联网产业规模和产业结构的调整都为正向影响，但是对产业结构的影响程度略小。这说明如果想要加快产业结构的调整转型，不仅要关注电子信息产业和城市创新力，还需综合考量其他因素的影响。

表 4-11 智慧交通及智慧医疗产业规模政策仿真结果

指标	方案	2016	2017	2018	2019	2020	2021	2022	2023	2024	2025	平均增长率(%)	增长率排名
智慧交通市场规模	0	3.92466	4.54160	5.18593	5.93134	6.76482	7.72190	8.81944	10.0733	11.5147	13.1698	14.399	—
	1	3.95666	4.61821	5.31972	6.03097	6.91450	7.89291	9.01449	10.2513	11.7797	13.4725	14.588	9
	2	3.97706	4.67384	5.43053	6.19461	7.10212	8.16388	9.37867	10.7217	12.3203	14.1277	15.129	8
	3	4.00867	4.74547	5.56026	6.39208	7.41801	8.59524	9.89399	11.3969	13.1737	15.1326	15.910	6
	4	3.99507	4.71339	5.50854	6.31664	7.30962	8.43310	9.68795	11.1334	12.8212	14.7021	15.582	7
	5	4.00867	4.76551	5.60519	6.45774	7.51358	8.71726	10.0649	11.6371	13.4886	15.4943	16.216	5
	6	4.03111	4.81959	5.70013	6.50645	7.72493	9.02426	10.4736	12.1629	14.1479	16.2715	16.778	3
	7	4.02431	4.98678	5.65662	6.53679	7.62712	8.88560	10.2922	11.9369	13.8575	15.9320	16.551	4
	8	4.04165	4.84472	5.75020	6.58058	7.83298	9.17321	10.6785	12.4394	14.5118	16.6901	17.075	2
	9	4.04845	4.85894	5.77874	6.73339	7.91712	9.30420	10.8561	12.6724	14.8153	17.0390	17.322	1
智慧医疗产业规模	0	4.51197	5.31568	6.20628	7.21408	8.37978	9.72253	11.2712	13.0588	15.1212	17.5005	16.256	—
	1	4.61794	5.44547	6.36848	7.40336	8.60419	9.99892	11.6058	13.3571	15.4742	17.9516	16.286	9
	2	4.62397	5.46784	6.41159	7.46501	8.69301	10.1265	11.7720	13.5661	15.7435	18.2719	16.498	8
	3	4.64393	5.52535	6.51770	7.63158	8.93887	10.4755	12.2469	14.2015	16.5745	19.2878	17.144	6
	4	4.63301	5.49428	6.45963	7.54355	8.81163	10.2946	12.0015	13.8725	16.1420	18.7684	16.820	7
	5	4.65674	5.55828	6.57934	7.72744	9.07896	10.6732	12.5176	14.6844	17.1910	20.0636	17.622	5
	6	4.67821	5.61339	6.67768	7.88033	9.30904	10.9996	12.9718	15.2950	17.9915	20.9997	18.160	3
	7	4.66653	5.58491	6.62649	7.80336	9.19314	10.8369	12.7452	14.9897	17.5859	20.5069	17.881	4
	8	4.68650	5.63879	6.72990	7.96618	9.42559	11.1684	13.2111	15.6247	18.4309	21.5255	18.462	2
	9	4.69893	5.66926	6.78553	8.05239	9.55416	11.3513	13.4638	15.9627	18.8758	22.0696	18.757	1

表 4-12　物联网产业规模及产业结构政策仿真结果

指标	方案	2016	2017	2018	2019	2020	2021	2022	2023	2024	2025	平均增长率（%）	增长率排名
物联网产业规模	0	105.230	125.197	146.655	171.003	198.857	230.896	267.773	310.200	359.090	415.405	16.49	—
	1	105.543	125.934	147.809	172.833	201.505	234.613	272.808	316.839	367.755	425.971	16.77	9
	2	105.819	126.623	149.023	174.774	204.346	238.533	278.105	323.909	377.063	437.205	17.08	8
	3	106.449	128.112	151.608	178.851	210.365	246.948	289.645	339.348	397.342	461.632	17.71	6
	4	106.121	127.335	150.217	176.730	207.269	242.567	283.683	331.313	386.874	449.006	17.39	7
	5	106.760	128.849	152.892	180.902	213.446	251.247	295.542	347.292	407.825	474.259	18.03	5
	6	107.330	130.449	155.521	185.521	220.436	261.195	309.046	365.323	431.629	502.977	18.73	3
	7	107.036	129.728	154.338	183.461	217.346	256.816	302.889	356.985	420.707	489.787	18.42	4
	8	107.606	131.140	156.922	187.568	223.507	265.638	315.232	373.708	442.806	516.534	19.05	2
	9	108.143	132.162	158.740	190.313	227.462	271.271	322.786	383.727	455.945	532.361	19.38	1
第三产业产值比重	0	57.9763	58.1614	58.9274	59.8924	60.8609	61.9668	63.0295	63.7929	64.7606	65.8853	1.432	—
	1	57.9908	58.1904	58.9713	59.9514	60.9358	62.0583	63.1399	63.9204	64.9060	66.0464	1.457	9
	2	58.0139	58.2351	59.0399	60.0471	61.0577	62.2062	63.3172	64.1258	65.1409	66.3043	1.496	8
	3	58.0626	58.3319	59.1865	60.2465	61.3111	62.5159	63.6843	64.5491	65.6232	66.8182	1.574	6
	4	58.0377	58.2826	59.1117	60.1444	61.1819	62.3572	63.4958	64.3314	65.3749	66.5510	1.533	7
	5	58.0876	58.3832	59.2630	60.3528	61.4458	62.6532	63.8568	64.7502	65.8568	67.0771	1.613	5
	6	58.1360	58.4811	59.4139	60.5570	61.7082	62.9701	64.2314	65.1801	66.3481	67.6081	1.692	3
	7	58.1116	58.4314	59.3383	60.4556	61.5789	62.8136	64.0460	64.9637	66.1019	67.3433	1.653	4
	8	58.1649	58.5353	59.5006	60.6716	61.8553	63.1468	64.4394	65.4195	66.6239	67.9104	1.692	2
	9	58.1969	58.6042	59.5976	60.8020	62.0217	63.3527	64.6812	65.7006	66.9417	68.2591	1.653	1

从图 4-27、图 4-28 和表 4-13 可以看出所有政策方案都有利于减少万元 GDP 能耗和碳排放量，且在改变同样比例的电子信息产业投资规模和创新经费投入规模时（如方案 2 和方案 4），后者对改善能耗和碳排放的作用稍大一些，这说明城市创新力对环境的影响比电子信息产业的发展对环境的影响要大一些。在改善碳排放量方面，方案 1、2、4、5、7 虽然会使得碳排放量逐年增加的速率减小，但是仍未起到降低碳排放的作用；而方案 3、6、8、9 的仿真结果显示，随着时间的变化，城市碳排放量会由原来的逐年增长逐渐变为逐年减少。并且，方案 6 和方案 9 的仿真结果为到政策模拟结束年份的碳排放量会低于政策模拟的开始年份。

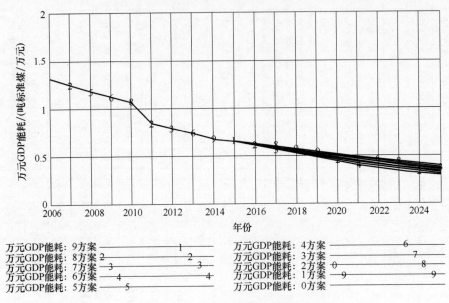

图 4-27　万元 GDP 能耗变化趋势对比图

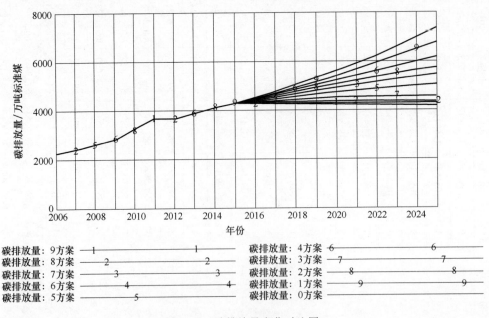

图 4-28　碳排放量变化对比图

表 4-13　万元 GDP 能耗及碳排放量政策仿真结果

指标	方案	2016	2017	2018	2019	2020	2021	2022	2023	2024	2025	平均变化（%）	变化率排名
万元 GDP 能耗	0	0.626660	0.600815	0.573032	0.540231	0.508226	0.482692	0.458440	0.435407	0.413531	0.392775	-5.057	—
	1	0.620161	0.594585	0.567092	0.534631	0.502960	0.477691	0.453692	0.430898	0.409250	0.388710	-5.057	9
	2	0.616006	0.586653	0.555766	0.520158	0.485786	0.458237	0.432296	0.407815	0.384684	0.363826	-5.682	7
	3	0.609725	0.574647	0.539260	0.499350	0.461903	0.426859	0.398464	0.371811	0.347041	0.325479	-6.735	4
	4	0.618151	0.590792	0.561637	0.527568	0.494347	0.467869	0.442834	0.419089	0.396714	0.375993	-5.373	8
	5	0.611675	0.578504	0.544760	0.506289	0.470024	0.435872	0.408320	0.382388	0.358171	0.337035	-6.406	5
	6	0.605407	0.566534	0.527862	0.485301	0.445686	0.408966	0.379017	0.351269	0.325493	0.303727	-7.376	2
	7	0.613821	0.582559	0.549924	0.512876	0.477323	0.448722	0.421848	0.396529	0.372725	0.351476	-6.006	6
	8	0.607566	0.570595	0.533552	0.492298	0.453786	0.417882	0.388701	0.361535	0.336210	0.314622	-7.049	3
	9	0.603255	0.562499	0.522246	0.478346	0.437677	0.400155	0.369491	0.341148	0.314989	0.292965	-7.710	1
碳排放量	0	4469.30	4741.79	5026.16	5302.46	5599.24	5873.44	6184.56	6561.64	6928.90	7351.37	5.686	—
	1	4439.53	4670.92	4909.51	5141.39	5389.67	5650.15	5905.70	6213.63	6517.29	6778.76	4.816	9
	2	4419.66	4581.87	4756.89	4923.86	5076.01	5219.66	5357.98	5488.71	5618.80	5747.47	2.963	7
	3	4312.93	4367.70	4423.61	4468.73	4508.50	4540.96	4558.67	4560.04	4547.73	4526.35	0.540	4
	4	4451.98	4646.09	4849.12	5047.45	5239.76	5429.96	5612.95	5792.01	5974.46	6158.47	3.672	8
	5	4355.45	4454.32	4555.88	4647.91	4734.82	4816.26	4871.17	4924.26	4979.42	5028.21	1.610	5
	6	4276.78	4298.59	4312.78	4320.97	4325.72	4323.13	4315.78	4298.95	4279.60	4251.36	-0.066	2
	7	4389.47	4519.84	4659.50	4793.23	4920.73	5033.41	5140.63	5245.49	5361.94	5469.72	2.476	6
	8	4283.16	4310.14	4332.55	4350.32	4361.63	4366.43	4362.93	4372.97	4356.79	4336.31	0.138	3
	9	4264.02	4272.12	4277.68	4276.39	4271.69	4261.86	4245.67	4224.02	4194.87	4159.21	-0.276	1

基于以上对仿真结果的分析，只有方案 6 和方案 9 不仅可以提高智慧应用和物联网的产业规模，并且在一定程度上影响城市产业结构调整，同时也可以有效地降低城市的碳排放量，优化城市环境。故考虑从方案 6 和方案 9 中选出最优方案。由于物联网产业包含了基础设施以及智慧应用等产业，并且其对城市产业结构调整也有一定的影响，因此本书从对物联网产业投资效率（即所取得的成果与所占用或消耗的投资之间的对比关系）的角度来比较两个方案。

从表 4-14 的计算结果可以看出方案 6 的投资效率高于方案 9，因此认为方案 6 为本书所设定的所有政策方案中的最优方案。即电子信息产业投资比例在原来的基础上上调 20%，R&D 经费投入在原来的基础上上调 30%。

表 4-14　政策方案投资效率比较

时　间	GDP（亿元）	方案 6 (20% +30%)			方案 9 (30% +30%)		
		投资值（亿元）	产出值（亿元）	产出/投入	投资值（亿元）	产出值（亿元）	产出/投入
2016	11736.6	352.2	107.3	0.3047	374.5	108.1	0.2887
2017	13538.1	406.3	130.4	0.3209	431.9	132.2	0.3061
2018	15616.2	468.6	155.7	0.3323	498.3	158.7	0.3185
2019	18013.3	540.6	185.5	0.3431	574.7	190.3	0.3311
2020	20778.4	623.6	220.4	0.3534	662.9	227.5	0.3432
2021	23967.9	719.3	261.2	0.3631	764.7	271.3	0.3548
2022	27646.9	829.7	309.0	0.3724	882.1	322.8	0.3659
2023	31890.7	957.0	365.3	0.3817	1017.5	383.7	0.3771
2024	36786.0	1103.9	431.6	0.3910	1173.7	455.9	0.3884
2025	42432.6	1273.4	502.9	0.3949	1353.9	532.4	0.3932
平均投资效率		0.3558			0.3467		

注：由于产出值并不止物联网产业产值一项，而表中计算并未考虑其他方面，故产出/投入的计算结果小于 1。

总的来说，提高电子信息产业和创新经费投资比例后，智慧应用的产业规模和物联网的产业规模增速得到了较大的提高，同时城市的产业结构调整也产生了一定的变化，受影响程度最大的是城市的碳排放量，之前的逐年增多趋势变为平缓发展并逐步呈现出下降的趋势。这说明城市的创新能力和信息技术的发展对智慧应用以及智慧产业的发展起着重要作用。随着智慧城市中互联网、大数据等信息技术不断升级，产生了越来越多"互联网＋"的新经济形态，也进一步推动了智慧区域中智慧产业和智慧应用的发展。

本 章 小 结

我国智慧城市的建设尚未形成完整的理论体系，并且缺乏丰富的实践经验，本章针对智慧城市建设与发展主要运用系统动力学的方法进行研究，取得了一定的成果：

首先，本章在运用结构方程分析的基础上，结合城市发展的客观规律，建立了智慧城市建设发展的系统动力学模型，模型主要包括经济、社会、环境三大子系统，通过检验本书所建立的模型基本可以反映南京市智慧城市建设发展的真实情况，并且能够起到较好的预测作用。

其次，本章运用了 SWOT-AHP 的方法进行了智慧城市建设发展的政策定位分析。在第 3 章问卷调查分析及结合广泛文献阅读的基础上，归纳总结出了南京市智慧城市建设发展的优势、劣势、机会和威胁四大类指标因素，通过专家调查的方法对各指标的强度进行评分并进行指标计算，用战略四边形确定了南京市智慧城市建设发展的政策定位在开拓型战略区域内，即应充分把握机会，充分利用优势以完善智慧城市建设过程中出现的不足。

最后，本章在智慧城市系统动力学模型的基础上，通过对政策建议进行模拟仿真，提出南京市智慧城市建设应选择创新驱动型发展路径，大力扶持信息服务业，集中力量发展智慧应用。

第5章

智慧城市服务体系构建（一）

智慧化城市公共服务的基本概念及相关理论

5.1.1 智慧化城市公共服务的基本概念

1. 城市公共服务设施

我国（GB 50442—2008）《城市公共设施规划规范》以及地方《南京市公共设施配套规划标准》《南京新建地区公共设施配套标准规划指引》《南京市居住区公共配套设施规划建设监督管理办法》《城市道路公共服务设施设置规范》等均对公共服务设施分类、分级和配置要求进行了阐述。

城市公共服务设施（Urban Public Facilities），是为市民提供公共服务产品的各种公共性、服务性的设施，不仅包括城市中为经济社会发展服务的行政、商业、文化、教育、医疗卫生、体育、社会福利等机构或设施（即城市公共设施），还包括部分与居民日常生活关系密切的市政、交通、停车等设施，与居住人口规模相对应配建的，满足本区居民的物质文化需求的各类设施（即居住区公共设施）（李永玲，2014）。城市公共服务设施主要是由政府投资建设完成、为城市及城市居民提供全面服务的公益项目，是构成城市公共服务体系的基本元素（陈弋，2009）。

公共服务设施是城市社会性服务业的依托载体，能够满足城市居民日常生活、购物、教育、文化娱乐、游憩、社会活动等需求。本书所研究的公共服务设施主要是指社会性基础设施。按照目前比较公认的分类并且结合南京公共服务建设的特点，确定医疗卫生设施、教育科研设施、文化娱乐设施、体育设施、社会福利与保障设施、行政管理与社区服务设施、商业服务设施、交通设施共八项为公共服务设施体系建构的主要类型，城市公共服务设施的具体分类明细如图5-1所示。

2. 智慧化城市公共服务

Baer指出对城市公共服务的界定应该包含服务的目的、服务的提供者以及服务提供的方式与方法。随着社会需求的不断增加，提供服务的主体也不仅仅限制于政府，更多的社会

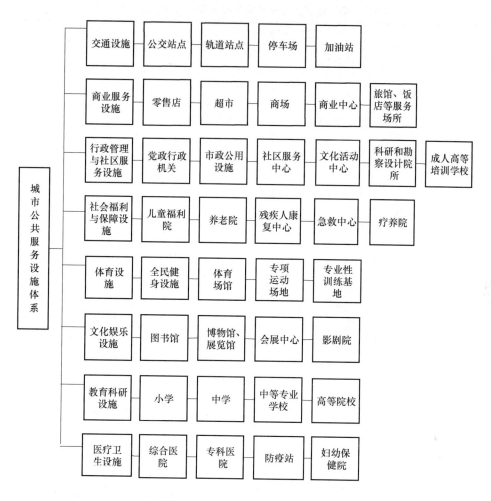

图 5-1　城市公共服务设施体系

组织也开始深入地参与其中。据此，他认为城市公共服务是城市经济体中一个或多个部门通过政府规制、合作或直接供给的方式为了公共利益所提供的服务，它满足以下一方面或多方面目的：保护生命、财产、自由，促进公共教育、生活幸福、安定以及一般福利（田艳平，2014）。

由于公共服务具有空间属性，即这些服务要么是由分布在地理空间内的设施提供，要么由分布在特定区域内的人员及设备来提供。根据其空间分布特点，城市公共服务可以分为直接提供给家庭或邻里的非定点服务，如垃圾收集、建筑物检测、警力巡视、消防服务等，以及需要居民跨越一定距离才能获取的定点服务，如图书馆、医院、学校等（田艳平，2014）。本书研究的主体是智慧城市公共服务设施，因此所研究的城市公共服务主要为地理空间分布的各个城市公共设施所提供的定点服务。城市公共服务设施所提供的智慧服务是一个涉及范围较广的概念，主要包括医疗、教育、社区、政务、社保、交通等重点领域的典型智慧应用。这些服务内容之间相互依存，相互促进，可以更好地满足公众的需求。城市重点领域智慧服务应用参照表见表 5-1。

表 5-1 城市重点领域智慧服务应用参照表（罗文，2014）

领 域 名 称	智慧服务应用	责 任 部 门
医疗服务	区域医疗信息平台	卫生局
	电子健康档案	卫生局
	结构化电子病历	卫生局、医疗机构
	预约服务（预约挂号、预约专家、预约体检、预约检查检验）	卫生局、医疗机构
	移动医生站	医疗机构
	移动护士站	医疗机构
	无线移动查房	医疗机构
	市民健康管理门户	卫生局
	就医"一卡通"	卫生局
	智慧公共卫生应用系统	卫生局
	智慧家庭医疗	卫生局
	智慧医疗监管	卫生局
	智慧基层卫生管理和新农合应用系统	卫生局
	双向转诊	卫生局、医疗机构
	远程协同医疗	卫生局、医疗机构
	120 急救联动	卫生局、医疗机构
教育服务	教师在线学习	教育局、教育机构
	家校信息化互动	教育局、教育机构
	网络课堂	教育局、教育机构
	优质课堂高清互动点播	教育局、教育机构
	学生电子档案管理	教育局、教育机构
	数字化校园管理	教育机构
	校园一卡通系统	教育机构
社区服务	社区综合信息发布平台	民政局
	便民缴费系统	民政局
	烟雾火灾报警系统	公安局
	有毒气体检测	民政局
	移动终端信息采集	民政局
	低保申请信息对比系统	民政局
	居家养老服务	民政局
	小区停车管理	生活小区
	小区安防监控	生活小区
	远程抄表	供电、供水、供气、供热公司
	数字家庭	广电运营商、相关企业

（续）

领 域 名 称	智慧服务应用	责 任 部 门
政务服务	基础数据查询	相关部门
	安全监控与应急指挥	公安局、安监局、质监局
	远程办公	相关部门
	短信实时消息平台	民政局
	三维电子地图系统	规划局
	数字城管系统	城建局
	路灯远程监控管理	城建局
	地下管网智能感知	规划局
	移动执法巡查	国土房管局
社保服务	社保卡	人社局
	网络就业服务	人社局
	就医结算实时提醒	人社局
交通服务	城市公交一卡通	交通局
	车辆实时到站预报	公交公司
	出行策划	公安局交警支队
	盲人导航	交通局
	动态路况信息发布	公安局交警支队
	出租车预约	交通局
	全路网智能监控	公安局交警支队
	出租车与公交车及轨道车辆定位与调度	交通局
	高速公路不停车收费系统	交通局
	车路协同控制	公安局交警支队
	停车诱导	公安局交警支队
	交通诱导	公安局交警支队
	货物自动感知检测	交通局

从电子城市、数字城市，再到智能城市和智慧城市，公众的服务需求层次也逐步实现了从量变到质变的飞跃。在电子城市阶段，计算机开始应用但普及率并不高，公众的服务需求主要停留在公平地享受全面的服务；数字城市阶段，随着信息的数字化、信息系统的应用，公众的需求从服务数量上升到服务质量；智慧城市阶段，移动网络覆盖率和智能终端渗透率的提高，激发出公众对服务方式和服务内容的更高要求。

根据不同发展阶段的城市需求变化规律，提出服务需求层次结构，如图 5-2 所示。可以发现，城市的服务需求共分为六个层级，从底层的均等化到顶层的个性化，不同深浅体现了不同发展阶段的服务需求特征。其中，底层次代表电子城市阶段，中间层次代表数字城市阶段，上层次代表智慧城市阶段。各层次的具体含义如下：

均等化：城市范围内的个体均能平等享受已有的各项服务。

全面性：已有的服务基本上覆盖用户的现实需求。

准确性：提供的服务与用户的预期基本一致。

及时性：提供的各项服务及时到达服务对象。

多样性：提供多种服务渠道，满足用户随时随地介入服务的需要。

个性化：根据用户需求对服务进行细分，提供满足用户个人需求的服务（罗文，2014）。

当城市服务需求从服务的全面性、均等化上升至个性化、多样性时，对城市公共服务供给和公共服务治理提出了智能化、精准化的要求，需要更透彻的感知和更深入的知识挖掘，以了解城市居民的生活习惯和分析其对公共设施服务的需求，进一步提高服务设施的服务效率和效果，而决策支持系统、空间信息系统和数据挖掘分析技术的飞速发展及广泛普及，为城市升级公共服务提供了解决方案。

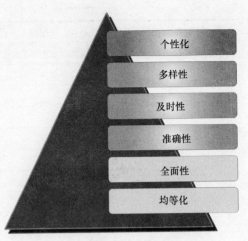

图 5-2　城市服务需求层次结构

5.1.2　决策支持系统相关理论

1. 决策支持系统

决策是对未来的方向、目标及途径做出决定的过程。具体说来，决策是指个人或集体为了达到或实现某一目标，借助一定科学手段和方法，从若干备选方案中选择或综合成一个满意、合理的方案，并辅助实施的过程。长期以来，决策主要依靠人的经验，对于反复出现的相同或相似的决策问题，决策具有丰富的知识和经验。但是对于以前未遇到的或者重要且复杂的决策问题，经验决策就容易出现失误。

随着科学技术的进步与发展，凭借个人的知识、经验、智慧和胆略来做出决策难免出现重大失误，经验决策逐步被科学决策所取代。科学决策是决策者依据科学方法、科学程序和科学手段所进行的决策工作。决策者进行科学决策，必须依靠决策体系开展工作，严格遵循一定的决策程序和正确的决策原则，依靠专家和智囊组织，运营科学的决策方法，采用先进的信息处理技术和手段，进行符合客观实际的决策。决策支持系统应运而生（陈文伟，2014）。

20 世纪 70 年代中期，美国麻省理工学院的 Scott Morton 教授首先提出了决策支持系统（Decision Support System，DSS）的概念，他将 DSS 定义为："一种交互式的基于计算机的系统，该系统能帮助决策者使用数据和模型解决非结构化的问题。"经有关学者不断扩展和完善后概括为："DSS 是以管理科学、运筹学、控制论和行为科学为基础，以计算机技术、模拟技术和信息技术为手段，面对半结构化的决策问题，支持决策活动的具有智能作用的人机计算机系统。"具体来说，DSS 可以改进个人工作效率、改进问题求解、促进通信、促进学习、提高组织的控制力。

决策支持系统（DSS）是指运用计算机技术、计算机网络、数据库和人工智能等先进技术，将数据的采集、存储、检查、分析和显示功能结合在一起，为高层领导提供非结构性决策服务的一种高级管理信息系统。管理信息系统只能形成普通的信息，为常规的决策服务，而决策支持系统产生的分析性结果和高级信息，则能为处理非常规决策提供依据。决策支持系统的主要特点是灵活性强、难度大、速度快以及对特殊问题的处理能力高。它能够吸取运筹学模型辅助决策的优点，集成多个模型形成方案，提高辅助决策的能力，主要由对话接口（人机交互系统）、数据库（系统）、模型库（系统）、知识库（系统）四个部件（子系统）组成：

1）人机对话接口是联系人与系统的中间纽带，把用户与数据库、模型库和知识库等联系在一起，利用语言系统和问题处理系统可以实现用自然语言来沟通人机交互的功能。

2）数据库是 DSS 最基本的部件，它能以最佳方式、最少冗余度、最大共享性将数据存储在一起，并由数据库管理系统维护数据库系统的正常活动、响应用户提出的检索访问等数据库应用需求。

3）模型库系统能从数据库中检索运行模型所需的输入参数，并将模型运行后输出的结果存入数据库中，帮助决策者推理、比较选择和分析问题。

4）知识库系统则是通过知识的获取、表示及推理技术为自然语言理解创立语义和语用环境，为建模和数值计算提供必要的分析基础、补充和延拓决策人员的思维能力。

决策支持系统的基本结构如图 5-3 所示，具体生成的软硬件体系如图 5-4 所示。

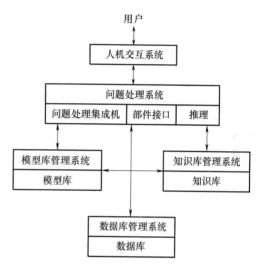

图 5-3   决策支持系统的基本结构
（王家耀等，2003）

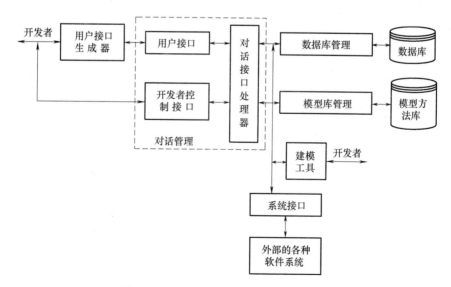

图 5-4   DSS 生成器结构（高洪深，2005）

随着互联网技术的飞速发展和广泛应用，大数据、数据挖掘、云计算、Web Services 等新技术为决策支持系统提供了数据存储和知识挖掘的新方式。大数据具有海量数据、数据多样性、处理速度快和价值密度低的特征，利用数据挖掘技术从网络数据中获取知识，更好地了解业务需求，利用云计算更好地调用和管理资源的计算及存储，更加迅速地处理大数据的丰富信息，利用 Web Services 解决网络由于开发语言、部署平台通信协议和数据表示等方面的差异所带来的高代价的异构软件系统集成问题，使得共享方式更加灵活，大大提高了决策支持系统的开发和服务水平。

2. 决策支持系统的设计与开发

围绕决策支持系统的特点和组成，决策支持系统的设计开发主要步骤如下（高洪深，2009）：

1）决策支持系统分析，包括确定实际决策问题目标，对系统分析进行论证。

2）决策支持系统初步设计，包括将决策问题分解成多个子问题以及它们的综合。

3）决策支持系统详细设计，包括各个子问题的详细设计（数据设计、模型设计和知识设计）和综合设计，具体包括以下内容：

① 数据设计包括数据文件设计和数据库设计。

② 模型设计包括模型算法设计、模型库设计以及模型库管理系统设计。

③ 知识设计包括知识表示设计、推理机设计和知识库管理系统的设计。

④ 综合设计包括对各个子问题的综合控制设计。

4）各部件对应的编制程序，包括以下内容：

① 建立数据库和数据管理系统。

② 编制模型程序，建立模型库和模型库管理系统。

③ 建立知识库，编制推理机程序以及完成知识库管理系统。

④ 编制综合控制程序（总控程序），由总控程序控制模型程序的运行和组合，对知识的推理，对数据库数据的存取和计算等处理，并设置人机交互等。

5）将 4 个部件集成为决策支持系统，包括解决部件接口问题，由总控程序的运行实现对模型部件、知识部件和数据部件的集成，形成决策支持系统，各部件总体结构如图 5-5 所示。

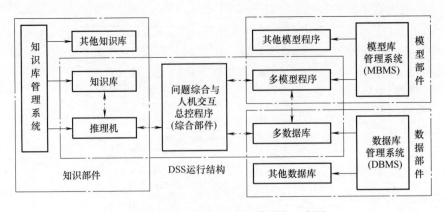

图 5-5　决策支持系统的总体结构示意图

DSS 的开发主要从运行和管理结构两方面入手。在 DSS 运行中主要是综合部件的总控程序的开发，总控程序既要有数值计算能力又要有数据处理能力，还要有很强的人机交互能力，要达到集成模型部件、知识部件、数据部件以及人机交互形成 DSS 系统的作用，是一个集成语言，如 C、Java、Oracle、PROLOG 等语言（王冕等，2013）；在 DSS 管理结构中主要是模型部件的开发、模型与数据库的接口以及知识推理的开发，目前已具有成熟的数据库开发和管理软件平台，如 DB2、Microsoft SQL Server、Access 等，知识推理可以使用 Ontology 推理机，数据库与模型库、知识库之间的接口可采用 C、Java、Visual Studio、VB 等语言作为开发工具（高洪深，2005）。本书着力于在 ArcGIS 的环境研究城市公共服务设施的选址规划决策支持系统设计，利用移动通信技术所提供的位置大数据挖掘居民的空间分布特点，结合语义网络、语言系统挖掘城市居民需求特征，为决策系统提供支持。

5.1.3　空间信息系统理论

空间信息系统（Geographic Information System，GIS）是 20 世纪 60 年代开始迅速发展起来的地理学研究新技术，是一种基于地图的管理信息系统，是多种学科交叉的产物（宋克振，2012）。它可将表达的属性信息和空间图形信息结合起来，在计算机内组织成一个既反映数量特征又反映空间特征的地理信息数据库。在 GIS 中，信息处理的方式主要是以直观醒目的图形方式表现各地理要素的分布态势及彼此之间的空间关系，使用户能从宏观上迅速把握全局。20 世纪 80 年代以来，GIS 技术取得了飞速发展，已经开始应用于社会的多个领域，成为分析与决策的重要手段与工具，具有广阔的发展空间。GIS 技术发展进入 21 世纪，已逐渐成为 IT 行业的支柱性产业，目前世界上主要的 GIS 产品供应商已有上百家，其中主要 GIS 软件厂商有 ESRI、AutoDesk、MapInfo 等（赵健赟，2007）。

1. GIS 数据库管理

GIS 具有强大的数据库管理功能，比较适用于如区域规划这种具有大量空间和属性信息的复杂巨系统的数据管理。利用其强大的功能可以完成规划信息数据库的建立、管理、查询、表示、数据更新以及一般的统计分析等；同时，可以与规划模型结合，完成诸如规划数据可视化表达、人口预测分析及空间相互作用分析等规划决策任务（张新长，2010）。

地理数据是指以地球表面空间位置为参照的自然、社会和人文经济数据，它以图形、图像、文字、表格和数字等形式，通过数字化等手段输入 GIS 数据库。数据是系统程序作用的对象，是 GIS 所表达的现实世界经过模型抽象的实质性内容。GIS 中的数据包括空间数据与属性数据两大类（蒋良孝，2003）。

空间数据用来确定图形和制图特征的位置、形状等信息，主要反映以下两方面信息：①几何坐标，标识地理空间在自然界或包含某个区域的地图中的空间位置，如经纬度、平面直角坐标、极坐标等；②实体间的空间相关性（拓扑关系），表示点、线、面实体之间的空间联系，如网络点与网络线之间的枢纽关系，边界线与面实体间的构成关系，面实体与岛或内部点的包含关系等，它对于地理空间数据的编码、录入、格式、转换、存储管理、查询检索和模型分析都有重要意义，是 GIS 的特色之一（张新长，2010）。

属性数据是与几何位置无关的信息。属性是与地理实体相联系的地理变量或地理意义，分为定性和定量两种。前者包括名称、类型、特性等，后者包括数量和等级等。定性描述的属性如行政区划、土地利用等，定量描述的属性如面积、长度、土地等级、人口数量、GDP 等。非几何属性一般是由抽象的概念通过分类、命名、量算、统计得到。而 GIS 的分析、检索和表示主要是通过属性数据的操作运算实现的，因此，属性数据的分类、量算指标对系统的功能有较大的影响（张新长，2010）。

GIS 是以地理空间数据为基础，采用地理模型分析方法，适时提供多种空间和动态的地理信息，为地理研究和地理决策服务的计算机技术系统，具有以下三个方面的特征：①具有采集、管理、分析和输出多种地理空间信息的能力；②以地理研究和地理决策为目的，以地理模型方法为手段，具有区域空间分析、多要素综合分析和动态预测能力，可以产生高层次的地理信息；③由计算机系统支持进行空间地理数据管理，并由计算机程序模拟常规的或专门的地理分析方法，作用于空间数据，产生专题信息。计算机系统的支持是 GIS 的重要特征，使 GIS 得以快速、精确、综合地对复杂的地理系统进行空间定位和分析（李玉芝，2009）。

2. GIS 的功能与开发

从一般的角度来看，GIS 主要具备以下六个方面的基本功能：①数据采集、存储、编辑：对多种形式、多种来源的数据，以多种方式输入并建立空间数据库，同时实现数据的编辑、存储和规范化；②操作运算：满足各种可能的查询条件而进行的系统内部数据操作，如格式转换、多边形叠合、拼接、剪辑等，可以满足按一定模式关系进行的各种数据运算，如算术运算、关系运算、逻辑运算、函数运算等；③数据查询和检索：从数据文件、数据库或存储装置中查找和选取所需数据；④应用分析：分析区域内各种现象和过程，包括空间信息量测与分析、统计分析、多要素综合分析等；⑤数据可视化：数据可视化是中间处理过程和最终结果的屏幕显示，通常以人机对话方式来选择显示的对象及形式，如数据显示、统计图形显示、空间数据的图形图像显示等；⑥数据更新：以新的数据项或记录来替换数据文件或数据库中相对应的数据项或记录，通过删除、修改、插入等操作实现（宋克振，2012）。

GIS 的开发模式有独立开发、宿主型二次开发和基于 GIS 组件的二次开发三种方法（蒋卫国，2012）：

1）独立开发是指不依赖于任何 GIS 工具软件，从空间数据的采集、编辑到数据的处理分析及结果输出，所有的算法都由开发者独立设计，然后选用某种程序设计语言，如 Visual C++、Delphi 等，在一定的操作系统平台上编程实现。此方法虽然无须依赖商业 GIS 工具软件，但对大多数开发者来说，能力、时间、财力方面的限制使其开发出来的产品很难在功能上与商业化 GIS 工具软件相比。

2）宿主型二次开发是指基于 GIS 平台软件进行的应用系统开发，一般大多数 GIS 平台软件都提供了可供用户进行二次开发的脚本语言，如 ESRI 的 ArcView 提供了 Avenue 语言，Mapinfo Professional 提供了 MapBasic 语言等，用户可以利用这些脚本语言，以原 GIS 软件为开发平台，开发出针对不同应用对象的系统。此方法省时省心，但进行二次开发的脚本语言作为编程语言，功能相对较弱，并且所开发的系统不能脱离 GIS 平台软件，效率不高。

3）基于 GIS 组件的二次开发，大多数的 GIS 软件生产商都提供商业化的 GIS 组件，如 ESRL 公司的 MapObjects、MapInfo 公司的 MapX 等，这些组件都具备 GIS 的基本功能，开发人员可以利用通用软件开发工具尤其是可视化开发工具，如 Delphi、Visual C++、Visual Basic、Power Builder 等为开发平台，直接将 GIS 功能嵌入其中，实现 GIS 的各种功能。

通过以上分析可得：由于独立开发难度过大，单纯二次开发又受到 GIS 工具软件提供的编程语言的限制，因此基于 GIS 组件的二次开发就成为 GIS 应用开发的主流。它的优点是既可以充分利用 GIS 工具软件对空间数据库的管理、分析功能，又可以利用其他可视化开发语言具有的高效、方便等编程优点，实现高效无缝的系统集成，不仅能大大提高应用系统的开发效率，而且开发出来的应用程序具有更好的界面效果，更强大的数据库功能，而且可靠性好、易于移植、便于维护。目前，大多数 GIS 公司都提供了 GIS 开发组件，最典型的是 ES-RI 的 MapObjects 和 MapInfo 的 MapX，国内也涌现出一些开发组件，如超图公司的 Supermap 和朝夕公司的 MapEngine (谢小胜，2005)。

3. 空间决策支持系统

单纯的 GIS 能够实现数据的叠置分析、缓冲区分析和网络分析等，也就是说它提供了一定的对管理决策的支持。同时，当今的 GIS 已超越了计算机化的"地图制图员"，各种信息技术的发展使 GIS 的决策支持功能日趋增强。然而，由于 GIS 没有一个集成的模型库管理系统，故而不能称之为真正的空间决策支持系统。对于区域规划这样的巨型系统来说，需要实现决策支持功能，也需要集成一个模型库管理系统。

由于区域规划具有明显的空间特征，不仅有关的实体可以用点、线、面这些空间要素来表达，而且区域系统中涉及大量的空间数据、空间模型和空间分析、运算，即系统是面向空间问题的。而 GIS 为决策支持提供了强大的数据输入、存储、检索、显示的功能，但在解决区域规划问题上缺乏推理功能。故 20 世纪 80 年代后期在 GIS 和 DSS 的基础上出现空间决策支持系统 (SDSS, Spatial Decision Support System) (王家耀等，2003)。

与以数据库为驱动核心的 GIS 不同，SDSS 是以模型库为驱动核心，且主要用于求解结构性较差的空间问题。它不但能够快速地为区域规划提供决策所需的数据、图形、报表等各种信息，而且还可以帮助决策者明确区域规划的目标和问题，建立、修改决策模型和进行空间复合运算，并提供各种备选方案，对各种方案进行评价和优化，通过人机对话，充分发挥决策者分析、判断和决策的功能 (赵健赟，2007)。

空间决策支持系统是由空间决策支持、空间数据库等相互依存、相互作用的若干元素构成，并完成对空间数据进行处理、分析和决策的有机整体。它最主要的行为是空间决策支持。而空间决策支持是应用空间分析的各种手段对空间数据进行处理变换，以提取出隐含于空间数据中的某些事实与关系，并以图形和文字的形式直接地加以表达，为现实世界中的各种应用提供科学、合理的决策支持。由于空间分析的手段直接融合了数据的空间定位能力，并能充分利用数据的现势性特点，因此，其提供的决策支持将更加符合客观现实，更具有合理性。空间决策支持系统与一般的决策支持系统相比较，有其自身的特点，如数据具有明显的空间特征，系统中涉及大量的空间模型与空间分析、运算。空间问题比较复杂，不确定性程度也更大，因此，空间决策支持系统比一般 DSS 要复杂一些。具体来说，两者的差异主要在于以下五个方面：

(1) 数据形式不同

空间数据是指以地球表面空间位置为参照的自然、社会和人文经济数据，它们可以具有图形、图像、文字、表格和数字等形式。在空间信息系统中，数据又由三部分组成：①在某个已知参考坐标系中的位置即几何坐标，标识地理实体在自然界或包含某个区域的地图中的空间位置；②地理实体之间的空间拓扑关系，即通常的点、线、网、面之间的逻辑关系；③与几何位置无关的属性，是与地理实体相联系的地理变量或地理意义，以定性或定量的自然、社会、经济要素表达。

（2）信息获取方式不同

空间数据有专门的获取途径，它们是通过数字化仪、扫描仪或图像处理系统等硬件设备及其相应的驱动软件输入空间信息系统的。

（3）决策模型不同

空间决策支持系统中许多模型是空间模型，空间模型有时候可以转化为非空间模型来运算，而非空间模型也可通过在每一个空间单元上实施该模型而空间化。

（4）决策结果的输出不同

空间决策支持系统输出的决策结果多为图形、图像、表格等。

（5）系统结构不同

图 5-6 是 SDSS 的一种理想结构框图。该系统的核心是分布式空间信息系统 DGIS 和相应的 GIS 空间数据库、综合数据库以及模型库、方法库，DGIS 由分布式数据字典、网际进程通信、GIS 及其他工具软件组成。提供给用户非过程的分布式查询语言和可嵌入高级语言的"嵌入式函数调用"接口。数据输入包括手扶数字化仪图形输入和图像自动扫描输入，还能支持遥感等多种数据的输入。输出部分具有统计分析和计算机辅助制图功能。辅助决策支持子系统直接和 DGIS 相连，其图形分析操作模块提供各种图形及相互关系的判断。知识库中存储的是较高层次的知识，并具有学习、更新的功能，在模型与知识的指导下，从分布图像数据库中选择、加工空间数据，经分析、推理为规划决策服务（蒋恒恒，2002）。

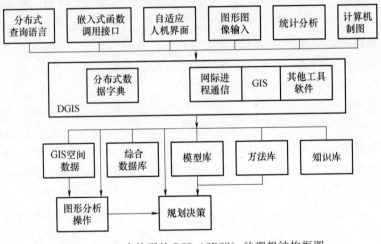

图 5-6　GIS 支持下的 DSS（SDSS）的理想结构框图

5.1.4　数据挖掘分析理论

互联网数据提供了丰富的数据资源，应用大数据挖掘技术可以分析出很多关键信息，为决策提供辅助。数据分析既包括传统的统计学数据分析（回归，聚类，主成分分析，关联分析，时序模式，分类，偏差检测、预测），也包括对数据知识的深度挖掘，包括构建数学模型和使用专门的分析工具等，提取数据之间的内在关联和规律，并进行可视化表达。后文将重点对智慧服务需求的调研数据进行数据处理和挖掘分析，深入挖掘智慧服务的内在关联和群体需求特征，并提出基于社会需求的智慧服务设计的决策原则和建议。

目前业内已有很多成熟的数据挖掘产品，主流的有：①IBM：Intelligent Miner（智能矿工）；②Tandem：Relational Data Miner（关系数据矿工）；③Angoss Software：Knowledge-SEEDER（知识搜索者）；④Thinking Machines Corporation：DarwinTM；⑤NeoVista Software：ASIC；⑥ISL Decision Systems；⑦Inc.：Clementine；⑧DataMind Corporation：DataMind Data Cruncher；⑨California Scientific Software：BrainMaker；⑩SAS Corporation：SAS Enterprise Miner 等。

1. 统计学分析

统计学数据分析具体可分为描述型数据挖掘和预测型数据挖掘两种，描述型数据挖掘包括数据总结、聚类及关联分析等，预测型数据挖掘包括分类、回归及时间序列分析等，具体来说：

1）数据总结：数据总结目的是对数据进行浓缩，给出它的紧凑描述，如求和值、平均值、方差值等，另外还可以用直方图、饼状图等图形方式表示这些值（薛薇，2000）。

2）聚类：是把整个数据库分成不同的群组，它的目的是使群与群之间差别很明显，而同一个群之间的数据尽量相似。这种方法通常用于用户细分，在开始细分之前不知道要把用户分成几类，因此通过聚类分析可以找出用户特性相似的群体，如用户消费特性相似或年龄特性相似等，在此基础上可以制定一些针对不同用户群体的服务方案（宇传华，2014）。

3）关联分析：是寻找数据库中值的相关性，两种常用的技术是关联规则和序列模式，关联规则是寻找在同一个事件中出现的不同项的相关性，序列模式寻找的是事件之间时间上的相关性（宇传华，2014）。

4）分类：目的是构造一个分类函数或分类模型（也常常称作分类器），该模型能把数据库中的数据项映射到给定类别中的某一个，要构造分类器，需要有一个训练样本数据集作为输入，训练集由一组数据库记录或元组构成，每个元组是一个由有关字段（又称属性或特征）值组成的特征向量（宇传华，2014）。

5）回归：是通过具有已知值的变量来预测其他变量的值，回归通常采用的是线性回归、非线性回归这样的标准统计技术。

6）时间序列：时间序列是用变量过去的值来预测未来的值（宇传华，2014）。

2. 结构方程模型

结构方程模型（Structural Equation Modeling/Structural Equation Model/Structure Equation Modeling，SEM）是基于变量的协方差矩阵来分析变量之间关系的一种综合性的统计方法，因此又称为协方差结构分析。协方差可以用来描述多个连续变量间的关联情况，还可以验证理论模型与实际数据间的差异。SEM 是一种既考虑因子的内部结构，又注重因子之间因果关系的多变量测量模型，对于李克特表多级指标定量问卷尤为适用（钱璐璐，2010）。

结构方程模型的潜变量（Latent Variable）是指不能被直接测量的变量，观测变量（Observable Indicators）是指间接测量潜变量的指标，具体可以分成两类：测量模型和结构模型。测量模型是采用观测变量来构建潜变量，潜变量和观测变量之间的关系构成了整个概念模型的内涵；结构模型主要用于处理潜变量之间的线性关系，因为结构模型涉及了潜变量，所以结构方程模型中同样对潜变量进行了测量，因此，结构方程模型实际上包括了测量关系和结构关系。通常，一般的结构方程模型分析大致按照图 5-7 所示步骤和程序进行（侯杰泰，2004）。

SEM 可以同时处理测量与分析问题。在传统的统计方法中，测量和分析通常是分开进行的，而 SEM 可将这两个步骤整合到一起。它不仅能估计指标变量的测量误差，评估测量的信度与效度，还能将无法直接观测的概念用可观测变量的模型化分析来估计。SEM 融合了因子分析（Factor Analysis）和路径分析（Path Analysis）两种统计方法，包含多种统计技术，重视多重统计指标的运用，同时也更加注重整体模型的契合度（戴明叶，2014）。

3. 社会网络分析

社会网络是社会学家用来分析一组社会行动者之间关系结构特征的方法。社会网络理论视社会为一个网络图，图中有许多节点（Nodes），节点与节点之间有线段相连，也就是具有社会联结（Social tie）。节点可以是个人、组织、国家或其他社会主体，而社会联结则既可指朋友关系、亲戚关系、同事关系，也可指因分享经验、资源或信息而产生的互动关系（约翰·斯科特，2007）。

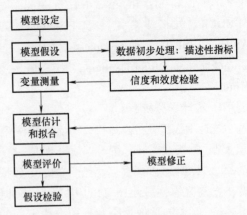

图 5-7　结构方程模型的建模分析过程

社会网络分析（SNA）主要有两类研究取向：一是以个体（或节点）为中心的自我中心网分析；二是以网络结构为对象的整体网分析（刘兴智，2011）。前者研究行动者位置的影响，包括中心性、凝聚力、角色、结构洞等；后者研究关系的属性，包括关系的强弱密度内容等。SNA 为研究复杂社会网络组织提供了理论和方法，在疾病传播、人际关系、互联网组织、知识共享等方面得到了广泛应用，但在工程领域的研究才刚起步（李永奎等，2011；邵云飞等，2009）。

特别的，2-模网络数据描述的是两类群体如一群行动者和诸多事件之间的关系，这时人们往往是通过他们所隶属的组织而建立联系的，各个组织也在一定程度上界定了其中个体的个体性。在社会网络分析中，所谓的"二元性"（Duality）指的是群体之间的关系也意味着个体之间的关系。通过组织建立的关系就是 2-模网络（2-Mode Networks）。对 2-模网络可以进行图形分析、二部数据结构分析、2-模网络的定量分析，还可以将 2-模网络分别按照个体和事件转换为 1-模网络，进一步分析其个体或者事件的中心性、凝聚力、结构洞、数据统计与挖掘以及可视化等（刘军，2009）。

当前，社会网络分析法已经成为国内外学者的研究热点。国外研究学者 Paul Chinowsky 等人构建了建设工程项目初始社会网络模型，用以分析社会网络对工程项目团队绩效的影响。Sonja Ellmann 认为项目具有社会经济复杂性以及管理和结构复杂性特征，她利用社会网络分析研究了项目管理中非正式组织问题，结论认为项目正式组织和经济目标与非正式组织和"软性"目标（如和协作、信任与沟通有关）交织于项目中，社会网络分析是分析这些结构和联系的重要方法。Stephen D. Pryke 认为目前建造行业正处于转型期，采购供应链的创新以及各方合作关系的复杂化需要一种新的分析方法来处理这些参与方的依赖关系。Hee-dae Park 等人收集了韩国企业自 1990 年以来参与海外建设项目的 389 个案例，利用社会网络分析方法研究了他们的合作模式，以及对具体项目表现的影响，分析结果表明在高风险项目条件下合作网络的发展是最近 20 年的发展趋势，并可用于在匹配的风险等级下寻找合适的搭档以获得更好的表现（何清华和张世琦，2012；李梦楠和贾振全，2014）。

国内学术界自 20 世纪 90 年代才开始重视社会网络分析方法的介绍和应用。总的来说，国内在社会网络分析的研究方面更注重人际关系、社会关系、社会结构。沈岐平和杨静

（2010）通过对 3 个著名的利益相关者管理模型进行深入分析，建立了基于社会网络分析理论的系统化利益相关者管理模型。舒琅（2010）利用社会网络分析法对近年来项目管理学科的热点和主流知识群进行了分析研究，得到了 15 个项目管理界的研究热点和 4 个主流知识群。丁荣贵等（2010）以某大型建设监理项目为例，基于社会网络分析法构建了项目治理的社会网络模型，并通过构造不同的网络关系结构分析了项目利益相关方在社会网络中的不同嵌入方式和网络特性，从而提出了相对应的治理策略。乐云等（2010）将社会网络分析法应用到研究大型复杂群体项目的管理团队，对国外大型复杂项目运用社会网络分析的情况做了综述性介绍，展示了社会网络分析在建设项目组织管理领域的主要应用方式，并表明了应用社会网络分析进行相关研究的可行性。刘兴智（2011）总结了社会网络分析在管理研究中的应用，主要包括以下几方面：企业组织结构分析、企业战略联盟分析、中小企业成长分析、社会资本与企业绩效的研究、项目利益相关方关系分析等。Yang 和 Zou（2014）也将社会网络分析方法应用于绿色建筑项目中，对其建设风险进行了有效分析。

社会网络分析软件的发展促进了研究者们对网络关系的研究。常见的社会网络分析软件主要有 MultiNet、NetMiner、STRUCTURE、Pajek、UCINET 等（刘兴智，2011）。其中，UCINET 是最知名和最易于使用的处理社会网络数据和其他相似性数据的综合性分析程序，也最适合新手使用。UCINET 还包含为数众多的基于过程的分析程序，如聚类分析、多维标度、二模标度（奇异值分解、因子分析和对应分析）、角色和地位分析（结构、角色和正则对等性）和拟合中心-边缘模型（费钟琳和王京安，2010）；图形可视化功能是 Pajek 的强项，可以方便地调整图形以及指定图形所代表的含义，对分析大型数据非常有用，具有巨大的发展潜力；而 NetMiner 则是一个把社会网络分析和可视化探索技术结合在一起的软件工具，它具有高级的图形特性，几乎所有的结果都是以文本和图形两种方式呈递的，此外，在统计方面则支持一些标准的统计过程：描述性统计、ANOVA、相关和回归。

本书选取南京智慧河西新城为例，对片区居民发放李克特 5 级量表进行调研，在基本描述性统计分析的基础上，建立居民-智慧服务的 2-模社会网络模型，再使用 NetMiner 软件进行 2-模数据的中心度分析及降模之后的网络分析，深度挖掘河西片区居民对城市公共服务设施所提供的智慧服务的重点需求对象和服务人群，为智慧服务的实施决策提供建议。

5.2 智慧城市公共服务设施建设的决策支持平台设计

随着国家各部门和各级城市对智慧城市建设的不断推进，城市走向了以人为本的健康发展之路。城市的服务对象主要是生活工作在这片区域的居民，城市服务职能的实现主要依靠城市公共服务设施及其所带来的公共服务。在智慧城市的背景下，运用先进的信息技术手段实现对城市公共服务设施科学高效的选址规划决策，伴随着高新科技和服务理念所提供的智慧化服务应用，城市公共服务设施将更好地满足居民实际需求、提高城市居民的生活质量和便捷化程度。本节具体介绍如何将信息技术手段应用于城市公共服务设施建设的决策中，设计城市公共服务设施建设的智慧化决策支持系统平台。

5.2.1 智慧城市公共服务设施建设决策内容

决策研究包括对决策内容、决策目标、决策信息、决策方法和决策结果等决策要素进行研究，如图 5-8 所示，智慧城市公共服务设施建设决策的各决策要素的主要内容及其内在逻辑顺序和具体流程共同构成了智慧城市公共服务设施建设的决策体系。

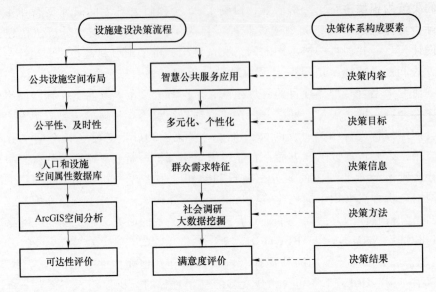

图 5-8　智慧城市公共服务设施建设决策体系框架图

对于决策内容而言，城市公共服务设施建设的决策不仅包含设施实体的空间选址与规模决策，更包括这些设施所提供的智慧化公共服务应用设计。而智慧城市中的"智慧"性，则突出体现在城市公共服务设施规划的智慧决策，以及融合了新一代信息技术和智慧理念的智能公共服务应用匹配。具体来说，城市公共服务设施建设决策的"智慧"性体现在以下三个方面（陈恺文，2016）：

1）公共服务的决策制定以人的需求为本，兼顾效率与公平：城市公共服务设施的空间选址与规模决策强调时空的公平性、及时性，而智慧公共服务应用的匹配设计则突出强调要满足居民群众的个性化、多元化需求，这是智慧城市理念下对城市公共服务及其设施进行建设决策的总体目标和纲领。

2）辅助决策的信息实时精准、来源广泛：电子政务完善了城市基础信息数据库的建设，包括城市人口信息数据库、地理信息数据库、科教文卫社会服务统计数据库等，它们为公共服务资源的分配提供了依据和标准。与此同时，随着物联网、RFID、车载定位仪、移动通信设备等新一代感知技术的普及应用，大数据产品及数据挖掘技术飞速发展，空间位置信息不再停留在更新缓慢的静态地图分析，而开启了针对个体和设施的全面详尽的实时位置大数据，更透彻的感知和更深入的知识挖掘为了解城市居民的生活习惯和分析其对公共设施服务的需求提供了有效的信息，从而提高服务设施的服务效率和效果。

3）技术导向的决策方法高效科学、便捷专业：分别构建基于空间信息系统（GIS）技术的设施空间决策支持系统（SDSS）和基于大数据的智慧服务应用云决策平台（Cloud Decision Support Platform，CDSP）。其中，SDSS 既融合了 GIS 的空间数据输入、存储、检索、显示和分析的功能，也添加了 DSS 中数据存储、模型分析、知识发现的决策功能，挖掘空间数据以辅助设施空间选址与布局优化的决策；而 CDSP 通过 Web Services 标准化的 XML 语言定义各接口，消除了传递限制，使得客户可以通过网络实现远程访问智慧服务的云决策平台，参与决策制定和享用知识成果。

具体的决策内容如图 5-9 所示。本节的下文部分将重点介绍两大决策支持子系统平台的构建与设计，具体包括设施空间决策支持系统 SDSS 平台和智慧公共服务决策云平台 CDSP 的构建与设计。

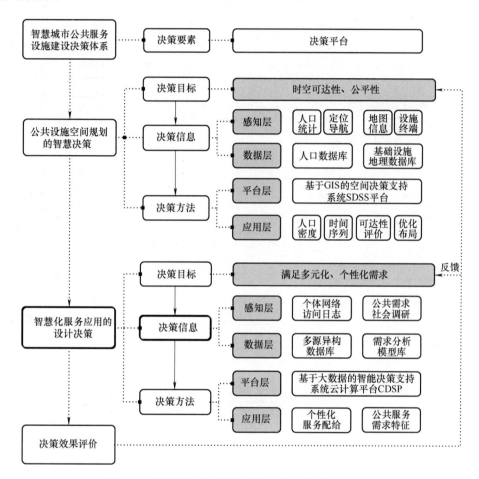

图 5-9 智慧城市公共服务设施建设决策内容示意图

5.2.2 公共服务设施空间决策支持系统

1. 系统总体设计

城市公共服务设施的空间决策支持系统的设计目标是：①建立空间数据库，实现移动终端传感设备所提供的位置信息的自动提取、清洗、转换和加载；②建立空间数据分析方法库、模型库，通过 ArcGIS 的空间分析方法与其他决策模型实现空间数据挖掘；③建立空间优化决策的人机接口，便于城市建设的决策者和设计者从不同角度提取充分的决策辅助信息。

SDSS 的设计应当遵循适用性原则、运行可靠性原则、保密安全性原则、先进性原则以及易于扩充延展的开放性原则，以确保 SDSS 的运行环境安全可靠、协调稳定，保障系统可以持续运行和发展（魏杰，2011）。

（1）系统功能划分

SDSS 具有地理数据采集与编辑、地理信息查询与分析、地图标注与统计专题图、用户访问与输出等功能，具体包括空间数据感知子系统、空间数据分析子系统、信息查询提取子系统和人机交互子系统，分别由数据库、模型库、数据仓库和对话接口部件来实现，系统的功能模块细分如图 5-10 所示。

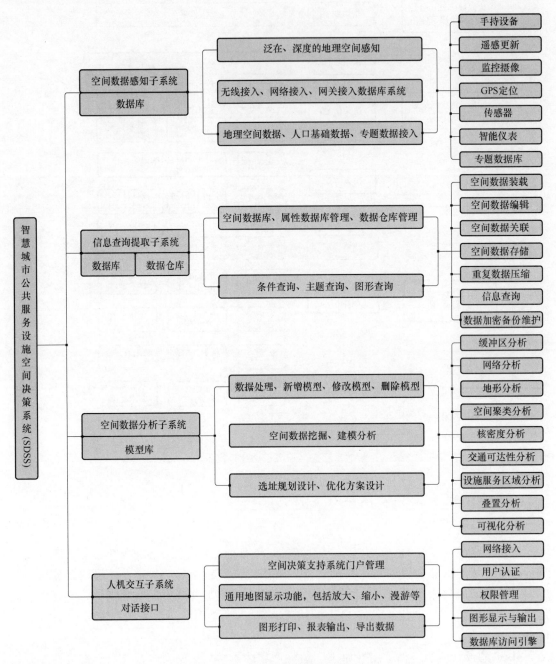

图 5-10　SDSS 功能模块结构图

1）空间数据的感知不仅要采集已有的基础统计数据资源（如各级政府统计机构及相关职能部门所做的基础地理数据、人口基础数据、法人基础数据、宏观经济数据、专题数据等），更要结合新一代互联网、物联网、三网融合等信息技术手段泛在、深度地感知地理空间数据：通过遥感数据获得地理空间的属性数据，通过监控摄像、智能仪表、传感器等实现获取建筑物、教育设施、医疗设施、文化设施、交通设施、商业设施等的实时状况，通过GPS 定位仪、监控摄像和手机移动设备获取城市居民在各个时间段的实时位置大数据。这之后通过无线宽带、有线宽带接入网关，再通过 IP 宽带城域网的公网或专网接入光纤骨干网，最终到达系统平台，接入 SDSS 的数据库子系统，并通过系统门户网站实行运行管理。

2）空间数据的信息查询和提取主要由数据库和数据仓库实现。对于相对简单的空间数据装载、空间数据编辑、空间数据关联和存储、信息查询等功能可以使用 SQL 查询语言实现数据库管理，而对于较为复杂的空间数据的清理、抽取和转换、加密等功能可以使用数据仓库来实现。

3）空间数据的分析主要结合 ArcMap 的分析工具来实现，分析结果可以为选址空间规划和优化设计提供决策建议。ArcMap 的常规分析是建立在完备的地理数据采集基础上的，主要包括矢量分析、栅格分析和统计分析三大类：矢量数据的空间分析主要有缓冲区分析、叠置分析、网络分析等，主要处理最短路径的分析和设计；而栅格数据的空间分析则包括密度制图、等值线绘制、分类区统计分析、栅格的数学和函数计算等，主要可以寻找最佳路径，制作分布密度图，建立选址模型，以及进行区域统计数据对比等（刘涛等，2011）。

4）人机交互子系统主要提供 SDSS 的门户管理，包括用户认证、网络接入、权限管理等，并为用户提供地图显示以及图形、统计报表输出和打印等功能。

（2）系统平台设计

利用 ESRI 公司的 ArcGIS 软件中的 ArcView、MapObjects 开发组件可以实现对空间信息的管理，ArcGIS 中的 Geodatabase 可以创建 Access 空间数据库并实现空间数据的采集与编辑功能，使用 SQL 语句可以实现空间数据的查询功能，ArcGIS 中的矢量分析和栅格分析方法则提供了丰富的地理空间分析功能，通过 VC ++ 、VB 等编程语言可以实现接口管理，具体的系统集成方案如图 5-11 所示。

2. 数据库设计

数据库系统是由数据库管理系统、数据库、用户和计算机系统组成的具有高度组织的整体，是以一定的组织方式存储在一起的数据集合，它能以最佳方式、最少数据重复为多种用户（或应用程序）服务，其主要功能是接受并回答用户提出的访问数据库的各种应用请求，如从数据库中检索信息等（高洪深，2005）。本书基于 ArcGIS 中的 Geodatabase 构建如图 5-12所示的 SDSS 数据库部件系统，SDSS 中的数据库设计包括二级源数据库、数据析取部件、数据代码字典和用户会话部件几个部分。其中，二级源数据库可以由基础统计数据库和城市感知系统提供，通过 Esri 公司提供的 ArcCatalog 软件设置空间数据库 Geodatabase（图 5-13），数据析取由 Esri 公司提供的 ArcGIS 软件来完成，析取的数据接入 SDSS 的模型库进行空间数据分析，用户会话部件由 SDSS 的人机交互系统实现。

智慧城市背景下，互联网和智能手机、GPS、客流信息、无线传感器、视频设备等智能终端设备每分每秒都在产生海量的空间信息数据（曹阳和甄峰，2015）。空间数据来源广泛、格式不一，具有明显的多源异构特性。ArcGIS 具有强大的处理多源异构空间数据的功

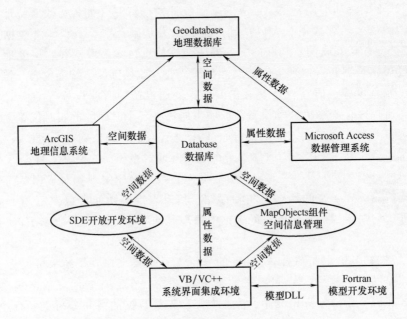

图 5-11 空间决策支持系统平台的集成方案

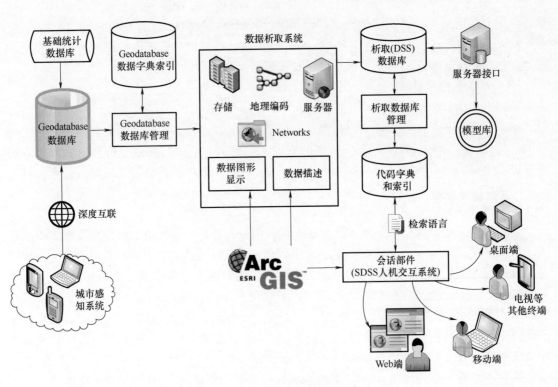

图 5-12 SDSS 数据库部件的构架

能，不论是网络爬虫抓取的地图兴趣点（Point of Interest，POI）、GPS 导入的空间定位数据，还是手机与基站间的信令数据等的位置大数据信息，ArcGIS 都可以用其成熟的格式转换工具或直接读取工具来统一不同来源数据的格式，再利用数据字典来统一不同数据之间的地理

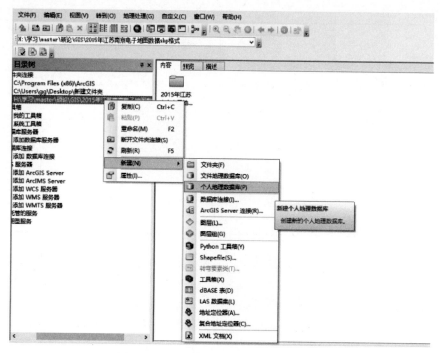

图 5-13 空间数据库 Geodatabase 的创建

编码与语义表达，然后利用系统数据模型统一转换后数据的模型，利用元数据规范及内容建立元数据，最后形成目标系统的 GIS 数据。如：GIS 软件的格式转换工具或直接读取工具对不同格式的数据进行转换时，用 MapInfo 格式转向 Shape 格式以及 Shape 格式转向 Geodatabase 格式等，属性信息的丢失较少，更能实现实体地理编码和数据模型的统一。

空间数据的模型是指利用计算机图形图像处理手段对空间数据进行组织的方式，不同GIS 有不同的数据模型，其间的转换应该是对地理现象认知概念的转换（赵健赟，2007）。见表 5-2，空间数据主要包括测量控制数据、遥感影像数据、自然地理专题数据、土地利用数据、基础地理数据、社会经济统计数据、基础设施数据以及用来感知人类社群活动规律的空间位置大数据八种，在数据析取系统中空间数据模型可以分为五种类型：点实体、线实体、面实体、栅格实体和文档媒体实体（李建松，2006）。

表 5-2 多源异构空间数据分类

数　据	点　实　体	线　实　体	面　实　体	栅　格　实　体	文档媒体实体
测量控制数据	控制点				
遥感影像数据				栅格数据	
自然地理专题数据	气象、水文站点	各自然要素等值线	土壤、植被、地质	空间插值产生数据	
土地利用数据			土地利用类型单元	栅格化处理	土地利用属性数据统计分析
基础地理数据	居民点	道路、河流	行政区划、湖泊等	DEM 数据	

（续）

数　据	点　实　体	线　实　体	面　实　体	栅格实体	文档媒体实体
社会经济统计数据	按点对象统计的数据		按面对象统计的数据	栅格化处理	经济属性数据统计
基础设施数据	交通站点、公共服务设施点、商业设施点	城市管网等基础设施走线	面状基础设施对象	栅格化处理	
空间位置大数据	手机信令基站、监控摄像点、社交网络位置签到点	车辆轨迹、移动轨迹			媒体可视化数据

　　与上述五种实体相对应的是五种对象类：点对象类、线对象类、面对象类、栅格对象类和语义对象类，并可进一步派生出基于点、线、面的各地物特征类。例如，点对象类可派生出交通站点、居民点、公共设施点、商业设施点、监控摄像点、基站等类，交通站点又可以派生公交站点、地铁站点、轨道站点、停车场点、加油站点等，公共设施点可以派生出教育设施点、医疗设施点、文娱设施点、体育设施点、行政服务设施点等；线对象类可以派生交通线、地下管线、电力线、轨迹路线等类，交通线又可以派生出水路、公路、铁路等类，轨迹路线又可以派生出个人轨迹路线、群体轨迹路线、车辆轨迹路线等，其来源主要有各类导航数据、智能手机数据、物流数据、公交刷卡系统、地铁收费系统、路桥 ETC 系统等，数据模型可以实现包括继承、派生、聚合、多态、友元、重载、消息传递以及设置访问权限等功能，从而形成层次分明的结构模型，准确地描述各种类型的空间信息。

　　建立数据字典的目的在于提取不同来源数据中地理实体的表达含义，ArcGIS 为空间数据源提供了健全的空间数据的地理编码、地理实体的属性数据表（图 5-14）、地形地物的表示方法以及属性数据库的连接关联（图 5-15）。通过将属性数据库组织为多个表（每个表中存储特定的主题），而不是使用一个包含所有必需字段的大表，可以有效防止数据库中出现冗余信息，当所需要信息不在当前表中时，可以将两个表链接起来。表 5-3 提供了一个描述数据组织结构的代码字典的内容结构示例。

表 5-3　数据字典结构表

编码	地物名称	图层	数据类型	符号样式	标注	属性	关联数据	链接
GJ001	地铁线路	地铁	线	——	沿线地铁站	长度值	站点	
				……				

　　建立好基于 Geodatabase 的 ArcGIS 空间数据库后，可以使用字段计算器实现基本的查找、排序功能，还可以使用 VBA 语句进行高级计算，这些语句在选中字段进行属性表数值的简单计算、高级计算、综合统计、单项统计等数据处理（图 5-16）。例如，可以使用人口数据找出各县人口年龄百分比中比重最大的年龄组。可以创建诸如 If…，Then 语句或 Select Case 块逻辑结构的脚本语言进行数据预处理，这使得复杂运算处理快速简便。

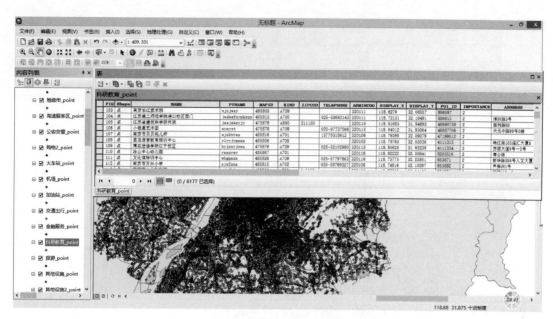

图 5-14　空间地理数据的编码和属性表示意图

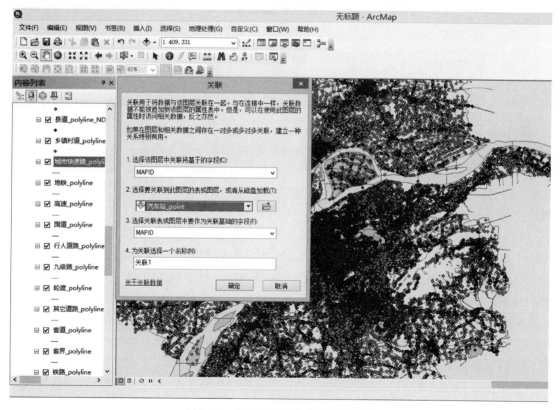

图 5-15　空间地理属性的关联示意图

3. 数据仓库技术

以数据库为基础的关系数据库管理系统实质上属于管理信息系统（MIS）的范畴，随着

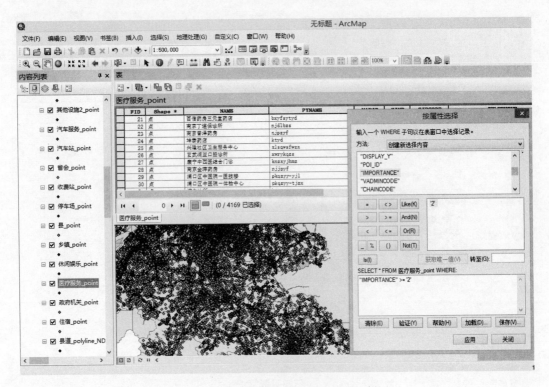

图 5-16　属性数据库计算与统计处理示例图

城市公共服务设施空间决策支持系统所涉及的数据量不断增大，查询也越来越复杂，传统数据库的数据缺乏组织性、数据访问效率低、数据处理效率低、数据不能转化为有用信息等弊端逐渐暴露出来。基于数据仓库的决策支持系统是把数据仓库（Data Warehouse）、在线分析处理（On-Line Analytical Processing，OLAP）、数据挖掘、模型库结合起来形成的空间综合决策支持系统，它们相互补充、相互依赖，发挥各自的辅助决策优势，实现更有效的辅助决策，是更高级形式的城市空间规划决策支持系统（刘振，2006）。图 5-17 展示了综合决策支持系统的总体架构。

20 世纪 90 年代初提出的数据仓库和在线分析处理能够有效地对决策系统提供支持：数据仓库侧重于存储和管理面向决策主题的数据，具体是指将大量用于事物处理的传统数据库数据进行清理、抽取和转换，并按决策主题的需要进行重新组织；OLAP 则侧重于数据仓库中的数据分析，并将其转换成辅助决策信息，比较典型的技术应用是对多维数据的切片、切块、钻取、旋转等，便于使用者从不同角度提取有关数据（高洪深，2005）。

与数据库相比，数据仓库所提取的数据是综合的、提炼的，是以面向对象的分析为驱动的，它的数据存储量大，但是对软硬件的要求也较高。传统数据库主要针对特定业务提供联机日常操作，如数据更新、查询和修改操作；而数据仓库则是专门为业务的统计分析所建立的数据中心，专门为分析统计和决策支持应用服务。数据仓库是一个联机的系统，它可以有效解决不同异构环境数据的转换和共享问题并有效提高查询分析效率，是数据管理的螺旋式上升（梁静国，2007）。

基于数据仓库的城市空间综合决策支持系统主要包括源数据层、数据导入层、多维数据

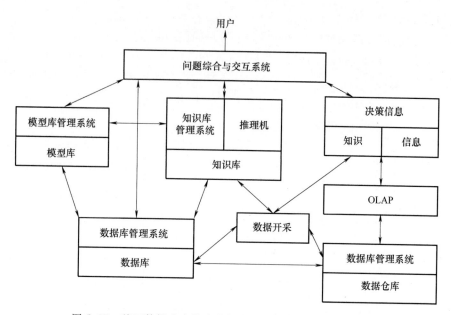

图 5-17 基于数据仓库技术的综合决策支持系统的总体架构

层、数据服务层、用户访问界面层五个部分。其中，源数据层主要包括城市规划、建设、环境、能源、人口、经济等各方面的业务数据和基础地形图、电子地图、地名地址等空间结构化和非结构化数据；数据导入层利用数据转换工具 ETL，通过数据抽取、数据转换、数据清洗、数据装载四个子过程，将不同平台和数据库中的源数据变换到数据仓库中数据的工具，使源数据得以增值和统一，最大限度地满足数据仓库高层次决策分析的需要；多维数据层用来组织数据和显示数据，通常包含星形模型、雪花模型和混合模型等；数据服务层向用户提供 OLAP 服务、查询服务、数据挖掘服务和知识发现服务等多种服务应用工具；用户访问界面层主要包括 Web、认证、安全、门户的服务，以及对用户进行分组和级别划分，并赋予不同的数据控制权限和访问权限。具体结构和过程如图 5-18 所示（杨丽娜等，2014）。

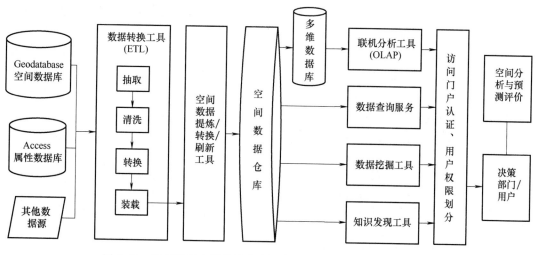

图 5-18 基于数据仓库的城市空间决策支持系统基本结构框架图

4. 模型库设计

模型库能为决策者提供推理、比较选择和分析问题的共享资源，是 SDSS 最有特色的部件之一，在 SDSS 中占有十分重要的位置。基于 ArcGIS 的 SDSS 空间数据分析模型库主要由数据库提取接口、模型构建运行管理、模型库存取管理和模型知识索引四个部分组成，图 5-19 详细介绍了空间数据分析模型库子系统的总体内容结构和具体操作流程。

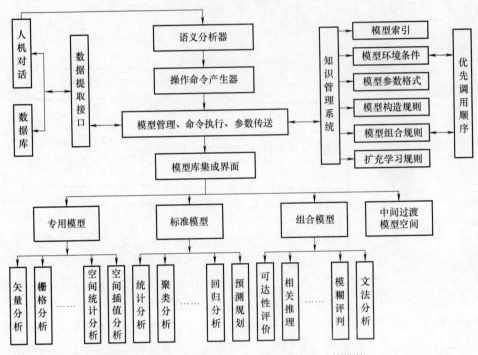

图 5-19　空间数据分析子系统的模型库总体结构

　　其中，模型库的分析界面主要由专用模型、标准模型、组合模型及中间过渡临时模型的集成而成。专用分析模型主要基于 ArcGIS 所提供的 ArcToolbox 分析工具来完成：ArcToolbox 分析工具有矢量数据空间分析（如缓冲区分析、叠置分析、网络分析）、栅格数据空间分析（如距离制图、表面分析、密度制图、统计分析、重分类、栅格计算）、空间统计分析（如空间聚类分析、核密度分析、热点分析、空间插值、创建统计表面）等（汤国安和杨昕，2006）（图 5-20）；标准模型则可以通过 Geodatabase 建立的 Access 数据库对空间属性数据进行常规的数据挖掘处理分析，如统计分析、回归分析、聚类分析、遗传算法分析、人工神经网络分析等预测分析方法；而组合模型则主要是指空间规划应用所提供的一些评判准则，如城市用地适宜性评价、地形适宜性评价、城市氛围评价、设施服务区域分析、公共与市政设施选址与布局优化、交通可达性分析、交通便捷性评价等。这些都为公共服务设施的空间选址提供了决策建议。

　　此外，模型运行的数据提取必须要对模型库和数据库之间的接口进行分析。原始的数据输入方法是各模型自带数据或数据文件，此方法只适合单模型的运行，不能实现数据间的共享，而城市公共服务设施建设的决策系统需要将全部数据存放于数据库中，并有数据库管理系统统一管理，以利于数据的输入、查询、修改和维护。因此，为了能够在模型程序中存取

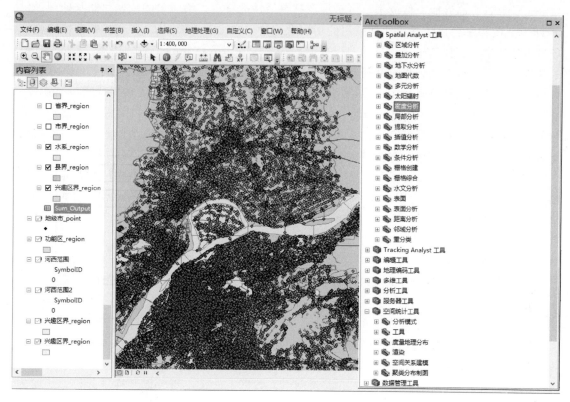

图 5-20　ArcToolbox 空间分析工具提供的分析模型示例图

数据库中的数据，必须建立模型与数据库之间的接口，即利用可视化编程语言（VB、VC ++
等），通过开放数据库连接（ODBC，Open Database Connection）或数据访问对象（DAO，
Data Access Object）方式从数据库中提取数据，作为模型运行的输入数据。同理，对于模型
运行所获得的结果，也将通过 ODBC 或 DAO 方式将其转换并存放于数据库中。当然，在规
划系统中还需要在模型和空间数据之间建立这种接口，使空间数据分析模型库与空间地理数
据库之间形成一个统一的整体（赵健赟，2007）。

5.2.3　智慧公共服务的决策云平台

随着信息技术的快速发展，网络开始成为城市经济和社会发展不可或缺的平台，并全面
影响着居民活动、企业经营以及政府管理，城市的"大数据时代"已经到来。大数据时代
的到来意味着思维方式的变革，基于全样本微观数据挖掘的要素间相关关系研究可以把握发
展总体规律，发现传统小数据样本分析下难以得出的潜在现象，将成为未来城市研究的新方
向（维克托·迈尔·舍恩伯格和周涛，2013）。除了样本问卷获得的需求调研数据外，城市
公共服务需求数据还包括居民个体通过网络平台（包括社交网络、服务主题网页浏览、论
坛评论回复等）反馈的对公共服务的评价和期望，对基于网络平台的服务需求信息等非结
构化数据进行语义挖掘，分析个体和群众对城市公共服务的需求和满意度评价，为个人的服
务选取提供决策建议，为企业的服务供应提供决策依据，为城市服务功能的总体设计提供决
策指导。

云计算具有高性能、低成本、可扩展及高灵活性的特点，给海量的数据存储及处理提供了 IT 基础支撑平台。随着云计算应用的增多及云计算体系架构的不断改进，可支撑的应用场景也逐渐增多，如基于云计算的并行数据挖掘系统、以云计算为平台的决策支持系统等。云计算技术是在分布式处理、并行计算和网格计算的基础上发展起来的，它使软件和硬件都以服务的形式在云计算环境中提供给用户。所谓的"云"是指互联网上提供服务的资源池，而"计算"则是指分散的信息处理，它能够将分散的各单位的数据中心以租用的方式变成集中式数据中心，再通过互联网向客户提供软件、存储、计算能力和其他服务，从而方便使用者对新程序的接收理解、降低构建数据中心而消耗的成本（雷万云，2011）。

云计算技术是决策支持系统发展的重要突破，网络实现了远距离的数据传输，并提供网络上大量的共享资源，为用户服务（韦国森，2018）。因此决策资源（数据、模型、知识等）就可以不必重复开发，而是利用网络上开放共享的集中决策资源来开发决策支持系统，这极大地提高了网络数据的共享性，方便了决策支持系统的开发和应用。

1. 系统需求分析

智慧化服务决策云平台的系统目标是：

1）构建云环境下的数据库、模型库、知识库和人机交互平台，并设计 Web Services 调用接口，实现资源共享，提高决策效率。

2）针对服务需求大数据（包括网络大数据、社会调研数据等）构建数据分析方法和数据挖掘模型，提高决策的科学性。

3）构建网络资源的本体知识库，并对网络大数据中的文本进行语义推理分析，从而为决策者提供决策辅助信息（包括兴趣、习惯、爱好等），提高决策合理性。

2. 系统功能划分

智慧化服务决策云平台可以服务于政府设计公共服务的供给运行制度，也可以用于企业设计具体的服务应用功能，还可以为个人对服务的挑选和享用提供决策建议。它的功能结构主要包括四个方面：

1）由云平台的资源层提供数据的存取、清洗、转换等功能。

2）调用云平台模型库提供的大数据挖掘分析功能。

3）运用本体技术提供文本语义知识推理的功能。

4）由人机交互模型和面向对象服务系统 SOA 提供的网络环境下的接口调用功能。

3. 系统平台设计

随着网络技术及其应用的发展，越来越多的网络技术如 C/S、B/S、Web Services 和云计算等致力于多库系统的融合开发和资源共享，从而方便服务使用者的接收学习、提高决策辅助的效率。信息资源的急剧增多，信息处理范围的日趋广域化，要求决策支持系统具有更好的开放性和更强的分布处理能力，云计算为信息处理和决策支持系统提供了更加开放的决策环境，为虚拟化的决策资源、非结构化的决策问题提供了良好的协作平台（崔曼和薛惠锋，2014）。云平台的构建离不开 Web Services 技术，Web Services 技术方便了系统各接口的连接，提升生产效率。下文分别介绍 Web Services 技术和云计算，并具体展开如何应用这些技术搭建云环境下的决策支持系统的开发平台。

（1）Web Services 技术

Web Services 的主要目标是在现有的各种异构软件和硬件平台的基础上构建一个通用的

与平台和语言无关的技术层，各种平台上的应用依靠这个技术层来实施彼此之间的连接和集成，彻底解决以往由于开发语言、部署平台、通信协议和数据表示等方面的差异所带来的高代价的系统集成问题，主要解决如何让计算机系统来使用 Web 应用所提供的服务（冯庆华，2004）。

Web Services 是 Microsoft、IBM、Oracle、HP、BEA 和 SAP 等计算机巨头公司所成立的WS-I 组织、W3C 组织和 OASIS 组织等共同提出的开放性技术标准。Web Services 通过使用标准化的描述语言 XML 描述操作接口，通过标准化的 XML 消息传递机制，通过网络实现远程访问这些操作（柴晓路和梁宇奇，2003）。但对于接口访问者而言，Web Services 是一种部署在网络上的对象或组件，不必了解其底层实现的任何细节，使用传统面向对象的编程方法就能轻松访问这些服务的接口。

Web Services 有一套完整的协议保证在松散环境下的对象访问操作，这些协议的基石是以可扩展标记语言 XML 为主的开放的 Web 规范技术，主要包括可扩展标注语言 XML（eXtensible Markup Language）、XML Schema（标准 XML 数据建模工具）、简单对象访问协议SOAP（Simple Object Access Protocol）、服务描述语言 WSDL（Web Services Description Language）、统一描述发现集成协议 UDDI（Universal Description，Discovery and Integration）、服务安全 WS-Security（Web Services Security）以及工作流语言 WSFL（Web Services Flow Language）（柴晓路和梁宇奇，2003）。可以规范 Web Services 架构下的数据建模、调用消息表示、调用接口描述、服务发现和集成机制描述、服务安全性保障语言描述以及商业流程组件的框架。Web Services 技术的体系架构如图 5-21 所示。

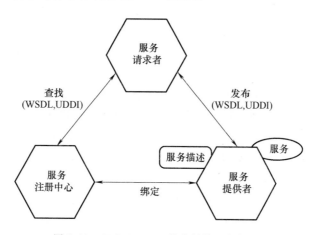

图 5-21 Web Services 技术的体系架构

基于 Web Services 的决策支持系统是网络环境的智能决策支持系统的进一步发展。C/S、B/S 网络环境中的模型服务器、知识服务器和数据库服务器已经提升了决策资源（模型、知识和数据）的共享空间，在 Web Services 技术下，模型不一定要集中在模型服务器中，知识也不一定要集中在知识服务器中，它们可以分散在不同的服务提供者中，只要它在注册中心注册，服务请求者就可以连接该模型或知识的服务（张艳，2010）。因此，开发决策支持系统的重心就可以放在客户端的总控程序上，即针对实际决策问题，有效地组织和利用网络上的各种资源，形成更多和更有效的决策支持系统方案。Web Services 技术使模型与模型之间、知识与知识之间、模型与知识之间、模型与数据之间、知识与数据之间等都形成了松散的联合，使共享方式更加灵活，大大减少了集中管理，便利了决策支持系统的开发，使决策辅助效果更加有效。

（2）云计算技术

支持云计算的两种基础技术是：将服务器"虚拟化"和将大量的信息"分散处理"（房秉毅等，2010）。对于云计算来说，要同时处理来自多个用户的处理请求，就有必要增加相应请求的处理能力，因此就需要很多的服务器，而增设物理上的服务器会大大增加数据中心的维护和运行的经费，故需要在一台物理服务器上实现多台理论上（虚拟化）的服务器。虚拟化技术可以把忙闲不均的计算机各种资源（硬件、软件和网络等）重新组织（虚拟化）以后再分配给用户，如果服务器所响应的业务量、用户数目和数据量等达到一定限度时，在服务器 A 上运行的处理可以转移到其他虚拟化的服务器上。这样既可以满足每个用户对资源的要求（用户不再过问资源在何处），又充分地解决了计算机各资源的均衡使用问题。

信息被分散到多个服务器上共同进行处理，再将各个服务器返回的结果返回给提出处理请求的原始用户，可以大大减少处理大规模任务所花费的时间。结合 Web Services 技术为系统的集成提供软、硬件的调用接口，使每个部门都可以更专注自己的核心业务，促进专业化分工和整个生产效率的提升。

云计算系统分层技术主要由基础设施即服务（IaaS）、平台即服务（PaaS）和软件即服务（SaaS）三方面内容构成，分别对应于云计算的基础架构、应用开发与执行环境以及应用软件三个层次的服务内容（孙健和贾晓菁等，2010）。如图 5-22 所示，IaaS 位于云计算系统框架的底层，能将大量分布式的异构设备和资源使用网络设备互联。云操作是实现云基础设施即服务层的核心内容，负责管理和监控云计算服务数据中心的基础软硬件资源的系统软件，具体包括基础软硬件资源管理中心、分布式文件系统、虚拟计算、虚拟安全、虚拟网络等内容。从 IaaS 到 PaaS 再到 SaaS，资源的抽象程度越来越大，而用户的自主使用权利却越来越小。三种服务模式是分别针对不同类型的客户群，从用户体验的角度来说它们是相对独立的三层关系；但从技术的角度来讲，它们并不只是简单的 SaaS 基于 PaaS，而 PaaS 基于 IaaS 的一种继承关系，SaaS 也可以直接部署在 IaaS 基础之上，而 PaaS 也可以直接构建在物理资源基础之上。

基于这三个层次构建决策辅助分析系统，不仅可以实现决策资源在互联网上的共享和使用，还可以增强海量数据的处理能力，而云计算动态扩展和配置的特性，可以使不同的物理和虚拟资源根据不同用户的决策需求动态划分或释放，更加迅速、弹性地提供决策服务。图 5-23 展示了基于云计算分层技术结构的决策支持系统架构，从底层到顶层依次为资源层、平台层、决策层、应用层以及用户层（崔曼和薛惠锋，2014），下面对该服务框架各个服务层级实现技术上的方案设计：

1）资源层的网络设备采用 Web Services 定义操作、接口、数据通信和显示文档，通过 WSDL 定义访问资源的操作过程和端口地址设置，为资源编写各种服务访问接口及具体类和对象，云平台用户通过统一标准的接口调用 Web 服务的远程方法实现与物理资源的交互操作。物理资源的虚拟化即使用虚拟化技术将硬件设备虚拟化成功能庞大的虚拟机，让云用户动态使用虚拟机，使云系统的操作像使用操作系统或应用程序一样便捷；虚拟资源可以在底

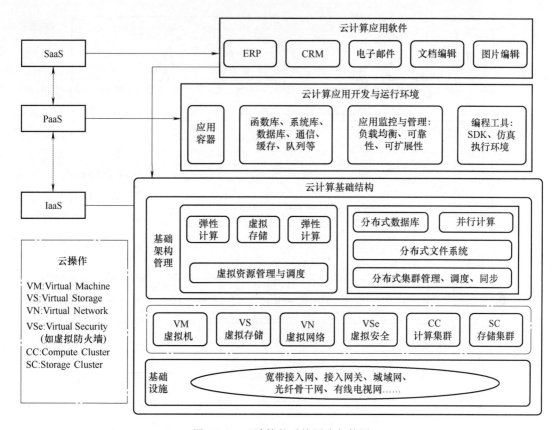

图 5-22　云计算的系统层次架构图

层以 Web 服务形式形成一个硬件资源和虚拟资源之间的抽象层，将物理资源转变成逻辑资源即虚拟资源；服务器等硬件设备通过在虚拟机上形成映射将物理设备转化为虚拟设备使用。虚拟化使得低利用率或闲置的物理设备负荷整合到一台虚拟机上，安全可靠地提高了硬件的使用率，而这个过程对用户界面来说是完全透明的，让用户真正地感觉是在使用一台功能强大的超级计算机设备。

2）平台层是整个云计算系统的核心层，为用户提供设计环境和执行环境（崔曼和薛惠锋，2014）。平台层将资源层获取的多源异构数据资源经过加工、整理和汇总存入数据库和数据仓库中；将数据挖掘分析的方法或模型分别存于方法库和模型库；为涉及语义网络的知识建立本体知识库，并使用本体推理中的 Jena 推理引擎实现知识推理，提供科学全面的决策资源；分布式计算平台将用户的请求分解为多个并行的子任务，由云计算平台的资源节点执行并行计算，实现高性能计算，提高决策支持系统的处理速度和处理能力。平台层使用 SOAP 提供服务之间的通信，屏蔽各种不同设备之间的差异来实现不同资源的高度共享和集成。

3）决策层是负责处理应用层的应用请求，对平台层所提供的加工整合过的决策资源进行智能调度，主要包括两大方面：数据挖掘处理和知识推理分析（崔曼和薛惠锋，2014）。决策问题可以分为结构化问题、半结构化问题和非结构化问题，结构化问题可以直接调用模型计算求解，半结构化和非结构化问题需要由规则模型与推理机制来求解。对于数据库所析

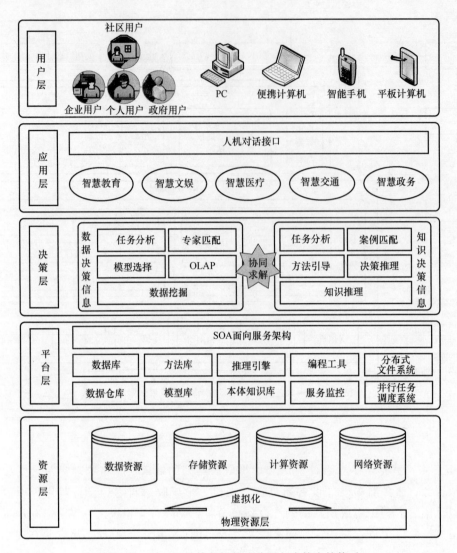

图 5-23　基于云计算的智慧公共服务决策支持体系

取的标准化网络大数据或社会调研数据通过调用不同的数据分析方法和挖掘模型进行分析，并设计求解方案；通过本体针对设施服务功能和需求构建语义网络知识库，进一步通过语义推理得到更多满足实际服务功效和社会需求的决策信息（张晓双，2014）。

4）应用层的各项服务功能可以采用 Web Services 技术有效实现，通过 UDDI 将应用层提供的各类智慧服务进行注册管理，采用统一的标准接口访问部署在服务器上的各项服务。后台服务器端程序可以由 Java 或使用 Visual Studio 的 C#开发实现，前台客户端程序即可以 Visual Studio 开发环境中集成的标准组件和由 Java 编写的脚本实现，提供与用户平台无关的应用服务，便于用户使用和操作。

5）用户层以个人用户、社区用户、企业用户、政府用户为使用对象，将不同的客户端硬件设备（包括台式计算机、便携计算机、智能手机、平板计算机等）通过人机交互系统接入应用层所提供的各类智慧服务开发的终端决策界面。

4. 决策数据来源

用户网络大数据、社会调研数据协同需求模型、语义推理共同构成了辅助决策的资源。其中，用户网络大数据、社会调研数据等构成了数据库的数据来源，数据库进一步为数据挖掘分析模型提供来源，同时也是语义知识推理的基础；用于分析需求偏好的各种数学模型、数据处理模型和人机交互的多媒体模型，在决策支持系统中以模型库的形式进行存储和提供服务，以定量的方式通过数值计算起辅助决策作用；对于大量的知识，通过建立本体知识库研究多源异构数据之间的语义互操作及其推理，以定性的方式通过推理起辅助决策作用（陈文伟，2014）。下文将分别具体介绍如何建立数据库、模型库和知识库并将三者有机融合、相互协同，为智慧化城市公共服务应用的设计提供决策。

智慧城市公共服务的质量评价可以选择具有用户评价的主题网站作为研究数据的主要来源，将居民对建成环境的感知作为评价公共服务质量的重要指标，通过对居民数据利用统计分析、挖掘分析、文本分析等方法模拟居民对城市各类公共设施服务的评价和满意度，从复杂的居民生活意向（非结构化数据）中提取具有代表性的评价指标，还可以借鉴城市网络研究方法挖掘城市间的活动联系（张晓双，2014），从而找出区域发展重点及存在的问题，为提高城市公共服务水平提供决策建议（秦萧等，2013）。同时，还需结合问卷调查和访谈等方法对群体需求的偏好特征进行深入研究。

网络大数据具有明显多源异构和语义集成的特点，采用语义综合集成及本体元建模方法构造语义网本体的知识模型，从非结构化的语音图像、日志文本和结构化的海量大数据库中提取知识、发现共性、分析特征、挖掘个性，进而研究大数据间的关联关系，发现业务协作关系，发掘服务价值。本体元建模方法通过研究不同领域不同主题的异构数据之间的语义互操作及其推理，能够有效地支撑语义综合集成与迭代式整合历史大数据的知识，还能够支撑有效地吸纳在线用户网页的相关内容、演化生长逐渐形成的大数据知识（何非和何克清，2014）。

需要指出的是网络大数据尽管提供了开放的数据共享平台，但是对其有效文本的抓取需要编写复杂的网络爬虫程序，还需要建立系统完备的语义本体知识体系。结合本书的主要研究对象和研究目的，本书仅针对网络大数据构建云决策平台，而对智慧公共服务的具体决策则根据社会调研问卷获取的群众需求数据进行，并进行深度挖掘和透彻分析以提出智慧公共服务的决策指导。

本 章 小 结

本章以智慧城市公共服务设施的空间规划和服务应用设计为研究对象，构建了基于信息技术大数据和个体需求的智慧城市公共服务设施建设决策支持平台，主要研究结论包括以下两点：

（1）界定了智慧城市背景下的城市公共服务的概念和内涵，表明了智慧城市的技术和理念为城市公共服务设施建设决策带来的机遇和创新。城市公共服务设施包括行政、商业、文化、教育、医疗卫生、体育、社会福利等机构设施，城市公共服务设施提供的智慧服务应用可分为医疗、教育、社区、政务和交通五个维度的运用信息化技术和智慧服务理念的具体应用功能。

（2）设计了城市公共服务设施空间规划决策支持系统（SDSS）和智慧服务应用的云决策平台（CDSP），将城市公共服务设施建设的决策内容、决策方法、决策目标与决策信息等决策要素融合于决策流程中。基于城市人口和设施的空间数据、属性数据，结合 ArcGIS 技术平台，构建 SDSS 的 Geodatabase 地理数据库，采用 ArcMap 中的空间分析方法和模型构建 SDSS 的模型库系统，服务于设施的空间布局优化决策。基于分布式云计算和 Web Services 技术，将社会需求的调研数据、网络语义文本大数据借助本体概念结构化抽象为概念模型，通过数据挖掘和知识推理为群众提供满足个性化需求的智慧城市公共服务。

第6章

智慧城市服务体系构建（二）

6.1 城市公共服务设施空间规划的智慧决策——以智慧南京河西医疗服务设施为例

第5章5.1节已经对城市公共服务设施的内涵进行了界定，可以发现，城市公共服务设施主要包括医疗卫生设施、科研教育设施、文化娱乐设施、体育设施、社会福利与保障设施、行政管理与社会服务设施、商业服务设施和交通设施等。由于篇幅和数据来源的限制，本书仅以智慧南京河西的医疗卫生设施为例阐述上述智慧决策过程：首先构建具体的智慧河西公共服务设施 SDSS 平台，接着根据基站定位数据进行人口空间分布统计，再结合群众对医疗设施的距离时间成本需求调研问卷进行医疗卫生设施的时间可达性和空间可达性分析，最后再进行选址分析，提出设施优化的决策方案。

6.1.1 智慧河西新城建设现状

河西新城位于南京市主城区西南部，是南京集金融、商务、商贸、会展、文体五大功能为一体的新城市中心，居住与就业兼顾的中高档居住区和以滨江风貌为特色的城市西部休闲游览地。它位于南京西南，北起三汊河，南接秦淮新河，西临长江夹江，东至外秦淮河、南河，总面积约 94km²，其中，陆地面积 56km²，江心洲、潜洲及江面 38km²，现有人口 35 万人，规划人口 60 万人。河西新城区划分为北部、中部、南部以及西部江心洲四个地区：北部地区为基本建成地区，以居住区和科技园区为主体功能，主要是完善配套，改善环境，提高整体环境质量和综合服务水平；中部地区以河西中央商务区、南京新城科技园、江东中央活动区为主体，逐步形成新区现代服务业聚集区、中高标准居住区、滨江休闲地与都市产业园；南部地区是规划预留的现代化居住、工作、休闲等设施用地；江心洲隔长江夹江与滨江风光带相望，定位为"以绿色开敞空间为主体，以休闲农业和特色旅游为主要职能"，重点突出"农"和"水"为主要特色的农业休闲观光旅游，目前处在规划阶段，因常住人口较少，故不在本章研究范畴中（表6-1）。

表 6-1　南京河西区域空间功能表

区　域	面积/km²	位　置	行政区划	功　能
北部	20	纬七路以北	鼓楼区	居住区和科技园区
中部	21	纬七路以南、绕城公路以北	建邺区	建设的重点地区，现代服务业聚集区、中高标准居住区、滨江休闲地与都市产业园
南部	15	绕城公路、江山大街以南	建邺区	规划预留的现代化居住、工作、休闲等设施用地
西部江心洲	15	新城西部	建邺区	绿色开敞空间，以休闲农业和特色旅游为主要职能

　　河西新城作为南京金融、商务、商贸、会展、文体五大功能为主的新城市中心，其公共服务设施不论是规划还是配套都达到较高水平。其中，河西 CBD 已集聚各类金融及准金融机构 340 家，金融机构法人总部 23 家，金融机构法人总部和外资机构数量均占到全市 2/3 强，并获得"江苏省金融改革创新试点区"和"南京市互联网金融示范区"称号。同时，河西 CBD 还是华东地区第二大中央商务区，仅次于上海陆家嘴金融贸易区。到 2020 年，在《南京市"十三五"智慧城市发展规划》的指导下，河西新城主要建设目标将围绕"两纵两横一路一城"，重点推进政务数据中心、智慧医疗、智能交通等领域的建设。如图 6-1 所示，"两纵"即 CBD 商务轴、滨江景观轴这两条支撑和辐射整个新城的特色带；"两横"即行政文体轴、河西大街商业轴这两个最聚人气的经济文化带；"一路"即对贯穿新城南北的景观大道江东路实施提升改造；"一城"即在河西南部地区按照"绿色、生态、环保、节能"的要求，率先打造"全国低碳生态示范城区"。

图 6-1　南京河西总体空间结构规划图

　　具体说来，河西新城的路网规划指标达到国家领先水平，由快速路、主干路、次干路、支路构成，有 6 条地铁线经过，是南京新的立体交通枢纽；河西新城教育配套规划起点高，中学服务半径不大于 1000m，小学服务半径不大于 500m，全部实行小班化教学，目前已有金陵中学河西分校、南师附中、新城初中、南京外国语学校河西分校、中华中学高中部等名校；河西新城的医疗配套主要有江苏省人民医院河西分院、省中二附院、河西儿童医院、明基医院等省级、区级医院，还有众多社区卫生服务中心组成便民医疗服务。

6.1.2 南京河西公共服务设施的空间决策支持系统

智慧城市的信息化技术和人本特征为城市公共服务设施的空间规划带来了全新的规划理念和决策方法。区别于一般的选址规划, 智慧城市公共服务设施的空间规划注重对实时位置及轨迹大数据的获取、整合、可视化和挖掘分析。GIS 平台具有空间决策支持的能力, 能为决策者提供做出决策所需要的空间信息, 并具有一般的模型决策支持功能, 如空间统计、最优路径选择、最优配置 (选址、选线) 等 (王家耀等, 2003)。结合 Arc-GIS 软件, 本章用 ArcGIS 配备的地理数据库 (Geodatabase) 创建位置大数据的基础数据库, 用 ArcMap 提供的空间数据分析模型库进行人口空间分布统计, 在此基础上结合可达性概念和群众实际需求对服务设施进行可达性评价、满意度评价, 再通过缓冲区分析等空间分析, 设计算法模型对城市公共服务设施进行叠置分析, 为设施选址提供优化方案, 如增添不同规模等级的城市公共服务设施等, 提高设施选址决策的科学性和便捷性。具体决策过程如图 6-2 所示。

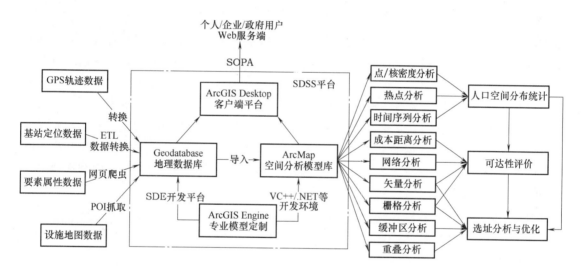

图 6-2 城市公共服务设施空间规划的智慧决策过程示意图

1. 数据库建立

数据是城市公共服务设施规划的基础和前提。影响城市医疗卫生服务设施空间布局的因素有很多, 包括城市的经济水平、地价、交通、人口空间分布及其年龄结构等, 这些因素互相制约和补充。根据这些影响因素和相关的建设规范文档, 本书通过 POI 爬虫软件抓取了百度地图地理数据, 采集了河西区域内的现有医疗服务设施点、道路路网体系、居民兴趣点 (商业购物、大厦、银行、超市等)、人口空间定位等的空间数据和属性数据 (唐少军, 2008), 并在 ArcCatalog 中按照图 6-3 所示的结构体系建立地理数据库, 在 ArcMap 中进行可视化处理和进一步的模型分析和决策。

设施空间决策的数据库包括空间数据库和非空间数据库两个子模块, 非空间数据库主要处理的是文档数据, 而空间数据库主要包括城市空间数据、人口专题数据和要素属性数据。其中, 城市空间数据是指城市地块、道路、设施等的地理空间数据 (如 X、Y 坐标, 长度,

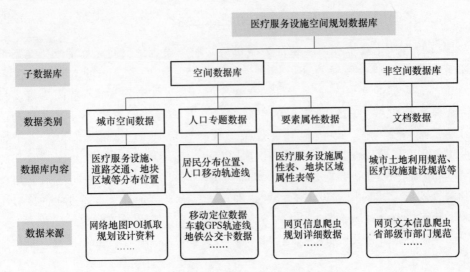

图 6-3　城市医疗服务设施空间决策数据库

面积等），其数据过去从规划局的城市规划设计资料才能获得，现在，随着网络地图数据的快速发展和兴趣点位置信息的轻松获取，专业人员可以通过 POI 技术对网络地图的城市空间要素进行抓取，获得宝贵而翔实的城市空间数据资源。人口专题数据指的是人口空间位置信息以及动态移动轨迹等，在信息化技术发展初期很难获取个体的空间位置数据，只能通过人口普查或者固定电话进行定位和统计，现在，随着信息化技术的提高和普及，几乎人人都使用智能手机，人口定位数据的获取更加便捷和准确，此外，从城市地铁公交卡和车载 GPS 等也可以获得全面而翔实的个人移动空间数据，可以说信息大数据对城市的探索和规划来说有巨大的利用价值。要素属性数据则是指伴随着要素空间地理数据的一系列属性信息，如规模、地址、服务半径、人口总数等，它们是对服务设施进行空间分析和规划决策的重要数据，可以通过规划文件获取，也可以通过对专门的资源性网站（如搜房网、安居客等）编辑爬虫程序，抓取需要的属性数据。

2. 模型分析方法与流程

ArcGIS 中的 ArcMap 软件提供了大量的空间分析方法，还可以通过汇编语言编制适用的个性化空间分析模型。本书根据 ArcGIS 软件提供的丰富的分析工具，首先结合位置大数据，采用 ArcMap 点密度和核密度分析工具对河西人口的空间分布进行统计分析；其次从百度地图抓取河西的道路交通、公共服务设施等兴趣点的空间数据和属性数据，并通过 ArcMap 缓冲区分析和叠置分析工具对河西的道路交通通达性进行评估，利用 ArcMap 的 Voronoi 多边形工具根据空间距离最近划分设施实际的服务区、评价其空间可达性，利用 ArcMap 成本距离网络分析工具根据群众交通出行方式的选择和出行时间的期望评价设施的时间可达性；最后，结合时空可达性评价结果进行增设服务设施的决策，并采用 ArcMap 叠置分析工具设立合理条件对设施空间布局进行优化决策。

城市公共服务设施的空间布局优化决策往往包括以下流程：

1）采集基础要素（如道路、设施、人口等）的空间数据和属性数据，并为其建立地理数据库。

2）根据道路交通数据构建道路网络体系以便采用网络分析工具对时空可达性进行分析。

3）根据移动定位数据等位置大数据进行人口空间分布统计分析，确定人口密集区，以提高服务设施的配置效率。

4）根据 ArcMap 缓冲区分析、Voronoi 多边形分析和成本距离分析工具，分别进行道路通达性评价、空间可达性评价和时间可达性评价。

5）根据各地块的设施可达性优劣，决策是否需要新增医疗服务设施，并设置基本参数，通过叠置分析得出适宜选址的地点，提供设施空间布局优化的选址决策建议。具体优化流程如图 6-4 所示（胡精超和王莉，2013）。

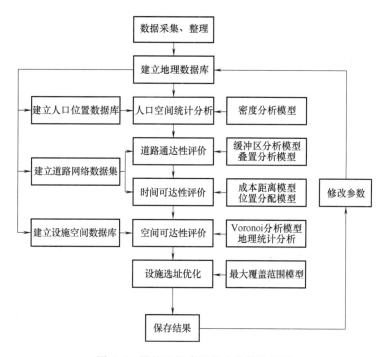

图 6-4　设施空间布局优化决策流程图

6.1.3　南京河西人口空间分布统计分析

人口信息的统计分析是了解社会环境、进行城市服务功能设计的重要依据，传统的分析表达方法主要有直方图、散点图、折线图等，但大多只是对人口信息进行定量分析与预测，缺乏对人口所在的空间环境的可视化表达。通过运用 ArcMap 中的密度分析、热点分析、时间序列分析、插值分析、聚类分析、探索性数据分析等统计分析方法，可以快速高效地分析人口空间分布的情况、预测发展趋势。

1. 位置大数据获取

中国的城市规划和城市研究长期受制于数据的获取，规划工作的数据基础高度依赖于官方的测绘数据、统计资料以及政府的行业主管部门的官方数据。在人口信息获取上，传统的人口数据是通过人口普查获取的，它可以获取全面准确的人口属性信息，但是缺点是耗时费力、更新缓慢、空间属性信息较难获取。随着信息技术和互联网思维的普及与发展，群众的生活越来越离不开智能通信工具和社交网络，产生了许多个人信息大数据，如话务量数据、手机信令数据（李祖芬等，2016；王德等，2015）、基站定位数据（周怡，2010）、公交 IC 卡数据、微博位置信息等，它们具有全覆盖大样本、动态连续的特点，且这些大数据来源于非自愿的被动调查，被调查者无法干涉，具有一定的强制性，可以确保数据来源更加全面真实，具有巨大的利用价值，为城市规划提供了优良的数据基础。特别是在数字城市和智慧城市背景下，政府积极推动政府信息公开工作，大批互联网企业也开始在一定程度上开放自己的数据，如百度、大众点评、新浪微博、搜房网等提供的 API 开发平台，甚至产生了像数据堂、集搜客这样专门的数据共享商业平台，极大地改变了开展城市研究的数据基础。研究者可以利用开放的地理数据、社会化网络数据、签到数据、浮动车轨迹数据等进行不同尺度、不同视角的研究，既有微观（如个体行为模式）的研究，也有宏观城市形态、区域联系的研究。

基站定位一般应用于手机用户。手机基站定位服务又称为移动位置服务（Location Based Service，LBS），基站定位是指通过电信移动运营商的网络（如 GSM 网）使用特定的定位技术来获取移动手机或终端用户的位置信息（经纬度坐标），在电子地图上标出被定位对象的位置的技术或服务。定位技术有两种，一种是基于 GPS 的定位，一种是基于移动运营网的基站的定位。基于 GPS 的定位方式是利用手机上的 GPS 定位模块将自己的位置信号发送到定位后台来实现手机定位，优点是精度较高，缺点是耗电，较难批量处理；基站定位则是利用基站对手机的测算距离来确定手机位置，数据获取快捷，但是精度很大程度依赖于基站的分布及覆盖范围的大小，有时误差会超过 1km（安战超，2011）。本书以购买获取的 LBS 数据仓库公司提供的清洗加密转换处理后的 2015 年 6 月到 2016 年 4 月江苏省南京市建邺区和鼓楼区的移动联通电信离线基站定位数据库为数据基础，辅助人口空间分布的统计分析。基站定位数据库体系见表 6-2，基站定位数据库使用单一表的结构，以移动网络号 MNC（Mobile Network Code：0 表示移动基站，1 表示联通基站，11 表示电信 LTE 基站，10000～20000 表示电信 CDMA 基站），位置区域编码 LAC（Location Area Code：0 表示 LTE 基站，其他表示电信 CDMA 基站的 NID），扇区编码 CI（Cell ID）三个字段作为联合主键，保证每条基站数据的唯一性，同时可以根据这三个参数快速查询到基站的位置信息。该数据库共包含 123597 条数据，按照每个扇区平均服务人数为 3 来计算，每条数据表示该基站区域的 3 个移动手机终端用户，为人口空间分布统计分析提供数据基础。

2. 人口密度分析

在地学研究中经常会遇到非行政区人口数量的统计问题，如在对中小学、各级医院、文娱中心、体育设施等公共服务设施进行选址时，需根据单位面积的人口密度进行合理的建立和布局，基于栅格结构的人口密度是解决人口密度问题常用方法（周怡，2010）。此外，还可以用插值分析的方法为空间的人口要素的不同属性（如年龄、职业、家庭成员、收入等）创建 Access 数据库存放于 Geodatabase 数据库中，利用 GIS 空间分析功能，将人口属性分配到格网上，展现人口属性的空间分布情况，还可以进一步创建概率分布、标准误差预测图、分位图等进行概率统计分析。

表6-2　基站定位数据库体系

MNC	LAC	CI	纬度/(°)	经度/(°)	覆盖半径/m	时间	地址	省	市	区	镇
0	0	66068744	N32.01681	E118.7152	100	20160412	江苏省南京市建邺区兴隆街道乐山路148号，乐山路与梦都大街路口西北93.86m	江苏省	南京市	建邺区	兴隆街道
0	0	66068788	N31.99804	E118.7101	100	20160412	江苏省南京市建邺区双闸街道白龙江西街34号，白龙江西街与燕山路路口南29.61m	江苏省	南京市	建邺区	双闸街道
11	0	66077750	N31.96825	E118.7105	100	20160412	江苏省南京市建邺区沙洲街道莲花新城嘉园（西北门），友谊路与双莲路路口西407.80m	江苏省	南京市	建邺区	沙洲街道
11	0	66085938	N32.0223	E118.7379	100	20160412	江苏省南京市建邺区南苑街道金陵世家，应天大街出口与应天大街路口东南126.36m	江苏省	南京市	建邺区	南苑街道
0	105	18106	N32.04642105	E118.7279205	500	20150618	江苏省南京市鼓楼区江东街道东宝路52号，锡江路与东宝路路口北142.99m	江苏省	南京市	鼓楼区	江东街道
0	153	15388	N32.0785141	E118.7587128	500	20150618	江苏省南京市鼓楼区挹江门街道新城市·虹桥中心01幢，中山北路与狗耳巷路口西北96.06m	江苏省	南京市	鼓楼区	挹江门街道
1	154	51479	N32.04810333	E118.7723694	500	20150618	江苏省南京市鼓楼区华侨路街道上海路16-1号，上海路与华侨路路口东南78.96m	江苏省	南京市	鼓楼区	华侨路街道
1	197	52582	N32.07914352	E118.7788391	500	20150618	江苏省南京市鼓楼区中央门街道利奥大夏，中央路与内环北线辅路路口南61.73m	江苏省	南京市	鼓楼区	中央门街道
0	198	54962	N32.0739975	E118.7786408	500	20150618	江苏省南京市鼓楼区湖南路街道玄武饭店，中央路与童家巷路口西北41.30m	江苏省	南京市	鼓楼区	湖南路街道
0	212	49691	N32.04511261	E118.7494965	500	20150618	江苏省南京市鼓楼区凤凰街道北圩路113号，凤凰西街与北圩路路口东北191.91m	江苏省	南京市	鼓楼区	凤凰街道

ArcGIS 空间分析工具中的密度图根据输入的要素数据集计算整个区域的数据聚集情况，从而产生一个连续的密度表面。密度图主要是基于点数据生成的，以每个待计算格网点为中心，进行圆形区域的搜寻，进而来计算每个格网点的密度值。密度图分为简单点密度图和核函数密度图两种。点密度计算的是单位面积的平均点数，而核密度将靠近区域中心的点赋予较大的权重再进行加权平均，其计算结果较为平滑（汤国安和杨昕，2006）。图 6-5 和图 6-6 分别为基于基站定位数据的南京河西片区人口空间分布点密度图和核密度图。

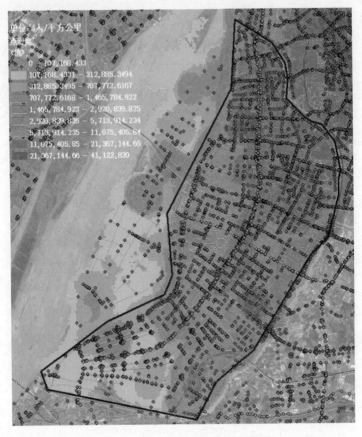

图 6-5　南京河西片区人口点密度图

如图 6-5、图 6-6 所示，黑色框内为河西新城除去江心岛范围的区域。可以发现，点密度图与核密度图反映的人口集聚情况比较一致。具体反映了以下几点人口空间分布信息：

1）整个河西片区的人口密度由北向南依次递减：北部主要为普通住宅、生活服务和行政单位集中区域，人口密度较大；中部为商业服务业、高新科技产业和中高档住宅集中区域，对容积率有一定要求，人口密度不宜过大；而南部为乡村人口聚居区，以农业产业和生态区为主，人口密度最小。

2）河西片区的人口分布呈现出 4～5 个一级集中区域，它们都具有以住宅小区或产业中心为主，周边辅以政务、医疗、商场等多功能配套的特点，分别是：①河西北部的清凉门大街以南、汉中门大街以北、江东北路以西的区域，此处主要为鼓楼区河西公共服务中心、江东社区服务中心等区域政府服务中心所在地，还包括金陵世纪花园、锦江花苑小区等中大型

图 6-6 南京河西片区人口核密度图

住宅小区；②河西北部的草场门大街和江东北路相交处，此处为住宅小区集中地，还是江苏妇幼保健医院和社区卫生服务站所在地，周边也有很多配套设施如柔道体育馆、银城广场商业中心等；③地铁 2 号线集庆门大街地铁口周边，为万达商圈所在地，周边还有一些中高档住宅小区；④地铁 1 号线中胜地铁口周边，主要为各类高新科技产业园，如新城科技园、欣网视讯研发大楼等，附近还有中外合资的区级明基医院。

3）此外，还形成了一系列的次级人口集中区域，主要沿地铁和主干交通沿线分布，由南向北依次为：①位于南部的地铁 2 号线油坊桥地铁口附近，此处为莲花新城和清荷园居住区，辅以配套的小学、便利设施等；②位于中部的奥体中心区域，围绕着奥体体育设施中心，周边开发了多处人口密度适中、容积率较低的中高档住宅小区，并配以餐饮、购物、河西中央公园、金陵图书馆、幼儿园、小学等配套设施；③河西中部主干道内环南线与南湖路交界处，此处主要为江苏城市职业学院和南京信息工程大学应天校区所在地，周边的医疗卫生服务中心也较多；④北部江东中路、江东北路沿线周边也是人口密度较大的区域，其周边配套设施较为成熟和完备，楼盘小区密集，入住率也很高。

因为基站定位数据仅能够提供人口的空间定位数据，缺乏人口属性数据，故仅能对人口数量这一单一指标做分析。如果与移动等手机服务运营商、大众点评等服务 APP 软件公司进行合作，获取人的个性特征与兴趣数据，并将之与定位数据相结合，通过 ArcGIS 的插值分析和空间统计分析能够获得更多的服务需求空间分布信息，甚至带来巨大的利益价值。

6.1.4 南京河西医疗卫生设施的可达性评价

可达性理论最早是从古典区位理论中发展而来的。Hansen 首次提出了可达性的概念，将其定义为交通网络中各个节点相互作用的机会大小（宋正娜等，2010）。其理论最初应用于交通领域，以衡量交通成本的高低，但随着规划理论的发展，越来越多地运用于设施选址及设施布局评价中。在设施选址阶段，为了研究现有设施布局的合理性，应对设施的可达性进行评价，确定现有设施的选址是否能够满足规划区域人口的时间空间需求，作为规划调整或是新建设施的必要论证。在规划新的设施时，应使设施布置在可达性高的地块，便于需求者使用、节省时间及成本（车莲鸿，2012）。宋正娜等学者采用潜能模型和两步移动搜寻法分别研究了如东县和大连市医院的时空可达性（付加森等，2015；宋正娜等，2010）。

对公共服务设施的可达性评价，不同学者结合不同的分析理论提出了多种评价方法。封振华（2013）构建了公共服务设施规划的评估体系，包括对道路交通条件、用地经济性的定位评估，还包括对设施服务范围覆盖率、服务半径有效性的定量评估。王远飞（2006）提出基于 GIS 利用 Voronoi 多边形方法划分上海市浦东新区的各个医院服务范围及服务人口数量。孙瑜康等（2015）考虑个体的出行方式和时间要求，对不同等级的医疗设施的覆盖范围进行了计算。胡明星等（2015）以 GIS 为平台分别计算了南京主城区公共服务设施用地和人口密度分级的加权 Voronoi 图，再基于路网计算公共设施的覆盖范围，以此衡量南京主城区基层公共设施用地的布局合理性和服务公平性。结合前人经验，基于 ArcGIS 提供的 ArcMap 图层分析技术平台，先构建南京河西片区的路网系统，并对其道路交通的通达性进行评价，在此基础上利用 Voronoi 多边形划分河西医疗设施的服务区域及人口数量，评价其空间可达性，再通过网络分析研究个体按照不同交通出行方式到达最近医疗设施的时间成本，评价其时间可达性。

1. 道路交通条件评估

规划区域道路的通达性、交通出行便捷性往往对城市公共服务设施的可达性起重要作用。道路通达性是指到达特定土地区位的交通运输条件，体现土地通达度的要素有道路的类型、数量和道路的相对位置。

按道路级别，城市的道路类型一般可以分为国道、省道、快速路、县道、乡镇村道等。南京河西片区目前有 3 条地铁线，纵横贯穿了河西的北部和中部，河西还拥有贯穿中部东西和北部南北向的城市快速路、东部沿线的国道和东西、南北向的县道，以及纵横交错的乡镇村道路网体系。按照道路在城市中的作用，依据道路的宽度和车道数目，可将道路划分为主干道、次干道及支路，其各自的影响距离见表 6-3（封振华，2013）。

表 6-3　道路分类信息表

道 路 等 级	道 路 类 型	影响距离/m
国道	主干道	300
省道		
地铁		
城市快速路		
县道	次干道	280
乡镇村道	支路	200

对地块通达度评估首先根据道路影响距离确定各类道路的缓冲区（图 6-7、图 6-8、图 6-9），再将各级道路缓冲区分成 8~10 个等级，做道路衰减评分，离道路越近，分值越大，最后将各缓冲区与片区用地叠加，得出各地块通达度评分值，分值越高，其通达度越好（封振华，2013）。

图 6-7 主干道缓冲区

图 6-8 次干道缓冲区

图 6-9 支路缓冲区

　　地铁线和城市快速路纵贯整个河西片区，承担主要交通流，是河西片区的主要发展轴，将其影响距离分为 10 个等级，每个等级赋予不同分值，离道路最近的一级分值为 100。县道则主要沿着河西的南北和东西中心轴实施影响，将次干道的影响距离分为 8 个等级，离道路最近的一级分值为 80。乡镇村道则贯穿河西的各个地块，拥有发达且复杂的支路路网体系，将支路的影响距离也分为 8 级，最高分值为 40。做出如图 6-10、图 6-11、图 6-12 所示的道路影响距离评分多环缓冲区。

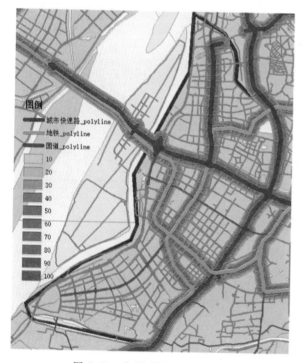

图 6-10 主干道影响距离评分

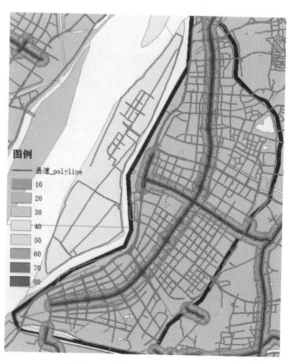

图 6-11 次干道影响距离评分

此外，对城市道路交通条件的评估还应将地铁站、公交站等交通出行服务设施考虑进去，对交通站点绘制半径分别为 50m、100m、200m、300m、400m、500m、1000m 的缓冲区，并且离站点最近的分值为 20，具体如图 6-13 所示。可以发现河西绝大部分的交通站点分布于地铁、城市快速路主干道及县道次干道的沿线，少量分布在乡镇村道沿线。

图 6-12　支路影响距离评分

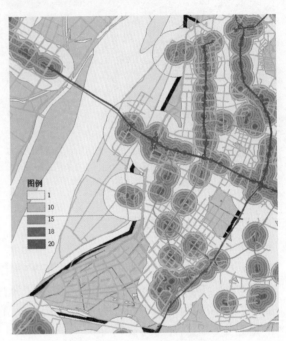

图 6-13　交通站点影响距离评分

使用 ArcGIS 对根据距离设置影响评分的各级道路和交通站点缓冲区进行叠加，用影响距离的衰减评分高低来衡量道路交通的通达度。图 6-14 即为评分叠加的结果，可以发现：

1）河西以横向和纵向的地铁线、城市快速路贯穿河西片区的东西和南北，覆盖了河西的主要商业金融区，东部的国道沿线也构成一条连接南北的快速通道。此外，河西的中部围绕着奥体中心、高新科技园产业区构成了畅通、发达、多元的交通路网。

2）河西西北和南部的主干道比较稀疏，主要依赖于乡镇村道满足群众出行需求，这主要是因为西北多为居民住宅小区，次级道路可以有效减少噪声和运输对居民的打扰；而南部多为村镇和生态园区，对道路流量的需求相对较小，才导致了道路现状。

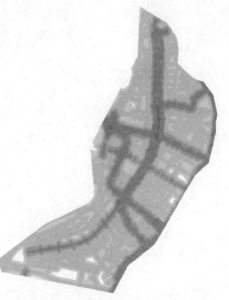

图 6-14　南京河西道路通达性总体评价

3）图 6-14 中十字代表河西区域内及周边的医疗卫生设施，包括省、市级医院、卫生服务中心/诊所等，可以发现绝大部分医疗卫生设施位于交通路网最为发达的主干道附近，且各类道路路网纵横交织，交通出行方式多元便捷。

4）总体来说交通比较通达，覆盖面较广，不同类型的道路也进行了合理的分流，商业区和居住区的路网也进行了合理的动静分离，城市公共设施如体育设施、商业设施、娱乐设施和医疗卫生设施周边路网体系发达、道路畅通便捷、交通方式多样。

2. 基于"Voronoi 多边形"的空间可达性评价

医疗卫生设施的空间距离可达性评价主要研究卫生服务供方和需方的空间分布及两者分布的匹配程度（车莲鸿，2012）。基于 GIS 技术平台，常见的可达性分析模型包括最小距离法、平均距离法、最大覆盖法、潜能模型、引力模型法及其改进模型等。王远飞（2006）提出的基于 GIS 与 Voronoi 多边形的地理可达性算法可以划分设施的服务空间范围及各空间区域的服务人口数量，本书将结合此方法进行分析。

Voronoi 多边形，即泰森多边形，主要用来计算分析几何结构，既是对空间的一种分割方式，也是对空间的一种内插方式。Voronoi 图是基于现有点位对指定区域进行平面分割，一个中心点会对应一个多边形，既可以覆盖整个划分平面又不会出现重叠的区域，每个区域有且仅有一个中心点，所有点都被区域包含，而且区域中任意一点到区域内部点位的距离比到区域外部任意一点距离都要小，区域边界上的点到两区域内部点距离相等（陆天琪，2015）。

人类在各类社会经济活动中习惯于以最短时间、最近距离或最低费用等条件作为行为出发点去选择具体位置为目的地，在泰森多边形中就是每个网点所对应的多边形的覆盖范围。Voronoi 图的研究已经形成了完善的理论系统，加上它的最近性和邻接性的实用特点，已经在 GIS、机械工程、图像处理、CAD 等领域得到广泛应用，是解决路径规划问题、距离计算等计算几何应用问题的有效工具。本书充分利用泰森多边形的几何特点，利用 ArcMap 邻域分析中的泰森多边形工具，从空间上距离最近的角度去划分河西不同等级医疗机构的服务区。

为了更切合实际地对整个河西片区的医疗设施服务范围进行划分，将每个人都划分到距离最近的医疗卫生设施，采用 Voronoi 图对不同等级的医疗机构进行空间划分。本书仅考虑基础医疗资源的分配均等性和可达性，故对口腔、眼科、残疾人服务中心等专科医院不予考虑。按照规模等级和医资能力，将河西片区的 80 家医疗卫生服务设施分为市级、县级和社区卫生所/诊所（图 6-15），参考《全国医疗卫生服务体系规划纲要（2015—2020 年）》和《南京市公共设施配套规划标准》，列出各类设施的具体规划标准见表 6-4。根据"就近原则"，需求者应该根据病症的难易选取不同级别的医疗机构，并到距离最近的同级医疗机构就诊，反过来说就是同等级的某个医疗机构服务区内的所有个体有且只有到达该医疗机构的距离是最近的。基于 ArcMap 的泰森多边形工具依次对省级医院、市级医院以及卫生服务中心/诊所分别划分出到达该设施空间距离最近的服务区，生成如图 6-16、图 6-17、图 6-18 所示的服务区划分图，并结合不同等级的医院服务半径绘制医疗设施的服务范围缓冲区，判断覆盖面是否满足空间需求。在此基础上对每个河西医疗设施服务区内包含的基站点数进行汇总统计，求出各医疗设施服务区内的实际服务人口，具体见表 6-5。

表 6-4　医疗卫生服务设施的规划指标

医 院 等 级	服务半径/m	服 务 人 数
市级医院	50000	100 万
县级医院	3000	20 万 ~ 30 万
社区卫生站/诊所	500 ~ 600	3 万 ~ 5 万

表 6-5　河西医疗服务设施的实际服务空间范围

编号	名　称	等级	区域服务人口（人）	区域服务面积/m²	规划服务人口（人）	规划服务面积/m²	超过规划面积百分比
1	江苏省第二中医院	市级	94554	64186780.87	100 万	7853981634.000	—
2	江苏省妇幼卫生保健中心	市级	22848	8296232.85	100 万	7853981634.000	—
3	江苏省省级机关医院龙江门诊部	市级	22422	6648894.35	100 万	7853981634.000	—
4	建邺区疾病预防控制中心	县级	7602	3094882.55	20 万 ~ 30 万	28274333.88	—
5	南京市建邺医院	县级	6291	4378808.20	20 万 ~ 30 万	28274333.88	—
6	明基医院	县级	27150	32609951.63	20 万 ~ 30 万	28274333.88	15%
7	南京市建邺医院	县级	32850	11455195.87	20 万 ~ 30 万	28274333.88	—
8	南京市市级机关医院河西门诊部	县级	15807	10880726.90	20 万 ~ 30 万	28274333.88	—
9	南京市中医院肛肠科河西分部	县级	10305	4789119.13	20 万 ~ 30 万	28274333.88	—
10	南京油运医院	县级	39819	11923246.37	20 万 ~ 30 万	28274333.88	—
11	滨湖社区卫生服务中心	社区	1773	4507248.68	3 万 ~ 5 万	785398.16	474%
12	春晖诊所	社区	1332	1104186.21	3 万 ~ 5 万	785398.16	41%
13	凤凰社区卫生中心	社区	1266	2209162.93	3 万 ~ 5 万	785398.16	181%
14	凤西诊所	社区	1755	4775776.95	3 万 ~ 5 万	785398.16	508%
15	鼓楼区江东街道龙江社区卫生服务中心	社区	3660	4926247.68	3 万 ~ 5 万	785398.16	527%
16	鼓楼区龙馨堂诊所	社区	3783	2486135.27	3 万 ~ 5 万	785398.16	217%
17	鼓楼区三汊河社区卫生服务站	社区	795	453127.55	3 万 ~ 5 万	785398.16	—
18	鼓楼区育才社区卫生站	社区	3285	452633.70	3 万 ~ 5 万	785398.16	—
19	国强诊所	社区	291	509143.68	3 万 ~ 5 万	785398.16	—
20	集庆堂中医诊所	社区	1296	889232.37	3 万 ~ 5 万	785398.16	13%
21	建邺区茶亭社区卫生站	社区	1536	1816454.09	3 万 ~ 5 万	785398.16	131%
22	建邺区国安诊所	社区	1164	3681096.26	3 万 ~ 5 万	785398.16	369%

（续）

编号	名　　称	等级	区域服务人口（人）	区域服务面积/m²	规划服务人口（人）	规划服务面积/m²	超过规划面积百分比
23	建邺区虹苑社区卫生站	社区	921	615891.89	3万~5万	785398.16	—
24	建邺区康建诊所	社区	534	1746930.84	3万~5万	785398.16	122%
25	建邺区乐山路社区卫生站	社区	4704	3616932.09	3万~5万	785398.16	361%
26	建邺莲花社区卫生站	社区	672	2173433.34	3万~5万	785398.16	177%
27	建邺区沙洲社区卫生中心	社区	6699	382438.37	3万~5万	785398.16	—
28	建邺区双闸社区卫生中心	社区	1200	1906041.82	3万~5万	785398.16	143%
29	建邺仁洁诊所	社区	2010	2468529.79	3万~5万	785398.16	214%
30	建邺晓海诊所	社区	2139	665137.02	3万~5万	785398.16	—
31	建邺云康诊所	社区	792	483660.98	3万~5万	785398.16	—
32	江东社区卫生站	社区	3276	769399.74	3万~5万	785398.16	—
33	江苏省公安消防总队医院	社区	1404	1563577.10	3万~5万	785398.16	99%
34	金顺诊所	社区	2103	771557.66	3万~5万	785398.16	—
35	康瑞家建邺诊所	社区	1257	391142.23	3万~5万	785398.16	—
36	立标诊所	社区	873	431802.72	3万~5万	785398.16	—
37	陆军指挥学院退干门诊部	社区	3477	950295.79	3万~5万	785398.16	21%
38	南湖社区卫生服务中心	社区	1272	476301.13	3万~5万	785398.16	—
39	南京北卫诊所	社区	1206	157469.40	3万~5万	785398.16	—
40	南京传统中医门诊部	社区	300	388359.68	3万~5万	785398.16	—
41	南京大佑诊所	社区	516	235042.50	3万~5万	785398.16	—
42	南京东凤堂诊所	社区	1593	569362.72	3万~5万	785398.16	—
43	南京福安园诊所	社区	276	564148.92	3万~5万	785398.16	—
44	南京鼓楼龙凤诊所	社区	2301	334644.50	3万~5万	785398.16	—
45	南京汉中门大街门诊部	社区	702	286937.33	3万~5万	785398.16	—
46	南京建邺爱达诊所	社区	720	433540.10	3万~5万	785398.16	—
47	南京建邺爱康诊所	社区	2955	571979.21	3万~5万	785398.16	—
48	南京建邺安康诊所	社区	708	358652.48	3万~5万	785398.16	—
49	南京建邺补经堂诊所	社区	4215	73089.77	3万~5万	785398.16	—
50	南京建邺海棠园诊所	社区	183	938875.23	3万~5万	785398.16	20%
51	南京建邺思园诊所	社区	2199	197114.25	3万~5万	785398.16	—
52	南京建邺万福园诊所	社区	903	143786.43	3万~5万	785398.16	—
53	南京建邺西苑堂诊所	社区	1410	232900.58	3万~5万	785398.16	—
54	南京建邺新河口诊所	社区	846	598328.37	3万~5万	785398.16	—

（续）

编号	名　称	等级	区域服务人口（人）	区域服务面积/m²	规划服务人口（人）	规划服务面积/m²	超过规划面积百分比
55	南京建邺雨杭诊所	社区	1056	291069.41	3万~5万	785398.16	—
56	南京宁西门诊部	社区	1290	177383.09	3万~5万	785398.16	—
57	南京青奥村医疗诊所	社区	399	443990.95	3万~5万	785398.16	—
58	南京审计学院莫愁校区卫生所	社区	798	448328.58	3万~5万	785398.16	—
59	南京市建邺区顺康诊所	社区	5310	280501.49	3万~5万	785398.16	—
60	南京市建邺区长河诊所	社区	1599	459628.19	3万~5万	785398.16	—
61	南京万宁门诊部	社区	1245	363165.21	3万~5万	785398.16	—
62	南京希延中医门诊部	社区	2082	128494.95	3万~5万	785398.16	—
63	南京小行医院金洲门诊	社区	6504	656670.73	3万~5万	785398.16	—
64	南京远大门诊部	社区	843	421780.40	3万~5万	785398.16	—
65	南京中医药大学百草堂中医门诊部	社区	2280	58275.95	3万~5万	785398.16	—
66	南苑社区卫生服务中心	社区	6912	2637244.43	3万~5万	785398.16	236%
67	南苑卫生服务站	社区	1263	623141.17	3万~5万	785398.16	—
68	宁康诊所	社区	777	152734.68	3万~5万	785398.16	—
69	舒康诊所	社区	7011	836771.72	3万~5万	785398.16	7%
70	天禾诊所	社区	477	880321.99	3万~5万	785398.16	12%
71	维博医疗中心诊所	社区	4311	454351.98	3万~5万	785398.16	—
72	兴隆社区卫生服务中心	社区	4188	390246.33	3万~5万	785398.16	—
73	杨宝中诊所	社区	2988	373780.82	3万~5万	785398.16	—
74	银源城诊所	社区	1722	694727.31	3万~5万	785398.16	—
75	应天花园社区卫生站	社区	102	310230.35	3万~5万	785398.16	—
76	雨花油坊门诊	社区	240	725670.28	3万~5万	785398.16	—
77	援开诊所	社区	1188	1090976.07	3万~5万	785398.16	39%
78	礁庆中医诊所	社区	1485	162916.65	3万~5万	785398.16	—
79	真安诊所	社区	843	359307.63	3万~5万	785398.16	—
80	中城社区卫生服务站	社区	5451	930895.98	3万~5万	785398.16	19%

　　可以发现，划分的医疗设施服务区实际服务的人口数量均符合规划要求，绝大部分的市级医院和县级医院的实际服务范围也小于规划面积，除了县级的明基医院服务范围略大于规划的服务半径。此外，社区卫生所的服务空间范围有小部分也超过了社区级卫生所的服务半径，个别的甚至超出规划服务范围5倍有余，反映了这部分医疗设施的空间可达性较差，而河西各级医疗设施的服务区域划分图及其医疗设施服务半径缓冲区则形象化地说明了这一点。

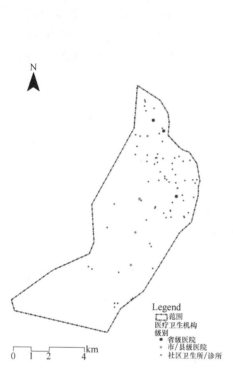

图 6-15　河西医疗卫生服务设施分布图

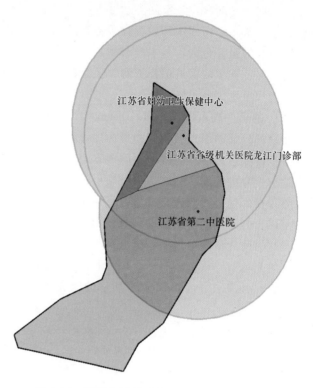

图 6-16　河西市级医院服务区域的 Voronoi 划分

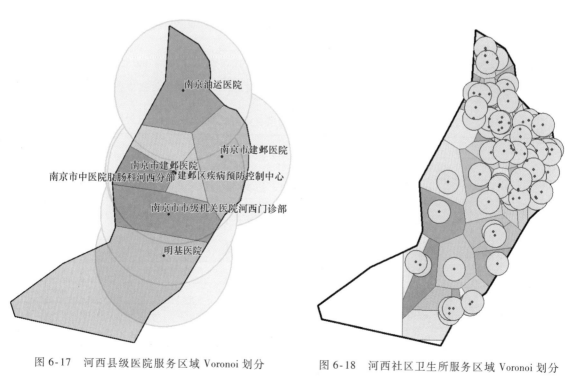

图 6-17　河西县级医院服务区域 Voronoi 划分　　　图 6-18　河西社区卫生所服务区域 Voronoi 划分

观察图 6-15～图 6-18，可以发现，河西医疗服务设施的空间分布随着人口密度梯度总体由北向南逐渐减少，空间可达性也由北向南递减。河西北部大部分地区甚至出现了机构重合冗余的状态；河西中部的医疗服务设施比较均衡，社区卫生所的分布较少，但考虑市级、县级医院的服务范围，基本能够满足河西中部人群的就医需求；河西南部地区的医疗设施不论是市级、县级层面的医疗资源，还是社区基层级别的卫生所和诊所医疗资源都较为匮乏，急需增设卫生服务设施。

3. 基于"成本距离（Cost Distance）"网络分析的时间可达性评价

在进行空间服务区划分和可达性评价的基础上，下面将进一步对各级医疗机构服务区中每个个体抵达该医疗机构的时间成本距离进行可达性分析。考虑到实际中个体是通过交通路网到达医疗机构的，故在医疗设施可达性分析中，医疗机构的服务距离是沿着道路计算的最短路径而不是直线距离，这与以直线距离计算出的覆盖范围有很大差别。

以出行时间为衡量标准，根据不同的出行方式赋予道路不同的速度，画出每个医疗设施在设定时间内所覆盖的服务区，进一步计算每个设施所覆盖的人口数量，从交通便利性的角度评价当前医疗设施的布局合理性和时间可达性。其中，针对群众对交通出行方式和出行时间的偏好和需求进行如图 6-19 所示的问卷调研，得出表 6-6 的结果。

1. 您家庭就医日常出行常用方式：_____
   A. 公交车　　　　B. 地铁　　　　C. 出租车　　　　D. 私家车　　　　E. 自行车/电动车　　　　F. 步行
2. 您日常前往医疗地点路途中花费时间为：_____
   A. 15min 以内　　B. 15～30min　　C. 30～60min　　D. 60～90min　　E. 90min 以上
3. 您生病时倾向于去哪类医院就诊（单选）：_____
   A. 社区医院　　　B. 地区性医院　　C. 三级综合性医院　　D. 私立医院　　E. 其他
4. 您所居住的小区距离医疗机构的有多远：_____，您认为合理的距离应为：_____
   A. 0～1km　　　　B. 1～5km　　　　C. 5～10km　　　D. 10～15km　　　E. 15km 以上
5. 您对您所处社区的医疗的满意度如何？_____
   A. 非常满意　　　B. 比较满意　　　C. 一般　　　　D. 不满意　　　E. 非常不满意

图 6-19　智慧河西新城医疗设施建设现状及需求调研问卷

表 6-6　群众到达各级医疗设施采用的交通方式和可接受的出行时间

医院等级	市级医院				县级医院				社区医院			
交通方式	汽车	公交	骑车	步行	汽车	公交	骑车	步行	汽车	公交	骑车	步行
出行速度/（km/h）	60	30	12	6	60	30	12	6	60	30	12	6
出行时间/min	频　数											
0～15	20	6	2	1	1	3	0	0	5	0	2	3
15～30	43	15	0	3	7	4	1	1	8	0	1	2
30～60	29	12	1	0	3	10	3	2	7	2	1	3
60～90	1	4	1	0	1	1	0	0	0	0	0	0
90 以上	0	0	0	1	0	0	0	0	0	0	0	0
合计	93	37	4	5	12	18	4	3	20	2	4	8

基于构建好的中心城区道路网络数据集，通过 ArcGIS 网络分析模块中的 Service Area，首先创建新的服务区网络分析图层，结合表 6-6 对交通出行方式的问卷统计，分别按市级医

院-汽车、县级医院-公交和社区医院-步行（考虑社区卫生所的规划配置）的交通方式，以0～15min、15～30min、30～60min等计算出距离并分别设置默认中断值，方向为离开设施点，添加好医疗设施点的网络位置后，将分析结果以面要素的形式输出，生成基于道路网络的医疗设施可达性距离分析图，如图6-20、图6-21、图6-22所示。

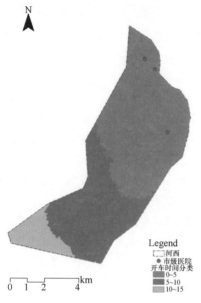

图6-20　河西市级医院时间可达性

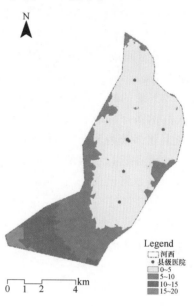

图6-21　河西县级医院时间可达性

观察图6-20～图6-22，可以发现，河西医疗服务设施的时间可达性由北向南逐渐降低。其中，大部分人选择私家车或出租车的出行方式到达河西市级医院，对于河西北部全部居民和绝大多数中部居民只需要10min的车程就可以抵达；而对于河西中部偏南及南部地区，则就医时间成本提高，达到30min以上，如果选择速度更慢的公交车、地铁或者骑车、步行，时间成本将更高，对于居住在这片区域的人而言，选择河西市级医院就医较不方便；对于河西县级医院而言，采用公交系统（公交车、地铁等）在北部和中部偏北地区均可以实现5min抵达，而南部和最北边及东西两边的时间成本较高；对于社区卫生所而言，能够步行15min抵达覆盖的范围较广，只有河西南部的偏南地区在30min以上。

总体而言，河西的医疗服务设施对于北部及中部地区的人群空间和时间可达性较好，而对于河西南部地区则医疗设施缺乏，尽管这部分的常住人口并不多，但是依然需要配备基础的医疗卫

图6-22　河西社区卫生所时间可达性

生设施，急需增设新的医疗设施。

6.1.5　河西医疗设施优化选址决策建议

在可达性评价的基础上，发现河西北部医疗较发达，少量地区存在冗余情况，而中部较为均匀，南部各级医疗设施时空可达性很差，医疗资源匮乏。此外，河西的市级医疗机构和县级医疗机构的服务半径和覆盖范围基本能满足河西北部及中部的人群，而南部人群获取市县级医疗资源的空间成本非常大。因此有必要对医疗基础设施薄弱的地块增设社区卫生所或诊所等医疗设施。

由于市级医院的服务半径很大，服务范围较广，河西片区的3家市级医院覆盖了整个河西片区人群的医疗服务，故本书不再考虑市级医院的优化问题；河西的县级医疗资源在空间布局上北部较为充分，而南部十分稀缺，导致中部的明基医院需要承担超出其承受能力范围的服务压力，因此急需在河西南部增设县级医疗机构；河西的社区卫生所/乡镇诊所北部较多，河西的东北部分地块甚至出现了冗余的状态，中部分布比较均匀，而南部的诊所医疗资源十分稀少，有些地区甚至难以获取医疗资源，导致这部分地区居民的就医十分困难，急需在河西南部增设乡镇级诊所等医疗应急机构。下文即根据条件设置多等级缓冲并进行叠加分析，来对河西南部医疗设施的增设进行选址，完成对河西片区医疗资源的空间布局优化。

（1）河西南部县级医院选址与空间布局优化

医院的选址布局不仅要考虑周边人口密度，还要考虑周边的道路通达性和交通出行的便捷性。结合表6-3中的各级道路影响距离，本书将主干道的影响距离（300m）分为10个等级，每个等级赋予不同分值，离道路最近的一级分值为100；将次干道的影响距离（280m）分为8个等级，离道路最近的一级分值为80；将支路的影响距离（200m）也分为8个等级，最高分值为40。据此再进行"联合"叠加分析，将分值叠加并分类为5个等级，得出河西各个地区的道路环境等级。

县级医院往往具有一定的规模，服务范围较广，抵达县级医院可以通过各种出行方式，因此需要考虑交通出行服务的便捷性问题。具体包括地铁公交站点的配置和为私家车出行方式提供的停车场配置。本书将地铁公交站点和停车场的影响距离都设为1000m，并将这个影响距离分为5个等级，然后进行"联合"叠加分析，得出河西各个地区的交通出行环境等级。

医疗资源的配置需要结合人口的空间分布来进行选址，对于县级医院尽量设置在人口密度较高的区域，并覆盖尽可能多的人口。本书根据基站定位点所代表的人口，并将整个河西片区按照单位面积的人口密度分为5个等级，准备进行下一步的叠加分析。

为了避免医疗资源配置的冗余，提高公平均等性，本书将前面求出的道路环境等级、交通出行环境等级和人口密度等级进行"联合"叠加，再与现有县级医院的服务缓冲区（3000m）进行"交集取反"叠加分析，得出如图6-23所示的合适选址的区域。其中，等级最高的红色区域代表道路发达、交通出行方便、人口密度高、不与现有县级医院服务区域重合的适宜选址的区域。

分析得出，新增的河西县级医院位于河西西南端的莲花新城嘉园地块，其北临地铁2号线的油坊桥终点站，东临G205国道，西临S001绕城高速，东南有尚在规划期的地铁8号

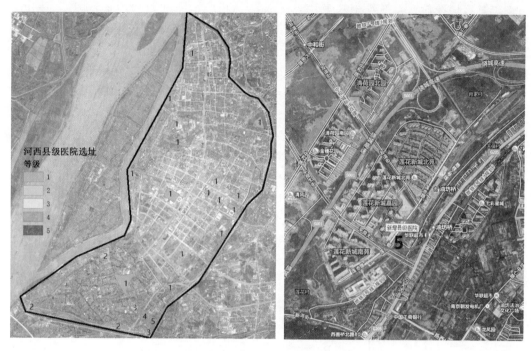

图 6-23　河西新增县级医院选址

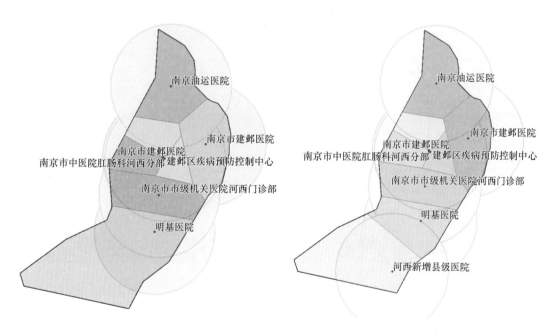

图 6-24　河西县级医院空间可达性优化前后对比

线，道路发达，出行便捷；该区域还是莲花新城嘉园、清荷园、金穗花园、莲花村、肖家村等居民、村民的聚居处，并配套了莲花小学等基础设施，在此处建立县级医院可以解决相当数量人口的就医问题。

新增县级医院后，重新绘制基于"Voronoi多边形"的空间可达性示意图，如图6-24所示，可以发现其新增县级医院不仅为河西南部人群提供了空间可达的县级的医疗服务，还减轻了河西中部明基医院的服务压力，证实了在莲花嘉园增设县级医院的价值和必要性。

（2）河西南部乡镇诊所选址与空间布局优化

河西南部偏西地块则主要分布着双龙村、心埂村、五星村、高庙后村、赵家园等村镇。按照前文的思路继续进行乡镇诊所的空间配置。考虑到乡镇的公交体系通常不是很发达，故不需要像县级医院设置那样考虑交通出行服务的便捷性问题。而道路环境的分析则同前文一样对各级道路进行"联合"叠加分析，并分类为5个等级即为道路环境等级。对人口的空间分布等级划分也同前文一样，将整个河西片区按照单位面积的人口密度分为5个等级，在此基础上进行道路环境等级和人口密度等级的"联合"叠加分析，再与现有乡镇诊所的服务缓冲区（500m）进行"交集取反"叠加分析，得出如图6-25所示的合适选址的区域。其中，等级最高的红色区域代表交通道路发达、人口密度高、不与现有社区诊所服务区域重合的适宜选址的区域。

图6-25　河西南部新增乡镇诊所选址

分析得出，为河西南部增设的乡镇诊所位于河西南部中心轴上的高庙后村和五星村附近。其中，高庙后村的新增诊所位于运河路次干道沿线，主要服务高庙后村、双龙村赵家园片区的村民，还包括云珑湾、雍和府等集中居民区；五星村的新增诊所位于黄河路、中和街次干道沿线，还有尚在规划期的地铁7号线，其北部是和熙臻院住宅区，东北是建邺区质监分局，在此处建立乡镇医院可以解决当地村民、居民的就医问题。

新增乡镇诊所后，重新绘制基于"Voronoi多边形"的空间可达性示意图如图6-26所示，可以发现新增的乡镇诊所为河西南部村民、居民提供了空间可达的社区医疗卫生服务，填补了该地块医疗卫生服务的空白，证实了在高庙后村和五星村增设乡镇诊所的必要性。

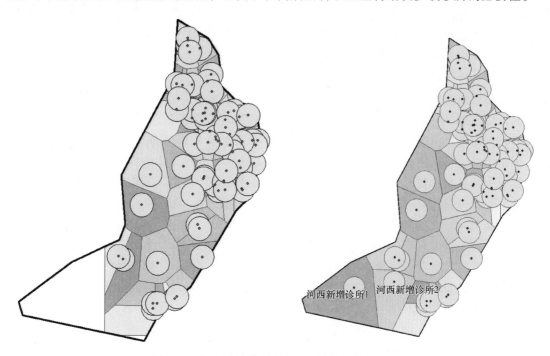

图 6-26　河西乡镇诊所空间可达性优化前后对比

6.2 | 智慧化城市公共服务应用的设计决策——以南京河西智慧新城为例

第 5 章 5.2 节提出了对智慧公共服务的决策依赖于群众对智慧服务的需求分析和数据挖掘。前文提出可以通过爬虫程序抓取由社交网络、服务论坛等产生的有关智慧服务需求的网络大数据进行挖掘分析。然而，尽管网络提供了开放的数据共享平台，但是对其有效文本的抓取需要编写复杂的网络爬虫程序，还需要建立系统完备的语义本体知识体系，不属于本书的研究范畴。结合本书的主要研究对象和研究目的，主要根据社会调研问卷获取的群众需求数据，并进行深度挖掘和透彻分析以提出智慧公共服务的决策指导。

本节主要基于社会调研数据及对调研数据的深度挖掘分析对智慧城市所提供的智慧化公共服务应用的设计运营进行决策。为此，本节首先回顾了智慧服务的具体内容，并根据这些内容设计服务需求调研问卷和调查方案。以南京河西居民群众为调研对象发放问卷，获得各智慧服务社会需求程度的数据，通过对数据进行统计分析和挖掘分析研究居民对不同服务的需求特征，通过构建结构方程模型（SEM）和构建需求社会网络分析群众对各智慧服务应用的需求偏好和内在联系，识别出关键服务因素，协同各类智慧服务提高城市公共服务水平。

6.2.1　城市智慧化公共服务内容

第 5 章 5.1 节已经详细介绍城市智慧服务的内涵和具体应用：城市公共服务设施所提供

的智慧服务主要包括医疗、教育、社区、政务、社保、交通等重点领域的典型智慧应用，这些服务内容之间相互依存，相互促进，来更好地满足公众的需求（杨正洪，2014）。

1. 智慧医疗

智慧医疗是在智慧城市发展背景下，运用物联网、云计算、移动互联网等新一代信息技术构建医疗应用平台，实现数据的高度融合和共享，通过网络、移动终端等设备，实现患者与医护人员、医疗机构的良性互动，提升城市的公共卫生服务能力、医疗服务能力、区域医疗管理能力，从而更好地为市民服务（郭巍等，2016；郑西川等，2013）。例如，为医院中所有的医疗资源（包括行政人员、医生、护士、病人、医疗设备、药品、食品等）建立电子标签，方便追踪定位、提高管理效率；再如，在医院各个角落布置大大小小的智能感应器，不断动态地采集各类数据，最终纳入医院的无线网络中，并被传送到中央数据库中，这些数据库中的数据由各种医学知识库和工作流引擎进行融合计算，深化医疗信息化水平。具体的智慧化服务应用有电子病历、预约服务、远程协同治疗、区域医疗信息平台等。

2. 智慧教育

智慧教育是指教育行业的智能化，是增强教师教学能力和学生学习能力的重要手段，通过建设教育海量数据资源云服务，将教育信息资源集成化，推进优质教育信息资源共享，推进教育管理信息系统互联互通和教育部门的业务协同，消除区域间的教育鸿沟；通过移动智能终端和互联网技术，对学生、设备、资源进行全面感知，捕获学习者的个体特征（学习偏好、认知特征、注意状态、学习风格等）和学习情景（学习时间、学习空间、学习伙伴、学习活动等），根据学生学习兴趣、学习能力、学习实践等情况制订不同的学习计划，生成个性化的学习资料，因材施教地使学生和普通大众可以随时随地、随心所欲地学习；此外，还可以利用虚拟现实技术和3D技术使学生冲破教科书的限制，帮助学生更直观地理解教学内容（杨现民和余胜泉，2015）。智慧教育的服务应用一般有移动校园一卡通、远程网络课堂、家校信息化互动等。

3. 智慧社区

智慧社区是以城市社区规划为方向，充分借助物联网、传感网等技术，涉及智能家居、智能物业、智能小区公共服务管理、智能街道下的各种公共设施等诸多领域，对基础设施、环境、居民、生活等多种元素进行综合智能化管理，为社区居民提供的全方位数字化服务（郑从卓等，2013）。智慧社区的公共服务应用主要覆盖了居住安全、物业管理、社区公共服务（如门户网站、养老、医疗等）以及社区政务服务等方面，致力于为居民提供投资合理、高效便利、舒适温馨、安全的居住环境（宋煜，2015）。常见的智慧社区服务应用有安防报警系统（烟雾火灾的灵敏报警装置及红外监控设备）、智能三表（水表、电表、煤气表的远程读数与自动收费）、居家养老服务、社区综合信息发布平台、小区停车管理等。

4. 智慧政务

政府是推动智慧城市发展的主要动力，因此应当发展智慧政务，为人们生活提供智慧导航，为企业提供全寿命全方位的集成服务，为政府提供部门间信息资源的共建共享以提高办事效率。具体来说，智慧政务是运用计算机、网络和通信等现代信息技术，提供随时随地和无所不在的信息获取，推动政府组织结构和工作流程的优化重组，超越时间、空间和部门分割的限制，打造有特色的精简、高效、廉洁、公平的政府运作模式，以便全方位地向社会提供优质、规范、透明、符合国际水准的管理与服务（赵玎和陈贵梧，2013）。智慧政务以城市级数据中心或云服务中心为载体，集中存储海量的城市级基础信息资源，支持与信息资源交换共享平台的信息交换和存储，从而实现以政府为主体的信息资源获取和共享，再通过跨部门、跨领域的政务业务协同应用系统，支撑政府一站式审批、行政监察、综合执法、应急管理、公共安全管理、工业经济分析、宏观决策等业务（赵银红，2014）。常见的智慧政务服务应用有基础数据查询、远程办公、安全监控与应急指挥、人口信息登记、质量检测追踪等。

5. 智慧交通

城市的交通体系包括道路、车辆、管理和服务四个方面。智慧交通是指对车辆、道路、行人以及周边相关设施的静/动态信息进行及时、准确、全面的采集，并通过信息处理平台对这些多源信息进行融合分析、模拟预测，从而为出行者提供满足需求的交通信息服务，为交通管理部门和运营公司提供科学决策支持的一种交通服务管理系统（孙怀义等，2011）。智慧交通的特征主要表现为安全、快速、高效、便捷、绿色五个方面，安全表现为车辆能够安全到达目的地、交通事故少，快速表现为不存在交通拥堵或拥堵时间在合理范围内，高效表现为城市道路的规划布局科学合理、交通管理响应及时准确，便捷表现为出行者通过各种渠道获知他们所需要的交通信息，绿色表现为能源消耗少、碳排放量及各种污染物排放少（蔡翠，2013）。智慧交通服务应用有动态路况信息发布、车辆实时到站预报、全路网智能监控、停车诱导、交通诱导等。

6.2.2　智慧服务社会需求调查方案设计

"智慧城市"是一个复杂的系统。实现智慧城市不仅需要有力的技术支撑，更应转变政府管理思路。建立智慧城市建设与发展的科学路径、方法和机制，需要通过剖析智慧城市的内涵，分析区域内个体与群体的需求，进行智慧城市技术支撑体系设计，优化政府公共服务机制，从而实现智慧城市的美好愿景。

智慧城市所提供的公共服务存在着模仿重于研发、重技术轻应用、应用设计与实际需求脱节等突出问题，城市公共服务的设计应当综合考虑居民人口构成、经济收入、家庭生活水平与生活方式等方面的差异性，并结合居民对不同智慧技术的接受程度和对各类城市公共服务的需求程度作为参考。通过对南京河西智慧新城的居民进行实地调查调研和访谈，调查区域内个体与群体的需求，进一步对拟改造与更新地区个体与群体相互联系、沟通、交流所产生的社会网络进行分析，挖掘影响城市功能实现的主因素，进而为政府下一轮的智慧服务规划设计提供决策建议。具体来说，本调研将分析个体的居住-出行、居住-就业、居住-教育、居住-购物、居住-养老、居住-治安等时空模式，构造社会网络，分析其特征，从而识别其中重要的活动和满足各类不同活动所需提供的公共服务（交通、就业、消费、医疗、教育等）；根据公共服务需求，以公共服务均等化为原则，设计相应的智慧新城的技术支撑体系，优选适合不同地区的智慧技术。

1. 调查目的及方法

本次调查是在系统分析智慧新城人群构成和社会学特征的基础上，获取人群的社会服务需求信息。通过大样本问卷调查、深度访谈等方法，获取区域人群的生活状态、年龄结构，以及他们对区域交通出行、教育教学、就业趋势、购物方式、医疗治安的满意度等数据，进行个体活动行为特征分析，进一步分析该区域移动社会群体活动特征，从而识别并预测智慧城市经济发展和社会服务需求，为后续的定量统计分析和数据挖掘分析奠定了基础。总之，本次调查的基本目的有如下两点：

1）详细把握南京河西居民的生活状态、年龄结构、职业分布，以及他们对智慧城市的认知程度，对智慧技术的接纳程度和具体的服务需求，形成智慧服务需求的直观分布。

2）通过对调查的需求定量数据进行归类处理，选取回归分析模型，找出影响智慧城市功能实现的主要因素，为后续城市服务配给及其优化指明方向。

本次调查的方法为抽样问卷调查法，问卷调查主要以现场实地问卷发放的方式进行，对回收的问卷进行统计分析。现场实地调查通过亲临南京河西智慧新城片区，向该区域的居民随机发放问卷，待其完成所有问卷内容时回收问卷。问卷的设计主要围绕被调查对象的工作就业、年龄学历、认知水平以及对交通、医疗、教育、政务、社区等的智慧服务需求程度等方面展开。

2. 调查对象及内容

本次调查以南京河西片区的居民群众为调研群众基础，针对城市公共服务6个主要功能选取各区域公共服务设施代表进行问卷发放。根据《城市公共服务设施规划规范》，城市公共服务主要包括行政、商业、社区、教育、医疗、交通等，分别选取区政务服务中心、居委会，商业中心、商场，代表性住宅小区，中学，医院、诊所，地铁、公交站台作为调研地点，以出现在这些地点需要相应服务的人群作为受访者，形成人群特征分类。以河西人口总数为样本总容量，以不重复抽样的方式，在误差范围不超过3%，可靠程度95%的水平下，求得抽样单位数目为

$$n = \frac{Nt^2P(1-P)}{\Delta_p^2 N + t^2 P(1-P)} = \frac{760000 \times 1.96^2 \times 95\% \times (1-95\%)}{3\%^2 \times 760000 + 1.96^2 \times 95\% \times (1-95\%)} \approx 203$$

为了做好本次调查工作，在调查的前期，查阅了相关的文献资料，征求了专家的意见建议，在此基础上设计了调查问卷。本问卷包括两大组成部分：个人基本情况调查、智慧服务需求调查。其中，个人基本情况调查主要涉及被调查者的性别、年龄、文化程度、居住片区等问题，智慧服务需求调查则主要对交通、医疗、教育、社区、政务等25个具体智慧服务应用的需求程度进行5级李克特量表打分。同时，问卷还涉及对智慧服务的认知水平以及具体智慧应用的重要性排序，为后面的城市功能实现因素回归分析提供数据准备。问卷具体的内容结构如图6-27所示。

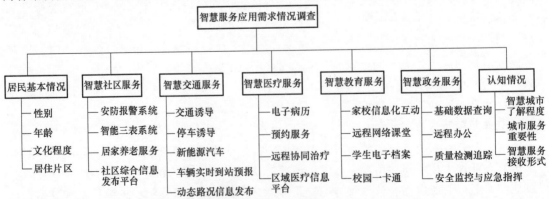

图6-27　智慧服务应用需求调研问卷的内容结构

6.2.3　智慧服务社会需求特征分析

本次调查以南京河西片区的群众为调研对象，共发出 300 份问卷，收回填写完整的问卷共 276 份，回收率达到 92%，其中有 194 份问卷填写态度认真、效果较好、可信度较高（调研者评价问卷发放效果为 2）。河西片区城市公共服务场所的 194 位代表性受访者中有男性 107 位、女性 87 位，具体年龄性别人口分布图如图 6-28 所示。由图可知，受访者的年龄主要集中在 26～35 岁，16～25 岁和 36～45 岁也占有较大比例，其余年龄段也都有涉及；另外，受访者男女性别差不大，男性略多于女性。说明此次受访者普遍性较好，而受访者年龄多集中在青年、壮年阶段，这部分人群是城市发展的中间力量与设施服务的主要对象，故也具有较好的代表性。

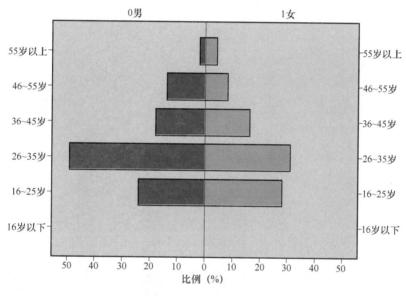

图 6-28　受访者人口金字塔图

根据人力资源和社会保障部对国家职业资格管理的相关规定，将职业划分为八大类：国家机关、党群组织、企业、事业单位负责人，专业技术人员，办事人员和相关人员，商业、服务业人员，农、林、牧、渔、水利业生产人员，生产、运输设备操作人员及相关人员，军人和其他。本调查针对城市职能的主要服务对象，将职业细分为公务员、中高层管理人员、一般办公职员、医生、教师、技术/设计人员、艺术工作者、销售人员、个体经营者、自由职业者、农民、军人/警察和其他，本次调研还涉及部分学生群体，不属于职业分类范畴，单独列为一类。图 6-29 显示了受访者的职业比率情况，除去军人、农民、医生、艺术工作者和自由职业者以外，各行各业分布较均匀，涉及人群种类较广，也是河西智慧城市建设的主要服务受益对象。

图 6-30 显示了受访者的学历分布情况。由图可知，受访者学历主要集中在本科，大部分受访者都接受了本科及以上的教育，绝大部分接受了高中以上的教育，知识层次较高，适合推广智慧城市服务配套的高新科技应用。

表 6-7 的矩阵表格显示了在各类城市公共服务内的受访者在河西的居住区位。表格显示

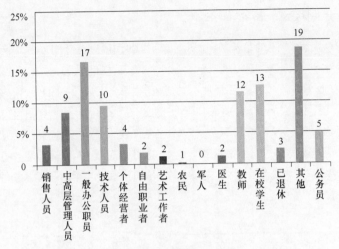

图 6-29　受访者职业分布

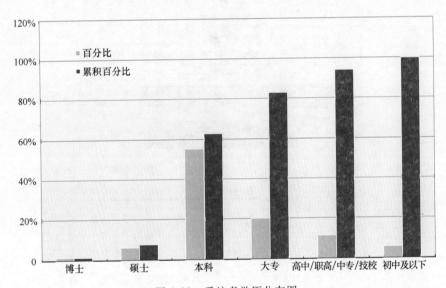

图 6-30　受访者学历分布图

来自河西北、中、南各片区的受访者在行政、商业、社区、教育、医疗、交通各公共服务方面都有涉及，说明调研覆盖面较广。图 6-31 是受访者居住地点的分布图和各调研地点所代表的城市服务的调研数量比例图。图 6-31 显示河西中部的受访者数量最多，河西北和河西南次之，这也符合河西地区的人口分布现状；出现在各城市服务设施的受访者分布较均匀，说明调研涉及城市公共服务的各个方面，较为全面科学。

表 6-7　受访者调研地点与居住地点矩阵表

居住地点 调研地点	河西北部	河西中部	河西南部	江心洲	其他	合计
行政	0	10	6	0	22	38
商业	4	10	4	3	47	68

（续）

调研地点 / 居住地点	河西北部	河西中部	河西南部	江心洲	其他	合计
社区	0	9	7	1	4	21
教育	1	13	4	0	1	19
医疗	4	4	1	0	9	18
交通	3	10	3	3	11	30
合计	12	56	25	7	94	194

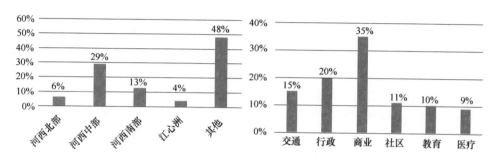

图 6-31　受访者调研地点与居住地点分布图

本次调研的核心部分——5 级李克特量表是对典型的 25 项智慧服务应用的需求程度进行定量评价。对该部分调查内容的信度进行计算，发现基于标准化项的 Cronbachs α 值 $= 0.847 > 0.8$，可以认为指标内部的信度非常好，数据一致性和稳定性很好。对该部分调查内容进行效度检验，发现 KMO 的值 $= 0.822 > 0.5$，说明变量间的偏相关较小，因子分析的效度较好；同时，巴特利（Bartlett）检验的 $P = 0.000 < 0.001$，说明因子的相关系数矩阵非单位矩阵，即变量间具有较强的相关性，能够提取最少的因子同时又能解释大部分的方差，说明原变量之间有明显的结构性和相关关系，具有较好的结构效度。

1. 描述性统计

本节对样本采用 SPSS，对问卷的核心部分——李克特五分级量表进行叙述性统计分析，计算智慧社区、智慧交通、智慧教育、智慧医疗和智慧政务 5 个层面 25 个二级指标的最小值、最大值、平均数、标准差、峰度及偏度等信息，以了解各指标的得分情况，了解智慧城市服务各方面的需求程度及各指标需求的差异性。

运用数据分析软件 SPSS 对回收的优质问卷进行描述性统计分析，其运行结果经整理见表 6-8。结合描述性统计分析的目的，从表 6-8 中可以得出：

1）所有指标的标准差均小于 1，说明其离散程度较低，得分较稳定，说明被调查者对这 25 个指标的评价趋向于一致。

2）25 项指标中"非常同意"出现频率最高的是智慧小区中的"安全监控与安防报警"和智慧政务中的"食品药品质量监测"与"重点污染源监控"三项，说明对这三项内容需重点关注。

表 6-8　智慧服务需求李克特表指标描述统计量

层级	二级需求指标	很不同意（%）	不同意（%）	无所谓（%）	同意（%）	非常同意（%）	均值	标准差	偏度	峰度
智慧社区	1. 您认为社区是否需要提供综合信息的发布与推送服务？	0	1.6	12.5	55.2	30.7	4.15	0.689	-0.497	0.242
	2. 您认为社区是否需要提供居家养老或远程监护服务？	0.5	3.1	6.2	51.8	38.3	4.24	0.748	-1.185	2.363
	3. 您认为住宅小区是否需要加强安全监控和安防报警？	0	0.5	4.1	26.8	68.6	4.63	0.589	-1.533	2.093
	4. 您的家中是否需要安装智能化、电子化的水电气表？	0.5	2.1	28.6	34.4	34.4	4.00	0.874	-0.380	-0.588
智慧交通	5. 您出行时是否需要提供最便捷、通畅的交通引导信息？	0	0.5	8.8	38.7	52.1	4.42	0.673	-0.850	0.025
	6. 您停车时是否需要引导您前往最方便的停车位置？	0	0	14.8	35.4	49.7	4.35	0.725	-0.644	-0.855
	7. 您认为是否需要将公交站牌、公路显示牌电子化？	0	1.0	19.1	30.9	49.0	4.28	0.805	-0.669	-0.767
	8. 您认为是否需要发布车辆路况动态信息？	0	1.6	13.1	32.5	52.9	4.37	0.769	-0.947	0.038
	9. 您能否接受使用新能源汽车作为交通工具？	0	1.0	10.4	38.9	49.7	4.37	0.711	-0.859	0.118
智慧教育	10. 您认为学校是否需要提高与家长的信息化互动？	0	3.1	10.4	53.6	32.8	4.16	0.731	-0.749	0.715
	11. 您认为是否需要提高远程教学及网络资源的共享程度？	0	3.6	19.7	48.7	28.0	4.01	0.791	-0.466	-0.216
	12. 您认为学生档案信息是否需要电子化处理？	0	0.5	10.3	47.4	41.8	4.30	0.672	-0.551	-0.267
	13. 您认为是否需要推行校园"一卡通"？	0	0.5	11.5	33.0	55.0	4.42	0.713	-0.917	-0.138
智慧医疗	14. 您就医时是否需要提前网上预约挂号？	0.5	2.6	23.2	35.3	38.4	4.08	0.875	-0.596	-0.279
	15. 您是否需要使用电子病历？	0	5.9	31.9	30.9	31.4	3.88	0.926	-0.204	-1.047

（续）

层级	二级需求指标	很不同意（%）	不同意（%）	无所谓（%）	同意（%）	非常同意（%）	均值	标准差	偏度	峰度
智慧医疗	16. 您就医时是否会选择网上医疗及远程监护服务？	0.5	12.1	34.2	36.4	16.8	3.57	0.926	-0.126	-0.629
	17. 您认为医院间是否需要加强资源和信息的共享？	0.5	3.1	9.9	44.3	42.2	4.24	0.798	-1.095	1.432
智慧政务	18. 您认为是否需要提供自然灾害（如暴风雨、地震等）的预报预警信息？	0	1.5	6.2	32.5	59.8	4.51	0.685	-1.340	1.592
	19. 您认为是否需要对危险化工品的运输进行全程监控？	0	0	7.3	33.3	59.4	4.52	0.630	-0.966	-0.120
	20. 您认为是否需要对环境质量检测信息进行追踪并存档？	0	0	13.2	41.1	45.8	4.33	0.697	-0.544	-0.820
	21. 您认为是否需要加强重点污染源的监控水平？	0	0	5.2	27.3	67.5	4.62	0.583	-1.288	0.669
	22. 您认为是否需要对食品药品进行相关信息追踪？	0	0	5.2	29.0	65.8	4.61	0.587	-1.203	0.455
	23. 您认为是否需要对流动人口的信息进行登记和追踪？	0	2.1	20.4	42.4	35.1	4.10	0.794	-0.444	-0.598
	24. 您认为是否需要提高行政审批的网上办理能力？	0	0.5	11.4	37.3	50.7	4.38	0.706	-0.792	-0.262
	25. 您认为是否需要加强市民与政府的网络互动？	0	0.5	14.9	43.8	40.7	4.25	0.720	-0.494	-0.636

3）从整体水平来看，25 项指标的平均值最小的是智慧医疗中的"网上医疗及远程监护服务"和"电子病历使用"分别为 3.57 和 3.88，因此认为对这两方面智慧服务需求最小，且这两个指标都介于"无所谓"和"同意"之间；平均值最大的为智慧小区中的"安全监控与安防报警"和智慧政务中的"食品药品质量监测"和"重点污染源监控"，与上条频率分析结果相同，即调研对象认为对这两项智慧服务的需求最大，且每个指标都介于"同意"和"非常同意"之间。

4）若一组观察数据的偏度、峰度都接近于 0，则可以认为这组数据总体符合正态分布。若其偏度为正，则表示与标准正态分布相比，其峰度偏向较小数值方；偏度为负，则表示与标准正态分布相比，其峰度偏向较大数值方。若其峰度为正，则表示与标准正态分布相比，其分布相对尖锐；峰度为负，则表示与标准正态分布相比，其分布相对平坦。从每个指标的偏度和峰度来看，偏度绝对值的最小值为 0.126，最大值为 1.533，峰度绝对值的最小值为 0.025，最大值为 2.363，满足"偏度小于 2，峰度值小于 5"的要求，所以可以认为问卷的样本数据满足正态分布要求。

5）李克特 5 级量表中的 25 个指标均为同向题目，直接相加得量表总分，用 SPSS 的频率分析功能绘制量表总分的频数分布图如图 6-32 所示，从图 6-32 中可以看出，量表总分主要分布在"同意（$4 \times 25 = 100$）"右侧，即群体态度倾向于很积极。

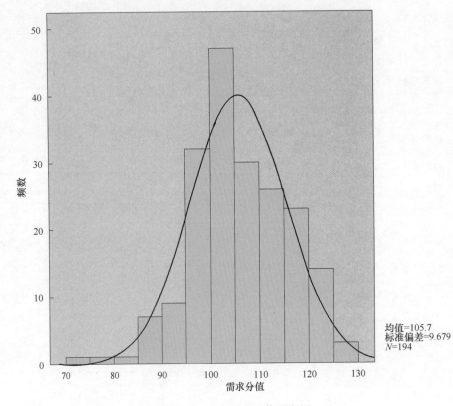

图 6-32　需求量表总体分布图

根据智慧城市服务的 5 大维度将这 25 个指标划分为 5 个层面，对各个层面中指标得分均值取均值，得表 6-9，表中可以发现智慧医疗方面得分最低为 3.9425，反映了群众的需求相对较小，但其介于"无所谓"和"同意"之间，仍有一定的需求；得分最高的是智慧政务方面为 4.415，反映了群众的需求较大，介于"同意"和"非常同意"之间。

表 6-9　智慧城市建设需求层面叙述性统计表

类别层级	指 标 因 数	均值	层面均值
智慧社区	1. 您认为社区是否需要提供综合信息的发布与推送服务？	4.15	4.255
	2. 您认为社区是否需要提供居家养老或远程监护服务？	4.24	
	3. 您认为住宅小区是否需要加强安全监控和安防报警？	4.63	
	4. 您的家中是否需要安装智能化、电子化的水电气表？	4.00	

（续）

类别层级	指 标 因 数	均值	层面均值
智慧交通	5. 您出行时是否需要提供最便捷、通畅的交通引导信息？	4.42	4.358
	6. 您停车时是否需要引导您前往最方便的停车位置？	4.35	
	7. 您认为是否需要将公交站牌、公路显示牌电子化？	4.28	
	8. 您认为是否需要发布车辆路况动态信息？	4.37	
	9. 您能否接受使用新能源汽车作为交通工具？	4.37	
智慧教育	10. 您认为学校是否需要提高与家长的信息化互动？	4.16	4.2225
	11. 您认为是否需要提高远程教学与网络资源的共享程度？	4.01	
	12. 您认为学生档案信息是否需要电子化处理？	4.30	
	13. 您认为是否需要推行校园"一卡通"？	4.42	
智慧医疗	14. 您就医时是否需要提前网上预约挂号？	4.08	3.9425
	15. 您是否需要使用电子病历？	3.88	
	16. 您就医时是否会选择网上医疗及远程监护服务？	3.57	
	17. 您认为医院间是否需要加强资源和信息的共享？	4.24	
智慧政务	18. 您认为是否需要提供自然灾害（如暴风雨、地震等）的预报预警信息？	4.51	4.415
	19. 您认为是否需要对危险化工品的运输进行全程监控？	4.52	
	20. 您认为是否需要对环境质量检测信息进行追踪并存档？	4.33	
	21. 您认为是否需要加强重点污染源的监控水平？	4.62	
	22. 您认为是否需要对食品药品进行相关信息追踪？	4.61	
	23. 您认为是否需要对流动人口的信息进行登记和追踪？	4.10	
	24. 您认为是否需要提高行政审批的网上办理能力？	4.38	
	25. 您认为是否需要加强市民与政府的网络互动？	4.25	

在李克特表之后，问卷又增设了关于接收智慧服务信息途径的问题，根据各种途径选项的选择频数制作智慧服务信息接收途径选择的雷达图如图 6-33 所示。由图得，微信公共平台的方式受到了最广泛的认同，手机短信的方式支持率也较高，手机 APP 软件的方式认可度也很高，表明现代人越来越倾向于通过手机这种比较私人便携的方式来获取公共服务信息。而其余如广播喇叭、收音电台及其他专用设备则支持率较低，电子大屏幕也得到了相当程度的支持，也可以结合信息特点作为一种信息接收途径。

2. 相关性分析

相关性分析是研究变量之间关系紧密度的一种统计方法，它反映了当控制其中一个变量时，另一个变量的变异程度。本书通过 SPSS 软件分别计算问卷统计中被调查对象对智慧城市的总体需求与各具体智慧服务需求应用之间的 Pearson 相关系数，以及各智慧服务应用之间的 Pearson 相关系数，判断相关性大小。表 6-10 为 SPSS 统计分析的群众对各种具体智慧服务应用的需求打分与对智慧城市的总体需求程度之间的相关性大小，也即反映各智慧服务

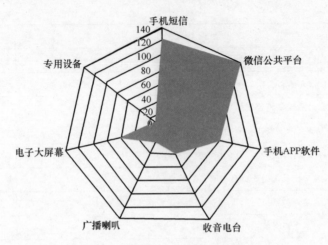

图 6-33　智慧服务信息接收途径雷达图

应用与智慧城市服务功能之间的相关联系。从表中可以看出，两两相关的双尾检验值 ［Sig. (2-tailed)］均为 0.000 < 0.05，说明具有显著相关性。同时，Pearson 系数的值大部分处于 0.3 ~ 0.5 之间，说明这些服务应用的需求与总体需求低度相关。其中，"医院间资源和信息共享"和"环境质量检测"的 Pearson 系数值大于 0.5，说明这两个服务应用与智慧城市的服务功能显著相关，可以予以更多关注。

表 6-10　各智慧服务应用需求情况与智慧城市总体需求情况的相关性

智慧服务需求指标		与总体需求的相关性
1. 社区服务信息推送	Pearson 相关性	0.411**
	显著性（双侧）	0.000
2. 社区老年人信息化监护服务	Pearson 相关性	0.291**
	显著性（双侧）	0.000
3. 住宅小区安全监控	Pearson 相关性	0.312**
	显著性（双侧）	0.000
4. 家庭智能表具安装	Pearson 相关性	0.381**
	显著性（双侧）	0.000
5. 交通智能导航	Pearson 相关性	0.420**
	显著性（双侧）	0.000
6. 停车点智能分配	Pearson 相关性	0.402**
	显著性（双侧）	0.000
7. 车辆实时到站预报	Pearson 相关性	0.473**
	显著性（双侧）	0.000
8. 动态路况信息发布	Pearson 相关性	0.414**
	显著性（双侧）	0.000

（续）

智慧服务需求指标		与总体需求的相关性
9. 新能源汽车	Pearson 相关性	0.409**
	显著性（双侧）	0.000
10. 家校信息化互动	Pearson 相关性	0.335**
	显著性（双侧）	0.000
11. 远程网络教学	Pearson 相关性	0.397**
	显著性（双侧）	0.000
12. 学生电子档案	Pearson 相关性	0.389**
	显著性（双侧）	0.000
13. 校园一卡通	Pearson 相关性	0.428**
	显著性（双侧）	0.000
14. 网上预约挂号系统	Pearson 相关性	0.293**
	显著性（双侧）	0.000
15. 电子病历使用	Pearson 相关性	0.354**
	显著性（双侧）	0.000
16. 网上医疗及远程监护服务	Pearson 相关性	0.285**
	显著性（双侧）	0.000
17. 医院间资源和信息共享	Pearson 相关性	0.530**
	显著性（双侧）	0.000
18. 自然灾害预警	Pearson 相关性	0.439**
	显著性（双侧）	0.000
19. 危化品运输监控	Pearson 相关性	0.487**
	显著性（双侧）	0.000
20. 环境质量检测	Pearson 相关性	0.514**
	显著性（双侧）	0.000
21. 重点污染源监控	Pearson 相关性	0.415**
	显著性（双侧）	0.000
22. 食品药品安检全程监察	Pearson 相关性	0.368**
	显著性（双侧）	0.000
23. 流动人口信息跟踪	Pearson 相关性	0.449**
	显著性（双侧）	0.000
24. 行政审批事项网上办理	Pearson 相关性	0.407**
	显著性（双侧）	0.000

（续）

智慧服务需求指标		与总体需求的相关性
25. 市民与政府网络互动	Pearson 相关性	0.394**
	显著性（双侧）	0.000

注：**表示在 0.01 水平（双侧）上显著相关。

图 6-34 展示了各智慧服务应用之间的相关性，图中每个单元格的数据表示行智慧应用与列服务应用之间的 Pearson 系数值，**表示在 0.01 水平（双侧）上显著相关，*表示在 0.05 水平上显著相关。图中通过不同颜色（红色和黄色）表示各指标之间相关性的显著性程度；而通过同一色系的不同深浅表示相关性大小：深色系表示 Pearson 系数的取值在 0.3~0.5 之间乃至大于 0.5，为低度相关或显著相关；Pearson 小于 0.3 用浅色系表示，说明具有微弱相关性。从图中可以看出，绝大部分 Pearson 相关系数为浅色系，表明绝大多数指标之间具有微弱相关性。而位于对角线上的区域，特别是智慧交通（ST）和智慧政务（SG）区域颜色较深，说明同属一个范畴的智慧服务应用之间具有较强的相关性，对其中一个智慧服务应用的需求往往牵扯到这类服务其他应用的需求，需要尽量做到同步建设。例如：

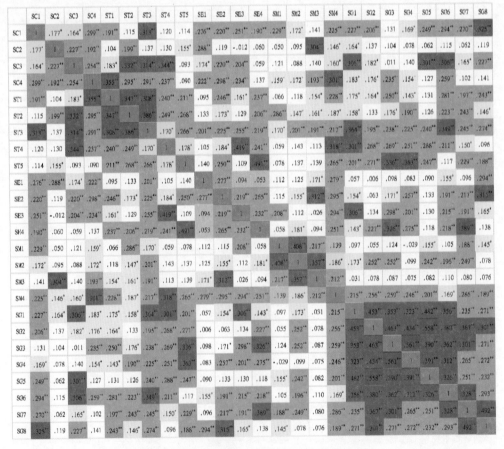

图 6-34 各智慧服务应用之间的相关性程度图

1）智慧政务中，被调查对象对"市民与政府的网络互动"与"行政审批事项网上办理"的需求密切相关，说明这两者的建设需要保持同步。

2）智慧政务中的"环境质量检测"与"重点污染源监控"两者的需求关系也十分紧密，后者本身就是环境质量检测工作的重要内容。

3）智慧政务中的"危化品运输监控"与"食品药品安检全程监察"相关性较大，它们都属于物流信息的采集、存储与监控，将它们的位置信息、属性信息等建立综合管理信息系统，可以更加有效地提高危化品、食品药品的质量安全和安全处理。

4）智慧医疗中，"网上预约挂号系统"和"电子病历使用"也具有密切联系，这很容易理解，因为电子病历的普及能够促进网上预约挂号的使用，而群众的就医记录也将形成电子信息存储于电子病历中，方便形成病史信息更新，提高医者对病者的诊断准确度和患者的就医效果。

5）智慧交通中的"交通智能导航"和"停车点智能分配""车辆实时到站预报"相关性较大，交通诱导是建立在对城市公交系统和道路路况信息的把握基础上的，电子路牌、电子站台就是对城市道路情况的实时播报，停车诱导也是对城市车流缓冲信息的处理，它也离不开交通诱导所提供的车流时空信息。

6）智慧社区中的"社区老年人信息化监护服务"和智慧医疗中的"网上医疗及远程监护服务"密切相关，因为社区居家养老服务本身的重要服务内容之一就是老年人的医疗问题，特别是远程医疗和监护，它们共同为智慧社区养老提供优质周到的服务。

7）智慧社区中的"安全监控与安防报警"与智慧政务中的"流动人口信息跟踪""自然灾害预警"密切相关，通过城市人口基础数据的持续更新可以深入了解城市人口的就业情况、犯罪情况、家庭情况甚至时空定位等信息，通过调用小区监控录像中的犯罪人物进行图像匹配，即可快速查询并定位罪犯的详细情况。而政府提供的自然灾害预警则与社区的隐患报警系统同属于人身安全的防范与应急指挥，应当加强联系、完善城市安全体系。

8）智慧交通中的"新能源汽车"与智慧政务中的"环境质量检测""重点污染源监控"相关性较大。汽车尾气污染，特别是道路堵塞情况下的尾气排放对城市的空气形成了巨大的影响，提倡新能源汽车的使用。

本书仅举其中相关性系数最大的几个例子具体说明。在智慧服务的设计与落实的时候，应当注意不同服务之间的相关关系，在建设过程中保持同步水平，才可以更好地实现城市服务功能，更加高效地满足社会群众需求。

3. 影响因素挖掘分析

多因素方差分析用来研究两个及两个以上控制变量是否对观测变量产生显著影响。多因素方差分析不仅能够分析多个因素对观测变量的独立影响，更能够分析多个控制因素的交互作用能否对观测变量的分布产生显著影响，进而最终找到利于观测变量的最优组合。利用SPSS的多因素方差分析进行分析，采用的显著性水平 $\alpha = 0.05$，由表6-11得，图6-34中标红的部分 $P < \alpha = 0.05$，拒绝了原假设，该源对相应指标产生了显著影响。具体来说：职业的差异对"家庭智能三表""学生电子档案""危化品运输监控"和"重点污染源监控"等智慧服务应用产生了显著影响；学历对"家庭智能三表""交通智能导航"和"环境质量检测"等智慧服务应用产生了显著影响。而不同的职业和不同的学历则对"学生电子档案""市民与政府网络互动"和"新能源汽车"产生了显著的交互影响。

表6-11 职业、学历对智慧服务应用的主体效应检验

因变量	源	df	均方	F	Sig.	源	df	均方	F	Sig.	源	df	均方	F	Sig.
1. 社区服务信息推送	职业	6	0.614	1.215	0.302	学历	5	0.274	0.543	0.743	职业 学历	16	0.537	1.064	0.395
2. 社区老年人信息化监护服务		6	0.185	0.373	0.895		5	0.388	0.783	0.563		16	0.245	0.494	0.947
3. 住宅小区安全监控		6	0.405	1.280	0.270		5	0.132	0.417	0.836		16	0.338	1.066	0.393
4. 家庭智能三表		6	1.605	2.305	0.037*		5	3.834	5.507	0.000**		16	0.979	1.406	0.147
5. 交通智能导航		6	0.926	2.109	0.056		5	1.464	3.335	0.007**		16	0.440	1.002	0.459
6. 停车点智能分配		6	0.385	0.730	0.626		5	1.030	1.954	0.089		16	0.365	0.692	0.798
7. 车辆实时到站预报		6	0.369	0.534	0.781		5	0.216	0.312	0.905		16	0.456	0.661	0.828
8. 动态路况信息发布		6	1.237	2.105	0.056		5	0.794	1.350	0.247		16	0.483	0.822	0.659
9. 新能源汽车		6	0.440	0.958	0.456		5	0.530	1.154	0.335		16	0.846	1.840	0.031*
10. 家校信息化互动		6	0.745	1.411	0.214		5	0.151	0.286	0.920		16	0.635	1.203	0.273
11. 远程网络教学		6	0.183	0.298	0.937		5	0.662	1.079	0.375		16	0.847	1.381	0.159
12. 学生电子档案		6	0.941	2.662	0.018*		5	0.717	2.029	0.078		16	0.674	1.909	0.024*
13. 校园一卡通		6	0.915	1.924	0.081		5	0.490	1.030	0.402		16	0.579	1.216	0.263
14. 网上预约挂号系统		6	0.575	0.737	0.621		5	0.533	0.683	0.637		16	0.652	0.836	0.643
15. 电子病历使用		6	0.518	0.646	0.693		5	1.085	1.352	0.246		16	1.245	1.551	0.090

（续）

因变量	源	df	均方	F	Sig.	源	df	均方	F	Sig.	源	df	均方	F	Sig.
16. 网上医疗及远程监护服务	职业	6	0.961	1.072	0.382	学历	5	1.037	1.156	0.334	职业学历	16	0.855	0.954	0.510
17. 医院间资源和信息共享		6	0.578	1.041	0.401		5	0.458	0.825	0.534		16	0.621	1.117	0.345
18. 自然灾害预警		6	0.750	1.424	0.209		5	0.108	0.206	0.960		16	0.334	0.633	0.853
19. 危化品运输监控		6	0.977	2.433	0.029*		5	0.618	1.539	0.181		16	0.243	0.606	0.875
20. 环境质量检测		6	0.132	0.275	0.948		5	1.513	3.144	0.010**		16	0.454	0.943	0.522
21. 重点污染源监控		6	0.794	2.405	0.030		5	0.220	0.666	0.650		16	0.512	1.551	0.090
22. 食品药品安全检察		6	0.476	1.345	0.241		5	0.179	0.507	0.770		16	0.396	1.120	0.342
23. 流动人口信息跟踪		6	0.896	1.390	0.223		5	0.871	1.352	0.246		16	0.540	0.838	0.641
24. 行政审批事项网上办理		6	0.192	0.421	0.864		5	0.695	1.521	0.187		16	0.647	1.416	0.142
25. 市民与政府网络互动		6	0.459	0.995	0.431		5	0.164	0.355	0.878		16	0.891	1.930	0.022*

注：**表示在0.01水平（双侧）上显著相关。

*表示在0.05水平上显著相关。

因此，城市智慧化公共服务的设计应当尽量使服务应用具有人性化的服务界面，使群众能够根据常识经验或在清晰步骤指引下轻松获取服务，而将复杂的运算操作程序交由后台工作人员和系统进行处理，使得智慧服务应用能够为更加广泛的群众使用，真正做到惠及民众、便捷生活。

6.2.4 智慧服务社会需求偏好分析

1. 指标权重挖掘分析

通过相关性分析，可以发现群众对智慧城市的总体需求情况与对各具体智慧服务应用的需求程度密切相关，本小节就根据调查问卷的结果定量地衡量各智慧服务对总体需求的贡献程度，也即权重大小。根据调查问卷，想要实现指标权重的定量分析，常用的方法有线性回归分析模型以及其他多元统计分析法。然而它们都需要中间变量——智慧服务一级分类的数据信息，而群众普遍对智慧社区、智慧交通、智慧教育、智慧医疗、智慧政务这几个宏观概念无法准确地判断需求情况，无法直接进行测量。且即使可以进行测量，回归模型也无法对多个因变量同时进行处理，只能分别在各个一级指标分类内计算各自的回归系数，缺乏对自变量共线性的考量。

结构方程模型（SEM）可以同时处理多个因变量、容许自变量和因变量含测量误差、容许更大弹性的测量模型，它能够同时估计因子的因果关系（结构）和相关关系、估计整个模型的拟合程度（钱璐璐，2010），是对本调查问卷结构体系进行定量化分析的最佳方案。简单来说，结构方程模型包括测量方程和结构方程两部分，测量方程描述的是潜变量与指标之间的关系，如"行政审批事项网上办理"等指标与智慧政务的关系；结构方程描述潜变量之间的关系，如智慧政务与智慧交通之间的关系，智慧政务需求与智慧城市总体需求之间的关系等。

AMOS 软件是常用的结构方程模型构建分析软件之一，它主要是用来输出构建模型的拟合度与适合度，检验构建模型的科学性，以及估计构建模型中因子变量间的回归系数。下文通过结构方程模型主要探索群众对智慧社区服务、智慧交通服务、智慧教育服务、智慧医疗服务和智慧政务服务的需求对智慧城市总体需求的影响，用问卷中对各项具体智慧服务应用的需求打分来描述之前所述的五大类智慧服务潜变量。分别计算了各智慧服务应用指标与相应的服务类别潜变量之间的回归系数，智慧服务类别之间相关性系数，以及智慧服务类别与总体需求之间的路径系数，得出具体的计算结果如图 6-35 所示。

图 6-35 中，方框分别代表各具体智慧服务应用需求指标，并作为观测变量提供量表数据；潜变量 SC、ST、SE、SM、SG 分别代表智慧社区服务、智慧交通服务、智慧教育服务、智慧医疗服务和智慧政务服务需求；S 代表智慧城市总体需求，用问卷中的智慧城市需求打分作为观测变量。按照各服务类型将服务应用与对应的服务类别进行联系，通过标准化后的回归系数描述各具体智慧应用对该类服务的影响；根据 6.2.3 节中的相关性分析，发现各类智慧服务之间可能存在一定相关性，用 SEM 计算标准化后的相关系数衡量它们之间的相关性；最后，再估计各类服务需求对总体需求的影响，用标准化后的回归系数进行衡量。得出具体的结论以及决策建议如下：

1）根据标准化回归系数的相对大小，判断各智慧服务应用的重要性程度，确定某类城市公共服务中的关键智慧服务应用，以该智慧应用为中心构建该类服务的智慧应用体系。具

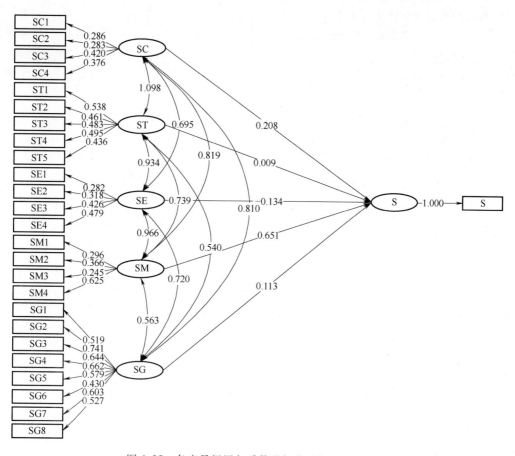

图 6-35　各变量间回归系数及相关系数的拟合结果

体来说：智慧社区服务中以"SC3 安全监控和安防报警"和"SC4 家庭智能三表"为中心，智慧交通服务中以"ST1 交通诱导"为中心，智慧教育服务中以"SE4 校园一卡通"和"SE3 学生电子档案"为中心，智慧医疗服务以"SM4 区域医疗资源和信息共享平台"为中心，智慧政务服务以"SG2 危化品监测""SG4 重点污染源监控"和"SG7 远程网络办理"为中心。

2）根据相关系数的相对大小，判断各类智慧服务之间的相关性程度，确定需要统筹考虑和综合规划的公共服务资源。可以发现智慧交通服务与智慧社区服务、智慧教育服务、智慧医疗服务密切相关，是城市功能实现的关键部分；城市教育服务和医疗服务是城市功能实现的两大主体，缺一不可，因此也具有高度相关性；社区服务功能的实现离不开便捷高效的城市智慧交通服务和智慧医疗卫生服务，只有将交通、医疗资源与社区服务有效结合起来才能更好地为社区居民提供全方位高质量的服务。

3）根据各类服务对智慧城市总体需求的标准化回归系数，判断城市服务功能的重要性程度，可以发现智慧医疗服务的回归系数十分突出，表明群众认为当前医疗服务的功能实现尚有较大升级空间，对智慧技术改进医疗服务有着较大的期待，是当前智慧城市公共服务需求最为迫切的部分。

2. 需求网络挖掘分析

被调研者对问卷所列的 25 项智慧服务应用的需求程度不一，一方面可能是智慧服务应用的重要性程度所致，另一方面则有可能是被调研者的个性特征（如职业、学历、年龄、住址等）导致的。通过构建 2-模社会网络进行社会网络分析可以分别挖掘智慧服务应用和人群特征对需求情况的影响。

社会网络分析过程主要包括识别研究对象、界定研究范围，判定对象之间关系、构建风险矩阵，绘制社会网络风险图，以及对社会网络进行特征分析几个步骤。本书采用 NetMiner 软件进行处理分析，受软件分析规模的限制，本书随机抽取 194 份调研问卷中的 100 份作为数据基础进行挖掘分析。以 100 为被调研者和 25 项智慧服务指标为社会网络的点，以被调研者对各智慧服务指标的需求程度为线将个人与服务联系起来，注意此处仅将"需要"和"非常需要"判定为有联系，且关系的值分别设定为"1"和"2"，其余均判定为无联系也即关系值为"0"，建立需求矩阵见表 6-12，为下一步软件绘制需求社会网络图做铺垫。接着，采用 Netminer 社会网络分析软件，将需求矩阵录入，从而绘制出 2-模需求网络图（图 6-36），并计算各社会网络特征参数，一次分析需求网络的整体特征以及智慧服务应用之间的直接和间接影响情况。最后，将 2-模社会网络分别降模为 1-模智慧服务应用网络和 1-模个体网络，分析得出关键的智慧服务应用和关键人群的特征，并有针对性地提出智慧服务决策建议。

表 6-12　个人-服务需求矩阵

个人	服务																								
	SC1	SC2	SC3	SC4	ST1	ST2	ST3	ST4	ST5	SE1	SE2	SE3	SE4	SM1	SM2	SM3	SM4	SG1	SG2	SG3	SG4	SG5	SG6	SG7	SG8
P1	1	1	2	1	2	2	2	2	2	1	1	1	2	2	1	1	2	2	2	1	2	2	2	1	1
P2	2	2	2	0	0	2	2	2	2	1	0	0	1	0	0	0	1	2	1	0	2	2	2	1	1
P3	0	0	1	1	1	0	0	2	0	0	0	2	1	1	1	0	0	1	0	0	1	0	1	0	1
P4	1	1	2	1	1	2	2	2	2	1	1	1	2	2	2	2	2	2	2	2	2	2	0	2	2
P5	1	1	1	1	2	2	2	1	1	1	1	1	1	1	0	0	0	2	1	1	1	2	1	1	1
P6	1	0	1	2	2	2	2	1	1	1	1	0	0	0	0	1	1	1	0	1	1	0	0	0	0
P7	0	1	1	0	1	0	1	1	1	0	1	0	1	0	0	0	1	1	1	1	2	2	1	1	1
P8	1	1	1	1	1	1	1	1	1	1	1	1	1	2	1	1	1	1	1	1	2	1	1	2	2
P9	1	2	1	2	1	1	1	1	1	1	1	1	1	1	1	0	1	2	2	2	2	2	1	1	1
P10	1	2	2	1	2	2	1	2	2	2	1	2	2	2	2	2	1	1	1	1	0	1	1	1	1
……							……																		
P100	1	1	1	1	1	1	1	1	1	1	1	1	2	1	1	2	1	0	1	2	2	2	1	1	1

用 Netminer 软件分析 2-模网络图的中心性等指标，分别计算点/图的度数中心度/势（Degree Centrality）、中间中心度/势（Betweeness Centralization）、接近中心度/势（Closeness Centrality）、特征向量中心度/势（Eigenvector Centrality），对点进行中心性分析可以刻画

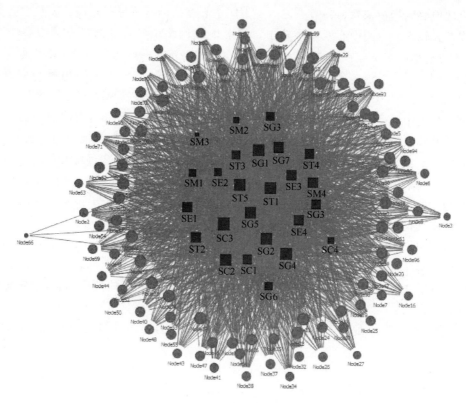

图 6-36　个人-服务 2-模社会网络示意图

2-模网络图中各个点的权利大小，图 6-37 展示了具体中心性指标数据。

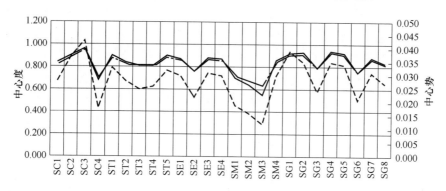

图 6-37　智慧服务的 2-模中心性（Centrality）指标

　　从图的中心势指标来看，2-模网络图的度数中心势指标为 51.5%，中心势程度较高，表明该 2-模网络中点的度数中心度差异较大，"权利"分化较明显；中间中心势只有 3.7%，表明个体和服务在网络中的重要性相差不大，它们共同作用于需求网络的传递；接近中心势反映了有 46.3% 的个体和服务可以不依赖于他者参与行动传递信息。

从点的中心度指标来看，各节点之间的不同中心度指标基本呈正相关，度数中心度和接近中心度差异较大，中间中心度差异较小。观察2-模网络中各智慧服务点的中心性指标可得，"SC3 住宅小区安全监控""ST1 交通诱导""ST5 新能源汽车""SE3 学生电子档案""SE4 校园一卡通""SM4 区域医疗资源和信息共享平台""SG1 灾害预警与应急措施""SG2 危化品监测""SG4 污染源监测""SG5 食品药品监测"和"SG7 远程行政办公"的度数中心度、接近中心度和中间中心度相对较大，表明它们与很多个人有直接的关联，居于中心地位，拥有较大的权力，不需依赖中间者进行传递，且处于许多其他点对的捷径（最短的途径）上，起到沟通各点的桥梁作用；"SC4 家庭智能三表""SE2 远程教学""SM1 网上预约挂号""SM2 电子病历""SM3 远程医疗""SG3 环境质量检测""SG6 流动人口数据库"的度数中心度、接近中心度和中间中心度相对较小，表明它们与个人的关联较少，且可能需要依靠其他中心度较高的智慧服务辅助实现其服务功能。

通过 NetMiner 软件将2-模社会网络中智慧服务的中心度进行可视化，得到图6-38所示的图形。图中将不同智慧服务应用按照不同服务种类采用不同的图案标志，越靠近中心的中心度越高，在需求网络中处于关键地位，是个人对智慧服务需求的关键指标。结合图6-38可以得出以下建议：

1）智慧交通服务中的各项智慧化服务应用中心度较为集中且多处于核心位置，其中，

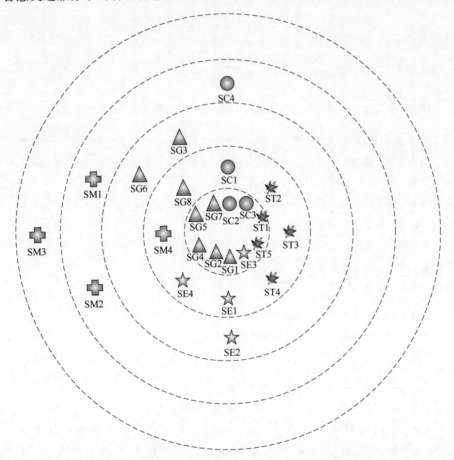

图6-38 智慧服务度数中心度（Degree Centrality）图

以"ST1 交通诱导"和"ST5 新能源汽车"为智慧交通的关键服务内容。

2）智慧政务服务也较为关键，但是有些服务应用如"SG3 环境质量检测""SG6 流动人口数据库"在需求网络中的作用不是很大，反过来说明群众对它们的需求不是很高，过多向公众提倡这些智慧应用不一定取得很好的效果，应当更多地面向政府等专业从业人员实施服务。

3）智慧社区服务中的"SC2 社区养老"和"SC3 住宅小区安全监控"服务中心度较高，说明它们是社区服务更加迫切需要的关键内容，而"SC1 家庭智能三表"虽然中心度较低，但这并不代表它不够重要，可能是因为它具有的专业性使得它独立于其他社区服务而存在，不需依赖于其他服务功能。

4）智慧教育服务中"SE3 学生电子档案"中心度较高，说明其为"SE1 家校信息化互动""SE2 远程教学"和"远程网络教学"等服务提供了操作基础和数据平台。

5）智慧医疗服务中的具体应用除了"SM4 区域医疗资源和信息共享平台"以外中心度普遍偏低，这说明"SM4 区域医疗资源和信息共享平台"是智慧医疗服务中的关键内容，它的落实能够为"SM1 网上预约挂号""SM2 电子病历""SM3 远程医疗"等服务的实现提供中间传递和辅助平台。

根据社会网络分析理论，影响指数代表了一个节点与另一个节点的关系对其他节点造成的影响情况。将 2-模需求网络按照服务需求降模为 1-模智慧服务网络，则智慧服务网络中的影响指数表示一个智慧服务应用和另一个智慧服务应用的关系对与其相关的其他智慧服务应用的影响情况，图 6-39 所示为 25 项智慧服务应用的影响指数散点图。通过测量，智慧服务网络的平均影响指数为 0.039，通过影响指数可以看出：

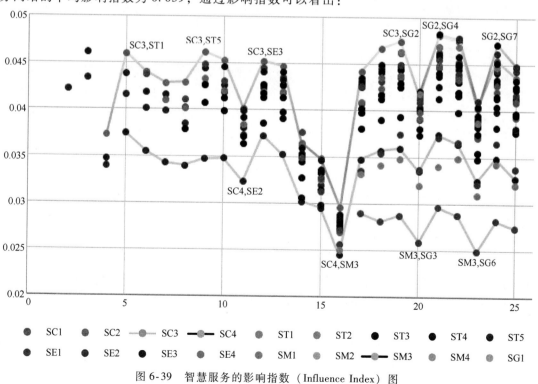

图 6-39　智慧服务的影响指数（Influence Index）图

1）"SC3 小区安全监控与安防报警"与"ST1 交通诱导""SG2 危化品监测""SG4 污染源监测"和"SG7 远程行政办公"的结合对整个智慧服务网络的影响非常大，因为交通信息与犯罪路径息息相关，而危化品、污染源的监测则可以对火灾、爆炸等灾害性事件及时准确地定位和报道，再结合远程政务调度应急资源采取指挥措施，将灾害危险造成的人身伤亡和财产损失降到最低。

2）反观"SC4 家庭智能三表"与其他类别的智慧服务应用结合对整体智慧服务网络的影响就不是很大，因为它提供的服务具有聚焦性和独立性，与其他智慧服务应用的连接不是很有必要。

3）同样的，"SM1 网上预约挂号""SM2 电子病历"和"SM3 远程医疗"因为其专业性和聚焦性往往受到其他智慧服务应用的影响居多，而对其他服务应用以及整体服务网络造成的影响较小。

6.2.5 智慧服务设计的决策指导

1. 人性化原则

职业的差异对"家庭智能三表""学生电子档案""危化品运输监控"和"重点污染源监控"等智慧服务应用产生了显著影响；学历对"家庭智能三表""交通智能导航"和"环境质量检测"等智慧服务应用产生了显著影响。而不同的职业和不同的学历则对"学生电子档案""市民与政府网络互动"和"新能源汽车"产生了显著的交互影响。

因此，城市智慧化公共服务的设计应当尽量使服务应用具有人性化的服务界面，使群众能够根据常识经验或在清晰步骤指引下轻松获取服务，而将复杂的运算操作程序交由后台工作人员和系统进行处理，使得智慧服务应用能够为更加广泛的群众使用，真正做到惠及民众、便捷生活。

2. 协同性原则

绝大多数智慧服务应用之间具有微弱相关性。而说明同属一个范畴的，特别是智慧交通（ST）和智慧政务（SG）服务领域内的智慧应用之间具有较强的相关性，对其中一个智慧应用的需求往往牵扯到这类服务其他应用的需求，需要尽量做到同步建设。在智慧服务的设计与落实的时候，应当注意不同服务之间的相关关系，在建设过程中保持同步水平，才可以更好地实现城市服务功能，更加高效地满足社会群众需求。例如：

1）智慧政务中，被调查对象对"市民与政府的网络互动"与"行政审批事项网上办理"的需求密切相关，说明这两者的建设需要保持同步。

2）智慧政务中的"环境质量检测"与"重点污染源监控"两者的需求关系也十分紧密，后者本身就是环境质量检测工作的重要内容。

3）智慧政务中的"危化品运输监控"与"食品药品安检全程监察"相关性较大，它们都属于物流信息的采集、存储与监控，将它们的位置信息、属性信息等建立综合管理信息系统，可以更加有效地提高危化品、食品药品的质量安全和安全处理。

4）智慧医疗中，"网上预约挂号系统"和"电子病历使用"也具有密切联系，这很容易理解，因为电子病历的普及能够促进网上预约挂号的使用，而群众的就医记录也将形成电子信息存储于电子病历中，方便形成病史信息更新，提高医者对病者的诊断准确度和患者的就医效果。

5）智慧交通中的"交通智能导航""停车点智能分配"和"车辆实时到站预报"相关性较大，交通诱导是建立在对城市公交系统和道路路况信息的把握基础上的，电子路牌、电子站台就是对城市道路情况的实时播报，停车诱导也是对城市车流缓冲信息的处理，它也离不开交通诱导所提供的车流时空信息。

6）智慧社区中的"社区老年人信息化监护服务"和智慧医疗中的"网上医疗及远程监护服务"密切相关，因为社区居家养老服务本身的重要服务内容之一就是老年人的医疗问题，特别是远程医疗和监护，它们共同为智慧社区养老提供优质周到的服务。

7）智慧社区中的"安全监控与安防报警"与智慧政务中的"流动人口信息跟踪"和"自然灾害预警"密切相关，通过城市人口基础数据的持续更新可以深入了解城市人口的就业情况、犯罪情况、家庭情况甚至时空定位等信息，通过调用小区监控录像中的犯罪人物进行图像匹配，即可快速查询并定位罪犯的详细情况。而政府提供的自然灾害预警则与社区的隐患报警系统同属于人身安全的防范与应急指挥，应当加强联系、完善城市安全体系。

8）智慧交通中的"新能源汽车"与智慧政务中的"环境质量检测"和"重点污染源监控"相关性较大。汽车尾气污染，特别是道路堵塞情况下的尾气排放对城市的空气形成了巨大的影响，应提倡新能源汽车的使用。

9）智慧交通服务与智慧社区服务、智慧教育服务、智慧医疗服务密切相关，是城市功能实现的关键部分；城市教育服务和医疗服务是城市功能实现的两大主体，缺一不可，因此也具有高度相关性；社区服务功能的实现离不开便捷高效的城市智慧交通服务和智慧医疗卫生服务，只有将交通、医疗资源与社区服务有效结合起来才能更好地为社区居民提供全方位高质量的服务。

3. 功能性原则

城市公共服务应根据各具体智慧服务应用的重要性程度，以关键性的智慧应用为中心构建该类服务的智慧应用体系。此外，还应根据各类服务对智慧城市总体需求的标准化回归系数，判断城市服务功能的重要性程度，进行智慧服务的设计。

1）智慧社区服务中以"SC3 安全监控和安防报警"和"SC4 家庭智能三表"为中心，智慧交通服务中以"ST1 交通诱导"为中心，智慧教育服务中以"SE4 校园一卡通"和"SE3 学生电子档案"为中心，智慧医疗服务以"SM4 区域医疗资源和信息共享平台"为中心，智慧政务服务以"SG2 危化品监测""SG4 重点污染源监控"和"SG7 远程网络办理"为中心。

2）群众认为当前医疗服务的功能实现尚有较大升级空间，对智慧技术改进医疗服务有着较大的期待，智慧公共服务是当前智慧城市公共服务需求最为迫切的部分，应以智慧医疗服务为重心。

4. 关联性原则

1）智慧交通服务中的各项智慧化服务应用中心度较为集中且多处于核心位置，其中，以"ST1 交通诱导"和"ST5 新能源汽车"为智慧交通的关键服务内容。

2）智慧政务服务也较为关键，但是有些服务应用如"SG3 环境质量检测"和"SG6 流动人口数据库"在需求网络中的作用不是很大，反过来说明群众对它们的需求不是很高，过多向公众提倡这些智慧应用不一定取得很好的效果，应当更多地面向政府等专业从业人员实施服务。

3）智慧社区服务中的"SC2 社区养老"和"SC3 住宅小区安全监控"服务中心度较高，说明它们是社区服务更加迫切需要的关键内容，而"SC1 家庭智能三表"虽然中心度较低，但这并不代表它不够重要，可能是因为它具有的专业性使得它独立于其他社区服务而存在，不需依赖于其他服务功能。

4）智慧教育服务中"SE3 学生电子档案"中心度较高，说明其为"SE1 家校信息化互动""SE2 远程教学"和"远程网络教学"等服务提供了操作基础和数据平台。

5）智慧医疗服务中的具体应用除了"SM4 区域医疗资源和信息共享平台"以外中心度普遍偏低，这说明"SM4 区域医疗资源和信息共享平台"是智慧医疗服务中的关键内容，它的落实能够为"SM1 网上预约挂号""SM2 电子病历"和"SM3 远程医疗"等服务的实现提供中间传递和辅助平台。

6）"SC3 小区安全监控与安防报警"与"ST1 交通诱导""SG2 危化品监测""SG4 污染源监测"和"SG7 远程行政办公"的结合对整个智慧服务网络的影响非常大，因为交通信息与犯罪路径息息相关，而危化品、污染源的监测则可以对火灾、爆炸等灾害性事件及时准确地定位和报道，再结合远程政务调度应急资源采取指挥措施，将灾害危险造成的人身伤亡和财产损失降到最低。

7）反观"SC4 家庭智能三表"与其他类别的智慧服务应用结合对整体智慧服务网络的影响就不是很大，因为它提供的服务具有聚焦性和独立性，与其他智慧服务应用的连接不是很有必要。同样的，"SM1 网上预约挂号""SM2 电子病历"和"SM3 远程医疗"因为其专业性和聚焦性往往受到其他智慧服务应用的影响居多，而对其他服务应用以及整体服务网络造成的影响较小。

本 章 小 结

本章首先以智慧南京河西医疗服务设施为例阐述智慧决策过程。在对智慧河西新城建设现状进行分析的基础上，构建具体的南京河西公共服务设施的空间决策支持系统，并通过基站定位数据进行南京河西人口空间分布统计分析，结合群众对医疗设施的距离、时间、成本和需求的调研问卷进行南京河西医疗卫生设施的空间可达性和时间可达性分析，再进行选址分析，提出设施优化的决策方案。

然后，从智慧医疗、智慧教育、智慧社区、智慧政务和智慧交通五个方面回顾了城市智慧化公共服务的具体内容，并根据这些内容设计智慧服务社会需求调研问卷和调查方案。以南京河西居民群众为调研对象发放问卷，获得各智慧服务社会需求程度的数据，通过对数据进行叙述性统计分析、相关性分析和多因素方差分析研究居民对不同服务的需求特征。通过构建结构方程模型和需求社会网络，分析群众对各智慧服务应用的需求偏好和内在联系，识别出关键服务因素，协同各类智慧服务提高城市公共服务水平。

第7章

7

智慧社区居家养老服务信息平台的构建

7.1 相关研究综述

7.1.1 智慧社区居家养老服务相关的研究

"智慧城市"的核心内涵是一种更加智慧的理念：以新一代信息和通信技术为基础，通过安装在城市中物体上大量的传感器实现对城市中的物体进行透彻、实时的感知，并通过泛在的网络实现互联互通，最终利用先进的处理信息技术对城市中的感知数据进行智慧化处理，为城市管理、经济发展、资源利用、环境保护等目标提供决策支持，同时实现城市中各个目标系统之间的高效协调运作，从而实现智慧城市可持续发展的目标（李春佳，2015）。此外，弗雷斯特研究公司（Forrester Research）定义智慧城市为使用信息和通信技术的"城市"，使一个城市的组件和关键基础设施包括教育、医疗卫生、公共安全、房地产、交通等更感知、互动、高效。早期的智慧城市都将兴趣点聚焦在信息技术上，但智慧城市建设不仅仅是信息技术产业的问题，也是政府领导社会多方参与、共同协作的问题，其终极目标为：使城市更加高效地服务人民。"智慧养老"就是在"智慧城市"的基础上发展而来的。

自2012年以来，学界对智慧养老和智慧养老平台陆续开展了研究，主要集中于智慧养老服务内涵的研究、智慧养老的模式研究，智慧养老问题及成因研究等。但由于技术阻碍和观念落后等原因，我国多数老年人仍倾向于家庭养老，对智能化服务的使用较少，因此，我国智慧养老的研究尚处于初级阶段。

1. 智慧养老的内涵研究

目前学界对智慧养老的认识尚未统一，但已有研究和实践从不同的角度出发对其进行了描述。英国的生命信托基金会首先提出"智慧养老"的概念，最开始也被定义为"智能化家居养老"，用于帮助老年人利用互联网等科技手段在家过上高质量、高享受的晚年生活（谢岚旭，2014）。Demiris 和 Hensel（2008）认为智慧养老服务体系可以通过构建一套完整的智能化体系来实现理想状态，例如对老年人日常行动进行远程的监控、使用远程呼救和利用智能化设备来控制家用电器。Balta-Ozkan 等（2013）将为老年人提供服务的智慧养老定义为：通过传感器和物联网允许对智能电器的远程操作和监控，例如对热水器、空调和散热器等的操控。

国内学者对"智慧养老"的内涵也进行了探讨。郑世宝（2014）认为智慧养老是综合利用云计算、物联网和互联网等技术，全面开展的线上线下，医养融合的综合的养老服务。史云桐（2012）认为尽管智慧养老是一种虚拟化的模式，但它仍然属于实体模式的一种延伸，要始终以实体的资源为载体，解决好实体的问题，实现虚实的结合以更好地为老年人服务。席恒等（2014）提出智慧养老是建立在物联网基础上的各类传感器终端与计算机的无缝对接。左美云（2014）认为智慧养老不仅仅包含利用现代科技服务于老年人，还应当包括对老年人经验智慧的充分利用，使得老年人过得更加有价值。张玉琼（2015）提出智慧养老是利用物联网等技术，搭建起为需要服务的老年人提供信息资源的平台，老年人可以充分利用聚集的信息获得安全、快捷和舒适的服务。刘建兵等（2015）认为智慧养老是包含了居家养老、智慧社区、智慧养老等的大概念，通过利用计算机相关技术为老年人提供健康监测、实时救援和健康管理的服务。朱勇（2014）作为我国智能养老理念的倡导者，认为智能养老服务是养老服务与现代信息技术结合的一种创新型的发展模式，其依托于物联网等媒介对信息进行传输和监控，为老年人提供专业、舒适和便捷的智能化服务。陈畴镛和周青（2011）认为智能化养老服务利用智能感知等信息技术，通过传感器记录老年人信息并发送到网络，使得家属和社区的医生可以及时地了解老年人健康状况，减少意外事件的发生。李晓文（2015）提出智慧养老整合了社会服务资源，通过信息化手段为老年人创建了一个无忧的环境，有利于促进服务模式转型升级。

综合上述学者观点，虽然侧重点不同，但是都认为智慧养老的核心是将智能技术应用到老年人的居家养老服务中，立足于老年人对生活照料、文化娱乐、健康保健、心理法律等方面的需求，通过构建智慧服务信息平台为老年人提供集成服务，实现各类社会资源的广泛聚集和精准化管理，满足老年人个性、多样和多元的养老服务需求。

2. 智慧养老的模式研究

在智慧养老模式的研究上，国外政府更多地关注如何利用现代科学技术来解决社会养老难题以创新养老服务模式。部分欧洲国家对制造技术的智慧化、养老服务技术创新和养老领域医疗服务的供给进行了深入研究，并在国家和欧盟的战略层面进行整体布局。目前，外国在智慧养老的构建上已经开发出适用于本国的高科技养老技术，用于老年人生活辅助、医疗护理和健康监控等，推动了整个智慧养老业的发展（吴艳艳，2018）。

相较于许多发达国家，我国社会经济起步晚，发展较为缓慢，导致我国智慧养老业仍处在较为落后的状态，智慧养老模式并不完善。许崇华（2016）认为智慧养老通过利用互联网和现代科技，可以有机地结合传统养老服务业，对社会各类养老服务和资源进行统筹规划，此举是对我国当前养老服务模式的有效创新。朱勇（2015）提出智慧养老是养老服务的其中一种养老模式，它与现代化的智慧技术结合，对原有的实体养老模式进行补充，既能帮助降低成本，还能有效地解决新时代下严峻的老龄问题，帮助老年人获得稳定幸福的晚年生活。朱晓凤（2013）对智慧养老信息平台的运作流程进行简要说明，提出基于网络或者点单的形式将老年人自身的服务需求传递给系统，信息服务平台的管理人在了解到老年人需求之后，向老年人派遣经过筛选的服务提供商，而后服务提供商为老年人提供相应的上门服务。此外，张雷和韩永乐（2017）对智慧养老的模式按照使用智能设备、提供服务用途和应用场所等进行了分类，认为主要包括三类：①按照使用智能设备不同，可以分为手机养老服务、电话养老服务、电视养老服务、一键通养老服务以及机器人养老服务等；②按照提供服务用途不同可分为生活照料、健康监督、紧急救助、精神关怀等服务形式；③按照应用场所的不同可以分为智慧居家养老服务、智慧机构养老服务、智慧城市养老服务。

3. 智慧养老的问题及对策研究

智慧养老作为新型的养老模式，已成为时代发展的必要要求。由于我国的智慧养老尚处于起步阶段，问题暴露明显，缺少先进的经验，亟待解决。

国内学者认为智慧养老主要存在智慧养老的智能化程度低、忽视老年人实际需求和规划不合理等问题。杨斌和夏仁（2016）指出由于落后的养老观念，部分养老机构较少与老年人进行情感交流，尤其对其精神关爱较少，而仅仅以冰冷的机器来取代人力，使得智慧养老的智慧化程度较低。白玫和朱庆华（2016）认为现阶段智慧养老尚未形成一定的规模，企业的布局重点仍然限制在智能家居、智能穿戴设备和智能医疗等相关的产品，智慧养老的信息平台仍然由政府部门主导，仅从技术的角度去解决局部的问题无法完成整体的统筹规划，往往导致资源的重复建设、沟通不畅、多头管理等问题。刘满成等（2012）对社区居家养老信息化需求进行了调研，发现老年人急需的服务有一键呼救、情感交流、法律咨询和设施信息等17项内容。孟凡兴等（2014）利用Nielson的启发式评估法、可用性实验和认知走查法对老年人的社交网站进行可用性评估，发现网站存在着功能较多，缺少操作说明和主页名称不清楚等问题，需要进一步优化以使老年网站更加符合人性化需求。张美杰（2016）认为我国养老信息平台的建设和信息资源的开发利用存在一定程度的脱节现象。尽管建立了很多为养老服务的网站，但是网站之间信息沟通存在障碍，网站内部数据分析能力不强，整体信息资源的整合度有待提高。

在智慧养老建设的对策研究上，不少国内的学者提出了很多有意义的落实路径来实施智慧养老（刘静暖等，2014）。齐建勇（2015）考虑到当前智慧养老存在的问题，提出要明确老龄服务产业边界、出台具体扶持政策，进而完善老龄服务产业链，构建多层次的养老服务产业体系。沈嘉璐（2015）对福州的智慧养老服务体系存在的问题进行分析，提出包括养老服务提供者、养老服务监管者、养老服务对象、养老服务层次和养老服务内容的智慧养老服务体系，并进行了规划和落实方案探讨。郭安辉（2017）从政府的角度出发，提出完善智慧养老服务体系的策略，具体包括要做好制度的供给、为民办养老机构提供支撑、大力发展居家养老、给老年人提供互联网培训等。张雷和韩永乐（2017）对智慧养老发展的对策进行思考，提出倡导以老为本、建立完善的制度体系、扶持智慧产业快速发展、培育专业人才、开展老年人再教育等措施。

7.1.2　国外智慧社区居家养老服务探索

随着社会经济的发展，人口老龄化问题在各国凸显。1960年之后，部分欧美发达国家陆续进入老年型国家。法国在1965年成为第一个老年型国家，紧接着瑞典也进入此列（李光勇和曾珠，2002）。经过几十年的探索与发展，养老产业（"银色产业"）在发达国家逐步完善，在此过程中，其不断融合高精尖的智慧养老硬件，为养老从业者提供专业化的培训，使得智慧养老能够满足现阶段社会对养老服务的软硬件需求。考虑到发达国家进入老龄社会时间较早，养老产业发展完善，积累了较多经验，因此我国在构建智慧养老体系时，应当适当借鉴发达国家的经验，结合本国国情，构建适合我国的智慧养老服务体系。

1. 日本的智慧社区居家养老服务探索

作为世界上老龄化最为严峻的国家，日本对智慧化养老产业非常重视，日本政府出台多项政策鼓励发展智慧建筑和智能辅助产品。关于日本的智慧建筑，其通常具备四项功能，包括接收与发送信息、确保以人为本、实现价值最大化、适应市场并短期内获得较高的经济回报。刘立峰（2012）提到日本东京的一幢科技住宅是智慧建筑的典型代表。该建筑的特殊之处在于在建筑之中有一个与外界环境连通的半露天院落，室内的感应装置通过对院落中温度、风力、湿度等因素感知，将室外环境数据传输给计算机系统，通过对数据的处理，门窗和空调等可以依据室外的环境调整室内的温度，使其始终保持在人最适宜的状态。此外，各种电器还可通过感应外界环境做出最佳的调整。例如当刮风下雨时，建筑物内的窗户会自动关闭，空调改变温度。电话声响起时，电视机的声音会降低来营造接电话的舒服环境（刘立峰，2012）。

关于智能辅助产品，刘霞（2018）发现日本还研制出一款机器人，这款机器人有着听觉和嗅觉，可以负重12kg，而且随着技术的进步其负重能力会不断地增加。该机器人身高和体重都和正常人的体形较为相近，能够探测人的重量和方位，可被用于老年人的护理工作（刘霞，2018）。陆云亮（2018）指出由日本 Cyberdyne 公司出品的辅助式机器外套（HAL）是智能移动辅助产品的典型代表，其具有强大的功能，穿上后可以拥有类似机器人的部分能力，可以广泛应用到应急、救援上。其工作原理则是将人脑信号转换为电子信号，通过传感器接收，由计算机启动装置并进行实现。"机器外套"可以帮助生活不便的老人实现多项功能，例如帮助老年人独立行走、协助老年人完成许多原本需要借助外力的工作、保护老年人的身体安全、应对突发情况进行远程呼救（陆云亮，2018）。此外，李树果（2015）发现日本大阪市的"香里园"养老院中老年人会带一个定位仪，该定位仪不仅能够发送老年人的实时位置，还可以在老年人按下紧急按钮之后根据定位向老年人提供紧急救治。

2. 美国的智慧社区居家养老服务探索

美国有超过30%的65岁以上老年人处于独居的状态。随着科技的进步，老年人独居的状况将有所改善。美国在智慧养老上进行了探索，创造性地开发了一些智能设备并发展"远程医疗"服务。闫志俊（2017）通过对美国智能设备的了解，发现美国部分公司专门针对老年人开发相关硬件设备，例如某家科技公司专门为老年人开发了一款触屏计算机，让他们随时可以和自己的子女亲属聊天。

在20世纪末，移动医联网在美国出现，这是一种专门针对老年人的医疗服务团队。自其出现以来，市场发展态势迅猛，目前已经全面覆盖美国的五十个州，建立了一万多个分支结构。王淼（2018）指出这种远程医疗服务模式对传统医疗服务是一个强有力的补充，它实行上门服务，借助于医疗车队，可以为老年人提供基本医疗服务和生活照护服务，不仅降低了服务成本，也节约了社会资源。尤其是这种医疗服务模式与医院的合作，运用物联网相关技术对接大型医疗机构，有效地弥补了基础医疗无法触及之处（王淼，2018）。陆云亮（2018）认为美国智慧养老的发展离不开政策法规的完善、标准规范的制定、满足利益相关者需求、信息技术应用等。随着信息技术的不断发展，美国在电子病历和移动医疗类服务的制定上更加便捷和灵活。

3. 英国的智慧社区居家养老服务探索

英国的生命信托基金首次提出智能护理的理念，而后发展了智慧居家养老系统，张毅蕾和罗一鸣（2015）认为这种智能居家养老服务系统打破了时间和空间的限制，通过现代化的技术，使得老年人享受高质量的老年生活。王静（2014）发现英国的智慧养老设施上通常装有电子芯片，可以对老年人实施看护，若老年人因为迷路等走失，往往可以通过设备上的 GPS 对老年人进行实时定位并上传位置信息。此外，Cammalleri 等（2014）认为可以通过智慧养老家庭监控系统，尽可能地收集和利用老年人信息，对老年人日常生活进行预测并提供预警。Suryadevara 和 Mukhopadhyay（2012）提出居家养老中会面对很多的噪声信息，在一定范围内，先进的科技例如神经网络系统可以对噪声进行分析和抑制，为老年人创造更加适宜居住的声音环境。Demiris 和 Hensel（2008）对英国的智慧屋进行了介绍，这类交互式的智能房屋一方面可以有效地保证环境安全，另一方面可以实时监控用户的健康数据，通过腕带的形式进行数据的反馈，让运营者可以获取数据指导用户的身体状况。王淼（2018）进一步地对这种智慧屋进行描述，他指出目前科学家们正在将定位坐标系统融入该系统，用于老年痴呆症患者身上，通过对这类患者地理位置的检测，以确保其人身安全。此外，智慧屋还具有学习的能力，利用对用户的观察数据，学习其生活习惯，从而为其完成某些生活行为。邬渊（2018）和陆云亮（2018）对英国智能化老年公寓进行了简介，这种公寓结合计算机技术、无线传输等高科技，通过在家具中或者电器中配套电子芯片，使得老年人生活处于监控之中，并且给予其独立的生活空间。在智能老年公寓中，如果老年人出现摔倒等行为，地面传感器会立即通知老年人家属或者医护人员，娱乐类传感器则是根据老年人喜好在其进门时播放其喜爱的音乐。

7.1.3 国内智慧社区居家养老服务信息平台建设探索

为推进我国智慧养老的发展，自 2015 年始，国家陆续颁布《国务院办公厅关于加快发展生活性服务业，促进消费结构升级的指导意见》（国办发〔2015〕85 号）、《关于积极推进"互联网＋"行动的指导意见》和《智慧健康养老产业发展行动计划（2017—2020 年）》等相关文件，指导加快智慧养老产业的发展，大量的研究学者也开始探索，积累了丰富的学术成果。

1. 虚拟养老院模式

虚拟养老院作为居家养老的一种新形式，其概念最早由苏州市沧浪区区政府、区民政局于 2007 年 10 月正式提出（张国平，2011）。此后，徐州、杭州、沈阳、兰州等地一些城区相继进行了试验和发展。虚拟养老院信息化服务模式是指在信息技术支撑下，依托社区，整合社会各类组织资源为服务网络内的老人提供养老院式服务的一种社会化养老模式。该模式结合了居家养老模式和机构养老模式的优点，整合多方资源，将养老服务进行市场化运作，取得一定的成功（赵佳寅等，2014）。虚拟养老院服务系统在一个平台上，以老年人信息、服务机构信息、服务人员信息为本，以老年人的日常关怀为基础，结合临时来电的需求，以工单的流转为过程，实现养老服务的标准化和服务质量评估的标准化。

（1）虚拟养老院信息化需求分析

虚拟养老院通常包括如下功能：老年人信息管理功能、社会服务机构的管理功能、工单管理、服务评价和收费、服务治理管理、服务人员的定位功能（刘俊秋等，2016）。在对老年人提供的服务方面着重包括建设老年人远程医疗服务体系，对困扰老年人的常见慢性病进行长期持续的预防、监控、治疗，与此同时提供文化娱乐服务（吴玉韶和王莉莉，2013），除此之外，建立老年人电子商务服务平台，为老年人消费提供渠道。

虚拟养老院的构建需要同时在性能、安全性、扩展性上满足以下要求：系统操作简单、使用方便；系统响应快，稳定可靠；查询统计功能完备；系统数据安全、日志完备（刘俊秋等，2016）。

（2）虚拟养老院信息化服务模式架构

虚拟养老院服务的建立和运营涉及各种不同性质的单位和部门，其正常有效的运行需要诸多部门的共同参与、协调（葛林惠宇，2014）。在虚拟养老院服务模式中，社区内现有的养老服务设施及场地是虚拟养老院可以充分利用的资源，若能提高社区资源使用率可以有效地拓展社区的外延功能（潘兆恩，2014）。政府及其相关部门主要负责对养老服务业进行引导、扶持和监督，例如在前期参与虚拟养老信息系统的研发，在运营过程中给予政策和资金支持，在后期制定相关的法律法规对信息平台的运作进行监督，使之走向规范化（赵洁，2016）。而家庭在基础设施（如床铺、水电设施等）、亲人精神照顾（亲戚走访、邻居关心等）、其他娱乐活动等方面有着无可替代的作用，因此家庭在养老信息化服务模式中占据着核心地位。除此以外，社会组织是社区居家养老服务的提供主体，不仅能够提供相关技术支持，还能为老年人提供助餐、助洁和助医等基本型服务（徐桂霞，2015）。

2. 基于物联网的智慧养老服务系统

智慧养老服务系统是在先进信息技术的支撑下，建立面向居家老年人、社区养老服务中心或机构养老的物联网系统与信息平台，并在此平台上提供实时、快捷、互联化、智能化的养老服务的服务系统（邢帆，2017）。其系统包括数据采集子系统、紧急呼叫子系统、信息交互子系统（蒋鸿，2015）。智慧养老系统不仅能满足老年人多层次多元化的养老服务需求，还能通过信息技术延伸整合养老服务的相关产业，对智慧城市的建设具有重要的促进作用。

在数据采集了系统中，智慧养老平台接入各种传感检测设备，采集并整合老年人生理数据，例如心跳、血压等，将专业医疗机构、康复中心、急救服务与家庭、个人联系起来（周天绮，2016）；实时监测陌生人入侵、烟雾以及煤气泄漏等数据，保障老年人生活安全；政府管理机构采集老年人经济状况、日常活动等数据，对反映养老意愿的公共性数据进行挖掘、分析，以制定出更符合民生的养老政策和法规。

在紧急呼叫子系统中，老年人可通过卫生间、床头分机或者手持设备发起一键紧急呼叫功能，进行双向对讲；当老年人在室外活动的时候，发生紧急情况利用移动终端发起紧急呼叫，监控中心可以对其进行精确定位；老年人床上设置有感应器，当老年人跌落床下或者夜起走动时自动发起呼叫，通知管理人员（机构养老）或者对应的家庭成员（居家养老）；在厕所、浴池等易摔倒的地方安置压力传感器，在老年人发生跌倒时自动发起呼叫（吴鹏等，2015）。

在信息交互子系统中，数据采集子系统将采集到的生命体征数据通过计算机网络或者移动互联网传输到健康服务中心，由医疗机构对这些数据进行监测分析，形成个人健康档案和分析报告，实现预防保健为主、治疗干预为辅的医疗保障功能（侯荣旭，2014）；信息交互子系统还可以提供个性化的文化娱乐服务内容，使得老年人不出门就能享受精神慰藉；信息交互子系统集成物业管理服务，提供水电费、物业费缴纳，故障报修等服务，为物业、社区、老年人之间建立通畅的沟通渠道；通过信息交互子系统，老年人可以发布救助、服务需求等信息，养老志愿者也可以查询相关求助信息，从而解决养老信息不对称的问题，为老年人、志愿者、养老服务中心建立起有效链接的桥梁（王永梅，2014）。

3. 具有监管职能的信息管理平台

在社区居家养老服务的过程中，借助信息化的手段可使得养老服务的整个过程得到优化，建立一个联系服务需求者、服务提供者、管理监督部门的服务信息平台，是实现信息化养老和高效服务与管理的技术保障（胡亚光，2017）。这个信息平台面向社区老年人、社区居家养老服务和参与社区居家养老的各方主体，向信息平台输入有资格参与社区居家养老服务老人的认定标准、实现社区居家养老服务目标的服务评估标准，以及包括社区人员、政府、社会组织和志愿者等参与社区居家养老各主体的质量评估标准（仵亦畅等，2014）。

具体而言，应明确网络成员各自的责任：一是政府作为居家养老服务体系的主要构建者、政策制定者、重要参与者和监督管理者，应加强对有关养老服务政策的制定、执行能力的检查和落实，为居家养老服务工程建设提供必要的制度保障（李奕，2016）；对养老服务的生产和提供机构的生产标准、服务标准、服务内容、收费标准、服务人员素质、服务设施配备等问题建立相应的行业规范，加强服务质量监管；提供服务场地，配备相关配套设施，并提供财力支持，为部分纯公共产品和服务付费，资助培训养老服务专业人员等。二是作为养老服务实际生产和提供者的相关企业及社会组织应按照合同规定及行业规范，做好服务内容和项目的规划安排、预算编制、供需及多方关系协调、服务人员培训与安置、正确实施激励措施等工作（朱冬梅，2013）；直接提供服务的人员应遵守相关服务协议，按规定的服务时间、服务项目、服务期限、服务标准及收费标准履行服务义务，满足服务对象的养老需求。三是通过协议或合同予以明确作为服务接受者的服务对象的责任与权利，一方面老年人可根据个人身体状况和收入状况，合理地、有选择地享受日常生活照料、康复医疗、精神慰藉、文化娱乐、法律咨询、临终关怀等方面的无偿、低偿或有偿的福利化服务，另一方面也可通过填写"服务质量满意度表"或向服务机构投诉、申诉等形式对服务质量和收费情况进行反馈监督，确保自身正当权益（赛明明，2013）。

4. "互联网＋居家养老"服务模式系统

近些年来我国互联网技术的蓬勃发展，已经改造及影响了多个行业，"互联网＋"为公共服务尤其是养老服务业的发展也带来了机遇。"互联网＋居家养老"实质就是互联网与传统居家养老服务的融合，是指通过运用互联网等信息技术为居家老年人提供全方位、快捷性、灵活性、及时性、低成本的居家养老服务（沈嘉璐，2015）。"互联网＋居家养老"核心理念应该是以老年人为中心，通过运用互联网信息技术，探索更多有价值的养老服务方式，从而更好地满足老年人的各种服务需求，进而促进居家养老服务持续健康发展（王茹，2017）。

首先，进行基础的数据库系统建设，充分利用大数据技术，在政府的统一规划下，引入企业合作进行各个基础数据库系统的开发。目前而言，社区居家养老服务信息平台需要具备老年人基本信息数据库、老年人养老服务需求信息数据库、老年人电子健康档案数据库和社会养老资源共享数据库，除此以外可以根据实情增加相关数据库（杨颖，2017）。当然，这些基础数据库还需要与社保、民政、财政、人力资源等政府相关职能部门以及金融机构、医疗机构相互连通，做到数据的实时共享、互通互联，进而建立覆盖省、市、区、街道、社区"五位一体"的居家养老服务信息平台。

其次，进行具体的养老服务子系统建设。一般而言，养老服务需求系统需要包括老年人养老服务需求收集与分类系统、老年人生活照料服务管理系统、老年人健康管理服务管理系统、老年人社区活动管理系统、老年人精神慰藉服务管理系统、养老服务监督与评价系统、社区养老机构管理系统、社区医生管理系统、社区养老志愿者管理系统、政府养老信息发布管理系统、紧急呼叫系统、风险防控系统、其他养老综合服务系统（叶应辉，2015）。

再次，开发社区居家养老信息服务平台，包括养老服务个人操作平台和居家养老服务信息平台（范东琦，2015）。一方面有助于老年人提出自己的养老服务需求，另一方面有助于各个养老主体提供具体的养老服务。具体而言，养老服务个人操作平台由老年人及其家属操作，通过利用手机 APP、智能可穿戴设备、移动电话、家庭计算机、智能电视等设备进行服务搜索、紧急呼叫、网络订餐、服务评价等操作。而居家养老服务运营平台则是由社区养老服务管理中心、家政服务机构以及医疗卫生机构操作，他们通过居家养老服务运营平台及时掌握社区老年人的养老服务需求并做出相关安排，保证老年人及时方便地享受到一系列养老服务。总之，这两个操作系统需要统一集成和整合在社区居家养老服务信息平台上，通过大数据分析和网络互联进行信息的即时交换和更新，从而打造一个智慧居家养老服务新模式（睢党臣和彭庆超，2016）。

其中，关键环节是利用社区服务管理系统，社区互助服务系统和养老机构服务系统为老年人提供多层次多形式的生活照料服务，例如社区可以根据辖区内老年人需求增加认可度较高的信息服务内容（纪培培，2016）。除此之外，利用微信云平台，推广社区或机构养老微信服务，社区和养老机构需要积极开展微信服务打造微社区和微机构，使信息服务内容和形式得到更加多样化的呈现，不仅有助于拓宽其服务范围和方式，提高服务质量，而且对于在"互联网＋"环境下，建立智慧养老、构建和谐社会具有积极意义（石刚，2016）。

智慧型养老政务系统以信息交换为重点，打通部门间数据和应用壁垒，协同办理跨部门、跨系统为老服务事项（周学静，2016）。推动以资源开发利用为主线、以业务为重点的办事协同，促进以居家感知终端为手段，以云数据平台为支撑的为老服务框架体系建设，并制定该体系的规范化、标准化流程，使之能够适应老年群体、社区和机构等各类用户和各层信息平台的需求。

5. 基于 O2O 模式的社区居家养老服务机制

在互联网信息高度发达的新时代，充分利用互联网技术和大数据模式，将其与传统家居养老服务模式相结合，就形成了全新的 O2O（Online To Offline）线上线下居家养老服务新模式（林斐，2016）。基于 O2O 理念的社区居家养老服务模式集"学、玩、养、智、护、调"管理与疾病健康管理于一身，从互动养老、服务订制、医养结合这三个方面出发，为社区老年人打造了一套智能化的养老、助老、护老居家模式，让老年人在家中就能体验到社会社区所送来的幸福感（戈晶晶，2017）。

在互动养老方面，O2O 模式的社区居家养老服务使得家庭、机构和社区三者之间实现了循环互动，形成了全新的"互动养老"模式（韩竹等，2018）。子女可以通过网络或者手机 APP 进行服务订制，代自己完成一些无法及时为父母解决的问题，同时接到订单的服务团队会按照客户要求提供相关服务，实现对社区居家养老服务的可及性。

在服务订制方面，社区一般会为老年人提供老年人自订制服务、家人协助订制服务和志愿组织代理订制服务这三种订制模式，其中最具特色的是志愿组织代理订制服务，它实行社区内每日志愿者的主动电话询问机制，并上门服务（司艳红，2016）。在这种模式中，社区为每一名老年人提供一张信息媒介卡，它支持老年人通过该卡直接上网订制服务，也支持有针对性的主动服务信息管理，还能方便老年人在社区内使用各项共用设施，甚至在社区外的公交车等交通系统也使用此卡，方便老人乘车。这一服务模式可以视为社区居家养老服务的核心模式，它激活了社区内所有的服务模式，不但提供上门服务、电话咨询，还联动其他服务机制。

在医养结合方面，推动基于 GIS 以及物联网联动的居家"医养结合"养老服务项目，对老年人进行远程无线监控，监测老年人的健康状态与活动量、饮食量，达到对社区老年人"养"的目的。如果社区老年人发病需要急救，社区服务人员就会紧急赶往现场，为患者进行急救。如果需要送往医院急救，就可以利用社区服务人员所佩戴 GIS 设备中的 Point、Route 数组存储点与弧段方式来为患者设计最优抢救路径，并根据医护中心所接入的数字城市视频信息监控系统和实时交通路况信息系统来调整急救车行驶路径，以便于在最短时间内将患者送抵目标医院（林斐，2016）。

6. 智慧社区养老服务平台

智慧社区养老服务平台依托智慧社区养老云终端系统、社区老年人信息管理子系统、资源管理子系统、工单与调度管理子系统、评价反馈子系统、培训子系统和系统管理子系统，从机构助老服务/管理、社区助老服务/管理、第三方助老服务/管理、社会组织助老服务/管理等方面，创新养老服务方式和途径，满足社区老年人对于养老服务的个性化需求（阮晓东，2014；杨肖肖，2018）。

智慧社区养老服务平台具有六大基本功能：全程记录功能、评估功能、收费查询功能、统计分析功能、深度开发功能、服务人员多媒体培训功能（陈莉等，2016）。全程记录是指智慧社区养老服务系统在派出服务人员后，自动记录服务对象、服务内容、服务时间、服务收费、服务评价等一系列数据。评估功能是指系统对服务中的各项数据进行分析，对服务质量进行等级评估，并在一定时间内提醒相关管理人员对老年人进行回访。收费查询功能是指系统生成的包含老年人每次服务的基本数据的服务费用清单，老年人可以随时对自己接受过的服务收费信息进行查询。统计分析功能是指系统对服务对象、服务供应商、服务人员、服务内容、服务评价进行分析并自动生成统计类报表。深度开发功能是指系统在一个阶段的运行之后，对服务的各项指标进行分析，然后开发新的共性及个性化服务项目。如服务平台可根据其已获取的老年人健康数据、已发出的需求数据、社交活动、收入信息、家庭成员信息及老年人的个人偏好与智能产品及养老服务项目、活动进行智能匹配，服务平台自动把整合好的社会、医疗服务资源以短信或邮件的方式向老年人及老年人子女推介，老年人和子女可根据实际情况判断是否购买推介的产品或服务。服务人员多媒体培训功能是指政府有偿委托权威机构录制养老服务工作多媒体教学视频并放到平台上，教学视频分为基本服务内容和差异化服务内容，以线上培训的方式，供养老服务工作人员观看学习，养老服务工作人员须在教学视频网络平台上完成规定学习内容，通过线上测试后方可获得养老服务人员的资格认证上岗（陈莉等，2016）。

7. 社区智能养老服务系统软硬件设计

社区智能养老服务系统具有温度、湿度、烟雾和光照等自动数据采集功能，社区视频监控功能，社区护理服务监测功能，服务信息追溯功能（石刚和李子平，2015）。社区居民及家属可以通过互联网或移动互联网实时查看服务内容和监测数据。系统监测过程中出现任何异常情况都将通过短信或其他报警形式及时通知家属、服务人员和社区管理人员。同时，系统预留 Web Services 接口，方便为其他医疗系统或政务网提供对接服务。社区根据老年人的普遍需求制定社区服务项目，同时还提供有偿的家庭日常护理服务，护理员需经过专业培训才能胜任。系统每天统计社区居民的服务需求信息，包括固定服务和临时服务内容，然后将任务分派给"社区护理人员"或"服务机构护理人员"。社区管理人员定期对服务对象进行回访，并对护理员和护理机构的服务情况进行评分。系统还提供服务过程的查询功能，方便亲属及时查看老年人的护理信息，了解老年人在社区享受养老服务的整个过程。系统硬件部分主要包括 RFID 标签，RFID 读写器，云台摄像机，串口服务器，网络交换机，无线路由器，家庭接入网关，Zigbee 终端节点，环境传感器（温度、湿度、CO_2、光照、可燃气、人体感应），人体血压、血氧、心电传感器，继电器等（石刚和李子平，2015）。环境传感器安装在社区老年人居住的房间里，人体传感器由护理员进行测量。传感器监测的数据通过家庭接入网关实时发送给社区数据服务中心。如果出现异常状态，系统自动通过短信方式进行信息提醒；社区监护人员借助 RFID 读写器进行日常管理，系统软件部分主要集中在社区数据服务中心，实现社区老年人基本信息管理，护理员信息管理，家庭接入网关、摄像头等设备管理，信息综合查询，监测数据采集传输，对外 Web 接口等工作（石刚和李子平，2015）。

8. 大数据智能养老服务平台

平台通过资源整合的方式，将各类社会资本、政府资源融入平台的筹建和运行过程中。主要参与方：政府各相关部门以及政府投资公司、各类型企业和养老需求方（李莉等，2017）。平台主体包括五个职能中心和两个技术支持中心。职能中心分别为医药中心、餐饮中心、住宿中心、出行中心、个性服务中心，提供各类服务；技术支持中心是智能监控中心和云计算中心，提供技术支持（方杰等，2018；戈晶晶，2017）。

各中心通过招商引资、PPP 模式等合作形式整合社会资本以及政府资源（李莉等，2017）。具体而言，医药中心包括三甲医院、社区医院、医校、急救中心、药企等；餐饮中心包括食品原材供应商、餐厅、营养师等；住宿中心包括线下为失能老人以及有需求老人提供环境优质的托老所等；出行中心包括出租车公司、滴滴、美团等专业出行服务公司；云计算中心包括云计算数据公司、数据库管理公司、互联网运营商等；智能监控中心包括智能产品供应商、远程医疗中心等。

平台的主要运作机制：智能化养老信息服务平台为指挥核心，通过平台的智能监控中心和云计算中心接收各参与主体相关信息，通过大数据云计划的手段对数据进行识别和处理，形成服务指令，指挥信息、服务、资金、人力、物力等资源在各参与主体之间的合理、高效分配，最终达到各尽其能、各取所需、多方共赢的可持续运转模式。在筹建和运转期参与的政府部门、各中心的参与企业、提供实体服务的各类企业等资源，都将在政府的引导下通过PPP 合作模式吸引和调动，形成多种资源的线上、线下同步运行的运转模式（李莉等，2017）。

7.1.4 研究评述

加强智慧化养老服务平台的建设，是应对人口老龄化、保障和改善民生的必然要求。智慧化工具的应用能够快速定位老年人的个性化养老服务需求、高效整合多种养老服务资源、动态监控多层次体系的运行状态。作为创新的养老模式，智慧养老在政策的推动下得到了广泛的实践。然而我国智慧养老总体来讲水平较低，其发展仍然处在萌芽期。从智慧社区居家养老信息服务平台的应用来看，与真正的智慧养老还有很大的差距。因此研究智慧养老，要从信息服务平台来入手进行深入分析。学界对智慧社区居家养老服务的研究主要集中在如下方面：

首先，对智慧养老的内涵进行了辨析，学者普遍认为智慧养老的核心是将智能技术应用到老年人的居家养老服务中，通过构建智慧服务信息平台为老年人提供集成服务，实现各类社会资源的广泛聚集和精准化管理，满足老年人个性、多样和多元的养老服务需求，但在智慧养老实施方式和路径上缺少考虑；在对智慧养老的模式研究上，按照使用智能设备、提供服务用途和应用场所等不同又可以分成多种智慧养老的模式。国外对智慧养老中的技术研究较多，并且得到了实践推广，而国内对技术尽管进行了探索，但在实施上存在滞后现象。在对智慧养老的问题及对策研究上，国内学者认为智慧养老主要存在智慧养老的智能化程度低、忽视老年人实际需求和规划不合理等问题，据此提出相应的对策建议，然而多数建议仍流于表面，可操作性不强，迫切需要可以落地的相关措施。

其次，从国外智慧社区居家养老服务的探索经验来看，国外起步较早，发展较为良好，形成了完备的产业链。一方面国家层面给予足够的政策支持，使得整个社会积极参与，多数高科技且致力于适老化产品的研究取得突破，比如日本的智能辅助设备、美国的老年人触屏计算机和英国的智能家居"交互屋"。另一方面，在智能产品研发的过程中，注重人文关怀，充分考虑到老年人的需求特征，以技术为载体实现养老功能最大化。发达国家智慧养老的成果实践，对中国而言有着重要的借鉴意义。

最后，不同学者对智慧社区居家养老服务信息平台的搭建进行了诸多的探索，提出了虚拟养老院模式、基于物联网的智慧养老服务系统、具有监管职能的信息管理平台、"互联网＋居家养老"服务模式系统、基于O2O模式的社区居家养老服务机制、智慧社区养老服务平台、社区智能养老服务系统软硬件设计、大数据智能养老服务平台等模式，现有的研究对智慧养老服务的可行性给予充分的肯定，证明现有科技可以支撑智能养老服务的发展。但仍存在如下问题：①信息服务平台的投入与运行仍处于较低水平，多数在技术层面的投入不足；②对智慧社区居家养老服务信息平台在运行中的问题关注不足，多数学者把重点放在前期框架构建上，而对运行中问题的解决关注过少；③未能充分考虑老年人、社会组织和政府对智慧社区居家养老服务信息平台的具体需求，尤其未能充分考虑老年人对社区居家养老服务的具体需求，削弱了信息服务平台解决问题的能力；④研究的角度不够具体，对适用于不同社会环境的智慧养老方式讨论较少，缺少具体的实施路径。

7.2 部分城市智慧社区居家养老服务信息平台构建现状

截至目前，我国超过30个省（市、区）在养老服务信息平台上开展了相关建设工作，以北京、上海、江苏、浙江等为代表的东部地区在社区居家养老服务平台构建上开展迅速且取得了较多成果，以山西、吉林、黑龙江、安徽等为代表的中部地区则紧随其后，而以内蒙古、广西、四川、云南等为代表的西部地区则发展稍稍滞后。各省市在智慧养老的建设上都开展了较为有益的探索，例如在明确政府责任、完善智慧养老体系的功能和养老信息平台建设等方面，为其他省市积累了非常宝贵的经验。

在养老信息平台建设中的政府责任方面，杭州市政府部门参与智慧养老建设的制度设计、项目招标和后期运作的各个环节，杭州市民政局、财政局联合制定了杭州市智慧养老服务平台呼叫中心及配套服务项目公开招标的指导意见，对智慧养老的普惠对象、平台应提供的服务以及呼叫服务信息中心和信息模块的总体功能都给出了具体的要求，从而使得政府可以在统一的标准化规范下购买社会组织服务，对培育养老服务社会组织具有重要意义（翁列恩等，2013）。同时，杭州市采取分步实施的措施来确定智慧养老覆盖面，首先保障空巢、独居、高龄及失能、半失能、半失智老年人的生命安全，在财政允许的情况下，不断扩大受惠范围，以动态发展的视角逐步完善养老服务内容。

各省市在完善社区智慧养老功能和养老信息服务平台构建上，采取多项措施，力求实现安全管理、健康管理、爱心关怀等功能（张丽雅和宋晓阳，2015）。首先，在为居家老年人提供安全管理服务上，南京的物联网"智慧养老"项目利用物联网技术，通过各类传感器告知家人，使老年人的日常生活处于远程监控状态。具体而言，老年人若在家中摔倒，地面的安全传感器就会立即通知此前协议约定的医护人员和老年人亲属；如果正在煮的东西长时间无人问津，那么装在厨房里的传感器便会发出警报，提醒健忘的老年人；如果万一老年人已经外出，也没有关系，传感器发出警报一段时间还是无人响应的话，这时煤气便会自动关闭（鲍烨童，2014）。目前，上海全市已有8个区县初步建立了养老服务信息化平台。此平台不仅提供独居老年人紧急救援呼叫、电话主动关爱等居家科技服务，而且还提供针对失智老年人的防走失定位居家科技服务。同样重视老年人走失问题的山西省长治市则通过向老年人提供"名片"手机来保证老年人居家养老的安全性，如果老年人外出走失时使用手机背面的SOS键，即可直接呼叫子女，并能自动给子女手机上发出定位短信，子女们可通过手机下载"平安通"APP来定位老年人的具体位置和移动轨迹。北京市政府为城六区符合条件的空巢老年人安装5000多个紧急医疗救援呼叫器"一按灵"，开通"北京市养老（助残）96156精神关怀服务热线"，推进"心灵家园"活动，并为有需求且符合条件的老年人或残疾人累计配备"小帮手"电子服务器近20万台（徐志立和王红霞，2015）。杭州市通过移动互联网与社会养老服务商相连，为老年人提供安防急救、主动关怀、亲情通话和生活服务等智慧养老服务，在安防急救方面基本上实现了智慧养老中紧急呼救的功能，有效地保障了高龄空巢老年人以及失能、半失智老年人的生命安全（向运华和姚虹，2016）。其次，在为居家老年人提供健康管理服务方面，南京的物联网"智慧养老"项目通过借助手腕式血压计、手表式GPS定位仪等，随时随地监测老年人的身体状况；而浙江省西湖区的"智慧养老云服务平台"则侧重提供远程健康监护服务，利用物联网技术，通过各类传感器，为社区居家老年人提供包括远程倒地报警、血压跟踪测量、远程心跳监控、远程心理治疗等服务；武汉的"智慧街道"则侧重提供远程健康咨询服务。此外，还有不少"养老应用"提供生活帮助服务，甚至是心理关爱服务。如成都锦江区成立的"长者通"呼援中心，通过整合社区、家庭、社会以及政府等多方力量为居家老年人提供基本的生活服务、医疗卫生服务和健身服务等。北京市搭建了统一的智慧养老综合服务信息平台，为智慧养老服务信息平台辖区内的老年人提供一体化、智能化的养老服务，包括家庭服务、紧急求助、医疗保健、安全监控、精神慰藉五大内容（贾伟等，2014）。天津南开区委托天津广电网络公司等社会企业参与网络信息与呼叫平台建设并接入电视作为终端，建设"智慧社区"平台，为老年人提供安全签到、点餐系统、便民缴费、社区超市、电视挂号等服务（睢党臣和彭庆超，2016）。

作为我国现阶段重要的产业之一，"银发"产业投资较多，但是其利润率低，成果产出极其缓慢，而其中的智慧养老模式更是需要各方的大力扶持。但是与此同时，智慧养老的建设也遇到了很多障碍，突出表现在政府、市场、平台功能和技术这四个层面。

在政府层面，我国政府在智能化养老过程中职能的偏差，影响了互联网与养老服务业的深度融合。第一，存在顶层设计的问题。智慧养老模式在我国尚处于起步阶段，已出台文件多为语言性描述及建设性意见，如《智慧健康养老产业发展行动计划》等，对智能养老服务未来发展缺乏细化，缺乏统筹规划和具体引导扶持政策使得产业规划不足。第二，存在政策扶持力度低的问题，由于部分优惠政策缺乏可操作性，财政投入不足，一些优惠政策的制定和落实分属不同职能部门等原因，导致部分优惠政策和补贴政策难以落实。第三，存在部门协作不足的问题，目前智能养老行政分割、管理分治的局面，影响了"互联网 + 社区居家养老服务"行动顺利地推进。我国老龄事业缺乏统一的、常设性组织领导机构，决策权分散在各个职能部门，需要老龄、民政、卫生、人保、科技等部门的相互配合。负责全国老龄工作的老龄委权威性不够，不足以调动其他社会资源，也难以履行综合协调职能。第四，存在缺乏对信息共享的问题。智慧养老不仅仅是养老服务组织一方的问题，其涉及多种多样的行业，并且由不同的政府部门来管理。目前，行业之间重复提供服务或遗漏某些养老服务，难以形成规模效应。与之相对应的，是智慧养老相关各数据的不同主管部门，考虑到数据的隐私性，掌握这些数据的公安等部门不会轻易地进行数据共享，尽管这种做法保证了个人信息安全，但同时也会极大地阻碍智慧养老模式的发展。

在市场层面，我国社区居家养老服务供需矛盾十分突出，政府也试图通过购买服务、委托经营、公私合作 PPP 等模式缓解养老服务有效供给不足，但效果并不明显。首先，缺乏较为成熟的商业模式。养老产业往往具有政策差异化、需求多元化和产品多样化的特征，而我国智慧养老仍处于起步阶段，其运营模式较为单一，通常是企业负责运营，政府来买单，使得养老产业过度地依赖政府的政策保护。由于智慧养老产业在现行的市场环境下未形成成熟的运作模式，使得其发展缓慢。若要提升其市场化程度，可以从改善在市场中的运行机制入手。其次，企业参与社区居家养老服务的积极性不高，民办养老机构普遍面临营利困境，没有雄厚财力的支持，大多数的智慧养老企业难以开展持续的科研开发项目，使得现有的养老智能设备价格飞涨，没有得到广泛的推广应用，政府相应的补贴政策不完善（曾明星等，2016）。最后，缺乏行业标准和有效监管，目前我国在社区居家养老服务信息化的标准建设方面滞后，全国还没有形成"互联网 + 社区居家养老服务"行动的相应管理规范和服务标准，政府自上而下尚未对智能养老服务的行业准入与退出、智能社区居家养老系统、智能养老机构的鉴定及等级划分、智能化养老产品标准、养老服务的质量与评估等做出明确规范。

在平台层面，信息平台狭窄、封闭和功能单一，从服务信息来看，社区居家养老服务采取以部门为中心的政务信息化发展模式，老龄、民政、卫生、社保、残联等部门之间的信息系统彼此孤立运行或有限开放，形成了许多条块分割的"信息孤岛"。同时，我国大多数社区养老服务信息化管理平台只搭建到区级，没有将信息化平台延伸到老年人所在的社区，难以实现管理重心的下移。从事智慧养老的各类不同企业各自研发的信息平台和服务终端互不兼容，也没有与各政府部门的养老服务信息网络平台对接，各个系统独立建设、条块分割。由于没有建立统一的信息化管理平台，使得各部门长期积累的海量数据与信息不能彼此共享，各部门横向沟通协作比较困难。除此之外，养老服务信息平台功能单一，难以实现管理模式信息化，即利用互联网完成养老服务需求信息收集、制订服务计划、组织服务过程、进行服务监督评估等工作。

在技术层面，信息传递方式滞后，智能化水平低，目前，社区居家养老服务供给与需求信息传递主要依靠两种渠道：一是以社区居家养老服务中心站为中介，当老年人有养老服务需求时，向社区居家养老服务中心进行登记，对符合条件的老年人，由服务中心选派服务人员上门为其提供服务；二是设置"一键通"呼叫中心，依托通信网络连接服务提供者与服务对象，为有需求的老年人家中安装"一键通"服务器，呼叫中心通过语音程控交换系统接收服务请求，目前各地广为推崇的虚拟养老院大多采用此方式。第一种信息传递方式具有滞后性，仍然属于传统中介式信息传递方式，没有采用现代化信息传输手段，养老服务供应与需求信息主要通过社区养老服务中心进行交换，养老服务供需对接主要依赖于服务中心所掌握的服务资源和信息，如果服务中心所掌握的需求信息不足或手头没有合适的服务人员，便导致供需不能有效对接。第二种方式虽然采用了"一键呼叫"信息化的手段，但缺乏互动性，没有可视化界面，服务需求者无法直观地选择服务内容和服务人员。大多数养老服务中心网站只具有信息查询功能，很少嵌入在线咨询服务，即便少数网站具备咨询功能，也并非实时咨询，大多处于离线模式。同时，现存的可提供养老服务的网站存在信息系统彼此孤立运行、信息重复多、信息不完整、实效性差等诸多弊端（李长远，2016）。此外，新型的科技虽然保障了硬件的智能，但对老年人实际生活习惯了解较少，忽视了老年人对高科技认知度和接受度低的情况，这不仅浪费了智慧化养老资源，也阻碍了智慧养老的进一步发展。

7.3 智慧社区居家养老服务信息平台的需求分析

社区智慧养老体系的核心是社区居家养老信息平台的构建和正常运转，因此明确社区居家养老信息平台的筹建与运营过程中利益相关方的需求，对于智慧养老体系的实现具有至关重要的作用（黄伟等，2018）。本节将从老年人及亲属需求、社会组织需求、政府需求等三个方面对社区智慧养老体系的需求进行分析。

7.3.1 智慧社区居家养老服务体系中老年人及其亲属需求分析

1. 智慧社区居家养老服务体系中老年人的需求分类

与其他年龄段的人群相比，老年人的服务需求既有相同的部分，也有部分"异质性"。智慧养老的基本目标即为老年人提供更加安全、便捷、健康、舒适的生活服务，这就需要各服务提供的主体应该根据老年人的需求特点提供有偿或无偿的服务，即在服务定位上锁定智慧养老的基本目标。

通过对社区居家养老服务需求分类及内容的梳理，发现社区居家养老服务可以分为生活照料、家政服务、医疗保健、文化娱乐、心理保健、法律维权等类别。通常，生活照料类服务有老年人服务热线、日托服务、送餐及老年餐桌等；家政服务类服务有洗衣、打扫卫生、修理等；医疗保健类服务包括上门护理、康复保健、健康讲座等；文化娱乐类服务有老年人活动中心、健身场地、老年大学等；心理保健类服务有心理咨询等；法律维权类服务有法律知识普及、法律援助等（方杰等，2018）。考虑到信息平台搭建的可操作性，进一步地对这几类服务进行总结，可以发现老年人对智慧社区居家养老服务的需求可以分为以下四类：

（1）日常需求

老年人和其他年龄段人群一样，有物质需求。他们需要食物来为自己充饥，他们需要娱乐设施来让自己得到放松，也需要文体活动来强身健体，包括生活照料类、家政服务类（黄伟等，2018）。此外，老年人由于身体机能的下降，难以满足自身基本生活需求，需要辅助工具、设施或者他人的帮助来完成基本生活步骤。这类需求若得不到满足，老年人的生活质量会受到很直接的影响，主要包括医疗保健类（董红亚，2012）。

（2）精神需求

由于大多数老年人是独居或很少得到子女照顾，他们会出现一定的情绪问题，表现为长时间持续的抑郁、心烦、害怕、孤独、精力难以集中等。针对这类老人就需要提供精神方面的服务，使其摆脱消极思想，积极生活，包括心理保健类、文化娱乐类和法律维权类（刘海燕，2016）。

（3）法律咨询

老年人随着年龄的增大，很多方面的权益都会被侵犯，例如就业无法保障、住房权益被侵犯、财产权益被侵犯、子女不赡养等。因此亟须对老年人进行法律知识普及和提供法律方面的援助，切实保障老年人的权益（杨军和罗遐，2017）。

（4）应急需求

老年人遇到紧急状况、生命及安全受到威胁时提供的应急服务和定位服务。如110和120等紧急救援服务（张万娇，2013）。

当然在实践的过程中，不同城市会结合本城市社区特征选择性地提供上述养老服务。

2. 智慧社区居家养老服务体系中老年人家属的需求

在社区智慧养老系统中，老年人家属占据较为重要的位置，一方面是因为老年人家属是直接的服务订制者，另一方面则是因为老年人家属也是对服务进行监督的核心成员。重点体现在养老服务查询、服务评价等方面。

养老服务查询：老年人家属由于工作或其他原因暂时无法照顾老年人时，可通过智慧社区养老服务平台预约老年人日间照料服务中心、短期照料服务中心及小型社区养老院服务业务，帮助老年人获得多层次的养老服务（陈莉等，2016）。

服务评价：社会公众作为政府公共服务的直接作用对象与受益者，是服务评价的最重要主体，有必要对服务做出客观公正的评价，表达自己的诉求，维护自己的合法权益。社会公众可以通过服务评价模块对社会组织的服务质量、进度进行评价，对服务的种类与数量进行确认，其结果自动转入政府检查评价模块，作为政府评价社会组织的一个重要指标（于玥，2017）。

7.3.2　智慧社区居家养老服务社会组织需求分析

社会组织通过实名注册成为政府购买居家养老服务的单位会员，并上传相关资质证明材料，经政府网上审查与实地考察核实以后，合格的社会组织可使用智慧养老体系中信息平台的各项功能（方杰等，2018；王彪，2012）。因此社会组织对智慧养老体系中信息平台需求包括信息查询、项目投标、签订合同、过程记录和自我评价。

1. 信息查询

在信息查询功能模块，社会公众服务需求调研是需要包含进来的，其次则是社会组织资质调研，这两者都应当具有信息的查询与反馈功能。此外服务目录、社会公众项目、社会公众基本信息、服务评价等都可以放入信息查询子模块。社会组织通过社会公众服务需求调研子模块查询政府发布的需求调研信息，并及时反馈，如对政府发放的需求调研问卷，通过选择相关选项，快速向政府反馈社会公众的诉求，自动传至政府资源库模块的政府购买服务目录信息子模块（蔡礼强，2018）。社会组织通过其资质调研子模块查询政府发布的社会组织资质调研相关信息，并及时反馈，或者上传有关的资质、业绩证明材料，自动传至政府资源库模块的社会组织资质信息子模块。服务目录信息、社会公众基本信息、社会公众项目信息是社会组织进行项目投标与选择服务对象的依据，其中，服务目录与社会公众基本信息来自于政府信息资源库。社会组织通过服务目录信息子模块查询服务项目的目标、内容、要求、标准、价格等信息；通过社会公众基本信息子模块可以查询政府发布的潜在服务对象的基本信息资料；通过社会公众项目子模块可以分类查看社会公众的服务项目申请与审批情况。通过服务评价信息子模块查询各类评价主体对本组织所服务的各类项目的综合评价结果、意见与建议，及查询每个项目的评价明细等，有利于加强社会组织内部管理，改进服务质量。

2. 项目投标

项目投标功能模块具有查询政府招标文件、进行项目投标、查询投标结果等功能。对于"补供方"⊖流程，社会组织通过项目投标模块查看政府购买社会组织服务项目招标文件，根据政府招标文件的内容、标准与要求，综合考虑自身的服务能力与现有任务，投标报名，制作标书，从项目投标模块加密并上传投标书，查看中标信息，获取中标通知书（王达梅，2014）。

3. 签订合同

签订合同功能模块有投标项目签订合同、选择服务对象两个子模块，都具有查询、分类、汇总的功能。对于"补供方"流程，中标项目信息会自动输入投标项目签订合同子模块，社会组织通过此子模块查看中标信息，并与政府签订中标项目正式合同；对于"补需方"⊖流程，社会组织通过选择服务对象子模块查看经政府审核通过的社会公众及其服务项目，查看潜在服务对象的服务项目与内容、地理分布，以及每个潜在服务对象的居住地址、性别、年龄、家庭成员、经济与身体状况等信息，了解各社会公众的详细情况以后，通过选择服务对象子模块自主选择服务对象，也就选定了为服务对象提供的服务项目内容（曾明星等，2016）。对于已被社会公众选择的社会组织，只要进行确认，双向自主选择成功，服务合同即成立。

4. 过程记录

过程记录功能模块包括服务人员自我记录与社会组织专职人员记录两个子模块，主要记

⊖ "补供方"是政府针对服务生产方提供补助，再由他们将服务提供给消费者。

⊖ "补需方"也称消费者补助，政府审核、批准社会公众养老服务项目，再将资金提供给社会公众，或给社会公众发放"服务卷"进行限额补助的服务方式。

录服务时间、服务人员、服务对象、服务项目与内容及社会公众的各种需求。过程记录内容自动输入政府的检查评价模块，政府可适时跟踪项目进度。在监控项目进展上，社会组织管理者可以利用此记录模块来进行查询。

5. 自我评价

在自我评价功能模块，应当涵盖主管领导评价、社会组织员工自我评价、专职人员评价子模块。通过赋予三类评价主体一定的权重，对各个服务项目与服务人员做出综合评价。评价结论既可作为社会组织内部考核的依据，督促服务人员提高服务质量，提高内部整体管理水平，又自动输入政府的检查评价功能模块。

7.3.3　智慧社区居家养老服务政府需求分析

在现实生活中，政府不仅仅扮演着公共物品的确认者和公共服务的评估者的角色，同时也是精明的购买者和财政的支出者（吕蒙蒙，2017）。此外，在智慧社区居家养老服务体系中，政府负责建设、管理和运营信息平台，具有多重身份（钱浩，2017）。相应地，政府的需求也会和角色挂钩，因此要考虑将信息发布、信息资源库、项目审批、合同管理、检查评价、费用管理等放入智慧社区居家养老服务信息平台中。

1. 信息发布

信息发布功能模块包括社会公众服务需求调研、社会公众基本信息调研、社会组织资质调研、社会公众项目、社会组织招标项目等信息分类发布子模块，其中社会公众项目子模块接入社会公众的项目申请模块，社会组织招标项目子模块接入社会组织的项目投标模块，其余的子模块接入社会公众与社会组织的信息查询相应子模块（曾明星等，2016）。政府为了充分获取社会公众的居家养老服务需求信息，制定切实可行的服务目录、服务内容、服务标准，编制服务预算，通过社会公众服务需求调研子模块向广大社会公众与社会组织发布需求调研信息。政府通过社会公众基本信息调研子模块向社会公众发放基本信息调研统计表，以获取社会公众的个人基本信息，在此基础上，构建社区居家养老信息资料库。政府为了全面了解社会组织服务能力、信誉与资质状况，通过社会组织资质调研子模块发布调研信息。在"补需方"与"补供方"流程中，政府均通过社会公众项目子模块发布政府购买居家养老服务项目文件，向社会公众说明申请政府购买服务的时间、范围和条件等。站在补充供给方的角度，政府在获取了相关服务需求之后，可以通过该招标子模块将零散的项目进行打包来招标，促进社会居家养老组织公平的投标和竞争（陆洁如，2018）。

2. 信息资源库

在信息资源库功能模块，应当囊括各类信息，例如社会公众和社会养老服务组织的基本信息等，可以对信息进行收集、汇总、记录、存储、查询和发布等。不仅仅政府可以上传下载信息，社会公众也可以利用该模块对基本信息进行上传，保存在社会公众基本信息子模块，经政府逐级审查、核实与完善，建立社会公众基本信息资源库。为了保证服务供给的质量，需建立严格的社会组织准入制度与审批程序。社会组织从信息查询模块上传资质证明材料信息，传至资源库模块的社会组织资质信息子模块，经政府逐级审查、核实，辨别合格与不合格的社会组织，并对合格的社会组织相关信息进行补充、整理与完善，建立社会组织资质信息资源库，保证具备一定资质与实力的社会组织才能参与养老服务购买竞标并为社会公众提供服务（曾明星等，2016）。来自社会组织与社会公众信息查询模块的社会公众服务需求信息，传至资源库模块的政府购买服务目录信息子模块以后，经政府整理，获取不同地域、年龄层次、失能程度、家庭条件的社会公众的服务需求、利益诉求等情况，制定、修改政府购买居家养老服务目录方案与资源库（郑心怡，2017）。

3. 项目审批

项目审批功能模块主要包括社会公众项目申请审批、社会组织项目投标审批等子模块，这两个子模块都具有审批、分类、汇总、查看等功能。为了保证广大人民可以公平和公正地享受政府养老福利，政府通过社会公众项目申请审批子模块对每个社会公众申报的每个服务项目，在所辖范围内按照申报条件与预算方案进行严格逐级审批，初次审批结果通过公共服务信息发布平台向社会公示，接受广大社会公众的监督，最终审批结果反馈至社会公众的项目申请模块，也输入社会组织的信息查询模块的社会公众项目子模块，审批通过的社会公众项目信息自动转入政府合同管理模块（曾明星等，2016）。对于"补供方"流程，政府通过社会组织项目投标审批子模块对社会组织的投标文件按程序进行开标、评标，公示中标候选人，确定中标人，发放中标通知书，并向社会发布。在社会组织项目投标模块，对相关投标审批信息进行反馈记录，通过审核的项目转到政府合同管理模块。

4. 合同管理

政府购买社会组织服务，本质上是一种购买服务合同或合同外包。签订服务合同，明确政府与社会组织的权利与义务，尤其是社会组织服务对象、内容、项目经费、效果目标、监督考核程序、支付方式等，对于维护社会公众、社会组织的合法利益，提高资金使用效率具有重要作用（周运新，2016）。在"补供方"业务流程中，政府通过合同管理功能模块，进行合同的签订、履行、变更、终止、违约处理以及相关管理活动。在"补需方"流程中，社会组织可以选择适合的服务对象，而社会公众也可以对社会组织进行优选，当二者互相选择成功，在合同管理模块下由政府操作来进行认知，实时追踪社会组织的服务过程。社会组织的服务项目经服务对象认可，政府检查评价模块的相关信息自动输入合同管理模块，相关合同条款信息作为合同履行的依据也被自动输入检查评价模块，作为检查评价的依据。

5. 检查评价

作为保障质量的关键环节，检查评价功能模块应当包括社会组织的评价、服务对象的评价、政府的评价、第三方专业的评价、媒体的评价、其他社会公众的评价等子模块，各子模块向各评价主体开放接口，输入评价信息，评价方式可采取事前、事中、事后评价相结合（曾明星等，2016）。政府设置不同评价主体权重，系统自动对社会组织的服务进度、质量进行评分、评级、排序，建立社会组织诚信、业绩档案，其信息又输入资源库。政府可通过检查评价模块查看评价结果，还可以适时跟踪、检查社会组织的服务进度与服务质量，及时处理社会组织服务过程中存在的问题，也可以查看各服务对象的服务进度明细。

6. 费用管理

费用管理功能模块主要是对每一个合同的付款方式、付款进度、付款金额、奖励与惩罚或延期支付等进行管理。政府检查评价功能模块输出的社会组织服务进度与质量等评价结果信息，合同管理模块输出的合同履行与支付方式信息，自动输入费用管理模块，作为费用支付的依据（马庆钰和谢菊，2012）。对于"补需方"流程，社会组织与社会公众之间一般不签订正式服务合同，在服务项目完成并经双方确认以后，再综合考虑项目的评价情况，方由政府向社会组织支付费用。

7.4 智慧社区居家养老服务信息平台系统设计

7.4.1 智慧社区居家养老服务信息平台构建原则

养老问题不单单是老年人等需求方的问题，更是整个社会未来很长一段时间都将面临的问题。且单个个体或组织力量是有限的，无法解决我国数量庞大、内容繁杂的养老问题。同时，养老虽然带有公益性质，但是各参与方也需要有长久利益保证，权力寻租或非市场化机制会有损平台构建与运营参与方的长久利益，会造成不公正、不公开、不公平的现象（李莉等，2017）。因此平台的构建与运营需要建立在坚持政府主导、政府制定制度保障、以市场化的方式发展、社会参与的四大原则之上。

第一，坚持政府主导：通信网络、传感设备和数据中心等方面基础设施的建设水平直接决定了智慧社区养老服务体系的发展程度（庄丽等，2018）。智慧社区养老服务体系的建设需要大量的资金，需要各级财政的支持。中央政府需制定总体规划，制定优惠政策，支持社区信息化建设；地方政府需制定本地规划，承担主要建设任务，落实优惠政策，给予财政保障，加快通信信息网络基础设施建设，促进信息网络技术广泛应用。

第二，政府制定制度保障：建立公开透明的智慧社区养老服务组织、机构及产品的准入、监管、退出的制度，凡是法律没有明令禁止的领域都要向民间资本开放，应用 PPP 模式引导社会力量、民间资本介入（国家卫生计生委网站，2015）。制定智慧社区养老服务指导条例，确保社区、企业、社会组织、养老机构按照条例要求为老年人提供专业化服务；制定志愿者社区养老服务指导条例，让志愿者服务有序开展。

第三，以市场化的方式发展：构建智慧社区养老服务体系要用市场化的方式来运作，谁受益、谁付费（陈莉等，2016）。通过智慧社区养老服务平台按照服务对象（老年人及其家属）的具体需求，所有企业相互公平竞争，养老服务的需求者可以自由选择不同的企业获取服务，市场机制将促使企业更加重视服务质量的提升和自身品牌的建设。民政部不再对三无老年人、失能老年人进行直接补助，而是以向社区购买服务方式帮助三无老年人、失能老年人养老。

第四，社会参与：打破行业界限，放开智慧社区养老服务市场，采取公建民营、民办公助、政府购买服务、补助贴息等多种模式，引导和支持社会力量参与到各类养老服务中（陈莉等，2016）。鼓励志愿者、公益性组织、社会团体参与智慧社区养老服务，为社区广大老年人提供更便捷、高效、舒适的服务。

7.4.2 智慧社区居家养老服务信息平台定位

1. 智慧社区养老服务平台能够满足老年人的精神需求

根据对大规模保障房住区老年人社区居家养老服务需求现状的调研可知，在心理法律类服务的需求方面，老年人对日常关怀和助聊的需求都较高，分别占比 38.2% 和 36.8%，对心理咨询、法律援助和问题调解的需求占比分别为 21.1%、15.7% 和 20.1%。从以上数据可以看出，需求率最高的日常关怀、助聊、心理咨询都属于倾诉类服务，表现出保障房住区老年人强烈的沟通需求，从另一层面来看，老年人的晚年生活较为空虚，与外界的交流逐步减少，陪同聊天等精神需求开始突显出来。老年人的精神生活主要体现在三方面：一是与子女的沟通交流，二是与周围朋友的交流分享，三是参与社会活动与服务社会。高龄老人大都行动不便，因此智慧养老在老年人的交流方式上融入了更多的智能与便捷。例如双方可以通过网络沟通来了解对方的身体状态和心情等，针对老年人可增加语言识别功能和使用遥控；智能广播系统能够实现消息及时传达，老年人可以选择语音或者文字来获取广播内容；合理搭建智能局域网，充分利用可视系统实现虚拟"串门"，让老年人可以随时与周围的邻里交流和分享（黄伟等，2018）。

2. 智慧社区养老服务平台能够满足老年人的应急需求

智慧养老服务体系可以对即时发生的养老风险做出快速反应，准确地将信号传递至服务商并迅速做出反馈（戈智永和吴清，2016；席恒等，2014；朱海龙，2016）。这种高效化的运作模式既减少了传统养老风险信号递送过程中的烦琐环节，也大大提高了信号传递的实时性和准确性，将老年人风险后果发生的损害降至最低。同时，智慧养老服务体系能够及时并有力地提供风险处置服务。如异常报警与求助系统，当老年人发生情况时能自动报警到监控中心，并提示住户信息及位置信息。

3. 智慧社区养老服务平台能够满足老年人的日常需求

智慧养老要从衣、食、住、行等方面，有针对性地为老年人建立方便、舒适、安全的养老环境，其重点为日常养老服务提供智慧化支持手段（陈雷等，2017）。例如建立环境质量监测系统，检测和分析住所的室内外环境，针对不同身体状况的老年人，构建相适宜的居住环境，提供与其身体健康状况相关的保健方案。

4. 智慧社区养老服务平台能够为老年人提供法律援助

智慧养老追求为老年人提供方便、快速、专业的法律咨询与法律援助（张建星，2018）。例如老年人通过智能手环、电话或网络等呼叫中心座席工作人员，由中心座席工作人员通过知识库检索为老人筛选定向的律师事务所或联系老年维权机构，最终为老人提供远程高效的法律咨询与援助服务。

5. 智慧社区养老服务平台能够满足企业参与的要求

虽然我国的智慧养老产业仍处于初步发展阶段，主流市场参与企业多、规模小，但政府支持力度逐年增大，国家层面出台多个政策鼓励支持智慧养老产业发展（朱明颖和刘治彦，2018）。智慧社区养老服务平台的构建一方面实现整合多方资源，形成由政府、社区、社会组织、企业、家庭共同参与的网络化社区居家养老服务的模式，另一方面有助于加强特定类型服务组织的引进，促进企业本身业务的不断拓展。

6. 智慧社区养老服务平台为养老服务人员搭建平台

社区居家养老服务人员是社区居家养老服务的直接提供者，相比于家庭成员而言，社区居家养老服务人员具有更强的专业性和规范性。在提供居家养老服务的过程中，居家养老服务人员主要以社会服务组织为载体为老年人提供相应的居家养老服务。居家养老服务组织通过设置服务点与一个或多个社区对接，为其所能辐射范围内的社区老人提供居家养老服务。智慧社区养老服务平台的构建有利于简化整个服务对接流程，让养老服务人员与需要帮助的老人进行精准匹配（陈燕予，2018）。此外，智慧社区养老服务平台的构建，有利于拓宽养老服务人才供给渠道，充分考虑养老服务人员的类别和专长，形成针对性的养老服务队伍供给机制。

7. 智慧社区养老服务平台能够为政府提供管理的切入点

政府的需求通常包括信息发布、信息资源库、项目审批、合同管理、检查评价、费用管理，智慧社区养老服务平台可以最大化地集成这些功能，简化养老服务审批的各项流程，实现养老服务购买的全过程监管，建成政府购买服务风险库，构建多元联动风险防控体系，同时协同相关职能机构，推进政策的"落地"（曾明星等，2016）。

7.4.3　智慧社区居家养老服务信息平台总体架构

1. 体系架构

基于上述智慧社区居家养老服务信息平台的需求分析、平台构建原则，平台从社区居家养老服务需求、服务内容、智慧养老实现手段与服务提供方等四个维度构建智慧养老服务体系（黄伟等，2018），如图7-1所示。社区居家养老服务需求包括精神需求服务、应急需求服务、日常需求服务和法律咨询服务四大服务层（侯冰，2018）；基于调研结果设定服务层对应的服务内容；对应服务内容建立智慧化服务手段并指定服务提供方；构建一体化的智慧养老服务信息平台，连接面向老年人的智能化信息采集设备和多元化服务方，形成了完善的智慧养老服务体系。

智慧社区居家养老服务信息平台的特点是：面向老年人需求，形成人本导向的服务模式，最大可能从不同角度满足老年人不同情况下的需求；提供多元化的服务内容，满足不同层次老年人的需求；充分应用各种信息手段，突破传统养老模式；服务供给机制多元化，充分利用社会组织等服务资源（尤立思和赵云彦，2017）。最显著的特点是该平台利用智慧终端不断主动和被动收集相关信息，提供养老服务指令，相较于传统"点对点"或"包对包"服务模式，形成了基于多重异质网络的"包对点"服务模式（图7-2），在服务的质量、供应效率、及时响应等方面都有了提升。

2. 系统构成

按照图7-1所示的智慧社区居家养老服务信息平台要求，构建智慧社区居家养老服务系统平台，分为感知层、网络层、数据层、系统服务层和业务层五层架构（罗明全，2017），实现对社区居家养老信息的收集、分析和利用，是智慧养老实施的关键环节，通过信息系统运行收集大量老年人的相关要素信息，将这些海量的、零碎的、分散的信息存储并形成系统化的数据库，深度挖掘这些数据信息，为智慧社区居家养老提供更可靠的解决方案，实现多方资源共享，如图7-3所示。

感知层为信息终端，主要应用相关智能化设备为智慧养老服务提供数据。最典型的智能化养老设备就是生命体征监测器，它能够监测人体最基本的生命体征（如心率、血压、血糖等），可以每日例行性地监测或持续24小时全天候地监测数据，将数据通过数据通信网络发送到处理中心进行实时分析和趋势分析，如控制中心检测到异常，即时电话通知其亲友，医疗服务部门即时救助（马业诚，2017）。对长期监测的情形，适当地进行预警，并给出饮食及锻炼建议。住区应当有专业的救助服务机构，发现有告警信息后，实时向老年人提供救助服务。除此之外，还有多功能护理轮椅、智能坐便器、跌倒监测设备等，都能为老年人的生活、保健和安全提供智能化的服务。

网络层可以实现移动通信网、局域互联网与物联网等三网互联互通。物联网，顾名思义，将人、物、传感器和控制器等在通信技术的帮助下紧密联系在一块，从而实现人与物、

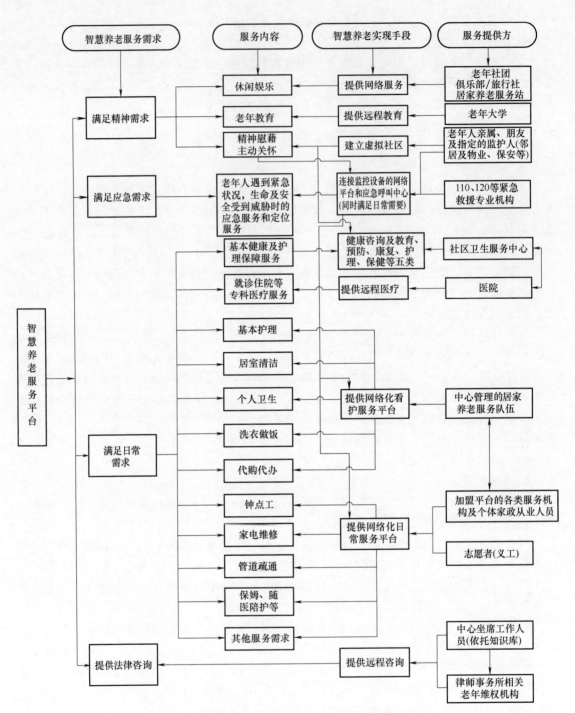

图 7-1　基于个体需求的智慧社区居家养老服务信息平台

物与物的相互关联（文岳，2016）。本书将物联网技术应用于连接养老服务需求维度与多元化养老服务供应维度，通过标识系统上的每一个"物"，赋予他们属性，实现智能接口与信息网络的无缝链接。

在数据层中，将感知层与网络层传递来的各类老年人体征、定位、实时需求、环境等数

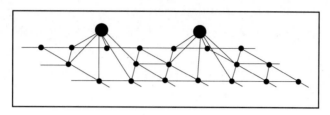

图 7-2 多重异质网络的"包对点"服务模式

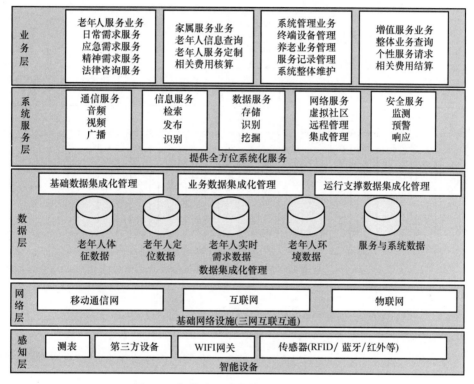

图 7-3 智慧社区居家养老服务系统平台

据进行集成化大数据管理，形成基础数据集成化管理、业务数据集成化管理、运行支撑数据集成化管理等系统。同时，数据层可为政府制定养老服务相关决策提供分析依据。政府部门可以根据智慧养老服务信息管理中心的相关分析报告，适时适度地调整养老服务政策的方向和重点，以更好地满足现阶段老年人的养老需求。

系统服务层提供了多元化基本服务元素和信息，这些服务元素和信息可为养老服务供给组织或机构提供服务指导（刘惠音，2017）。一方面，可针对具体的服务要素模块开展工作，如在安全服务中，可对老年人的健康状况进行检测和预警。通过对大量老年人的生理数据进行检测和分析，可以对发生同类疾病人群的病理特征进行归纳，提取相似的病症与身体变化，为相关疾病的预防与治疗提供资料依据，并对发生类似生理变化的老年人提出预警，提醒其注意预防相关疾病。另一方面，养老机构、服务组织等都可利用养老服务信息来优化服务质量、转变发展思路，更精确地进行市场定位，增强养老服务业的市场竞争，实现养老服务资源的有效整合；养老服务信息可以更好地指导各类养老服务组织开展工作，提高服务水平，实现养老服务供给的多重联动（张慧颖，2014）。

在业务层中，以社区居家养老服务为中心，构建了老年人服务业务、家属服务业务、系统管理业务、增值服务业务等四大业务模块。针对不同的业务模块，可依据图7-3所示系统结构，设计相关子系统如老年人服务消费管理子系统、老年人服务定制子系统、居家环境管理子系统等。以居家环境管理子系统为例（图7-4），此平台管理的系统可分为六个子系统，各子系统的每一个部分可以独立运行，并且通过网络互连，各系统的项目可根据实际情况增加或减少，可扩展性强，安装方便，维护简单。

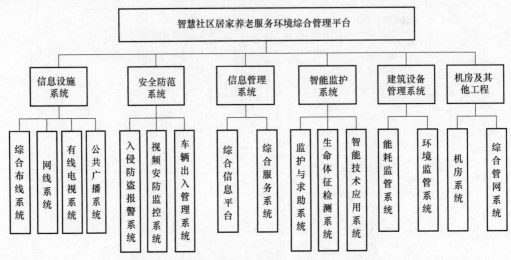

图7-4　智慧社区居家养老服务环境综合管理平台

7.4.4　智慧社区居家养老服务信息平台实现路径

资源整合是搭建综合养老服务平台的核心环节，通过政府的社会责任性、号召性以及强制性充分调动政府资源以及民间资本，将以上各类资源、各种技术，通过资源整合的方式搭建平台服务于社会。为实现智慧社区居家养老服务信息平台的构建，需要从平台构建过程中各主体职能和平台运转两个方面进行考虑。

1. 社区居家养老信息平台构建过程中各主体职能

智慧社区居家养老服务信息平台构建分筹划、搭建和运行三个阶段，不同阶段各主体职能有所不同，具体见表7-1。

表7-1　社区居家养老信息平台构建各主体职能

主体	平台筹划期	平台搭建期	平台运行期
政府	通过与需求方沟通、多次信息交流反馈，了解各地市老年人养老需求，制定惠民政策；与可能参与平台建设及运营的社会资本、各类型企业沟通，了解市内相关资源现状，并制定针对涉及企业的优惠政策，为平台搭建奠定政策基础	招商引资和试点运行。招商引资是指根据平台需求，政府通过招标的方式公平、公正、公开地择优选取服务供应商。试点运行，即在招标完成、资源合理配置后，在市内选择现有养老社区作为平台运行的试点	监督和制定优化政策，监督平台运行的科学性、高效性、透明性、公平性。优化民生政策和经济发展政策，利用智能化大数据信息服务平台的信息反馈，政府可以了解现有政策的不足，并对其进行优化

（续）

主体	平台筹划期	平台搭建期	平台运行期
企业	企业需根据政府筹划方案给出参与意向，若愿成为筹建主体，将与政府形成PPP模式，共同筹建平台。收集需求方对信息平台的需求，拟定初步投标方案	首先，由于平台是根据需求方的需求划分中心部门，在搭建期间，企业需根据自身实际情况和平台需求，提出可提供服务的程度，进行竞标；其次，企业若成功竞标，还需提供企业在平台运行中的期望，为政府政策和福利的制定提供参考	首先，根据需求方需求和平台规定，在政府政策性条例鼓励下，实现服务的一站式对接，为老年人提供更优质、更全面的养老服务；其次，根据企业的实际运营情况，搭建养老服务数据库，为政府相关政策和法令的优化、升级提供参考。最后，企业根据运营的实际情况，调整经营预期，实现"企业-平台-需求方"，三者更好的对接
需求方	需求方需在咨询、评估、统计人员的帮助下对自身需求进行全方位评估、汇总、反馈给政府部门，为政府养老惠民政策的制定和招标企业的选择提供参考	由于该阶段主要侧重企业的选取，而选取是根据需求偏好进行侧重的，因此，要根据需求方的需求拟定企业招标标准，为政府招标提供参考	需求方在该阶段主要是接受服务，并将服务效果反馈给企业和平台，为企业服务的调整和政府新一轮养老政策的制定提供参考

　　在平台筹建、搭建和运行各个阶段，政府都发挥至关重要的作用，应主导搭建智慧社区养老服务平台推动信息共享（徐宏炜，2014）。地方政府应成立养老服务领导小组，打破原有的管理格局，由地方一把手来负责落实智慧社区养老服务平台的搭建工作，打通部门间的"信息孤岛"，推动信息共享（陈莉等，2016）。智慧社区服务平台是智慧社区居家养老的"大脑"，它的建设对推进智慧社区居家养老至关重要。服务平台主要由数据分析、数据集成、数据发布等模块组成。数据分析方面，需要政府加大对软硬件设施的投入，加强对视频、图像、生理、射频、语音等信息方面海量数据的整理、挖掘、分析，对异常情况做出判断和分析，并科学做出自动处理或帮助社区养老管理工作人员提供科学决策；数据集成方面，政府需通过行政手段大力推进公共卫生机构、养老机构、民政部门、治安部门等职能部门数据端口与智慧社区养老服务平台对接，深化智慧医疗、智慧养老、智慧安防、智慧生活等有关联系统间信息的标准化处理，有效整合各系统资源，加快平台集成化建设，推进智慧社区居家养老服务一体化水平；数据发布方面，政府需推进公共服务部门、机构、社会组织基于Internet的公共信息平台和基于Intranet与Extranet的内部信息平台建设，结合社区信息发布平台的建设，促进社区管理服务互动和信息的发布，更好地服务社区老年人（郝丽和张伟健，2017）。

2. 社区居家养老信息平台筹建与运营

　　从资源角度看，平台是一个需求整合、投资整合、数据整合的信息服务平台，因此平台的运转模式可以从筹建期（筹划、搭建）和运行期两方面进行论述。

　　平台筹建和运行的发起与服务提供方主要为政府和企业，其中企业可分为国有企业和民营资本。就民营资本的角度来看，利润的保证、政策的落地效果、回本期的预算等均是需要考虑的主要因素，而这些都是平台筹建和运转初期无法预计和保证的。因此如何打破民营资本的疑虑，实现共赢的格局，是平台筹建和运营遇到的瓶颈问题，尝试通过平台的分步筹建解决该问题（李莉等，2017）。

（1）平台的筹划

从筹划难易来看，平台的筹划分为一步到位的方案和分步式方案。在一步到位的方案中，由政府牵头，通过制定政策采取 PPP 模式吸引社会资本共同参与平台的建设，并签署明确的权利与义务。在分步式的方案中，由政府牵头，通过与地方国有企业合作形成筹建小组，对现有但无法满足的需求方需求进行招标，搭建、运行平台。然后，通过现有模式的运行打开利润空间，给民营资本创造可参考的样本，再以国退民进的方式，组建新 PPP 模式下的平台主体。这样可以调动民营资本积极性，提高整体经济活力。

平台筹建期主要是信息、资金等资源的流动，要确保政策制定和招商引资。政策制定主要包括政府从平台获取需求方需求，制定养老产业的相关扶持政策，政府从企业获取企业预期与发展现状，制定相关企业鼓励政策，主要表现在如图 7-5 所示的①和②两条线上的现金流。在流线①上，需求方以信息流的方式向平台反映需求方需求，平台汇总后反馈政府，最终以政策等信息流的形式颁布，进而影响平台信息的发布，达到满足需求方要求的目的，形成政府、平台和需求方三者之间的信息互动和有效整合。在流线②上，基于流线①政府明确的社会养老需求，企业通过信息流的方式向平台反映其实际经营能力、服务范围和参与的积极性等，平台对企业传递的信息进行汇总整理之后反映到政府，政府根据以上情况制定相应政策和补贴，再分别以信息流和资金流的方式反馈给企业，形成政府、平台和企业这三者之间资源信息的无缝衔接（李莉等，2017）。

除此之外，通过信息、资金等资源的流动，实现政府的招商引资，初步完成平台的筹建工作。其中，信息流和资金流的流转主要依靠 PPP 模式的合作，在此环节，政府将为自己寻找平台筹建、运行的合作伙伴，也将通过招标的方式为需求方寻找提供服务的企业。在"政府-企业"环节，采取 PPP 模式筹建团队，为民营资本运营公共服务提供新渠道。由于 PPP 模式是政府将部分责任以特许经营权的方式转移给民营资本，因此筹建团队的建立主要通过政府、民营资本明确签署的权利与义务等信息流的协商完成。其中民营资本根据自身实际情况与政

图 7-5　社区居家养老信息平台筹建期资源流动图

府面临的社会焦点，以信息流的形式提供合作意见，政府在明确两者间权利、责任后，以信息流的方式与民营资本进行协商，最终实现双方认可的合作框架，构建成平台筹建团队。在"政府-需求方"环节，主要是收集需求方的总需求，在此基础上相关部门制定招标准则来进行招标，最终确定中标企业。在"需求方-企业"环节，企业充分考虑需求方的要求，制定平台搭建初步方案，并通过与需求方的不断沟通，确定最终平台搭建方案（李莉等，2017）。

（2）平台的搭建

智慧社区养老服务平台构建顶层设计时应考虑到：首先，为避免出现"银色数字鸿沟"现象，服务平台应提供紧急救助与答疑解惑服务（陈莉等，2016）。服务平台需拥有人工呼叫中心，通过严格科学的管理制度、高效的流程控制以及专业的客服团队，为社区老年人提供紧急救助与实时咨询服务。其次，地方养老服务领导小组会同相关领域专家根据各类服务

内容制定相应的服务标准，设计规范的服务流程，通过智慧社区养老服务平台对于各类养老服务供应商进行统一招商、统一培训，遵守统一的服务流程，保证不同服务供应商、不同服务人员上门后能够提供流程一致、标准一致的规范化养老服务（陈燕予，2018）。再次，建立一整套从养老服务需求汇总、服务过程执行到服务满意度回访的管理流程。智慧社区养老服务平台对供应商提供的每一单服务保证在一天内进行满意度回访，做到服务过程中出现的瑕疵第一时间发现、第一时间解决，并且对每一家服务供应商提供服务质量月报。之后，对服务的结果进行评估。针对不同种类的服务、不同类别的供应商，智慧社区养老服务平台每月进行服务结果测评，通过每一单服务结果的汇总分数高低衡量服务供应商的整体水平，对评估不达标的供应商进行整改或剔除供应商队伍（陈莉等，2016）。最后，智慧社区养老服务平台应承诺作为服务质量的第一保证者，老年人在接受服务的过程中产生任何疑问或投诉，服务平台作为第一责任人进行自查与纠错，对因服务质量产生的投诉问题，如产生相关费用，服务平台第一时间先行赔付，然后根据数据和信息分析服务差错产生的原因，对系统服务流程、供应商服务质量进行优化与整改。

（3）平台的运行

平台的运行期主要是信息、服务、资金、人力和物力等各类资源的协同运转，主要达到三方面目标，一方面解决需求方的需求，另一方面实现政策制定，最后实现监督功能（李莉等，2017）。

在接受需求方的需求方面，通过"物联网＋"的模式，应用智能穿戴产品或电话向平台提供需求等信息流经平台云，之后计算数据中心接受、识别、处理、指令化最终以信息流的方式传递到企业，再由企业根据平台传达的信息指令，整合自身人力、物力、服务等资源，为需求方提供服务（赵东辉，2018）。当需求方接受资源后，企业、需求方与平台间存在信息反馈，需求方将通过信息流的方式反馈给平台和企业，促使企业能更好地制订发展规划，平台能得到一手的养老需求，企业也将通过信息流的方式对平台反馈服务的实际情况。除此之外，推行养老服务时间银行模式，搭建需求方和志愿者连接的平台（张晨寒和李玲玉，2016）。具体而言，在社区居家养老信息平台中，相应地增加志愿者注册、服务项目审批、时间价值衡量与兑换等功能，向外界发布和收集老年需求和供给的相关信息，经过分类整理之后，利用网络信息系统对本省、市辖区范围内各个社区之间养老服务进行通存通兑，在此基础上可以尝试跨地区的通存通兑（许加明，2015）。

在供需对接方面，关于支付问题，老年人可以自由选择以在线支付、刷卡支付、现金支付或预存金支付等方式支付养老服务费用（陈莉等，2016）。老年人通过智慧社区养老服务体系获得的各种养老服务的费用可通过智慧社区养老一卡通支付，智慧社区养老一卡通可在银行进行预存和续费（沙鸥凌月，2017）。老年人的一卡通可与子女银行卡进行绑定，子女在外地也可随时进行转账支付业务；关于付费问题，对于一些基本智能硬件如智能手环、呼叫终端，可通过政府购买服务的方式，向特定年龄的老年人免费发放。对"三无"对象（没有劳动能力、没有生活来源，特别是没有法定义务赡养人）、优抚对象和有特殊贡献的老年人的养老基本服务由政府全额购买；对低保老年人、高龄老年人、贫困家庭失能老年人，政府给予一定的服务补贴（补贴直接打入老年人智慧社区养老一卡通，仅限购买特定的社区养老服务）；对身体较健康、有一定经济支付能力的老年人，政府通过给予适当的税收减免等优惠政策鼓励养老服务供应商提供有偿优惠服务；对经济条件优越，有较高养老服务需求的老年人可享受由市场提供的个性化订制的高端养老服务（矫海霞，2012；刘华，2016；吴玉韶等，2009）。

在发展时间银行方面，准确记录和存储志愿者信息，简化连接需求方和志愿者的操作手续，及时更新志愿者数据库数据，解决双方信息不对称的问题（李水金，2015）。

在实现政策制定方面，通过信息流、资金流等资源的运转，优化现有政策以及平台运转模式。具体而言，平台将实际运行中企业、需求方反馈的信息进行汇总、甄别、处理形成信息化报告，传递给政府，之后政府对养老的实际需求以及原有政策的不足，进行平台和政策的优化，再通过信息流的方式对外公布。

在实现监督功能方面，政府需要改革社区管理制度，把智慧社区养老服务工作岗位分为专门负责社区管理岗位和提供社区养老服务岗位（王宏禹和王啸宇，2018）。其中，社区管理工作岗位由社区自主选举产生的社区居委会人员担任，在完成上级部门布置工作的同时还要对智慧社区养老服务管理工作负责；而社区养老服务岗位由专业人员来竞聘。鼓励文化程度高、工作能力强、热爱社区工作、有创新精神、工作经验丰富的优秀人员参与智慧社区养老服务工作。智慧社区专职养老服务工作者的团队构成应该依据社区老人数量、养老服务工作量的大小和其他的一些指标来确定。智慧社区养老服务工作者的工作质量应由被服务的社区老年人来监督、考核、评价。

7.5 | 智慧社区居家养老服务信息平台的系统实践

7.5.1 南京市智慧社区居家养老服务信息平台简介

截至 2017 年，南京市老年人口约有 141.89 万，60 岁以上人口占比 20.85%，65 岁以上人口占比 14.07%（南京市民政局，2018）。而江苏省南京市远超国际老龄化标准，并呈现出"老人多、小孩少；老得快、新生缓；寿龄长、生孩晚"和"高基数、高增长、高龄化、高需求、高抚养比"的特点（南京智库联盟，2016）。面对如此巨大的老龄化压力，南京市从社会参与、政府扶持、市场激励等方面着手，制定相应措施，积极响应了老龄化所带来的各类问题。

根据《国务院关于加快发展养老服务业的若干意见》和《江苏省政府关于加快发展养老服务业 完善养老服务体系的实施意见》的指导精神，遵照南京市老龄工作主管部门的相关要求，针对南京市智慧养老服务平台的运营，南京市充分利用信息手段和互联网技术，以 12349 养老服务热线为平台，建立标准统一、互联互通、高效便捷的智能化养老服务网络（南京市人民政府，2014）。该平台构建的过程中强调健全老年人信息档案，加快与区域卫生信息平台、居民电子健康档案等系统的数据交换共享；积极发展老年电子商务，完善信息服务系统，为老年人提供网上和电话预约挂号、家政预约、健康咨询、物品代购、服务缴费等针对性服务项目；推广具有紧急救援、自动报警等功能的养老服务信息呼叫终端，综合运用互联网、物联网等技术实现对老年人的主要生命体征等情况进行远程监测，发生异常情况时，能及时向老年人亲属或市区呼叫中心发出报警信息，最终目标是实现南京市养老服务的信息化建设（谢明均等，2011；张哲慧，2015）。

7.5.2 南京市智慧社区居家养老服务信息平台系统设计

南京市智慧社区居家养老服务信息平台包括数据模块、工作模块、监管模块、电商模块和门户模块这五大模块，具体如图 7-6 所示。其中数据模块包括服务对象数据、服务主体数据、政府管理数据及法规文件；工作模块则包括网上申报接口、呼叫平台、刷卡平台、尊老金平台、12349 民政热线、虚拟养老院、时间银行、网上培训考核；监管模块包括评估系统、视频监管平台和平台监管链接；电商模块包括养老服务、老年产品和优惠活动；门户模块包括新闻版块、互动版块、可视化养老和投诉信箱（胡永全等，2016）。

图 7-6 南京市社区居家养老服务信息系统总体模块图

在数据模块中，服务对象数据又包括老年人数据、残疾人数据和流浪儿童数据；服务主体数据中包括居家养老组织数据、机构养老数据、从业人员数据、志愿者队伍数据、培训机构数据、评估队伍数据、老年人组织及社会团体；政府管理数据中包括政府购买服务对象、政府购买服务标准、养老设施用房保障、养老补贴数据；法规文件包括国家级、江苏省级和南京市级养老服务相关法律法规，具体如图 7-7 所示。

在工作模块中，网上申报接口包括自理能力评估申请受理、居家养老服务政府申请受理、3A 级养老组织评估申请受理；呼叫平台包括处理中的呼叫、呼叫情况分析、历史呼叫数据、呼叫全景视图；刷卡平台包括服务组织信息管理，刷卡服务流水，老年人开卡，充值消费，挂失、销户及退值；尊老金平台包括尊老金发放信息、尊老金补发信息和老人注销数据，如图 7-8 所示。除此之外，12349 民政热线包括处理中的呼叫、呼叫情况分析、历史呼叫数据、呼叫全景视图；虚拟养老院包括接受服务需求、分配落地服务组织和服务记录；时间银行包括时间银行志愿者记录、时间储蓄管理、服务需求安排；网上培训考核包括在线考试、题库和成绩管理，如图 7-9 所示。

在监管模块中，评估系统包括人员评估和组织评估；视频监管平台包括在线视频监督和视频存储；平台监管链接中包括呼叫系统、刷卡系统和尊老金发放系统，如图 7-10 所示。

在电商模块中，养老服务包括生活服务、医疗服务、学习娱乐；老年产品中包括养老器

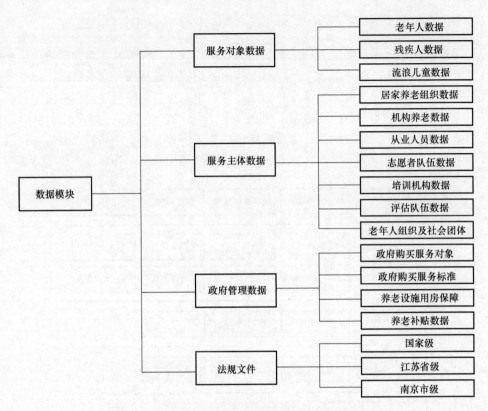

图 7-7 南京市社区居家养老信息系统数据模块图

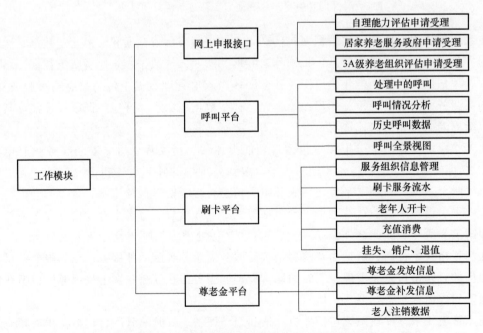

图 7-8 南京市社区居家养老信息系统工作模块图一

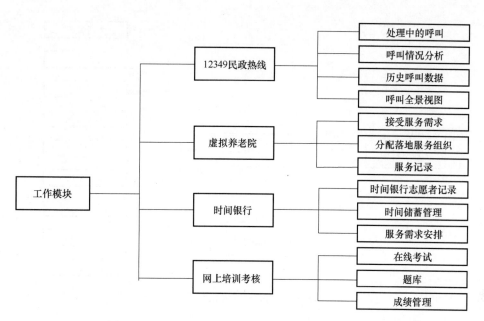

图 7-9 南京市社区居家养老信息系统工作模块图二

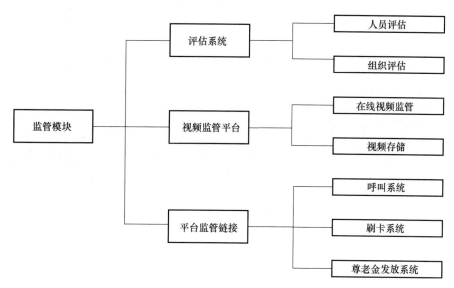

图 7-10 南京市社区居家养老信息系统监管模块图

械、保健品和老年服饰；优惠活动中包括重点推荐、特价促销和新品发布，如图 7-11 所示。

在门户模块中，新闻版块包括养老动态新闻、健康养生新闻等；互动版块包括论坛、留言板和问卷调查；可视化养老包括相关软件、APP 下载，在线观看视频；投诉信箱则是设置专有通道对养老服务进行监督，如图 7-12 所示。

南京市老年人享受政府购买养老服务的审核流程：本人向所在社区提交"南京市享受政府养老购买服务的申请审批表"（以下简称申请审批表）及个人收入证明和户口本、身份证复印件，社区初审后交区（县）养老服务指导中心；区（县）养老服务指导中心接申请

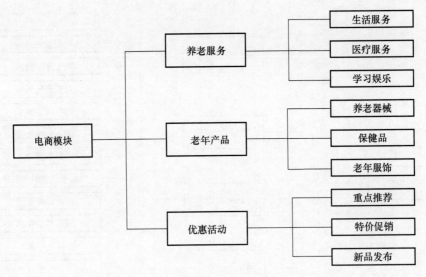

图 7-11　南京市社区居家养老信息系统电商模块图

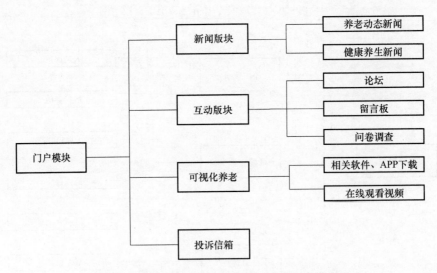

图 7-12　南京市社区居家养老信息系统门户模块图

审批表后，对申请人进行调查评估，签署审核评估意见并附相关证明复印件，报市居家养老指导中心审核，对不符合条件的将申请表退回申请人并当面说明理由。审核评估时间原则上最长不应当超过 10 个工作日，除非遇到特殊情况，相关部门应酌情加急办理；申请审批表到达市级养老服务指导中心后，做出审批意见的时间应当在 5 个工作日左右，并在批准完成后转交南京市智慧养老服务中心。南京市智慧养老服务中心在申请人通过审批后，根据老年人需求，与其签署服务供给协议书，并提供相应的服务。

本 章 小 结

　　本章首先对智慧养老的内涵、智慧养老的模式、智慧养老的问题及对策进行研究，并对国内外智慧社区居家养老服务探索进行综述，发现学界对智慧社区居家养老的技术研究较多，但在实施上存在一定的滞后，导致养老的智能化程度较低，且由于忽视老年人的实际需求和规划不合理等，使得多数的智慧社区居家养老平台落地较为困难。国外在智慧社区居家养老的研究上起步较早，形成了较为完备的产业链，而我国智慧社区居家养老服务信息平台的构建仍在摸索阶段，存在技术投入不足、运行关注不足、未充分考虑各方需求和缺少实施路径等问题。

其次，对我国部分城市智慧社区居家养老服务信息平台构建现状进行总结。在政府层面，存在顶层设计缺少、政策扶持力度低、部门协作不足、缺乏数据的互通性等问题；在市场层面，缺乏较为成熟的商业模式，企业参与社区居家养老服务的积极性不高，民办养老机构普遍面临营利困境，缺乏行业标准和有效监管；在平台层面，信息平台狭窄、封闭和功能单一，没有将信息化平台延伸到老年人所在的社区，难以实现管理重心的下移，各部门长期积累的海量数据与信息不能彼此共享，横向沟通协作比较困难，各个系统独立建设、条块分割；在技术层面，信息传递方式滞后，智能化水平低，大多数养老服务中心网站只具有信息查询功能，很少嵌入在线咨询服务，即便少数网站具备咨询功能，也并非实时咨询，大多处于离线模式，此外，新型的科技虽然保障了硬件的智能，但对老年人实际生活习惯了解较少，忽视了老年人对高科技认知度和接受度低的情况，阻碍了智慧养老的进一步发展。

再次，从老年人及亲属需求、社会组织需求、政府需求等三个方面对社区智慧养老体系的需求进行分析，老年人需求可以归纳为日常需求、精神需求、法律咨询和应急需求，老年人家属重点需要养老服务查询和服务评价功能，社会组织比较需要信息查询、项目投标、签订合同、过程记录和自我评价，政府的需求通常包括信息发布、信息资源库、项目审批、合同管理、检查评价、费用管理，并对每项需求的具体内容进行说明。

最后，系统地对大规模保障性住房智慧社区居家养老服务信息平台进行设计。平台的构建与运营需要建立在坚持政府主导、政府制定制度保障、以市场化的方式发展、社会参与的四大原则之上，平台以满足老年人的各类需求、企业参与的要求、为养老服务人员搭建平台、为政府提供管理的切入点为立足点，对大规模保障性住房智慧社区居家养老服务信息平台的体系架构和系统构成进行阐述，并从社区居家养老信息平台构建过程中各主体职能、社区居家养老信息平台筹建与运营这两个方面提出大规模保障性住房智慧社区居家养老服务信息平台的实施路径。通过对南京市智慧社区居家养老服务信息平台的构建，发现本章构建的智慧社区居家养老服务信息平台具有较好的适用性。

第8章

智慧城市中电动汽车充电基础
设施选址布局与调度研究

8.1 电动汽车全生命期智慧化管理与运营的系统架构设计

8.1.1 电动汽车和电动汽车充电站

1. 电动汽车

电动汽车是指以车载电源为动力，部分或全部由电动机驱动车轮行驶的、低危害的新能源汽车（张文亮等，2009）。其可以分为以下三种，即纯电动汽车（Battery Electric Vehicle，BEV）、混合动力电动汽车（Hybrid Electric Vehicle，HEV）和燃料电池电动汽车（Fuel Cell Vehicle，FCV）。

纯电动汽车，它是完全由可充电电池（如铅酸电池、镍镉电池、镍氢电池或锂离子电池）提供动力源的汽车。

混合动力电动汽车是指能够从可消耗的燃料或可再充电能两种车载储存的能量中获得动力的汽车（张文亮等，2009）。混合动力电动汽车根据动力系统结构形式可分为以下三类，即串联式混合动力汽车（SHEV），并联式混合动力汽车（PHEV），混联式混合动力汽车（CHEV）。

燃料电池电动汽车是以燃料电池作为动力电源的汽车。燃料电池的化学反应过程不会产生有害产物，因此燃料电池车辆是无污染汽车（陈清泉和孙立清，2005）。

表 8-1 反映了三种类型电动汽车的主要特征（王辉，2013）。

2. 电动汽车充电站

（1）充电站

电动汽车的发展带来的是对电动汽车充电站的需求，而电动汽车充电站的建设是电动汽车进一步发展的基础及动力，要想实现电动汽车的普及和商业化，电动汽车充电站的建设将是主要环节之一。总结国际上电动汽车充电站的发展模式主要有三种，充电设施也有所不同，服务的对象也有所不同，见表 8-2。

表 8-1　三种类型电动汽车的主要特征

类　　型	驱动方式	动力系统	能量来源	优　点	缺　点
纯电动汽车	电动机驱动	蓄电池 超级电容器	电网	零排放 技术简单成熟 不依赖石油	初期成本高 电池储存能量低
混合动力电动汽车	电动机驱动	内燃机 蓄电池 超级电容器	电网 加油站	低排放 续航里程长 电池寿命长	依赖石油 结构复杂 高速不能省油
燃料电池电动汽车	电动机驱动	燃料电池	氢气 乙醇 甲醇	低排放或零排放 能量转化效率高 运行平稳、无噪声	价格高 可靠性不高

表 8-2　电动汽车充电模式

充电站模式	充电设施	主要服务对象	充满电池时间	主要选址地点
慢充模式	家用充电设备 充电桩 壁挂式充电器	社会车辆	12 ~ 14h	居民小区、酒店（利用夜间充电）
快充模式	充电桩 充电站 无线充电设施 壁挂式充电器	社会车辆 出租车	4h	充电桩：公共停车场、大型商场、写字楼、酒店、银行、便利店等（充电停车一体化）
速充模式	充电站	公共车辆 集团车辆	小于 0.5h	道路停车场、高速公路服务区入口处 专用充电站

注：各充电设备的充电时间主要参考特斯拉电动汽车充电设施的充电时间。

对于公共汽车的基础设施，由于其使用的规律性较强，路线较单一，可以根据不同用途的车辆类型的行驶规律，进行充电站的选址。如公交客车可以在公交总站、中转站等地进行充电站的建设。

社会车辆及私人车辆基本以乘用车为主，应采取家庭充电、停车场充电桩慢充为主，公共快充、速充为辅的网络架构（申善毅，2011）。未来电动汽车充电的基本需求是慢充，加之与智能电网互动的实现，这样才能真正将电动汽车的环保功效发挥到最大，社会电动汽车基础设施应以家庭充电设备和充电桩为主，在此基础上再进行快充、速充模式的充电设施的建设。

对于慢充模式的充电基础设施可以进行按需建设；对于快充模式的基础设施可以超前建设，推动电动汽车发展；对于速充模式的充电站进行按需建设。在电动汽车发展初期按缺口地区需求导向进行规划建设，在后期可以通过市场反馈进行建设。

（2）换电站

换电站的主要业务是对电动汽车进行电池更换，又被称为机械充电，电动汽车可以在换电站快速取下车辆动力电池，换上另一组充满电的动力电池。动力电池的充电是在电池架上完成，可以在电网负荷低时进行集中充电，避开负荷高峰，缓解了电网压力，同时可以延长电池的寿命。整个更换电池的过程时间较短，节约了驾驶者很多时间。电池更换模式是国家电网及南方电网初期支持的模式，但因此模式实现有较多困难，现还是以整车充电的模式为主。

8.1.2 智慧城市电动汽车建设目标和功能要素

1. 智慧城市电动汽车建设目标

因电动汽车的建设是在智慧城市的大背景下进行的，电动汽车的构架体系应基于智慧城市的构建目标及智慧城市的构架框架上。

智慧城市的发展目标是在以人为本的基本理念和核心上，具有灵活性、创新性、可及性、全面性、可持续性，其根本目标是为人们提供个性化、多样化、及时性、准确性、全面性、均等化的服务（贾斯佳和袁竞峰，2016）。电动汽车是智慧城市的一项绿色、智慧服务设施，同样电动汽车也使城市更加智慧、环保。电动汽车是面向城市中群众、集体提供乘用车服务的工具，应满足智慧城市的服务目标，重点应体现可及性、创新性、灵活性、可持续性、全面性、安全性的目标。

可及性是智慧交通中重要的目标，包括地方可及性、全国都市可及性、基础设施可及性（电动汽车充电站）；创新性及灵活性体现在电动汽车技术及电动汽车管理和服务上，做到技术创新和灵活决策管控；全面性体现在面向使用者及管控者提供全面、正确的信息和服务；对于可持续性，应规划好电动汽车发展蓝图和电动汽车充电站规划蓝图。

智慧城市的总构架体系主要包括感应层、网络层、平台层、应用层四个层面，主要包括地理空间信息与可视化、系统与信息集成、物联网和云计划等技术。对于电动汽车的规划应基于智慧城市总体构架，利用现有信息技术，贯彻智慧城市理念，使电动汽车更加智慧智能，从而推动城市的智慧化发展。

2. 智慧城市电动汽车功能要素

电动汽车建设主要利益相关者为建设管理者（政府、电动汽车公司）和电动汽车使用者。电动汽车的功能主要从两个利益相关者的角度出发。电动汽车的建设同样属于一项工程建设，工程项目的生命周期是指工程项目从设想、研究决策、设计、建造、使用直到项目报废所经历的全部时间，包括项目的决策阶段、实施阶段和使用阶段（陆惠民，2009）。在电动汽车全生命周期内，不同的相关者在不同建设阶段都有相应的功能需求。

建设管理者主要负责电动汽车的规划建设及后期的营运，对于建设管理者，电动汽车的管理与运营系统应对其提供设计、决策模块及后期运营阶段监控模块的相关功能，如智能选址定容、投融资、车用电池回收网络等功能，提供设计及决策的信息，进行智慧决策；对于电动汽车的使用者，电动汽车的管理与运营系统应对其提供使用阶段的服务，主要是电动汽车提供的车内乘用服务及车外充电服务，如智能调度、应急服务等功能。

8.1.3 智慧城市电动汽车管理与运营系统架构

智慧城市是一个巨系统，涉及城市生活的各方面，对于智慧城市中的一个项目，也应进行智慧的规划和建设，促进城市的进一步发展。如何在智慧城市中系统地构建一个项目是本小节需要解决的问题。电动汽车的建设便是智慧城市中的一个项目，在智慧城市"以人为本"的理念和智慧城市基本构架上，以智慧城市中电动汽车建设目标为导向，考虑电动汽车面向不同相关者全生命周期各阶段项目功能需求，提出了智慧城市电动汽车管理与运营的系统架构（图 8-1）和构架中的主要功能模块（贾斯佳和袁竞峰，2016）。

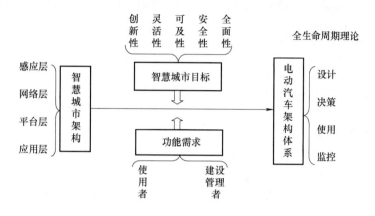

图 8-1 电动汽车架构体系构成路线图

电动汽车全生命周期智慧化管理与运营系统架构的主要内容模块图如图 8-2 所示。

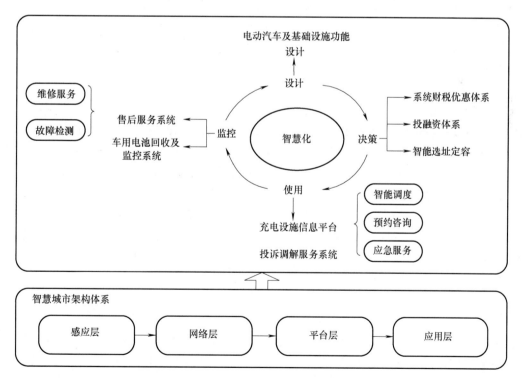

图 8-2 电动汽车管理与运营系统架构

由图 8-2 可见，电动汽车的管理与运营系统架构主要由设计、决策、使用、监控四大模块构成。设计模块主要包含智能选址定容子模块，决策模块主要包含投融资和财税优惠两个子模块，使用模块主要由充电设施信息平台及投诉调解服务子模块构成，监控模块主要是售后服务、电池回收、电池监控等。其中列举了充电设施信息平台及售后服务系统所包含的子功能，具体子模块建设及方案在下一小节会进行阐述。

整个系统架构是需要贯彻智慧城市的建设理念的，同时基于智慧城市的建设架构，通过感应层、网络层、平台层、应用层等四个层面实现智慧感应、信息共享、智慧决策的功能，以智慧化为核心为使用者和建设管理者提供更好的服务。

8.1.4 电动汽车管理与运营系统子模块及解决方案

子模块的设计都遵循智慧城市"以人为本"的理念，由底向上进行设计，考虑服务对象的底层需求到上层的功能设计。通过智慧城市的架构及信息技术来实现这样的设计。

1. 设计子模块

（1）电动汽车功能设计

电动汽车的功能设计应服从由底向上的设计，遵从"以人为本"的理念，考虑使用者的需求偏好，为需求者提供更好的服务。对于新能源的电动汽车应该更好地结合智慧城市中的物联网及互联网技术，同时通过这些技术扩展使用者乘用期间汽车的车内功能，如联合阿里巴巴等互联网巨头，对电动汽车加入车载信息服务，集成阿里巴巴 YunOS 操作系统、大数据、阿里通信、高德导航、阿里云计算等资源，形成智能整车（贾斯佳和袁竞峰，2016）。电动汽车较重要的一点是车内应设计电池电量监测、提示等功能。由底向上的设计主要由智慧城市的架构及技术来实现。在感应层通过 RFID 设备、摄像头等设备感应获取使用者需求信息，通过互联网等网络进行信息共享，再通过云计算进行大量数据的计算，使使用者出行更便利，行驶期间车内功能更加高效。

（2）电动汽车基础设施设计

现国际上的电动汽车充电设备主要有移动充电包、壁挂式充电器、充电桩及无线充电设施。在充电设施上应该因地制宜，设计适合当地电网条件、便捷、智能的基础设施。家用的充电设备应易携带，对于充电深度应有智能提示，以便延长电池的使用寿命；对于室外的充电设备应符合占地面积小、安全、智能等条件（国家发展改革委，2015）。在安全方面，能智能提示安全充电距离、危险源，能智能测控温度及电路故障；结合智慧城市感应层，提供充电设施及充电设施使用者的信息。在总体发展上应该创新，发展无线充电等先进技术设施；与智能电网结合，通过电网负荷对充电站进行调节（贾斯佳和袁竞峰，2016）。

2. 决策子模块

（1）系统财税优惠体系

政府的优惠政策是推动电动汽车发展的一大动力，美国、日本及法国通过巨额资金投入、大量政策，支持技术研发创新，减免相关税收，支持充电基础设施建设，支持动力电池及关键零部件的研发和生产，给予消费者购车补贴。我国的部分地方政府也采取了相关的措施，由交通运输部发布，中央财政将对完成新能源公交车推广目标的地区，根据不同车型，给予每辆每年 4 万 ~8 万元的新能源公交车运营补贴（交通运输部，2015）。同样，对于我国的电动汽车市场，应因地制宜地采用相关的补贴和激励政策，对于投资的力度及补贴的比例，可以通过当地智慧城市电动汽车的大量数据和信息确定，同样可以通过各方数据进行统筹决策，做出财税优惠政策的选择。通过智慧城市的运行机制，充分利用信息平台及物联网、云计算等先进技术，建立起完善的财政支持体系及后期的政策评价体系。

（2）投融资体系

电动汽车充电设施建设和配套体系建设都需要大量的资金投入，为推动新能源汽车产业的发展，应根据电动汽车市场，依靠智慧城市技术进行投融资体制的改革（邹俊，2014）。在一个完善的市场经济体制下，政府的主导职能是应为投融资方提供良好的、高效的融资环境。政府应该降低进入电动汽车产业的行政壁垒，允许并鼓励民间资本涉入。对于具有技术优势的企业，政府应该提供贷款优惠政策；对于贷款金的比例等问题，应充分利用市场反馈和智慧城市大数据，进行智慧决策。通过互联网技术，建设竞争性、多元化的融资渠道，放松对民间资本进入金融市场的限制，形成高效灵活的融资环境。同样可以通过互联网等技术，建立充电设施的专项基金，政府、电网企业、整车企业、风投机构等都参与其中，还可以包括政府或国外大的投资公司建立的风险基金和非营利性的公益基金（王恩琦，2012）。

3. 使用子模块

（1）充电设施信息平台

智慧城市中的信息平台是架构中重要的一部分，为了减少等待时间，要保证足够的充电设施，提高充电效率，确保信息的及时性及准确性。充电设施信息平台主要针对电动汽车使用提供咨询充电设备使用情况、提前预约、智能调度、应急服务等功能。当用户需要进行车辆充电时，可以向信息平台咨询当时所在地周围充电设施的使用和排队情况及等待时间，通过智能调度的功能，对电网和消费者需求两方面进行统筹，加入交通情况等影响因素，进行电动汽车充电点选择及充电线路规划。消费者可以在一定时间范围内向运营商进行服务预约，以确保驾驶者能在到达服务区域后短时间内获得充电服务，也保证充电设施的使用效率。在充电完毕后提供短信通知等服务。在充电设施信息平台发展较为成熟后，可在用户车辆上安装电池使用信息感应收集装置，为驾驶者合理使用及充换电需求提供指导。由于电动汽车自身故障或电池续航能力不足，可能会出现中途停驶的情况，通过构建充换电站服务网络，可以为驾驶者提供应急充换电服务。充电设施信息平台应是使用者使用较多的一个咨询平台，可以与手机 APP 软件结合，做到车机一体，驾驶者可以通过手机对电动汽车充放电情况、充电站情况进行准确及时的了解（贾斯佳和袁竞峰，2016）。

（2）投诉调解服务系统

对于电动汽车而言，除了传统汽车发生的事故冲突外，由于其技术的特殊性，可能发生充电故障纠纷问题、电力故障责任纠纷问题。投诉调解服务系统是一个较复杂的系统，只有在智慧城市全面感应、获得充分信息之后，才能对纠纷问题做出公平公正的解决。电动汽车的事故责任确认规章应该由政府制定并不断完善。当然服务系统还要和驾驶者、运营商、电网、交警、法院等进行多方沟通协调，这样的协调则需要依靠互联网等技术来实现。调解服务必须公平公正，充分保证纠纷双方的必要权利，才能有利于电动汽车及充电设施的发展。

4. 监控子模块

（1）售后服务系统

电动汽车和传统汽车一样，在使用过程中同样会出现汽车自身故障及电池充电故障，应借鉴传统汽车的维修机构和网络，为电动汽车和电池提供维修、保养服务。为了提高维修及保养效率，同样应利用数据库等技术，建立电动汽车维修案例库，进行信息共享，提高效率。鼓励多种投资主体进行共同建设。对于电池充电故障的检测应由第三方进行,通过监测电动汽车在充换电站的充电情况,为电动汽车使用者提供信息透明化的充电换电服务,减少电池故障,维护使用者权利。具体的检测费用可以由双方协商共同承担(张浩等,2015)。

(2)电池回收及监控系统

智慧城市的目标是构建可持续发展的智慧城市。电动汽车带来了便利同样也带来了很多问题,技术尚不成熟的产业初期,频繁更换电动汽车电池是一大难题。为了延长电池的使用寿命,对电池状态进行监控十分重要,电池的监控系统应能够提醒使用者在最优充电深度进行充电,及时对不同使用状态的电池进行有效的护理。对电池回收网络应该进行逐步的规划,进行充电电池的回收利用,形成市场化的电池回收网络。

5. 云计算平台

对于各个子模块的构建及整个电动汽车管理与运营体系架构的构建都应建立在智慧城市的架构体系上,通过感应层及网络层对大量数据进行收集,只有拥有足够多的数据才能做出更智慧、高效的决策,提供更多的信息服务,在收集和储存了大量的数据信息后,通过云平台来进行这种大数据的计算,云就是网络,网络便是计算机(贾斯佳和袁竞峰,2016)。电动汽车和智慧城市都是巨系统,只有基于大数据及云计算才能对各方做出考虑全局的统筹规划。电动汽车的规划决策应通过云计算的虚拟化技术,分布式海量数据存储、管理技术,云计算平台管理技术等对各个子模块进行构建,再通过云计算对整个管理及运营体系进行规划。利用云计算平台所提供的计算能力,并且充分考虑云计算平台所设定的限制,开发出丰富多彩的电动汽车应用。向电动汽车的规划者及使用者提供云计算平台的基础设施服务、平台即服务和软件即服务等功能及更多创新、智慧的服务(李稚萱,2012)。

8.2 智慧城市中电动汽车充电站选址定容

8.2.1 选址规划理论

1. 中心地理论

中心地理论是一种研究城市空间组织和布局、探索最优化城镇体系的城市地理区域理论,由城市地理学家克里斯塔勒在1933年第一次提出。理论的中心内容是论述一定区域内城镇等级、规模、职能之间的关系及其空间结构的规律性,并用六边形图式对城镇等级与规模关系加以概括(李小建,2018)。

中心地理论主要有以下几个基本概念:

1)中心地:是指能够向周围地区的消费者、居民,提供各种商品和服务的地方。在实际生活当中,中心地可以是城市,可以是乡镇或者较大的居民聚居点,也可以是城市内的商业中心和服务中心。

2)中心性:是指中心地发挥中心职能的程度(向周边区域提供商品服务),即指对周围地区而言,中心地的相对重要性。

3)补充区域:以中心地为中心的区域称为中心地的补充区域,也称市场区域或中心地区域。当区域的需求量和中心地的供应具量相平衡时,则区域范围就为补充区域的范围。

4)商品服务范围:商品的服务范围有上限和下限之分,上限从理论上说,便是指市场区域的边界。而下限是从供给角度出发，商品需求量必须达到最小需求量，达到需求门槛，否则可能出现亏本的情况。

5）经济距离：主要由费用、时间、劳动力三个要素和消费者的行为影响所决定的用货币价值换算后的地理距离，是决定各级中心地供给范围大小的重要因素（T. R. 威利姆斯和张文合，1988）。

高等级中心地不仅提供相应等级的服务和商品，还提供低等级的商品和服务。高等级中心地附属着几个低一级和更多低二级、三级的低等级中心地，由此形成中心地体系。不同等级中心地特征见表 8-3。

表 8-3　不同等级中心地特征

特　　征	商品和服务档次	商品和服务种类	数量	服务范围	分　　布
高等级中心地	高	多	多	大	广
低等级中心地	低	少	少	小	窄

2. 六边形网络

六边形网络是中心地的发展理论，其基本前提有以下几点：

1）按照中心地分布的区域需是自然条件和自然相同且均质分布的平原。并且满足人口均匀分布，居民的收入、需求和消费方式相同的条件。

2）同一规模的所有城市，具有统一的交通系统，其交通便利程度一致。运输运费与距离成正比。

3）消费者都遵循就近购买原则，在距离最近的中心地购买，以减少交通费。

4）相同等级的商品和服务在任何一个中心地的价格和质量都相同。消费者购买商品的实际价格等于销售价格加上交通费。

5）供给中心商品的职能，尽量布局于少数的中心地，并且满足供给所有的空间的配置形式。

在上述的前提条件下，中心地在平原上均匀分布，中心地的市场区域为圆形，同等级的中心地之间的距离相等，而且服务半径相同。在三个相邻的高等级 B 级中心地之间会出现一个空白区，空白区的需求不能得到三个中心地提供的服务和商品，则在这个空白区域的中心会产生一个次一级的 K 级的中心地，以满足消费者的需求。由此推理下去，3 个 K 级中心地之间又出现空白，会出现次一级中心地 A 级。则中心地边可以被分为许多等级。

由于中心地之间存在着竞争机制，各个中心地都想扩大市场区域范围，这便会导致相邻的中心地服务区出现重叠的情况，根据中心地购物原则，重叠区的消费者将以中心线为界被最近的中心地吸引。于是每个中心地的服务区最后变成了最稳定空间结构的六边形。六边形的 6 个顶点为次一级的中心地，各级中心地便组成了一个有规律递减的多级六边形图形，形成一般均衡状态下的中心地空间分布模式（图 8-3）。

3. 中心地三原则

中心地三原则为中心地理论的发展理论，同六边形理论及中心地理论形成了完整的中心地体系。

中心地三原则主要包括市场原则、交通原则和行政原则。下面通过特征表（表 8-4）对

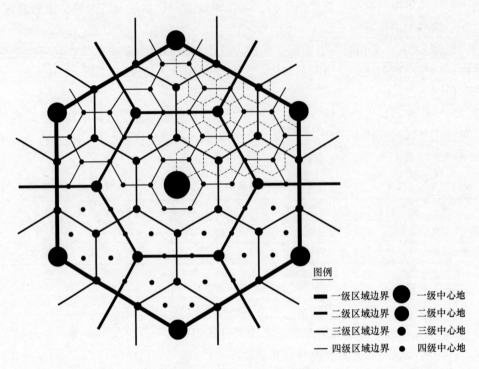

图例

■ 一级区域边界　● 一级中心地
■ 二级区域边界　● 二级中心地
── 三级区域边界　· 三级中心地
── 四级区域边界　· 四级中心地

图 8-3　中心地理论示意图

其进行对比分析。

表 8-4　中心地三原则特征表

类　型	原　则	适用情况	分布特点	规　律
市场原则	中心地的分布要以利于提供商品和服务为原则	由市场及其市场区域构成的中世纪的中心地的商品供给情形	低一级中心地位于高一级的三个中心地所形成等边三角形的中点	每个 B 级中心地共有 3 个 K 级中心地的服务量，9 个 A 级服务量。其排列为 K＝3 序列，市场区的等级序列为 1，3，9，27，81，…
交通原则	以交通联系便捷程度为目标和原则，保证商品和服务的运输高效性	交通影响明显的地区，适用于新开发区、交通过境地带或聚落呈线状分布区域，效率最高，最可能实现	各个中心地布局在两个比自己高一级的中心地的交通线的中点	每个 B 级中心地共有 6 个 K 级中心地的服务量，形成 K＝4 的序列，其等级序列为 1，4，16，64，…
行政原则	每个中心地在行政管理上只能从属于一个高级中心地	行政职能作用明显的地区，自给性强、与城市分类的山间区域内形成的以某一中心地为核心的自给区域	在一个六边形中有 7 个行政单位，其中 1 个高级行政单位行使对 6 个基层行政单位的管理	其中 1 个高级行政单位行使对 6 个基层行政单位的管理，从而形成 K＝7 序列，行政单位的等级序列为 1，7，49，343，…

8.2.2 选址定容主要技术路线

选址定容的技术路线图主要从研究目标、研究信息、研究步骤与方法及研究结果对选址定容的一个主要思路进行了介绍，其具体技术路线如图 8-4 所示。

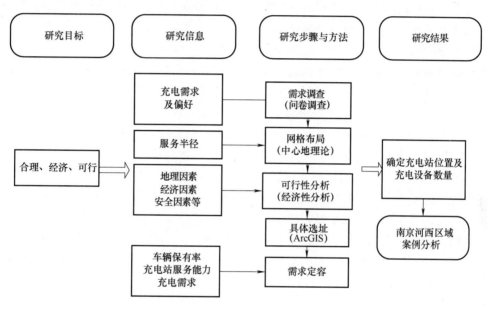

图 8-4 选址定容主要技术路线图

选址定容的研究目标是进行合理、经济、可行的选址定容。

主要研究步骤是：首先通过问卷调查对充电的需求偏好进行了解；通过制定服务半径，基于中心地理论进行区域的网络布局，网络布局主要实现的是将设定了服务半径的多个充电站的服务区以六边形的图式尽量覆盖到整个规划区域，保证车辆能在区域内正常充电，持续行驶；整体布局之后，需要考虑每个服务区中具体的充电站选址，具体的选址通过考虑地理因素、经济因素及安全性因素进行候选站址的选址，再对候选站址进行经济性分析，得到最终的选址；最后，通过车辆保有率、充电站服务能力、充电需求等信息对区域进行需求定容，得到充电站的建设数量和建设顺序。

8.2.3 电动汽车充电站网络布局

1. 电动汽车充电站选址规划原则

（1）科学性的原则

充电基础设施的规划是一项系统工程，它关系到电网、交通等各个方面，所以应制定一套科学、系统的设施规划理论和方法。充电设施的规划应该科学、合理、适用、智慧，规划应考虑未来电动汽车的发展要求，具有前瞻性和全局性，规划与电动汽车的发展阶段相适应。

（2）安全性的原则

充电设施的规划应符合环境保护、防火安全及周边环境温度方面的要求，充电设施不应靠近有爆炸或火灾危险等潜在危险的地方，也要避开地势低洼和可能积水的场所，并充分利用就近的供电、交通、消防、给水排水及防洪等公用设施。

（3）可实施原则

充电设施的布局需要有切实的可操作性和一定的弹性，使规划既能满足近期建设的要求，又能考虑到后期的发展，达到可持续发展，要进行统筹计划，充分利用好社会资源，使充电站的建设更加经济、可行，处理好旧站的改建及新站的建设间的关系。

（4）因地制宜

在充电设施规划布局中，应考虑站点多样性要求（孙晓星和洪福斌，2012）。不同地点建设不同的充电设施，如充电桩建设，选择在公司营业场所停车场、公共建筑（商场、写字楼等）和住宅小区等公共停车场等公共区域或公交、邮政等集团车队等专用区域。对于不同应用领域的电动汽车应根据其使用方式和使用范围的不同建设与之相配套的充电设施，即充电模式要多样化，以满足各类用户的不同需求，最大可能地方便用户。

（5）局部与整体相协调的原则

充电设施的规划应与当地区域城市总体规划相协调（胡杰等，2016）。城市总体规划一直是城市发展的总原则，反映了城市的政治、经济和文化等诸多方面的风貌特征，规范着市政建设和城市交通。充电设施是城市整体的组成部分，其规划在满足自身建设利益的同时，必须服从城市规划的总体安排，与当地的经济、人口、电网、道路和电动汽车需求相适应。

2. 电动汽车充电站建设模式

根据电动汽车的发展阶段不同，每阶段充电站的服务对象也不相同，电动汽车充电站的建设也会不同，如图8-5所示。

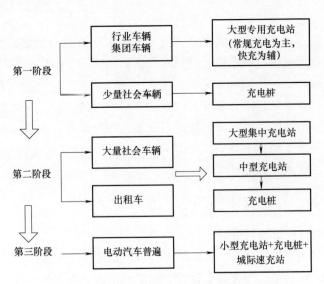

图8-5　电动汽车充电站多阶段建设模式图

1）第一阶段，电动汽车的主要发展对象为集团用车、行业用车（公交、公务、物流、环卫车）、公务车及少数社会车辆（私家车）。由于集团用车和行业用车一般具有固定的行驶路线、行驶时间、停车场，可以建设大型专用充电站，采用快充为主、速充作为补充。对于其他车型的电动汽车，配以适量的目的地型充电桩以满足充电需求，充电桩以常规充电为主。

2）第二阶段，电动私家车逐步发展起来。由于续航里程短，私家车行驶时间以日间行驶为主，行驶里程也较短。这一阶段，电动出租车的使用也逐渐广泛起来，由于出租车的行驶时间长，行驶里程长，电能补给方式主要考虑快速和速充的方式。在这个阶段主要建设以大型集中充电站、中型充电站，并建设一定数量的充电桩作为辅助充电，对于电动私家车可以配以小区充电桩进行夜间充电。

3）第三阶段，电动汽车覆盖到城乡，行驶里程得到了很大提升。这个阶段可以再增加配置小型充电站，配以更多充电桩，缩小服务半径。此阶段对于城际间的交通需求会增加，对于高速公路口等地点应建设速充充电站，以满足城际间的行驶。

本书主要针对第二阶段和第三阶段的电动汽车充电设施建设进行研究，主要建设模式为大型集中充电站、中型充电站和小型充电站，及小区充电桩和目的地充电桩。

大型集中充电站主要提供各类乘用车和商用车的充电服务，以快速充电为主；中型充电站主要提供常用乘用车和商用车的充电服务（吴捷妤等，2015）。

考虑到国家能源及电力公司的发展策略、电动汽车及基础设施的发展趋势、充电站建设的综合经济效益，对于电动汽车充电基础设施的建设总体思路为：建设以大型集中充电站为支撑，以中型充电站为骨架，分布式的目的地充电桩和小区充电桩为补充，分区、分级的服务网络，充分满足电动汽车电能补给的需求（张伟华，2012）。

3. 电动汽车充电站服务半径

电动汽车充电站的服务半径同电动汽车的续驶里程、电动汽车电池性能及充电站服务目标有关。以下通过三方面对其进行确定。

（1）电动汽车续驶里程

电动汽车充电站的服务半径应小于电动汽车的续驶里程，这样才能保证电动汽车在行驶途中不出现停驶的情况（刘志鹏等，2012）：

$$d_{EVCS}^S \leqslant d_{EV}^E$$

目前，电动汽车的类型已经有较多种类，通过对现有类型的电动汽车统计（表8-5），电动汽车充电电池的单次充电行驶里程理论上为 120～500km，平均续驶里程约为 220km，微型小型的电动汽车功率较小，最高车速较低，行驶里程较短。行驶里程最大的应为特斯拉汽车，续驶里程达 500km，但实际使用上，随着电池的不断老化以及城市交通拥堵加剧等因素，有学者从维护电动汽车使用者利益，实现连续行驶等角度出发，一般以电动汽车单次充电行驶里程为 100km 计算，以有效保障电动汽车的持续行驶能力（张伟华，2012）。

表 8-5　2015 年电动汽车基本参数

电动汽车类型	续驶里程/km	电动机功率/kW	最高车速/(km/h)	售价/万元
比亚迪 e6	300	90	140	33.00
北汽 E150EV	245	53	125	22.08
奇瑞瑞麒 M1-EV	120	40	145	4.88
特斯拉 MODEL S	500	314.7	250	77.79
江淮 iEV	240	50	120	18.08

（续）

电动汽车类型	续驶里程/km	电动机功率/kW	最高车速/(km/h)	售价/万元
荣威 E50	120	52	130	23.49
大众 up	160	60	130	26.88
奇瑞 EQ	200	41.8	100	15.99
知豆	120	18	80	10.88
宝马 i3	160	125	150	44.98
腾势	300	86	150	36.90
东风—晨风	175	80	144	27.28

资料来源：各汽车企业官网及"汽车之家"网站信息。

（2）电动汽车电池性能

动力电池的放电深度对其循环寿命影响很大，动力电池的放电深度达到50%～70%时，动力电池的再次充电对延长其使用寿命效果最好。为了使动力电池的循环寿命最大化，有学者定义电动汽车的合理续驶里程为电动汽车从动力电池组处于最佳放电深度开始放电直到最大放电深度时所能行驶的里程，匀速行驶情况下电动汽车的合理续驶里程为 d_V^E（刘志鹏等，2012）。对于电动汽车的续驶里程及电池状态的综合考虑，以续驶里程为100km，电池的放电深度为50%到70%进行折减，大致得到电动汽车的合理续驶里程为50～70km的范围，充电站的服务半径应小于其续驶里程。

（3）充电站规划服务目标

对于充电站服务半径的规划可以参考加油站的规划目标，《城市综合交通体系规划标准》（GB/T 51328—2018）提出城市公共加油站服务半径宜为0.9～1.2km，进出口宜设在次干路上，并附设车辆等候加油的停车道，加油站布局应大、中、小相结合，以小型站为主，其用地面积按照昼夜加油站车次确定，附设机械化洗车的加油站，应增加用地面积160～200 m²。但此标准仅适合土地开发较成熟的建成区，而对于大部分为农田和山地的城市郊区则不适用。

对于电动汽车的充电站规划半径，国内学者对其也有建议，张伟华（2012）建议大型集中充电站的服务半径为5～7km，中型充换电站为1.5～2km，小型电池配送站为0.6～0.8km；周梅利（2012）建议大型充电站为10km，中型为5km。武力（2012）根据北京市"10＋30"原则，即10min内电动汽车能够到达集中式能源补给地点，其计算公式如下：

$$R = \frac{20km/h \times 10min}{1.1} \approx 3km$$

其中20km/h为汽车行驶速度，1.1～1.2为汽车行驶距离与直线距离的比值。

据2015年北京市发改委统计，在社会公用领域，全市累计建成约1500个社会公用充电桩，初步形成了中心城区平均服务半径5km的快速补电网络（邓琦，2015）。

随着电动汽车充换电站服务网络的不断完善，布设数辆将逐步趋于合理，电动汽车充电站服务半径将逐步缩小，以满足电动车充换电需求。

4. 充电站网络布局

对于电动汽车充电站的选址应该满足充电需求和可行性的要求，充电需求主要是指服务半径和电动汽车保有量带来的充电需求。而服务半径的需求满足主要通过六边形网络布局，将各个充电站服务区以最大比例覆盖到规划区域，应通过多次规划选择覆盖比率最大的网络布局为最终区域布局。而网络布局还应考虑城市空间结构规划，尽量满足城市规划需求。

电动汽车充电站的网络规划主要基于中心地理论，其扩展理论为六边形网络和中心地三原则理论。对于电动汽车充电基础设施是一种向电动汽车驾驶者提供充电服务的设施，符合中心地的定义，即是向周围地区居民提供各种货物和服务的地方，则充电基础设施的布局可以应用中心地理论（图8-6）。

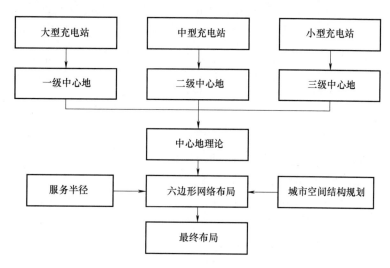

图8-6　中心地理论充电站网络布局

（1）电动汽车充电站六边形网络布局

由于网络布局中主要考虑因素为充电站的服务半径，网络布局主要是满足驾驶者在服务半径上的需求，对于六边形理论中的各种前提条件都假定满足，假定条件对于充电站的网络布局影响不大，六边形理论的结果满足服务半径的需求。

中心地按其提供的货物或服务的范围分等级。中心地等级越高，提供的货物数量越多越全、商品等级也高，这类中心地的数量越少，服务范围也越大，服务距离也越远（刘润姣等，2016）。对于服务半径较大，服务等级较高的大型集中充电站对应的是一级中心地；中型充电站对应的是二级中心地；相对服务半径较小，服务等级较低的小型充电站对应的是三级中心地。

大型充电站可以供各类乘用车、商用车充电，中型充电站可以提供常用乘用车和商用车充电服务；而小型充电站则可以服务对象更少一点。

各充电站的服务区域呈六边形出现，不同等级的充电站有不同的服务半径。因服务半径有取值范围 $M \sim N$，则以最小服务半径 M 进行各充电站六边形服务范围的规划，在六边形中心区域规划（$M - N$）为半径的圆形区域为充电站备选站址选择区域，也是进一步可行性分析区域。

（2）交通原则

中心地三原则，指的是市场原则、交通原则和行政原则。因交通原则形成的交通网，是效率最高的交通网，而由交通原则形成的中心地体系被认为是最有可能在现实中实现的

（图 8-7）。根据电动汽车充电站高效、便捷充电的目标，及现城市交通状况，选择交通原则形成六边形网络进行充电站布局。

交通原则基础上形成的中心地系统特点是：各个中心地布局在两个比自己高一级的中心地的交通线的中心。在电动汽车充电站的布局中，中型充电站布局在两个大型充电站连线的中心。

在交通原则下的中心地系统中，次级市场区的数量以四倍的速度递增，由于高级中心地也起着低级中心地的功能，在 $k=4$ 的系统中，中心地数量的等级序列是：1，3，12，48，…这个规律也代表着不同中心地出现的顺序，1 个一级中心地出现后，伴随着 3 个二级中心地和 12 个三级中心地的出现（刘志宇和张扬，2014）。

（3）第一个规划服务区

网络布局是结合城市空间结构规划对整个区域进行整体布局，是为了满足服务半径的需求，保证电动汽车能在整个区域持续行驶。而服务区域的规划在中心地理论的基础上，还需考虑区域的城市规划和城市路网规划等，保证充电站的布局能更加高效、可行。而第一个服务区布局的确定是整个网络布局的开始，第一个服务区中心点的确定有如下几种方法（贾斯佳和袁竞峰，2018）：

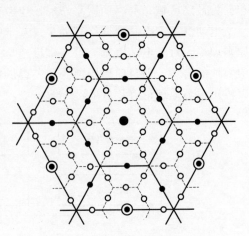

图 8-7　交通原则下的中心地系统

1）若规划区域已有明确的中心地（区域中心、商业中心），则第一个服务区的中心点选择在区域的中心地，但服务区的中心点不是最终的充电站选址点。

2）若规划区域已有明确的中心区域，则第一个服务区的中心点选址在区域的中心点，同时尽可能覆盖中心区域，以覆盖率来评估，确保以较优布局。

3）若规划区域无明确的中心地或者中心区域，则基于重心论的规划理论，根据人口分布求出区域需求中心点为第一个服务区的中心点。

（4）扩展布局

确定了第一个规划服务区后，便可以开始扩展布局。因基于中心点的交通原则进行布局，布局需考虑区域路网的走势，中心点连线应尽量与路网走势相同，这样便于缩短充电行驶路径，提高两个充电站之间的行驶便利性、通达性，最终形成一个高效、协调的充电站网络。

8.2.4　电动汽车充电站具体选址及可行性分析

1. 电动汽车充电站选址要求

国家电网公司对电动汽车充电站的建设列出了相关的要求，充电站的选址应该考虑周边的地理环境及条件，如温度、地形、防洪排水等，具体如下（深圳市市场监督管理局，2015）：

1）充电站的选址应符合当地电力系统规划要求，符合中低压电网的规划。对于本书的研究，先暂不考虑电网的规划要求。

2）充电站的站址应该便于电能的获得，尽量考虑接近电源侧。便于供电充电站的电源线路的进出。

3）在城镇建成区域内，充电站应选择在车辆进出较为便利的场所，宜选择在市政道路旁，并有一定距离，不宜选择在市政交叉道路路口附近。

4）充电站的建设应充分利用临近的道路、给水排水、交通、消防等公用市政设施，以达到建设的经济性。

5）充电站应满足环境保护和消防安全的要求，因现在没有针对充电站的防火规范，与其他建筑物、构筑物之间的防火间距应满足《火力发电厂与变电站设计防火标准》（GB 50229—2019）、《建筑设计防火规范》（GB 50016—2014）的规定。

6）充电站不应建设在有爆炸危险或爆炸隐患的环境场所的正上方或正下方，在当与有爆炸危险的建筑物毗邻时，应该满足《爆炸危险环境电力装置设计规范》（GB 50058—2014）中的有关要求。

7）充电站不应建设在有剧烈振动或高温的场所，不宜建设在多尘、腐蚀性气体或有水雾的场所，若无法远离时，不应建设在污染源风向的下风侧。

8）充电站不应设在厕所、浴室或其他经常积水的场所的正下方，安装电气设备的功能用房不应与上述场所贴邻。

9）充电站不应建设在室外地势低洼、有积水的场所和易发生次生灾害的地点。

10）充换电站的出入口应该与学校、医院以及居民生活区等设施主要出入口距离在 50m 以外，避免充电车辆停靠造成行人的不便。与隧道口、军事设施、桥梁引道口、铁路平交道口、堤防等设施的距离应当大于 100m。充换电站的建设点应尽量避开交叉口，安排在路段中间：一般要求充换电站离交叉口不小于 100m（申善毅，2011）。

除了以上要求，电动汽车充电站选址还应考虑温度和噪声等问题，在重要区域，如：风景名胜区、疗养区、高级别墅区、居民住宅小区等区域内设置充换电站时，应考虑并注意噪声污染和光污染对于周围环境的影响，尤其是夜间影响，依据国家规定标准，住宅区噪声白天不能超过 50dB，而夜间要低于 45dB。随环境温度的降低，电池充电接受能力会逐渐下降，低温时电池的放电效率降低，动力电池的充电效率也会降低。所以温度也会影响电动汽车充电站的选址，但其影响相对较小（徐凡等，2009；应夏晖等，2014）。

2. ArcGIS 软件选址分析功能

对于 GIS 软件在具体可行性分析中，主要是根据充电站的选址要求，通过 GIS 软件选定几个候选站址。其中主要运用到的是 GIS 中的基于地图的实体选择及空间分析中的缓冲区分析功能。

（1）通过位置进行选择

对于在一个具体区域内进行候选站点的选择，需要一种智能的选择方式，而 ArcGIS 支持多种空间选择的计算方法，如：目标图层与源图层要素相交、目标图层要素在源图层要素的某一距离范围内、目标图层要素在源图层要素范围内、目标图层要素与源图层要素相同等具体计算方法，对于不同需求，应选取不同的选择方式对地理实体进行选择（欧阳霞辉，2010）。

（2）缓冲区分析

缓冲区分析属于矢量数据空间分析方法的一种，与栅格数据分析处理方法相比，矢量数据一般不存在模式化的分析处理方法，而主要表现为处理方法的多样性和复杂性（薛在军和马娟娟，2013）。

作为 GIS 基本的空间操作功能之一，缓冲区分析从本质上讲，是研究根据数据库的点、线、面实体，自动建立起周围一定宽度范围内的缓冲区多边形实体，从而实现其空间数据在水平方向得以扩展的信息分析方法。

缓冲区分析的基本思想就是给定一个空间实体或集合，确定一个邻域半径从而得到邻域。缓冲区分析的过程是对一组或一类地物按照缓冲的距离条件，建立缓冲区多边形图，然后将这个图层与需要进行缓冲分析的图层进行叠加分析，得到所需要的结果。

1）点缓冲区：点缓冲区的原理是以点状地物为圆心，以缓冲区距离为半径汇总圆形面状要素（图 8-8）。

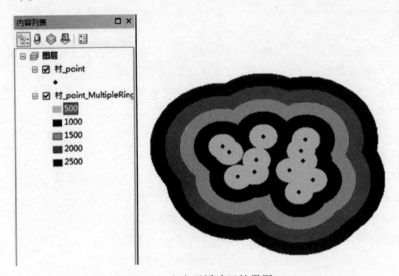

图 8-8　点多环缓冲区结果图

2）线缓冲区和面缓冲区：线状与面状要素缓冲是以边线为参考线绘制平行线，然后考虑端点圆弧，绘制缓冲区面状要素（图 8-9）。

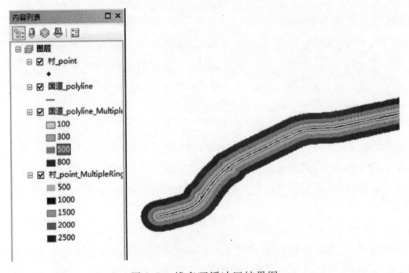

图 8-9　线多环缓冲区结果图

3. 电动汽车充电站经济性分析

对于电动汽车充电站经济性分析主要根据充电站的规划成本最小计算模型，规划成本最小模型侧重于前期投资考虑，下面从工程经济学的经济性分析理论分别列出规划成本和运营收益的计算公式（黄有亮等，2012；吴万禄等，2013）。

规划成本最小：

$$\min C = \frac{r(1+r)^n}{(1+r)^n - 1}(C_1 + C_2) + C_3 + C_4$$

式中　$\min C$——最小年规划成本；

　　　　r——贴现率；

　　　　n——规划使用年限；

　　　　C_1——规划期内的投资建设成本（不包含土地费用），包含设备费用、配电设施费用、施工费用；

　　　　C_2——土地费用；

　　　　C_3——运行成本，包含人工费用、站内设备消耗费用、网络损耗费用；

　　　　C_4——维护成本，一般为配电成本的3%左右。

现将投资成本折算到每年，得到全生命周期成本，通过求出规划成本，可以根据成本求出运营期间的收益，计算公式如下：

$$R_i = I_i - C_i$$

式中　R_i——年运营收益；

　　　　I_i——年平均收入；

　　　　C_i——年总成本。

通过较简单的经济性分析，可以对候选站址进行抉择，选择规划成本最小的进行建设，同时可以求出其运营收益，应保证其为盈利状态，否则应另选站址。

8.2.5　电动汽车充电站需求定容

电动汽车充电站的需求定容需要参照城市规划、电网规划，本书主要考虑电动汽车的充电需求和充电站的服务能力来规划电动汽车充电站的建设数量和充电站的桩数。根据不同阶段电动汽车充电站的建设模式、服务对象的不同，进行电动汽车充电站建设规模及建设数量的确定。

由于电动汽车的种类不同，其充电需求也不同，下面主要考虑第二阶段和第三阶段私家车和出租车两种类型电动汽车的充电需求，对公共充电站的服务能力进行估计，根据建设数量必须满足需求，甚至超前建设的原则对公共充电站进行需求定容。

1. 私家车充电需求

（1）小区充电桩慢充模式充电需求

私家车电动汽车每日充电需求量（宋亚辉，2011）：

$$D_{s1} = \frac{S_{sy}/T}{S_s}$$

式中　D_{s1}——私家车电动汽车每日充电次数（次/天）；

　　　　S_{sy}——私家车年行驶里程（km）；

T——私家车每年行驶天数（天）；

S_s——私家车充电后，合理续驶里程（km）。

由8.2.3节可以得出现阶段考虑电池最佳充电状态的电动汽车的合理续驶里程为50~70km，以私家车日均行驶里程为60km计算，则私家车每日充电次数为0.86~1.2次/天。则电动汽车私家车基本为1天1次，小区慢充模式的夜间充电能将电池充满，提供日间行驶，对于小区充电桩应该按照1:1建设才能满足电动汽车的基本需求（宋亚辉，2011）。

（2）私家车公共充电需求

由于小区夜间充电只能满足私家车基本常规需求，对于由于交通情况、个人特殊情况等不确定因素引起的行驶里程增加，电力消耗较快的情况，应由公共充电站和公共充电桩来满足。对于此类情况，考虑私家车每周会在公共充电站充电3次，周一到周五充电2次，周末充电1次，考虑出车率为95%，则其充电需求可表示如下（宋亚辉，2011）：

$$D_{s2} = k_1 p_s$$

式中　D_{s2}——私家车公共充电需求（次/天）；

k_1——私家车出车率，假设为95%；

p_s——周一到周五充电2次，周末充电1次，$\dfrac{3}{7}$次/天。

考虑了私家车不确定充电次数，计算结果比较保守，实际情况可能偏大。

2. 出租车充电需求

由于出租车的行驶方式与私家车的行驶方式不同，出租车主要以公共充电站充电为主，同样考虑出租车的日均行驶里程和充电后续驶里程，及出租车的出车率为98%（宋亚辉，2011），则其充电需求可表示如下：

$$D_{c1} = k_2 \frac{S_{cd}}{S_c}$$

式中　D_{c1}——出租车公共充电需求（次/天）；

k_2——出租车出车率，假设为98%；

S_{cd}——出租车日均行驶里程（km）；

S_c——出租车充电后续驶里程（km）。

由于出租车的行驶需求较高，其日均行驶里程较高，以250km计算，而充电后续驶里程同样为50~70km，乘以其出车率可以得到出租车每日平均充电次数如下3.5~4.9次/天，其充电需求比私家车大很多。

3. 电动汽车充电站服务能力

大型充电站、中型充电站及小型充电站都以充电桩为基本设施进行充电，而每个充电桩的服务能力的计算公式如下（宋亚辉，2011）：

$$P_i = 2\beta_i C_0 \alpha t$$

式中　P_i——每个充电桩的服务能力（辆/天），以每个充电桩配备两个充电枪计算；P_1为快充模式桩服务能力，P_2为速充模式充电站服务能力；

β_i——电动汽车充电服务效率，快充模式为0.25辆/h，速充模式为3辆/h；

C_0——车辆之间影响等的储备系数，一般取值为0.8；

α——充电站有效工作时间系数，一般为0.6~1，现以每天夜晚11点到第二天早上

6 点，空置期为 7h，则系数为 0.71；

t——充电站的服务时间，按 24h 计。

4. 公共充电站需求定容

（1）供求关系满足条件

根据建设数量必须满足需求，甚至超前建设的原则对公共充电站进行需求定容，则充电站的服务能力需要大于充电站的需求：

$$a\gamma(N_s D_{s2} + N_c D_{c1}) \leq n_b(P_1 M_{b1} + P_2 M_{b2}) + n_m(P_1 M_{m1} + P_2 M_{m2}) + n_s(P_1 M_{s1} + P_2 M_{s2})$$

式中 a——公共充电站需求比例数；

γ——除了私家车和出租车外其他电动汽车充电需求系数，假设为 1.2 来计算（中国智能交通协会，2012）；

N_s——规划年度，规划区域内私家车预测保有量；

N_c——规划年度，规划区域内出租车预测保有量；

M_{b1}——大型充电站快充充电桩数量；

M_{b2}——大型充电站速充充电桩数量，同理设置中型充电站和小型充电站充电桩；

n_b——大型充电站数量；

n_m——中型充电站数量；

n_s——小型充电站数量。

此部分未考虑目的地型充电桩所提供的服务能力，目的地型充电桩的建设主要提供辅助充电的作用，为了刺激电动汽车发展和缩短服务半径，以使人们生活更加便利，目的地型充电桩可作为超前建设的部分。

（2）需求定容情景假设

对于充电站的需求定容，需要对电动汽车的保有量进行预测，本书通过情景假设法，对规划年度电动汽车的保有量情况进行假设，并通过需求供应条件设计出电动汽车充电站的充电桩桩数，具体定容方法如图 8-10 所示。

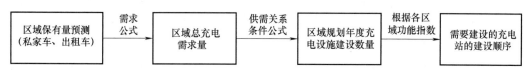

图 8-10 充电站需求定容技术路线图

对各个规划年度进行假设预测保有量后，可以得到区域总的需求量，通过供需关系条件可以得到区域内各类型充电站的建设数量，再根据各六边形服务区域内的兴趣点指数大小进行建设顺序的确定，兴趣点指数大的六边形服务区域中的充电站先建设。

1）参数设定。因电动汽车充电站为一种新型基础设施，对其一些需求参数的设定，其中充电站桩数的建设规划借鉴了加油站的建设规模及现有充电站的建设规模，一类加油站占地面积为 2500m²，加油枪数为 16，加油桩数为 8 个，二类为 1500m²，加油枪数为 12，三类为 1000m²，加油枪数为 8。

各类电动汽车保有量的比例借鉴了历史年鉴中的车辆比例，通过 2012 年南京年鉴的统计，南京私人轿车保有量为 58.31 万辆，出租车总量为 10544 辆，则设定预测保有量比例为

55∶1（南京统计局，2012；中国智能交通协会，2012）。

对于充电站中快充模式充电桩和速充模式的充电桩的建议建设比例为1∶5。

2）服务区兴趣点指数。兴趣点是指地图上的某个地标、景点，用以标示出该地所代表的政府部门、各行各业之商业机构（加油站、百货公司、超市、餐厅、酒店、便利店、医院等）、旅游景点（公园、公共厕所等）、古迹名胜、交通设施（各式车站、停车场）等场所（许泽宁和高晓路，2016）。

各服务区兴趣点指数为区域内总的兴趣点数目，兴趣点数目多的代表其兴趣点指数高，对周边群众出行吸引力更大，则对交通需求更高，电动汽车的充电需求更大，则应较先建立充电站。

8.3 智慧城市中电动汽车智能调度

8.3.1 调度运筹理论

电动汽车的调度问题早在商贸、物流、交通运输等行业中便出现了，主要是解决车辆的轮班调度、路线规划等问题，达到路程最短、费用最小等目标。早期的调度理论只是对静态的问题进行了考虑，没有考虑到因时间变化而产生的调度决策变化，后期逐渐完善，出现了考虑了动态因素的动态调度，使调度系统更加完善。

1. 静态调度问题

车辆调度是指制定行车路线，使车辆在满足一定的约束条件下，有序地通过一系列装货点和卸货点，达到诸如路程最短、费用最小、耗时最少等目标（郭凤鸣，2006）。VSP理论的建立源于早期的旅行商问题的提出，旅行商理论被大量应用于人员安排、交通车辆巡回路线、流水线生产计划安排的问题。

在旅行商问题的基础上，由于背景环境不同，应用角度不同，静态车辆调度问题又被扩充为不同的版本进行描述，大致有基于取送需求特征的研究、基于车辆装载能力特征的研究、基于车辆车场关系特征的研究及基于时间窗特征的研究等。按不同的应用角度可以分为不同的问题，如按优化目标数进行分类，有仅考虑一个配送目标的单目标问题和同时考虑多个配送目标的多目标问题。

车辆调度问题涉及运筹学、图论及组合优化等理论，其具体算法也较多，主要有：分支定界法、割平面法、网络流算法、动态规划法、构造算法、两阶段法、禁忌搜索算法、模拟退火算法、遗传算法、神经网络方法和蚁群优化算法。

2. 动态调度问题

由于一些需求信息随着时间会发展动态改变的情况，自然考虑了这些动态因素的车辆调度问题则为动态调度问题。郭凤鸣（2006）在研究中提出动态调度问题的定义包括不是所有与车辆调度相关的信息在调度员做路径规划前是已知的；与车辆调度相关的信息可能会在路线规划好后发生变化。

相较于静态调度问题，动态调度问题的研究中需要更加注意时间尺度因素，通常未来的信息是不确切或是未知的，近期事件应该优先进行考虑，而且有必要建立起信息更新机制，在动态调度问题中，需要重新分派车辆、调整车辆途经点的次序，而这需要整个系统计算得更快，由于车队规模可调整的弹性较低，还需考虑排队问题，总体来说动态调度问题比静态调度问题复杂很多。而现实生活中，动态调度问题也较多，如各种紧急服务事件、出租车服务等都属于动态调度问题。

现对于动态调度问题的方法也有很多种，如：A-priori优化方法（通过预测事件发生的概率信息确定解）及线上算法（实时输入信息并进行优化）、动态插入法等，线上算法及动态插入法对技术能力要求较高，需要借助现代信息技术来实现，如GIS、云计算等。

8.3.2　电动汽车智能调度问题概述

1. 电动汽车调度需求

电动汽车作为一个新能源汽车产业，其发展对城市的多方面有影响，包括基础建设、车联网、智能交通、智能电网等，是一个系统性工程，对社会生活的各个方面都产生了重大的影响。

对于电动汽车调度问题，应该统筹考虑电网系统、交通系统及个体的需求（图8-11），寻求多目标规划调度，对于电动汽车调度问题根据宏观的电网系统及交通系统需求及微观个体驾驶者的需求分为两类。

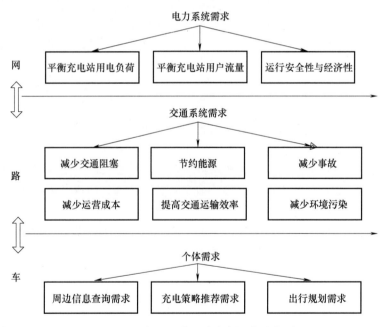

图 8-11　车-网-路电动汽车调度需求图

在电力系统方面，大量电动汽车的接入是对电力系统的安全和经济的一个大挑战，电动汽车广泛应用后对电网既有正面的影响又有负面的影响，由于电动汽车的采用，每个家庭的电动汽车用电量的增加对于供电公司是一种大容量的负荷（赵俊华等，2011）。但另一方面，电动汽车的发展和应用意味着带来巨大的销售电量，促进电力工业的发展。由于电动汽车的无序放电可能给电力系统的安全和运行带来挑战，对电动汽车的优化调度及有限的控制和管理是解决和改善电力系统运行经济性和安全性的办法。

在交通系统方面，电动汽车属于交通系统的一部分，其接入会对交通系统有一定的影响，它应满足交通系统的安全性、效率性等目标，电动汽车的调度系统应通过人、车、路的和谐、密切配合提高交通运输效率，缓解交通阻塞，提高路网通过能力，减少交通事故，降低能源消耗，减轻环境污染等。

对于微观的个体，电动汽车的驾驶者对调度有自己的需求，而且每个个体的需求会不同，通过电动汽车的智能调度应在满足一定的约束条件下，有序地到充电站进行充电，达到诸如路程最短、费用最小、耗时最少等目标，使人们的需求得到满足。同时考虑最优充电容量，以电池可持续性使用为目标。下面对个体的充电需求进行简单介绍。

（1）周边信息查询需求

周边信息查询需求主要是指电动汽车驾驶者可以实时了解到附近充电站的动态运营状态，及对充电站未来状况，根据自身状况，驾驶者灵活抉择，充分满足驾驶者的需求。周边信息的查询还包括对周边兴趣点的查询，可以了解到充电站周边附加设施情况，以方便驾驶者在充电期间进行其他业务，周边设施大致涵盖银行、餐厅、电影院等，同时应提供周边设施的基本属性和情况。

（2）充电策略推荐需求

由于电动汽车行驶路线及充电时间的随机性和灵活性较大，根据电动汽车电池放电深度，充电站的相对位置和负载情况，考虑电网的负载和充电站的流量，对驾驶者提供满足需求的充电站推荐；另一方面为了避免因电力不足而导致中途停驶的情况，应在电量不足的情况下，主动提醒驾驶者进行充电，同时可视化地显示车辆的可达范围及电量情况（徐凡等，2009）。

（3）出行规划需求

由于电动汽车的出行具有一定目的性，会完成不同的行驶任务，同样出行原则有不同的需求，对于设定好的行驶任务应满足完成行驶任务后有足够的电力到达最近的充电站进行充电以满足接下来的行驶任务。而驾驶者在路径规划时会有自己的一定原则，如距离最优、能耗最优、最便捷等。应充分考虑用户需求，推荐满足不同偏好的行车路线和充电安排。

2. 智慧城市电动汽车调度系统规划

通过对电力系统、交通系统及个体对于电动汽车调度系统的需求，可以根据需求及目标设定电动汽车调度系统的功能及模块，现采用关键成功因素法，对系统进行了初步规划。

（1）确定和分解战略目标

该信息系统的战略目的是：考虑宏观电网及交通网络需求及微观个体需求的，交互智能电网及智慧交通，面向充电站运营商进行充电站流量管理及面向驾驶者提供查询、调度等功能的调度系统。

（2）确定关键成功因素

关键成功因素包括以下四个 CSF：

1）完善的电动汽车调度信息库：调度信息库是其他模块和功能的实现，它主要包括数据收集、数据整理和数据集成的功能。

2）合理的充电站流量管理：充电站的流量管理是考虑平衡电网负荷，对充电需求进行预测，对实时充电流量进行调整和安排，保证充电安全、经济。

3）智能的个体电动汽车调度：个体电动汽车调度模块主要针对个体电动汽车调度需

求，包括对个体电动汽车的出行规划和推荐充电策略等功能。

4）及时的与智能电网、交通的交互机制：一个成功的电动汽车调度系统应该考虑电网、路网情况，对其进行统筹规划，而交互系统是其基础，应对基础信息和决策信息进行交互。

（3）明确各关键成功因素的性能指标和评估标准

1）完善的电动汽车调度信息库。完善的电动汽车调度信息库应该是具备信息的及时性、信息的准确性和信息的完备性。完备的信息储存、及时和准确的信息传输是评估是否是一个完善的电动汽车调度信息库的标准（张文，2016）。

2）合理的充电站流量管理。合理的充电站流量管理应具备运行的经济性、运行的安全性和电力系统的高效性（汪森等，2016）。考虑电网负荷，结合智能电网使电网负荷较小是运行的经济性体现，保证电动汽车充电安全，不超负荷运行是另一个评估指标，除此以外还应保证电力系统的高效性。

3）智能的个体电动汽车调度。智能的个体电动汽车调度应具备调度的智能性、调度的高效性和交通系统的高效性。电动汽车调度应满足驾驶者的需求，对调度进行智能、高效的实现，同时应该考虑路网情况，保证交通系统的高效性。

4）及时的与智能电网、交通的交互机制。及时的与智能电网、交通的交互机制应具备交互的及时性、交互的准确性和交互的协调性。交互的主要是各种信息，应保证信息的及时性和准确性。对于多方交互，应保证交互的协调性。

通过关键成功因素图（图8-12）和鱼刺图（图8-13）可以得到系统主要由电动汽车调度信息库，充电站流量管理，个体电动汽车调度，与智能电网、交通的交互四个模块构成，每个模块有性能指标和评估标准，从而保证最后能形成一个成功的电动汽车调度系统。

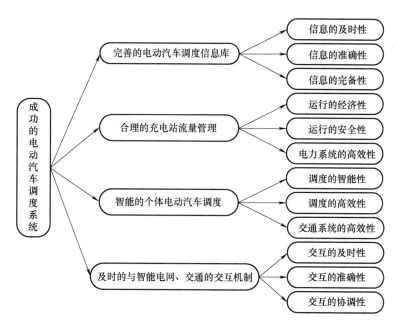

图 8-12 关键成功因素法分析图

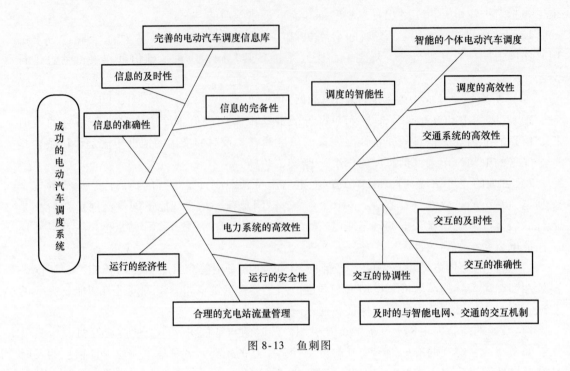

图 8-13　鱼刺图

8.3.3　智慧城市中电动汽车调度系统构架

由于考虑的是对智慧城市中电动汽车的调度，电动汽车的调度系统同样应该基于智慧城市的构架体系进行构建，应用智慧城市中的先进信息技术，展现智慧城市的理念。现基于电动汽车调度系统的规划进行智慧城市中的电动汽车调度系统初步设计。

智慧城市的总构架体系主要包括感应层、网络层、平台层、应用层四个层面，主要包括地理空间信息与可视化、系统与信息集成、物联网和云计算等技术（罗振等，2014）。对于电动汽车调度系统的规划应基于智慧城市总体构架，利用现有信息技术，贯彻智慧城市理念，使电动汽车更加智慧智能，从而推动城市的智慧化发展。

由于对象的不同，基于智慧城市的构架也应有不同，应采用适合电动汽车调度系统的智慧城市信息技术。由于电动汽车调度对地理位置等地理信息要求较高，除基础技术外主要采用 GPS、GIS 等信息技术，在数据共享及数据传输技术中增加采用全球移动通信系统（GSM）。GPS 技术主要实时、快速地提供车辆的空间位置、运行速度和报警信息，而功能较为强大的 GIS 可以综合处理、集成管理和动态存取各种空间数据和任务数据，是一个结合数据存储、数据处理综合的平台，若结合云计算技术，便会有更强大的处理功能。GSM 同其他网络组合成网络层，进行数据信息的传递，保证 GPS 产生的定位数据能传递给处理中心，同时将处理中心的指令传递给驾驶者。

对于电动汽车调度系统，基于智慧城市构架，考虑调度系统的特征，分为感应层、网络层、平台层、应用层四个层面来实现系统的各种功能，设计电动汽车调度系统构架图如图 8-14 所示。

如图 8-14 所示，电动汽车的调度系统构架主要包括感应层、网络层、平台层、应用层

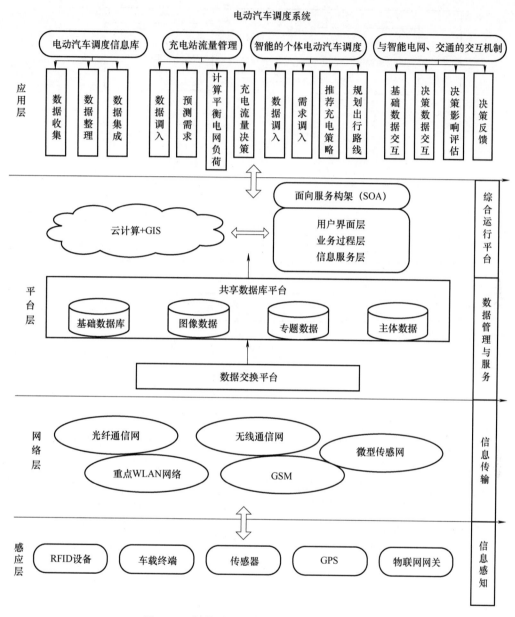

图 8-14　智慧城市中电动汽车调度系统构架

四个层面，由 RFID、GPS 等技术进行信息的感知，通过 GSM、无线通信网进行信息的传输，基于云计算和 GIS 技术进行面向服务（SOA）的构架。面向服务的 SOA 体系结构，可以将系统中的各种服务更好地联系起来，可以通过一种统一和通用的方式对电动汽车、充电站、电网和路网进行交互。这些技术都是对电动汽车调度系统的良好支撑，使电动汽车调度系统能实现电动汽车调度信息库，充电站流量管理，个体电动汽车调度，与智能电网、交通的交互四个模块的功能。而每个模块的功能也在业务层面进行了分析，每个模块大致有 3～4 个子模块，所有的这些功能构成了电动汽车调度系统（图 8-15）。

系统主要包含五个主体，在各种感应技术物联网、互联网的计算支撑下，每个主体之间

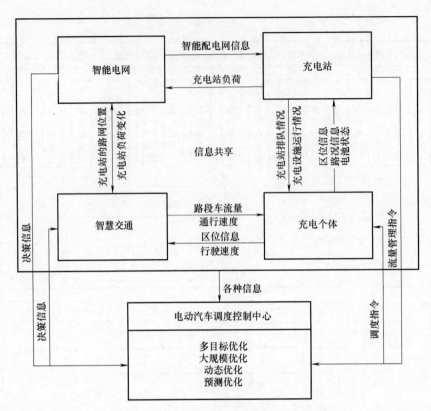

图 8-15　智慧城市中电动汽车调度系统结构图

都有及时信息的传递和交互，做到物物相联，同时这也是动态调度的一个基础。在云共享和 GIS 技术下进行数据的共享、集成，在云计算和 GIS 下再进行数据的处理，得到多目标优化、大规模优化、动态优化及预测优化的结果。

　　充电个体通过 GPS 技术等可提供区位、电池状态等信息传输给充电站、交通网，并供调度控制中心使用；而充电站可提供充电站负荷、充电站排队情况、充电站运行情况供智能电网、个体及控制中心使用；智能电网可提供配电信息及区域总体负荷等信息；智慧交通可提供路段车流量及通行速度等信息。所用的一些决策信息最后都在控制中心进行集成，最后由控制中心通过决策模型得出各调度指令，传输到各个主体。

8.3.4　基于 ArcGIS 软件的个体调度分析

1. GIS 软件网络分析功能介绍

　　因电动汽车的运行在路网系统中进行，而 ArcGIS 软件是一个强大的地理信息系统，能够较好地支撑电动汽车调度系统的各种功能的实现，在调度系统中会主要运用到 GIS 的网络分析功能，进行道路网络分析，主要会应用到最佳路径分析、最近服务设施分析和 OD 成本矩阵功能。

　　对于网络分析的第一步是建立一个网络分析集，网络数据集有成本属性、限制属性、等级属性和描述性属性，这些属性能更好地体现出道路网络的状况，同时可以对属性进行重新设置和调整，体现道路的动态变化及其他因素影响。其中成本属性可以指定为行车时间、距离、步行时间等。限制属性可以指定为禁止通行（因交通堵塞、突发状况）、成本增加。GIS 中通过对网络数据集的设定可以很好地模拟现实道路状况，可以模拟单行道、禁止转弯和红绿灯等情况。

（1）最佳路径分析

路径求解程序可以查找两个或者多个停靠点之间最短和最快路径。该求解程序可通过重新排列停靠点来查找最佳路径，这称为流动推销员问题，或 TSP。

在调度系统中主要完成辅助规划出行线路，根据驾驶者的出行需求偏好设置距离最近、时间最短的规划模式，同时调入交通信息设定道路限制和成本属性，最后得出动态最优的一个或者多个停靠点的出行路线。

（2）最近服务设施分析

最近服务设施求解程序可查找事件点与设施点之间的行驶成本，并确定彼此距离最近的事件点和设施点。输出结果包括按事件点的最小阻抗以及事件点与设施点之间的路径划分的设施点等级。

在电动汽车调度系统中，可以运用此功能推荐充电策略，可以按驾驶者需求查找最近充电设施点，并结合电网负荷等信息、充电站排队情况等进行分析，在同时满足充电站需求和驾驶者需求时，为最佳充电站。

（3）OD 成本矩阵功能

起点—目的地（OD）成本矩阵求解程序可用于查找和测量沿网络从多个起点到多个目的地的最小成本路径。

在调度系统中可运用此功能查找，在一定距离范围或者一定行驶时间范围内的周边电动汽车，将其定为潜在充电者，对充电站充电容量及充电负荷进行预测，并采取相应措施。

（4）地理信息库

GIS 有着数据的收集、处理、存储、组织和输出等功能，GIS 中的每个要素、坐标都有自己的属性，可以建立一个完善的 GIS 数据库。

电动汽车的调度系统涉及较多的地理信息，需要基于电子地图，标注驾驶者的信息、周边地理信息等。个体电动车调度功能可以实现对周边信息的查询功能，数据库的信息数据应该不断更新，才能达到动态优化的目标。

2. 个体调度功能流程分析

（1）规划出行路线

利用网络分析主要解决的出行路线的规划是主要考虑根据驾驶者需求，按耗用时间最短、行程最短两种成本属性要求，并考虑交通状况进行出行路线规划（图 8-16）。

系统通过车载终端的 GPS 不断接受来自 GPS 卫星的定位信息，扩展得到速度、方向信息，可在 GIS 网络分析中设定起始点；通过物联网、互联网得到智能交通网络中的路况及相关信息，设定 GIS 网络数据集的限制属性；通过需求询问得到驾驶者的需求设定成本属性和终点，最后通过 GIS 网络分析得出最优路径。处理过程中，根据调入信息不同，调度结果应动态更新。

（2）推荐充电策略

利用网络分析主要解决推荐充电策略是根据电动汽车电池放电深度，充电站的相对位置和负载情况，考虑电网的负载和充电站的流量，为驾驶者提供满足需求的充电站推荐（图 8-17）。

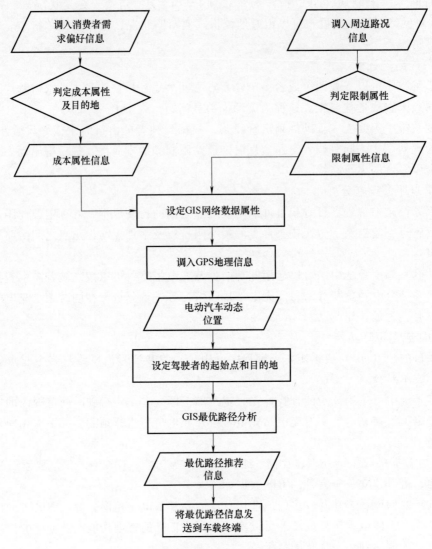

图 8-16　个体调度规划出行路线功能流程分析

通过充电汽车电池监控及感应系统可以得到电池的放电深度，到达最优充电时刻时，开始向驾驶者发出建议充电指令，并询问充电需求偏好；同时通过 GPS、互联网、物联网得到电动汽车相关行驶信息、电网负荷信息、交通信息等；在同时考虑驾驶者需求、电网状况、交通状况的情况下，通过 GIS 最优服务设施分析，得到考虑了交通情况及驾驶者需求的充电站，再通过调入电网负荷的信息，通过动态调度模型做出多目标优化、动态优化的调度决策，推荐出考虑了电网负荷、路网情况和个体需求的最优充电站。

3. 基于 ArcGIS 网络分析个体调度

对于个人调度功能中的规划出行路线的功能和推荐充电策略的功能，可以在 GIS 软件中分别用网络分析进行模拟。通过 GIS 中的最优路线选择和最近服务设施选择可实现个体调度中的出行路线功能和推荐充电站策略的部分功能（图 8-18）。

其中网络分析的主要步骤是：先建立一个网络数据集，将道路图层分别建立分析图层，

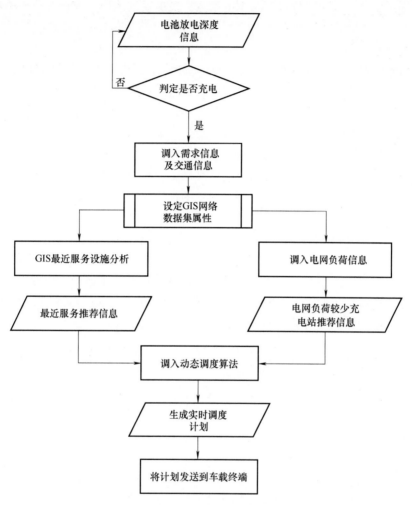

图 8-17 个体调度推荐充电策略功能流程分析

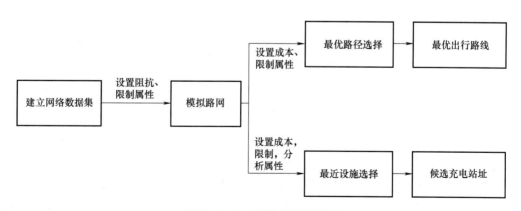

图 8-18 GIS 网络分析步骤图

在建立图层的过程中较为重要的便是对网络数据集的数据进行设定，在模拟中设定以行程距离为成本属性，以设置单行道路为简单的限制；建立了分析图层后，添加网络位置，即添加起始点和终点，或者为电动车位置点和充电站点；最后通过不同情况设置分析选项后，便可以进行求解。

（1）构建交通网络

要进行和路网有关的最优路径分析和最近服务设施分析，需要先模拟出显示的道路情况，在 ArcGIS 软件中可以通过对网络数据集属性的设置，可以模拟单行线、模拟禁止转弯和模拟路口红灯等待等。这使现实的道路情况能在计算机中真实地模拟出来。

（2）最优路线模拟

在调度模块的功能中有对于出行路线规划的功能，需要得出电动汽车与充电站两点之间的交通距离和交通事件，而在已有路网模型的基础上，可以对其进行实现，通过对于最短路径的计算，可以得到从电动汽车位置点到目的地的最短路径。同时通过对于分析成本属性和限制属性的设定，可以体现出个体需求和交通需求。

（3）最近服务设施分析

最近服务设施分析同样是基于建设的路网来进行分析的，通过求解程序可查找电动汽车位置点与充电设施点之间的行驶成本或行驶时间，并确定彼此距离最近或行驶时间最短的事件点和设施点。通过最近服务设施的分析可以得到在一定距离或一定时间范围内候选充电站，再通过调入电网信息便可获得最终推荐充电站。

8.4 智慧城市电动汽车充电基础设施选址布局与电动汽车调度案例分析——以"南京河西新城"为例

8.4.1 电动汽车需求调查

1. 南京市电动汽车充电站现状

南京市的电动汽车的发展已经起步，从出租车、公交车推动新能源汽车，在青奥会期间又制造推行了一批纯电动城市公交车，保障青奥会绿色出行。同时还推出微型电动汽车租赁的模式，进一步推动电动汽车的发展。《南京市新能源汽车推广应用财政补贴实施细则》日前已印发，新能源私家车、出租车每辆可拿到 3.5 万元补贴，公交大客车每辆可补贴 30 万元。建纯电动车充电站，充换电设施费用可拿到 15% 的补贴。

通过地图软件对南京电动汽车充电站进行搜索，可以发现电动汽车的充电站还较少，高德地图共显示了 29 个充电站地址。特斯拉汽车是提供电动汽车私家车充电站最多的电动汽车厂商。

南京市的纯电动私家车的数量较少，不能同传统汽车销售量相比较，主要原因还是充电站等基础设施太少，充电困难。南京最早的充电桩出现在 2009 年迈皋桥区域，雅高巴士购进了 4 辆纯电动公交车，因此配套安装了充电桩；随后，因南京夫子庙管委会购进了一批电动巡逻车，于是夫子庙周边也安装了充电桩。这两处充电桩是在江苏电力官网上能查到的南京电动汽车充电场所，但这两处并不对市民开放。

由于南京举办青奥会，推出了一批电动公交车和电动出租车，南京公交集团按照公交车 1:1、出租车 1:2 的比例配置充电桩，公交车的充电设施在江南有 7 个点，江北有 3 个点，出租车在全市有 11 个点。通过这些充电桩，公交车每夜充电 4h 基本可以保证跑一天。

此外，比亚迪在南京也新建了一批充电桩，但只针对出租车和电动公交车。

沙洲停保场充电站（图 8-19）是比亚迪在南京建成的全球最大规模的公交车交流充电站，场地面积 33600m²，站内共建成电动公交车充电桩 150 座。

目前，特斯拉在南京共建了 18 个目的地充电站（图 8-20），在建邺区和雨花台区建立了 3 个超级充电站（图 8-21），目的地充电站可供短途行驶，而超级充电站主要是快速充电供长途行驶。

图 8-19　比亚迪沙洲停保场充电站

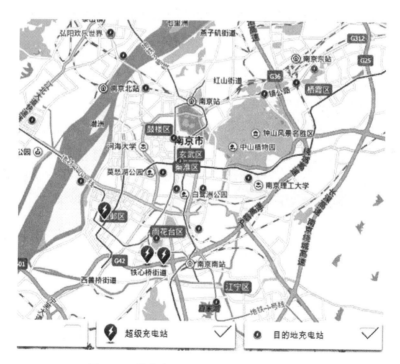

图 8-20　特斯拉电动汽车充电站南京布点图

2014 年 4 月 22 日特斯拉电动汽车正式进入我国，并计划两年内在全国 120 个城市依托联通营业厅共同建设 400 个目的地电动汽车充电站，在 20 个城市建设电动汽车超级充电站，为特斯拉用户提供免费充电服务。

2. 智慧城市电动汽车及基础设施需求及偏好问卷调查

对于电动汽车及其基础设施的需求和偏好调查，本书通过网络问卷和实地发放的方式进行了问卷调查。网络问卷主要针对南京地区进行发放，发放 161 份，有效问卷 161 份；实地问卷主要针对了河西新城区域进行发放，实地发放问卷 200 份，有效问卷 170 份。下面对网络问卷和实地问卷分别进行统计分析。

（1）问卷调查初步统计

对于有效问卷进行了初步的统计分析，初步统计主要是针对单体选项频数或者百分比进行统计分析，以饼图和柱形图进行展示。

1）电动汽车现拥有量调查。对于电动汽车现拥有量进行了简单的调查，来了解南京及河西电动汽车的推广和发展情况。

图 8-21　南京雨花台区特斯拉光伏超级充电站

通过统计可以看出（图 8-22），在南京地区及河西地区的现有电动汽车数量很少，没有电动汽车的人数接近百分之九十，私家车电动汽车在南京区域的数量还很少。

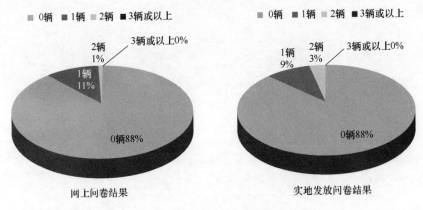

图 8-22　电动汽车现拥有量调查统计图

2）电动汽车购买意愿调查。电动汽车的发展是必然趋势，而人们的购买意愿却由很多因素影响而不同，对电动汽车的购买意愿做了简单的调查。

从实地发放问卷的结果（图 8-23）可以看出，61% 的人们没有意愿购买或再次购买电动汽车，而网上问卷结果显示 47% 的人们不愿意购买电动汽车，人们对电动汽车的接纳程度还较低。

3）电动汽车购买（不愿购买）原因调查。为了调查出人们不愿购买电动汽车的原因，主要列出了电动汽车现在存在的一些问题，调查结果如图 8-24 所示。

由调查结果显示出，续驶里程较短、充电基础设施少是人们不愿意购买电动汽车的主要原因，为了促进电动汽车的发展，应该推进充电站充电桩的建立，通过科技改进电动汽车自身的功能。

4）电动汽车充电桩建设点偏好调查。电动汽车充电桩的建设比充电站的建设较灵活，可以以行驶目的地为充电桩的建设地点，达到充电停车一体的模式，节约人们的时间，对充

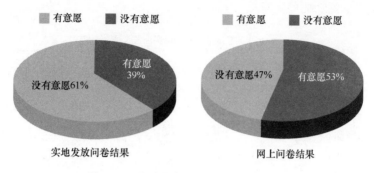

图 8-23　电动汽车购买意愿调查统计图

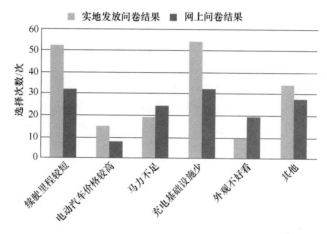

图 8-24　电动汽车不愿购买原因调查统计图

电桩的建设地点的偏好调查如图 8-25 所示。

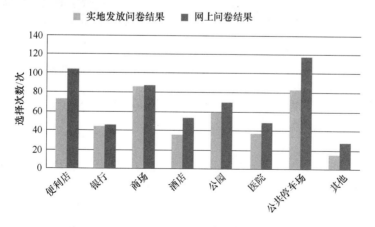

图 8-25　电动汽车充电桩建设点偏好调查统计图

通过统计结果显示，便利店、商场、公共停车场、公园为人们较为希望充电桩建设的地点。

5）电动汽车充电站功能需求偏好调查。由于是智慧城市中电动汽车充电站的建设，则充电站应该具备一些智能的功能使人们充电更加高效便利，图 8-26 所示的调查结果显示了人们对电动汽车充电站功能的需求偏好。

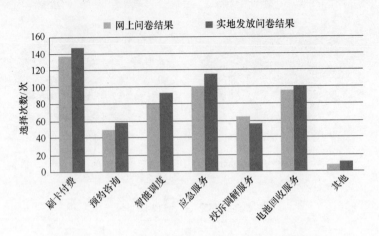

图 8-26 电动汽车充电站功能需求偏好调查统计图

电动汽车充电站的功能列出了六种，其中人们对刷卡付费、应急服务、智能调度、电池回收服务功能需求较大一点，而预约咨询和投诉调解服务功能需求较小一点。

6）电动汽车充电站充电时间需求偏好调查。目前美国和日本等电动汽车发展较快的国家，其充电桩可以分为快速充电和常规充电两种，快速充电在 30min 以内，常规充电为 3 ~ 4h。人们对于建设在公共场所的快速充电桩的需求调查如图 8-27 所示。

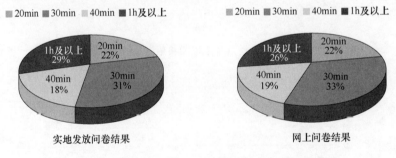

图 8-27 电动汽车充电站充电时间需求偏好调查统计图

所占比例最大的，约 80% 的人们觉得充电时间超过 30min 不便利，而现有的快速充电桩大致能满足人们的要求。

7）电动汽车充电桩服务半径需求偏好调查。充电桩的服务半径是充电桩建设的一个重要指标，服务半径越小代表充电设施越完善，充电更加便利，人们对充电设施的服务半径需求偏好如图 8-28 所示。

在河西区域，29% 的人们认为服务半径超过 5km 会不太便利，37% 的人们认为服务半径超过 10km 会不太便利；在南京区域则对服务半径要求更高，42% 认为超过 5km 不便利，36% 认为超过 10km 不便利。

8）电动汽车充电站附加设施需求偏好调查。充电站的附加设施可以提高充电站的服务质量，人们在充电的过程中可以接受其他服务，对充电站附加设施需求偏好调查如图 8-29 所示。

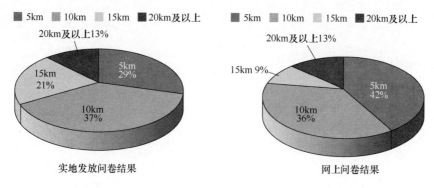

图 8-28 电动汽车充电桩服务半径需求偏好调查统计图

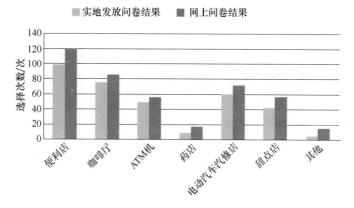

图 8-29 电动汽车充电站附加设施需求偏好调查统计图

便利店、咖啡厅、ATM 机为人们需求较高的充电站附加设施。

9）调查对象性别统计。由统计图（图 8-30）可以看出调查中，男女比例相差不大，差不多各占 50% 的比例，这样更有助于调查结果的分析。

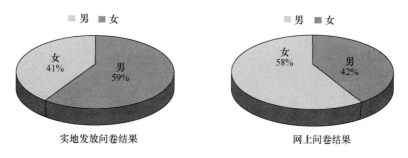

图 8-30 电动汽车充电站需求偏好调查对象性别统计图

10）调查对象年龄统计。由调查对象年龄段的统计（图 8-31）可以看出，调查对象中 18~25 岁年龄段的人数较多，而 26~35 岁年龄段的人数其次，因为这两个年龄段是较为有购车能力的人群，同时也更具有绿色环保的理念，是电动汽车的潜在用户中所占比例较大的客户。

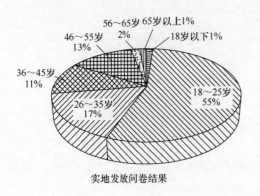

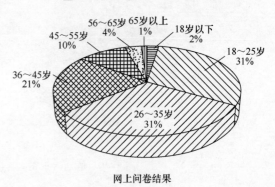

图 8-31　电动汽车充电站需求偏好调查对象年龄统计图

（2）调查结果交叉分析

通过简单的统计调查，可以看出整体调查对象对于电动汽车及充电站的需求及偏好，而对于不同群体的需求和偏好调查需要进行交叉分析。下面主要进行对不同年龄段的需求和偏好的统计。

1）年龄与电动汽车拥有量交叉分析。表 8-6 所示为交叉分析表统计结果，设定年龄为自变量 X，而电动汽车拥有量为 Y，则可以通过百分比得到不同年龄段对于现有电动汽车的拥有量的差异性，由差异性可以看出不同年龄段的需求偏好。

表 8-6　年龄与电动汽车拥有量交叉分析表

Y \ X	0	1	2	3 或者 3 以上	小　计
18～25 岁	85（94.44%）	3（3.33%）	1（1.11%）	1（1.11%）	90
26～35 岁	23（85.19%）	3（11.11%）	1（3.70%）	0（0.00%）	27
36～45 岁	14（77.78%）	3（16.67%）	1（5.56%）	0（0.00%）	18
46～55 岁	14（66.67%）	5（23.81%）	2（9.52%）	0（0.00%）	21
56 岁以上	4（80.00%）	1（20.00%）	0（0.00%）	0（0.00%）	5

如图 8-32 所示，不同年龄段现阶段没有电动汽车的所占比例最大，在年龄段较大一点时对于电动汽车的拥有量所占比例较多，拥有 3 辆及 3 辆以上的电动汽车的情况基本没有。

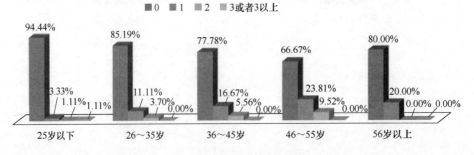

图 8-32　年龄与电动汽车拥有量交叉分析图

2）年龄与购买意愿交叉分析。设定年龄为自变量 X，而电动汽车的购买意愿为因变量 Y，则可以分析出不同年龄段对于购买意愿的差异性（表8-7）。

表8-7　年龄与购买意愿交叉分析表

X ＼ Y	有	没 有	小 计
25 岁以下	44（48.89%）	46（51.11%）	90
26 ~ 35 岁	13（48.15%）	14（51.85%）	27
36 ~ 45 岁	14（77.78%）	4（22.22%）	18
46 ~ 55 岁	12（57.14%）	9（42.86%）	21
56 岁以上	3（60.00%）	2（40.00%）	5

由分析图表（图8-33、表8-7）可以看出，35岁以下的对于电动汽车购买意愿所占比例大致为一半，而36 ~ 45岁的购买意愿较大，46岁以上的购买意愿大致为60%。而电动汽车价格高、充电困难、续驶里程较短的问题是影响人们购买电动汽车的主要原因。

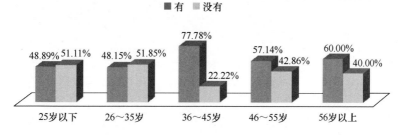

图 8-33　年龄与购买意愿交叉分析图

3）年龄与电动汽车充电站充电时间需求偏好交叉分析。设定年龄为自变量 X，而电动汽车充电站充电时间需求偏好为因变量 Y，则可以分析出不同年龄段对于电动汽车充电时间需求偏好的差异性（表8-8）。

表8-8　年龄与电动汽车充电站充电时间需求偏好交叉分析表

X ＼ Y	20min	30min	40min	1h 及以上	小 计
25 岁以下	16（17.78%）	31（34.44%）	20（22.22%）	23（25.56%）	90
26 ~ 35 岁	5（18.52%）	11（40.74%）	4（14.81%）	7（25.93%）	27
36 ~ 45 岁	7（38.89%）	6（33.33%）	2（11.11%）	3（16.67%）	18
46 ~ 55 岁	6（28.57%）	6（28.57%）	1（4.76%）	8（38.10%）	21
56 岁以上	1（20.00%）	0（0.00%）	3（60.00%）	1（20.00%）	5

各个年龄段对于充电站充电时间的需求偏好不尽相同（图8-34）。25 ~ 35岁的人群认为充电时间应控制在30min以内；36 ~ 45岁有约40%的人希望充电时间能控制在20min内，同样有约30%的希望控制在20 ~ 30min内；而年龄段较大的可以接受充电时间超过40min或1h。根据各年龄段的不同需求偏好，可在后期调度模型中设置不同的充电排队等待时间默认

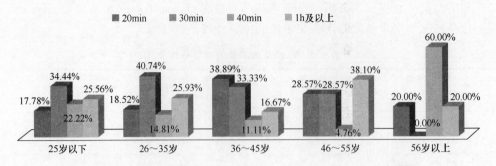

图 8-34　年龄与电动汽车充电站充电时间需求偏好交叉分析图

值，可根据个体需求再进行调整。

4）年龄与电动汽车充电站服务半径需求偏好交叉分析。设定年龄为自变量 X，而电动汽车充电站充电时间需求偏好为因变量 Y，则可以分析出不同年龄段对于电动汽车充电站充电时间需求偏好的差异性（表 8-9）。

表 8-9　年龄与电动汽车充电站服务半径需求偏好交叉分析表

X ＼ Y	5km	10km	15km	20km 及以上	小　　计
25 岁以下	36.67%	40.00%	12.22%	11.11%	90
26～35 岁	37.04%	37.04%	7.41%	18.52%	27
36～45 岁	77.78%	16.67%	0.00%	5.56%	18
46～55 岁	47.62%	28.57%	4.76%	19.05%	21
56 岁以上	0.00%	60.00%	20.00%	20.00%	5

各年龄段对于电动汽车充电站服务半径的需求偏好为 5km 和 10km 的所占比例较大，对于中年年龄段 36～45 岁及 46～55 岁更希望在 5km 内便可找到充电站进行充电（图 8-35）。不同年龄段的需求偏好同样可以在后期调度模型中根据不同年龄进行默认值设置。而对充电站选址规划应将服务半径控制在 10km 以内。

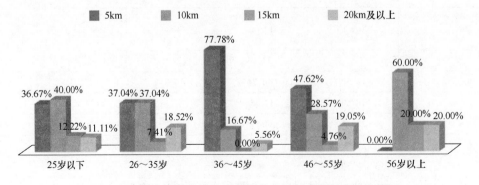

图 8-35　年龄与电动汽车充电站服务半径需求偏好交叉分析图

5）性别与电动汽车拥有量交叉分析。设定性别为自变量 X，而电动汽车的购买意愿为因变量 Y，则可以分析出不同性别对于电动汽车拥有量的差异性（表 8-10）。

表 8-10　性别与电动汽车拥有量交叉分析表

X \ Y	0	1	2	3 或者 3 以上	小　计
男	59（88.06%）	5（7.46%）	2（2.99%）	1（1.49%）	67
女	81（86.17%）	10（10.64%）	3（3.19%）	0（0.00%）	94

由分析图（图 8-36）可以看出，不同性别对于电动汽车的拥有量差异性不大，由于女性调查者居多，电动汽车拥有量较男性多。总体上，没有电动汽车的男性及女性占大多数。

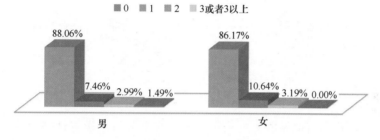

图 8-36　性别与电动汽车拥有量交叉分析图

6）性别与购买意愿交叉分析。设定性别为自变量 X，而电动汽车的购买意愿为因变量 Y，则可以分析出不同性别对于购买意愿的差异性（表 8-11）。

表 8-11　性别与购买意愿交叉分析表

X \ Y	有	没　有	小　计
男	37（55.22%）	30（44.78%）	67
女	49（52.13%）	45（47.87%）	94

由分析图（图 8-37）可以看出，不同性别对于电动汽车的购买意愿差异性不大，男性与女性的意愿比例大致相同，都有 50% 左右的人数有意愿购买电动汽车。

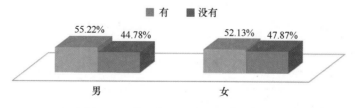

图 8-37　性别与购买意愿交叉分析图

7）性别与电动汽车充电站充电时间需求偏好交叉分析。设定性别为自变量 X，而电动汽车的充电站充电时间为因变量 Y，则可以分析出不同性别对于电动汽车充电站充电时间需求偏好的差异性（表 8-12）。

表8-12　性别与电动汽车充电站充电时间需求偏好交叉分析表

X＼Y	20min	30min	40min	1h 及以上	小　计
男	15（22.39%）	25（37.31%）	14（20.90%）	13（19.40%）	67
女	20（21.28%）	29（30.85%）	16（17.02%）	29（30.85%）	94

由分析图（图8-38）可以看出，女性与男性对于电动汽车充电站充电时间需求偏好相差不大，女性有更多比例可以接受充电时间超过1h。

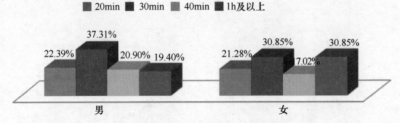

图8-38　性别与电动汽车充电站充电时间需求偏好交叉分析图

8）性别与电动汽车充电站服务半径需求偏好交叉分析。设定性别为自变量 X，而电动汽车的充电站服务半径为因变量 Y，则可以分析出不同性别对于电动汽车充电站服务半径需求偏好的差异性（表8-13）。

表8-13　性别与电动汽车充电站服务半径需求偏好交叉分析表

X＼Y	5km	10km	15km	20km 及以上	小计
男	31（46.27%）	18（26.87%）	9（13.43%）	9（13.43%）	67
女	36（38.30%）	40（42.55%）	6（6.38%）	12（12.77%）	94

由分析图（图8-39）可以得出，男性对于电动汽车服务半径要求更高，有接近50%的比例希望在5km内能找到电动汽车充电站，而对于女性所占比例最多的选项是10km。总体上，对充电站服务半径的需求偏好在5km和10km。

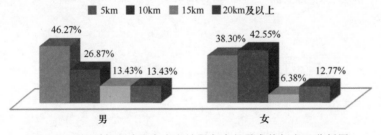

图8-39　性别与电动汽车充电站服务半径需求偏好交叉分析图

8.4.2　河西新城电动汽车充电站选址定容

1. ArcGIS 软件电子地图建立

本节中的 GIS 软件中已导入 2015 年南京河西区域的网络地理信息资料，包括边界区域图层、各级道路图层，基于这些图层进行河西区域充电站的选址布局研究。

　　ArcGIS 中的地理要素主要包括点、线、面三种要素，点要素主要包含各种地标、兴趣点，线要素主要包含道路和水系，而面要素主要包含各级区域、岛屿。

　　由于主要针对河西区域进行研究，河西的一些地理要素需要自行创建，对于河西区域的一些特殊地理要素主要通过 Google Earth 软件进行要素的选取和导出，再通过 GIS 中的 Arc-ToolBox 中的 Conversion Tools 工具将 kml 格式文件转换为 fdgb 格式的图层文件，再通过 GIS 软件将图层文件转换为 shp 格式文件，这样便可在 GIS 软件中进行编辑。主要操作步骤如图 8-40、图 8-41 所示。

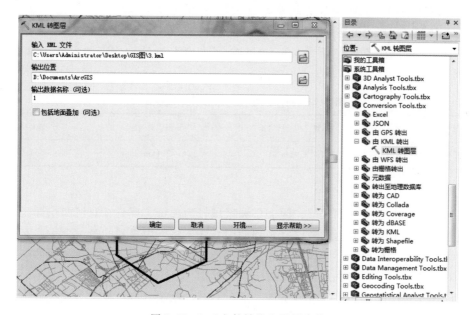

图 8-40　kml 文件转换为图层文件

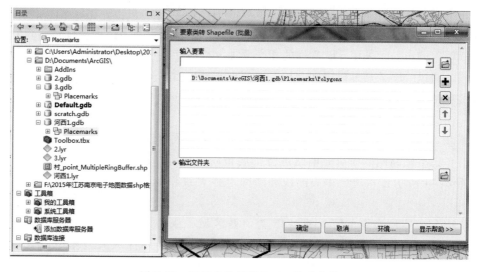

图 8-41　图层文件转换为 shp 格式文件

通过上面的一个转换工程，可以获取各种地理信息要素，主要包含点、线、面三种要素类型。通过所需要素的导入，可以获得一个完整的河西区域电子地图。

2. 基于 ArcGIS 软件网络规划

网络布局规划，主要通过 ArcGIS 软件进行地理信息的获取、展示，及基于电子地图进行测量、作图，得出规划区域及区域坐标。网络规划主要针对河西区域的私家车电动汽车和出租车及少数的行业汽车，建设大型充电站、中型充电站及小型充电桩，对其进行选址定容决策。

（1）服务半径的确定

通过对河西的问卷调查统计分析和电动汽车充电站服务半径的研究，超过 70% 的人觉得服务半径超过 5km 或者 10km 会感到不便利，建议大型充电站的服务半径为 3.2 ~ 3.9km，中型充电站的服务半径为 1.6 ~ 2.1km，小型充电站的服务半径为 0.8 ~ 1.2km，见表 8-14。

表 8-14　电动汽车充电站服务半径参数图

类　　型	大型充电站	中型充电站	小型充电站
服务半径	3.2 ~ 3.9km	1.6 ~ 2.1km	0.8 ~ 1.2km

（2）第一个六边形布局

高亮区域为河西新城规划区域，因江心洲区域较为独特，现只针对河西东部区域进行电动汽车充电站选址规划。河西区域已有规划的中心区，将其中规划的第一个大型充电站的服务区域的中心设定为河西中心区域的中心，通过考虑了在与路网走势大致相同的前提下，对六边形进行多次调整筛选，选取覆盖率较大的布局。

在 GIS 中生成中部中心区的区域范围，通过 GIS 绘制工具可以自动生成区域中心点，坐标点为（118.727，32.005），将其设定为第一个大型充电站的服务区域的中心，其中第一个六边形规划如图 8-42 所示，红色区域部分为中部中心区，而绿色圆点为区域中心，同时也为第一个规划的六边形服务区域，服务区域的半径为 3.2km。

通过考虑了在与路网走势大致相同的前提下，对六边形进行多次调整筛选，得到最后区域覆盖率较大的布局，采用 GIS 软件的相交叠加分析功能，可以得到服务区域和中心区域的叠加区域，通过绘图工具可以得到叠加区域面积，最后通过叠加区域与中心区域的比值可得到最后覆盖率为 90.19%，图 8-43 为具体叠加分析图。

（3）考虑路网的扩展布局

由于基于交通原则的规划，各级中心地间形成了大致的直线，需考虑与区域路网状况进行协调，考虑空间路网走向对充电站进行扩展布局，最后得出大型充电站的初步具体网络布局如图 8-44 所示，六边形中心连线和路网走势大致相同，以达到交通原则下运行效率较优。

（4）各级充电站最终布局。图 8-45 为河西区域一级中心地（大型充电站）网络布局图，绿色点为区域中心点，最后以服务半径为 3.2km 的河西区域大型充电站规划结果为3 个。

其中每个六边形中心区域的以圆点为中心，半径为 0.7km（3.9km - 3.2km）的圆形区

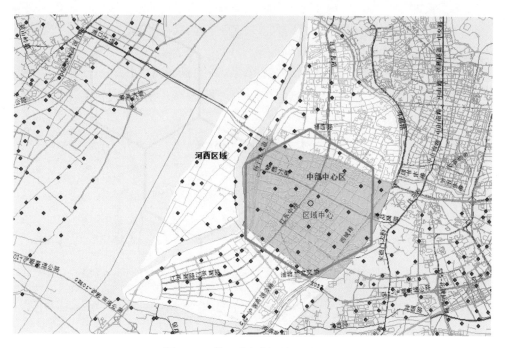

图 8-42　第一个规划服务区布局图

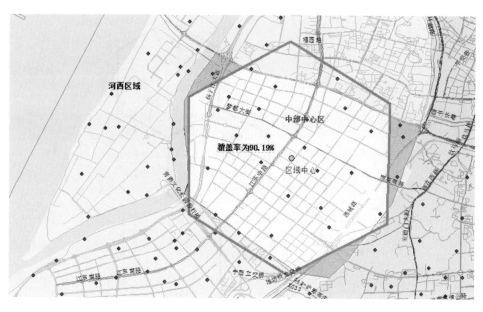

图 8-43　GIS 相交叠加区域图

域为下一阶段具体选址区域。

　　由图 8-46 所示，红色边框的六边形为二级充电站的服务区域。在一级充电站网络的基础上根据交通原则进行二级充电站规划，两个一级充电站的连线中点为次一级的充电站区域中心点，即在一级充电站六边形服务区的每边的中点，图中为红色圆点。以 1.6km 为服务

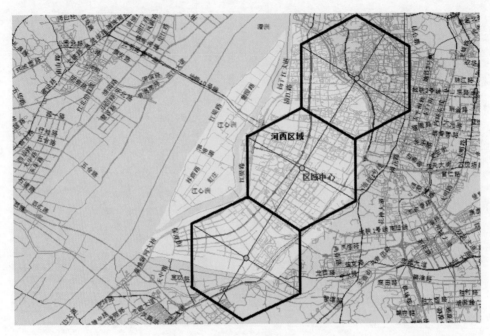

图 8-44　考虑路网的六边形扩展布局

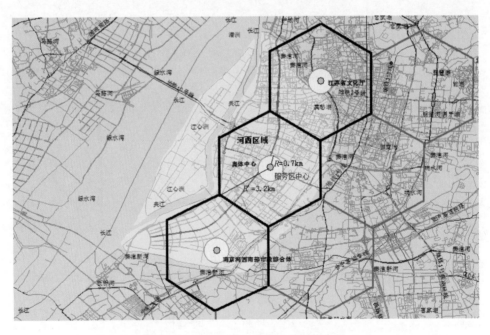

图 8-45　南京河西一级充电站网络布局

注：图中绿色标记点为区域中心点，非充电站选址点，中心圆形区域为具体选址区。

半径的河西区域规划结果为 10 个，其中每个六边形中心区域的以红色圆点为中心，半径为 0.5km（2.1km－1.6km）的圆形区域为下一阶段具体选址区域。

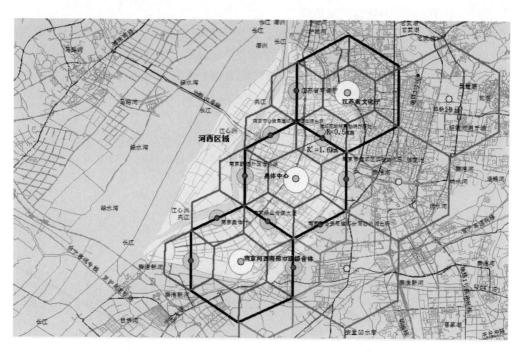

图 8-46 南京河西一级及二级充电站网络布局

如图 8-47 所示，黄色小点代表三级（小型）充电站的选址区域中心，以圆点为中心，半径为 0.4km（1.2km－0.8km）为具体选址区域，图中以一个点为示意图，蓝色六边形框中为具体选址区域。经过规划，在河西区域内共规划了 31 个小型充电站。

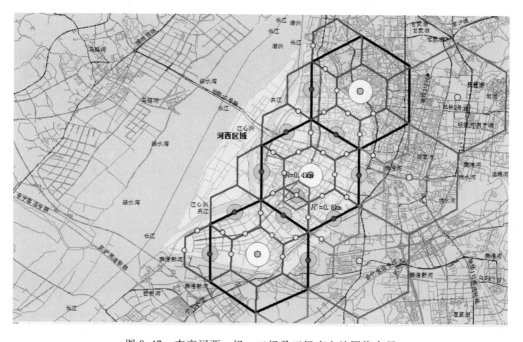

图 8-47 南京河西一级、二级及三级充电站网络布局

3. 基于 ArcGIS 软件的候选站址的选定

在每级充电站六边形服务区域内都规划了以区域中心点为圆点不同半径的具体选址区域，在这个区域中，根据充电站选址和建设的要求，通过 GIS 软件的位置选择和缓冲区分析功能对候选站址进行选定，现主要以由网络布局规划得到服务区域覆盖中心地区的一级大型充电站的候选站址为例。

（1）具体选址区域

由上一阶段得到了充电站候选站的具体选址区域，为服务区域的中心为圆心，坐标为（118.727，32.005），半径为服务半径范围差值 0.7km（3.9km – 3.2km）的圆形区域（图 8-48）。

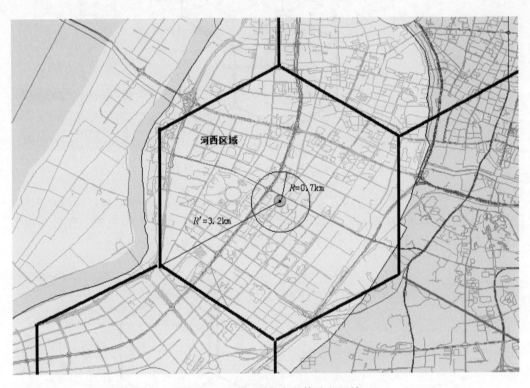

图 8-48　ArcGIS 软件中具体选址区域

为了更好地了解具体选址区域的地理信息情况，通过地图软件进行了卫星视图和 ArcGIS 软件的地图视图，对具体规划区域的地理情况进行了了解，其具体情况如图 8-49、图 8-50 所示。

在图 8-49、图 8-50 中，圆形区域为具体选址区域，候选站址的具体选择区域靠近南京奥林匹克中心，其中北部边界接近兴隆大街，东边跨过黄山路，南边包括紫金西域中心，西侧包含奥体中心一部分。总的具体规划面积为 $1.54km^2$。

（2）充电站选址和建设的要求

充电站的建（构）筑物构件燃烧性能、耐火极限，站内建（构）筑物与站外民用建（构）筑物及各类厂房、库房、堆场、储罐的防火间距应满足《建筑设计防火规范》（GB 50016—2014）的有关规定。参照加油站建设距离进行参数设定（表 8-15）：

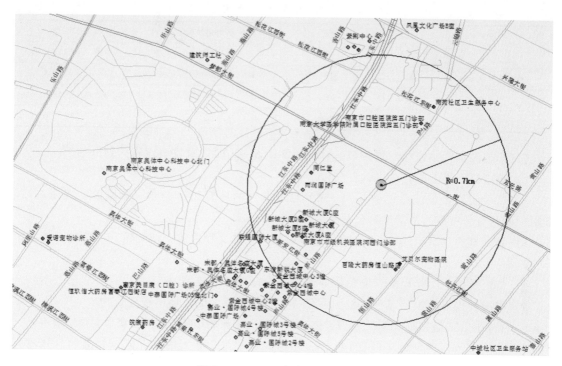

图 8-49　ArcGIS 软件的地图视图

图 8-50　卫星地图中具体选址区域图

表 8-15　充电站与周边设施的安全距离　　　　　　　（单位：m）

名　　称	级　别	重要建筑物	民用建筑物			城市道路	
			一类	二类	三类	主干道	次干道
大型充电站	一级	50	25	20	16	10	8
中型充电站	二级	50	20	16	12	8	6
小型充电站	三级	50	16	12	10	8	6

《汽车加油加气站设计与施工规范》（GB 50156—2012）对重要建筑的划分如下：

1）地市级及以上的党政机关办公楼。

2）高峰使用人数或座位数超过 1500 人（座）的体育馆、会堂、影剧院、娱乐场所、车站、证券交易所等人员密集的公共室内场所。

3）藏书量超过 50 万册的图书馆；地市级及以上的文物古迹、博物馆、展览馆、档案馆等建筑物。

4）省级及以上的邮政楼、电信楼等通信、指挥调度建筑物。

5）省级及以上的银行等金融机构办公楼，省级及以上的广播电视建筑物。

6）高峰使用人数超过 5000 人的露天体育场、露天游泳场和其他露天公众聚会娱乐场所。

7）使用人数超过 500 人的中小学校；使用人数超过 200 人的幼儿园、托儿所、残障人员康复设施；150 床位及以上的养老院、疗养院、医院的门诊楼和住院楼等医疗、卫生、教育建筑物（有围墙者，从围墙边算起）。

8）总建筑面积超过 15000m² 的商店建筑和旅馆建筑，商业营业场所的建筑面积超过 15000m² 的综合楼（商住楼），以及总建筑面积超过 30000m² 的办公楼、写字楼、科研楼等其他公共建筑物。

9）地铁出入口、隧道出入口。

（3）缓冲区分析

根据充电站与周边设施的安全距离的要求，将 ArcGIS 软件电子地图中的周边设施分为三类，设定不同的缓冲区半径（表 8-16）来体现建筑物对充电站安全距离的要求。

表 8-16　缓冲区分析半径参数

地图要素类型	缓冲区半径（安全距离）	备　　注
交通出行	50m	地铁出入口、汽车站、火车站、加油站
金融服务	50m	银行
科研教育	50m	中小学校、幼儿园
医疗服务	50m	养老院、疗养院、医院门诊楼和住院楼
大厦	50m	办公楼、写字楼、科研楼等其他公共建筑物
旅游	50m	文物古迹、博物馆、展览馆、档案馆等建筑物
休闲娱乐、购物、餐饮、住宿（旅店）	25m	建筑设施规模较小，人流量较少，以 25m 进行缓冲区分析
其他设施	20m	包含小区及小型基础设施等，均以 20m 进行缓冲分析
县道	10m	
乡村道路	8m	

河西区域中的兴趣点以及道路按照如上分类录入 ArcGIS 软件，同时建立了具体选址区域图层，圆心坐标为 (118.730，32.009)，半径为 0.7km 的圆形区域。GIS 软件中的按照位置选择要素的功能，设定"目标图层要素在源图层要素范围内"计算方法，分别选择区域中的不同类型的兴趣点进行缓冲区分析（图 8-51）。

对于选定的目标要素再进行缓冲区的设定，选择 GIS 软件中的主菜单中"地理处理"中的"缓冲区"，设定要素和半径，则会自动生成目标要素的缓冲区（图 8-52）。

按照如上操作步骤，分别对不同类型的建筑设施设定不同半径进行缓冲区的建立以体现其对充电站建设的安全距离要求，最终缓冲区分析结果如图 8-53 所示。

在具体选址区域中，兴趣点周围形成的圆形区域及道路（线）形成的线状

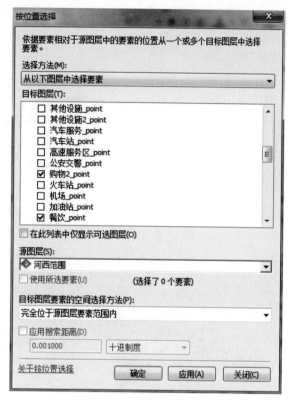

图 8-51　ArcGIS 目标要素选择操作图

区域都为缓冲区，代表着在此区域中不能建设充电站，则充电站的站址选择区域为其余空余区域。缓冲区因其设定的半径不同，其形成的面积大小也不尽相同。

图 8-52　ArcGIS 缓冲区分析操作图

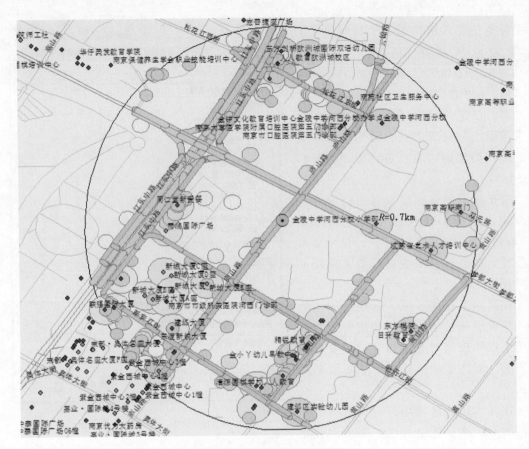

图 8-53　ArcGIS 缓冲区分析结果图

（4）候选站址选定

通过缓冲分析的结果及具体选址要求，考虑站址周边环境情况将候选站址初步定为 A、B、C 三个点（图 8-54）：A 点位于江中东路道路边，B 点位于黄山路 72 号，C 点位于梦都大街 36 号位置。三点都远离道路交叉口，并满足缓冲区分析，距离周边建筑物满足安全距离要求。

4. 具体可行性分析

通过规划成本最小的计算函数，可以分别计算出三个候选站址的规划成本和运营收益，确定最后的充电站站址，设定大型充电站为 8 个充电桩，占地面积为 3000m²，三个候选站址建设规模相同，则除了土地费用，其他费用都相同，具体计算如下：

（1）充电站总投资建设成本（不包含土地费用）

假设充电站总占地面积约为 3000m²，包括变压房、充电设备房、监控室、值班室、充电桩、停车充电地位、车辆进出通道等基础设施。充电站配有充电桩 8 个，每个充电桩采用双枪轮循式充电方式，配有两条充电枪，可同一时间段供 16 辆车同时充电，每个充电桩配有一台 100kW 的充电机。每个充电站配置 1 台专门为充电设备供电用的变压器，1 面配电柜，1 面计量柜，1 套集中监控智能管理系统（含监控智能软件）等。

电动汽车充电站设备配置及费用见表 8-17。

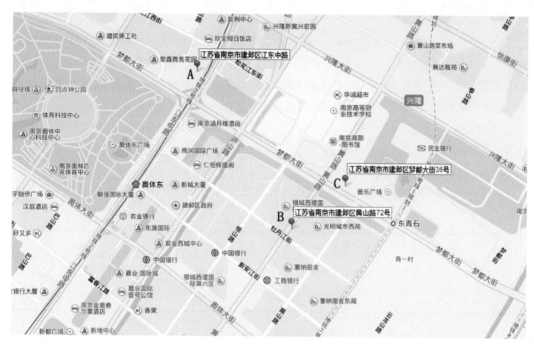

图 8-54 充电站候选站址位置图

表 8-17 电动汽车充电站设备配置及费用

序 号	名 称	数 量	价格/元
1	电动汽车充电机 + 桩（套）	8 套	149940 × 8 = 1199520
2	集中监控系统（运营服务管理系统）	1 套	75000
3	视频监控系统	1 套（8 个）	2500
4	火灾告警系统	1 套	8700
5	计量柜（面）	1 套（8 个）	40000
6	配电柜（面）	1 套（8 个）	56000
7	合计（1 + 2 + 3 + 4 + 5 + 6）		1381720

注：1. 电动汽车充电机 + 桩（套）型号：分体直流电动汽车充电桩 SN-水 I A500V/250A，天津精晟环保。
　　2. 集中监控系统（运营服务管理系统）型号：海康威视监控系统 DS-B10-S05-A。
　　3. 配电柜（面）型号：低压成套配电柜 GCK，浙江吉展电气有限公司。
　　4. 计量柜（面）型号：XGN12 KYN28-12 抽屉柜 GCK，上海人民电气有限公司。
　　5. 视频监控系统：7in（1in = 0.0254m）屏 603HD 4 路套餐。

充电站建设投资费用见表 8-18。

表 8-18 充电站建设投资费用

充电站规模	充电站建设投资费用			合 计
	设备费用	施工费用	变压器及配电	
8 套	138 万元	70 万元	154 万元	362 万元

注：配电设施一般包括 2 台变压器、1km 0.4kV 电缆、2km 10kV 电缆、容量 700kV·A 以上有源滤波装置。

（2）土地费用

A 地价：1.17 万元$/m^2 \times 3000m^2 = 3510$ 万元。注：参考价格，梦都大街 188 号土地拍卖价格。

B 地价：0.079 万元$/m^2 \times 3000m^2 = 237$ 万元。注：参考价格，南京新城科技园 C-08、C-10 地块拍卖价格。

C 地价：0.30 万元$/m^2 \times 3000m^2 = 900$ 万元。注：参考价格，建邺区兴隆大街以南（河西中部 49 号）。

（3）充电站年运营成本

充电站年运营成本主要包括员工费用、站内设备消耗费用及网络损耗费用，见表 8-19。

表 8-19　充电站年运营成本

充电站年运营成本			合　计
员工费用	站内设备消耗费用	网络损耗费用	43 万元
8 人×3 万元/人=24 万元	3 万元	16 万元	

其中，网络损耗费用是指新建电池充电站接入原有电网后，新增网络损耗引起的费用，该费用与电池充电站接入电网的位置有关（王泽黎和齐灿，2014）。假设引起该部分费用增加量相同，每年累计充电量大约为 200 万 $kW \cdot h$（$1kW \cdot h$ 为 1 度，下同），充电损失率大约为 8%（王倩，2012），损耗费用为 0.1 元$/(kW \cdot h)$，则损耗费用为 16 万元。

（4）充电站年维护成本

配电设施维护成本一般为配电成本的 3% 左右，大约每年 6 万元。

（5）计算候选充电站站址规划成本

假设以比亚迪 E6 为参照物，投资回报周期为 30 年，自有投资，不计银行还贷费用。假设 $r = 10\%$，则 $a = 0.11$。

$$C_A = [0.11 \times (362 + 3510) + 43 + 6] \text{万元/年} = 474.92 \text{万元/年}$$

$$C_B = [0.11 \times (362 + 237) + 43 + 6] \text{万元/年} = 114.89 \text{万元/年}$$

$$C_C = [0.11 \times (362 + 900) + 43 + 6] \text{万元/年} = 187.82 \text{万元/年}$$

（6）计算充电站址的运营收益

每桩每年充电小时数（每天按照 14h 计算，$24 \times 0.71 \times 0.8 = 14$）：14h/天 × 365 天 = 5110h；8 个桩每年充电小时数：$8 \times 5110h = 40880h$；以比亚迪 E6 使用快速充电模式的年充电量计算（0.5h/140km/30kW $\cdot$ h）：$40880/0.5 \times 30kW \cdot h = 245.28$ 万 $kW \cdot h$。

设定 80% 为高峰电价充电，20% 为低谷电价充电，依照南京现有充电价格计算（高峰 1.44 元$/(kW \cdot h)$，低谷 0.92 元$/(kW \cdot h)$）：$(2452800 \times 0.8 \times 1.44 + 2452800 \times 0.2 \times 0.92)$ 元 = 327.69 万元

$$R_A = (327.69 - 474.92) \text{万元} = -147.23 \text{万元}$$

$$R_B = (327.69 - 114.89) \text{万元} = 212.80 \text{万元}$$

$$R_C = (327.69 - 187.82) \text{万元} = 139.87 \text{万元}$$

候选站址年规划成本及年收益计算表见表8-20。

表 8-20　候选站址年规划成本及年收益计算表　（单位：万元）

站址	C_1	C_2	C_3	C_4	年规划成本 C $C = a(C_1 + C_2) + C_3 + C_4$	年收入 I	年收益 R $R = I - C$
A	362	3510.00	43	6	474.92	327.69	−147.23
B	362	237.00	43	6	114.89	327.69	212.80
C	362	900	43	6	187.82	327.69	139.87

由上面计算结果可以得出，B地建设充电站的规划成本最小。B站址的不计算营业税及所得税的运营收益为212.80万元 > 0，方案可行。

5. 充电站需求定容

（1）河西区域电动汽车保有量预测

目前南京有300个私家车充电桩，这同时也表明了南京现有电动汽车私家车的情况，现假定河西区域电动汽车私家车为50辆，电动汽车的保有量受政府政策、油价、经济因素等多种因素影响，本书根据学者曾鸣用Bass模型对在基准油价情况下我国汽车私家车保有量参数进行预测（曾鸣等，2013），对规划中的河西区域电动汽车保有量进行了预测，见表8-21。

表 8-21　2015~2025年河西区域电动汽车保有量预测

年份	2015	2016	2017	2018	2019	2020
电动私家车保有量	50	548	1358	2345	3518	4897
电动出租车保有量	30	60	90	120	150	180

年份	2021	2022	2023	2024	2025
电动私家车保有量	6505	8375	10543	13074	16211
电动出租车保有量	210	240	270	300	330

由于电动出租车受政府调控较大，初期投入较多，后期预测按其较均匀增长，在2025年达到同私家车比例为49:1。通过保有量的预测可以根据保有量计算区域充电需求量。

（2）总充电需求量及充电站建设数量

通过充电需求公式可以得出电动汽车的充电需求量，再通过供需条件公式得出充电站的建设数量，建设顺序为大型充电站、中型充电站、小型充电站，设定充电站提供60%的充电需求，其余40%由充电桩进行辅助充电。

通过现有充电站的建设规模及加油站建设规模，设定大型充电站为8个充电桩，中型充电站为6个充电桩，小型充电站为4个充电桩，每个充电桩配备两个充电枪。现全部建设速充模式的充电桩，根据公式

$$\alpha\gamma(N_s D_{s2} + N_c D_{c1}) \leq n_b(P_1 M_{b1} + P_2 M_{b2}) + n_m(P_1 M_{m1} + P_2 M_{m2}) + n_s(P_1 M_{s1} + P_2 M_{s2})$$

分别计算每年的充电需求量及建设数量，得出表8-22，$\alpha = 60\%$，$\gamma = 1.2$。

如表8-22所示，2020年建设3座大型充电站及1座中型充电站，到2025年建设3座大型充电站和9座中型充电站。充电站提供60%的充电需求量，其余需求量由目的地充电桩进行满足，调查问卷分析结果显示，充电桩可以建设在便利店、商场、公共停车场、公园等地。而小区充电桩应该按照1:1的配比进行设置。

表 8-22   充电需求量及充电站建设数量计算表

（单位：D：辆/天，n：座）

年度	N_s	D_{s2}	N_c	D_{c1}	D	P_1	M_{b1}	n_b	M_{m1}	n_m	M_{s1}	n_s
2015	50	0.407	30	4.802	118	81.792	8	1	6	—	4	—
2016	548	0.407	60	4.802	368	81.792	8	1	6	—	4	—
2017	1358	0.407	90	4.802	709	81.792	8	1	6	—	4	—
2018	2345	0.407	120	4.802	1102	81.792	8	2	6	—	4	—
2019	3518	0.407	150	4.802	1550	81.792	8	3	6	—	4	—
2020	4897	0.407	180	4.802	2057	81.792	8	3	6	1	4	—
2021	6505	0.407	210	4.802	2632	81.792	8	3	6	2	4	—
2022	8375	0.407	240	4.802	3284	81.792	8	3	6	3	4	—
2023	10543	0.407	270	4.802	4023	81.792	8	3	6	5	4	—
2024	13074	0.407	300	4.802	4868	81.792	8	3	6	6	4	—
2025	16211	0.407	330	4.802	5891	81.792	8	3	6	9	4	—

（3）充电站具体建设顺序

现由供需关系条件得到了河西区域内各类型充电站的建设数量，再根据各六边形服务区域内的兴趣点指数大小进行建设顺序的确定，兴趣点指数大的六边形服务区域中的充电站先建设。各服务区兴趣点指数为区域内总的兴趣点数目，兴趣点数目多的代表其兴趣点指数高。现对规划区域内的各个兴趣点指数进行统计，兴趣点按生活需求分类，包含各类场所，如：交通出行、金融服务、科研教育等。

图 8-55 为河西区域兴趣点遍布图，每个小点代表一个兴趣点，点密集度较大的地方，兴趣点较多，兴趣点指数较大，点疏散的地方，兴趣点较少，兴趣点指数较小。

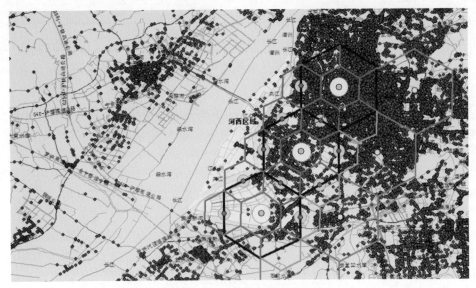

图 8-55   河西区域兴趣点遍布图

现对一级、二级充电站的服务区域进行编号（图 8-56），三级充电站的建设还未在规划内，则现不进行编号，编号同时也代表区域中要建设的充电站。

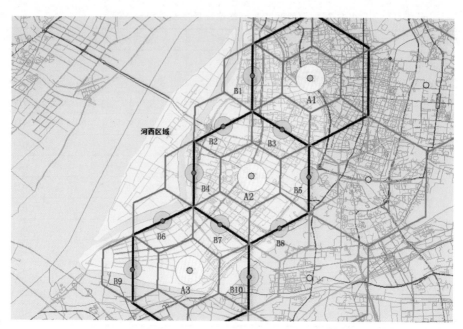

图 8-56　河西区域一级、二级充电站服务区域编号图

通过分别对一级充电站和二级充电站内的兴趣点个数进行统计，也就是每个服务区域内的兴趣点指数，对周边群众出行吸引力更大，则对交通需求更高，电动汽车的充电需求更大，则应较先建立充电站，从而对建设顺序进行排序。

在兴趣点统计中，同样用到 GIS 软件中的按位置选择功能，以兴趣点图层为目标图层，选址六边形区域为源图层，在内容列表中按选择列出的视图中可以看到选中的不同图层的要素的数目，通过求和可以得出此区域的兴趣点指数，如图 8-57 中为 A1 区域中兴趣点个数。

如图 8-57 所示，用此方法可以显示出不同类型的兴趣点在 A1 范围内的个数，现只需对各个兴趣点指

图 8-57　A1 服务区兴趣点个数统计图

数进行求和，便可得出区域的兴趣点指数，以此方法可以求出其他区域的兴趣点指数，见表 8-23。

由表 8-23 可得充电站的建设顺序和建设时间，到 2025 年总共建设了 3 个大型充电站和 9 个中型充电站，为了更好地看出建设顺序，将建设顺序在 GIS 图中标示出来（图 8-58）。

下面以表格形式展现出各规划年度应建成的充电站（表 8-24），并以 5 年为一个规划阶段，以图的形式展示从规划年度角度对充电站的规划建设（图 8-59）。

表 8-23　河西区域充电站建设顺序及建设时间

充电站类型	充电站编号	兴趣点指数	建设顺序	建设时间
大型充电站	A1	21308	1	2015
	A2	5073	2	2018
	A3	2026	3	2019
中型充电站	B1	2545	5	2021
	B2	900	9	2024
	B3	3838	4	2020
	B4	863	10	2025
	B5	1737	6	2022
	B6	621	12	2025
	B7	885	11	2025
	B8	980	8	2023
	B9	542	13	2025 +
	B10	1323	7	2023

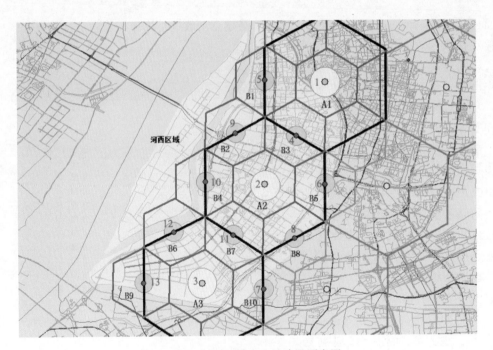

图 8-58　河西区域充电站建设顺序图

表 8-24　各年度充电站建设规划表

年　　度	2015	2016	2017	2018	2019	2020	2021	2022	2023	2024	2025
充电站编号	A1	A1	A1	A2	A3	B3	B1	B5	B10 B8	B2	B4 B6 B7

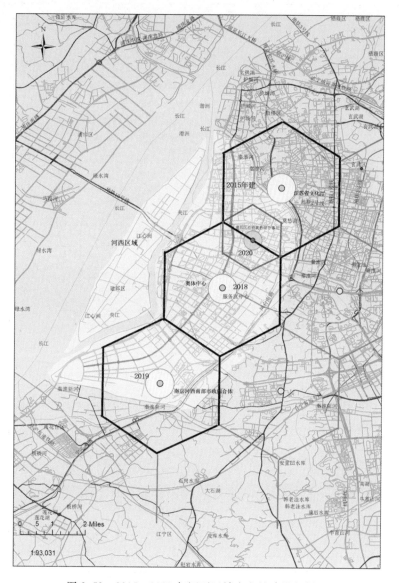

图 8-59　2015～2020 年河西区域充电站建设规划图

　　从表 8-24 中可以得到规划年度需要建设的充电站个数及具体建设区域，确定建设顺序后可再进行具体选址。因电动汽车保有量的影响因素有很多，应不断对以后年度的预测量进行更新，达到动态预测，动态调整和规划。

　　如图 8-59 所示，2015 年首先建设河西北边服务区的大型充电站，到 2018 年建设服务区域中部区域的大型充电站，2019 年建设河西南部区域的大型充电站，到 2020 年建设第一个中型充电站。此为根据现需求量预测规划的建设结果，而电动汽车的保有量及需求量会不断变化，后期可根据动态需求预测对建设规划进行调整。

　　图 8-59 和图 8-60 为每 5 年的充电站建设规划图，到 2025 年还有一座中型充电站未建设，而小型充电站还未开始建设，从图中可以直观地得到各充电站的建设顺序和年度。

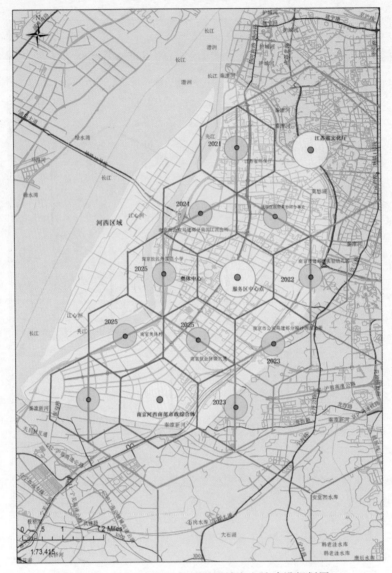

图 8-60 2021～2025 年河西区域充电站建设规划图

8.4.3 河西新城电动汽车个体调度

（1）个体调度模拟假设条件

对于电动汽车个体调度的模拟主要假设条件如下：

1）现假设在 2015 年河西区域县级道路图层中进行个体调度最优路径选择模拟和最近服务设施选址模拟。

2）建立了较为简单的道路网络集，未进行转弯、等待红绿灯等模拟。

3）其中停靠点主要模拟为电动汽车位置点及充电站点，充电站点的选择需要基于上一小节充电站的选址布局的结果。

4）其中最优路径选择的模拟和最近服务设施的模拟都以行驶路径最短为分析设置。

（2）构建交通网络

在模拟中，主要创建了河西区域的省道、县道及乡村道路图层的网络数据集，设定了行驶距离和时间为成本属性，设置简单的单行道路为限制属性（图 8-61）。设置了属性后可以分别得到各个图层的网络数据集，在数据集上可以进行网络分析。

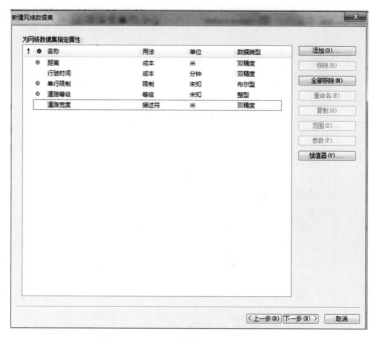

图 8-61　GIS 网络数据集属性设定图

每个网络数据集都应该有相应的属性设置来模拟道路状况，但在网络分析时只能选择一种成本属性进行分析，可以选择多个限制属性进行网络分析。

GIS 中河西区域网络数据图如图 8-62 所示，其中可以看到网络元素主要有边线、交互

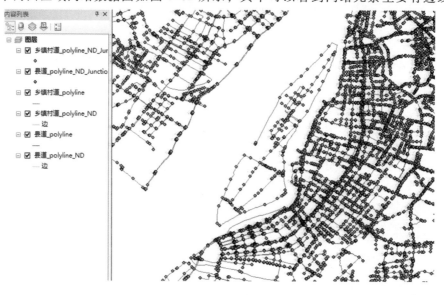

图 8-62　GIS 中河西区域网络数据图

点，如果要设置禁止转弯限制，还需设置转弯要素。

1. 基于 ArcGIS 的最优路程选择模拟

现假定电动汽车的位置点为 1 位置，到达终点为 2 位置（为规划充电站站址），则下面为以距离最近为目标的最优路线和有障碍限制的以距离最近为目标的最优路线求解结果。

如图 8-63 所示，选择长度即行驶距离为最优路线考虑因素，除此之外还可以选择行车时间为考虑因素。

图 8-63　最优路径分析功能属性设置图

由图 8-64、图 8-65 对比可以看出，图 8-64 为没有设置点障碍的路线规划图，点 1 为电动汽车位置点，点 2 为充电站站点，高亮的线段为以距离为最优的行驶路径，由路径的属性图可以看出整个路径的长度为 1472.5m。图 8-65 为添加了点障碍后的最优线路规划，其必

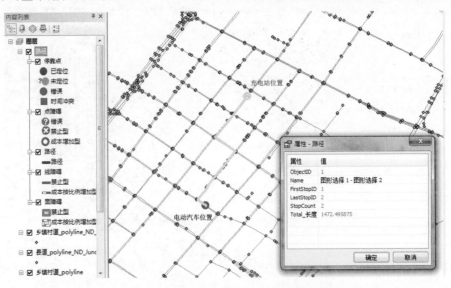

图 8-64　以距离最近为目标的最优路线结果图

须绕开障碍点进行行驶，最后的最优路径结果便会不同，整个路径的长度为1491.6m。如图8-65所示在内容列表中不仅有点障碍要素还有线障碍和面障碍要素，其可根据交通堵塞状况及突发事件情况进行设定，这样便可以反映出交通因素对规划的影响。此结果的成本属性选择的为行车距离，对于成本属性还可以选择行车时间作为成本属性。

图 8-65　有障碍限制的以距离最近为目标的最优路线结果图

2. 基于 ArcGIS 的最近服务设施选择模拟

"最近"服务设施实际表示成本消耗最少的设施，成本包括时间、金钱和距离等。当电动汽车驾驶者想充电时，便可通过此功能，考虑了交通情况的"最近"服务设施作为候选充电站址，调度控制中心在接到实时请求后，通过动态调度模型，考虑了电网情况后，推荐最后的充电点。下面通过 GIS 的网络分析功能模拟最近服务设施的查找功能。

在进行最近充电设施分析求解前，需求对求解功能属性进行设置，如图 8-66 中的设置，

图 8-66　最近充电设施分析功能属性设置图

阻抗为成本，即以距离最短查找事件点（电动汽车位置）附近的充电站，路径的长度必须在 5000m 以内，查找的个数设置为 3 个，路线是从事件点到设施点。

最近充电设施分析功能求解结果如图 8-67、图 8-68 所示。

图 8-67　最近充电设施分析功能求解结果图（一）

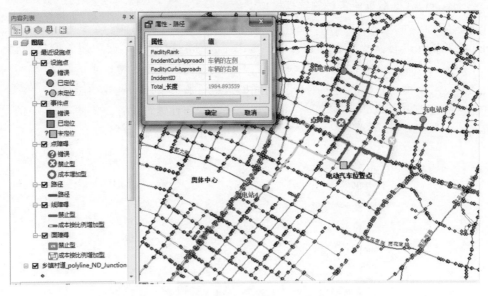

图 8-68　最近充电设施分析功能求解结果图（二）

由图 8-68 所示，最近设施点代表着充电站站点，事件点代表着电动汽车位置点，同样通过交通路况信息设定点障碍或者线障碍。

对事件点 5000m 范围内进行 3 个设施点的查找结果如下，方点为事件点，圆点为设施点，其中设定两个禁止通行点障碍，最后最近的设施点及通往路径已经高亮显示，则查找出的三个设施点为考虑了驾驶者需求和交通状况的充电候选设施。

本 章 小 结

本章首先对电动汽车的含义、类型、特征，电动汽车充电站的模式和换电站进行了归纳，并从可及性、创新性、灵活性、可持续性、全面性、安全性六个方面阐述了智慧城市电动汽车的建设目标，以及从建设管理者和电动汽车使用者两个角度分析了电动汽车建设的功能要素。贯彻智慧城市的建设理念，构架了智慧城市电动汽车管理与运营系统。遵循智慧城市"以人为本"的理念，由低向上进行设计，从设计子模块、决策子模块、使用子模块、监控子模块和云计算平台五个方面进行了阐述。

其次，从中心地理论、六边形网络理论和中心地三原则理论阐述了选址规划理论，并从研究目标、研究信息、研究步骤与方法及研究结果对选址定容的一个主要思路进行了介绍。电动汽车选址规划应遵守科学性原则、安全性原则、可实施原则、因地制宜、局部与整体相协调原则。分析了电动汽车不同阶段充电站的服务对象和建设模式，并从电动汽车的续驶里程、电动汽车电池性能及充电站服务目标三个方面确定了电动汽车充电站的服务半径，以及规划了电动汽车充电站网络布局。根据国家电网公司对电动汽车充电站的选址要求，运用 GIS 软件选定几个候选站址。然后通过经济性分析，选择规划成本最小的进行建设，同时求出其运营收益。主要考虑了第二阶段和第三阶段私家车和出租车两种类型电动汽车的充电需求，对公共充电站的服务能力进行估计，对公共充电站进行需求定容。

再次，从静态调度问题和动态调度问题入手，阐述了调度运筹理论。通过对电力系统、交通系统及个体对于电动汽车调度系统的需求，根据需求及目标设定电动汽车调度系统的功能及模块，采用关键成功因素法，对系统进行了初步规划，并基于电动汽车调度系统的规划进行智慧城市中的电动汽车调度系统设计。从最佳路径分析、最近服务设施分析、OD 成本矩阵功能和地理信息库四个方面介绍了 GIS 软件网络分析功能。详细分析了个体调度功能中的规划出行路线功能和推荐充电策略功能，并在 GIS 软件中分别用网络分析进行了模拟。

最后，对南京市电动汽车充电站现状进行总结，并通过问卷调查探索智慧城市电动汽车及基础设施需求及偏好。运用统计分析得出整体调查对象对于电动汽车及充电站的需求及偏好，而进行交叉分析得出不同群体的需求和偏好。在 GIS 软件中导入 2015 年南京河西区域的网络地理信息资料，进行地理信息的获取、展示，及基于电子地图进行测量、作图，得出规划区域及区域坐标，通过 GIS 软件的位置选择和缓冲区分析功能对候选站址进行选定，并通过规划成本最小的计算函数，分别计算出三个候选站址的规划成本和运营收益，确定最后的充电站选址，完成河西新城电动汽车充电站需求定容。基于 ArcGIS 的最优路程选择模拟和最近服务设施选择模拟，完成河西新城电动汽车个体调度分析。

第 9 章

基于 BIM 与 GIS 融合的智慧校园个体需求分析

9.1 智慧校园的相关研究

随着物联网技术的不断发展，校园作为教学活动发生的必备场所之一，也发生了巨大的变化。2010 年始，国内学者提出了构建"智慧校园"的概念和思路，智慧校园开始逐步进入研究者的视野。智慧校园的理念被提出后，学者们对智慧校园的起源、概念、构成要素、发展等方面提出了自己的看法。学界普遍认为智慧校园的理念是基于 IBM 提出构建智慧地球理念提出的，而对于智慧校园的概念则有不同的看法，但普遍认为智慧校园是基于信息技术为师生提供的智慧型服务的综合体，是数字校园发展的最终归宿（管会生和赵新悦，2016）。

目前国内对智慧校园的研究主要集中在概念特征、设计、开发、应用、管理和评价方面。在智慧校园的概念特征研究方面，黄荣怀等（2012）认为所谓的智慧学习环境是基于大数据环境将已收集到的学习者相关数据包括特征、习惯、工具资源等个性化参数，通过模拟仿真等技术手段将整个学习过程进行记录及评测，生成教学效果展示图，从而强化学习效果，提高学习效率。宗平等（2010）认为智慧校园的核心特征主要反映在三个方面：①为广大师生提供一个全面的智能感知环境和综合信息服务平台，提供基于角色的个性化订制服务；②将基于计算机网络的信息服务引入学校的各个应用与服务领域，实现互联、共享和协作；③通过智能感知环境和综合信息服务平台，为学校与外部世界提供一个相互交流和相互感知的接口。

在智慧校园设计方面国内研究较多，但大多数都是基于技术的视角。如蒋东兴等（2015）设计了物理空间和数字空间相融合的高校智慧校园体系结构，其结构从下往上依次为智能感知层、网络通信层、大数据层、智慧校园应用层、自适应交互平台以及支撑保障体系。于长虹等（2014）系统梳理了当前智慧校园研究的参考模型，并基于智慧校园智慧性设计的构成要素和智慧表现提出了以用户为中心的智慧校园参考模型。

在智慧校园的开发方面所涉及的关键技术有物联网技术、云计算技术等。如莫伟健等（2013）为了加强学校安防系统，打造无线智慧校园，运用高压缩率的 H.264 标准的图像压缩编码技术降低传输数据所占信道宽度，同时利用 ARM11 处理器提高图像信息传输速率，并通过 ZigBee 无线网络将已编码的数据传送到显示器，设计出了基于物联网的无线视频监控系统。

智慧校园的应用方面研究相对较少，如徐青山等（2016）对智慧校园的顶层设计进行了分析，同时结合"智慧北航"校园建设的实践应用，为高校智慧校园的顶层设计和建设提供了一个参考案例。潘勇和全丽莉（2015）认为信息化学习系统是智慧校园建设的基础，构建了中学信息化学习系统并进行了课堂教学实践。

国内有关智慧校园的研究对学校科研、教学等进行管理和评价的文章相对较少。高瑛（2013）认为与常规校园相比，智慧校园每天都会产生海量的电子文件，为了对这些电子文件进行科学高效的管理，提出了智慧校园的电子文档管理模式。李胜等（2013）针对校园管理存在信息处理落后的问题，提出了基于 RFID 远距离自动识别技术的校园安全管理系统设计方案，该系统能够全方位监控和管理，当非工作人员接触后会自动报警，学生也可在校内与家长即时互动，使学校管理自动化，提高了管理效率。蒋东兴等（2017）提出了高校智慧校园的成熟度模型以及评价指标体系，对引导高校智慧校园建设起着重要作用。

"智慧校园"是指以物联网为基础，以各种应用服务系统为载体而构建的集教学、科研、管理及校园生活为一体的智能化和智慧化教学、学习与生活环境。主要通过利用云计算、虚拟化和物联网等新技术来改变学校师生、工作人员和校园资源交互的方式，将学校的教学、科研、管理与校园资源和应用系统进行整合，以提高应用交互的明确性、灵活性和响应速度，从而实现智慧化服务和管理的校园模式。而智慧校园的设计、开发、应用、管理和评价都应该基于校园内个体的精准需求定位，只有精确定位、有效识别和随时互联才能对智慧校园的发展起决定作用。

9.2 校园个体需求调研分析

城市为居民提供了丰富的公共服务，最大化地满足了城市中个体的不同需求。然而，不同的人群通常具有不同的特征，人群中的不同个体的需求也存在差异。因此，智慧城市中的不同个体对公共服务的需求也不尽相同。分析智慧城市中个体的需求，对构建和完善城市中的服务体系具有重大意义。

本章以东南大学九龙湖校区为构建智慧城市个体需求服务系统的试点，通过采用实地调研、综合设计等手段，了解和分析特定人群的需求，构建满足个体服务需求的智慧化体系。同时，将 BIM 与 GIS 技术相结合，建立了一套可视化、人性化的智慧校园虚拟现实场景，实现智慧校园的可视化管理。图 9-1 是本项目的方案规划。

9.2.1 深度访谈

分析东南大学智慧校园个体需求体系的建立，首先要对校园内智慧化建设现状、校园主体（学生及教职工）的需求等进行一个深度的质性分析，发现目前校园生活各方面存在的

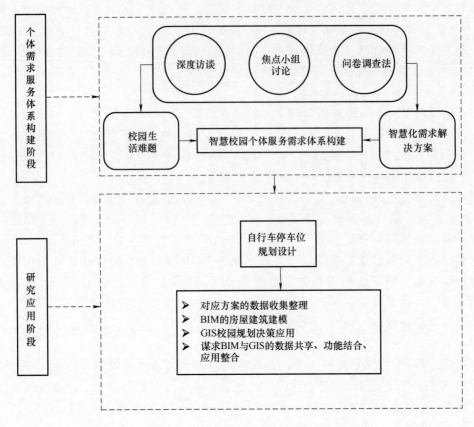

图 9-1   方案规划

缺陷，挖掘校园主体的个体需求。

因此，首先展开了对东南大学九龙湖校区不同类型人群的深度访谈，一对一地深层交流，了解人群在校园生活中的工作、居住、学习、交通、餐饮等多方面的现状，以及他们真实的诉求。虽然从一对一的访谈交流中，得到的多数是一些琐碎的信息，但也是校园主体最真实的生活感言，为下一步研究奠定基础。

通过对 10 位同学的深度访谈，对五个模块内所出现的最常见问题进行了归纳。这将有助于对目前东南大学九龙湖校区需要"被智慧化"的地方有更广泛的认识。下面，对这些问题进行归纳总结，见表 9-1。

除了大多数学生在生活中面临的各类难题，也从深度访谈中获知了目前已经开始应用并被学生们熟知的智慧化项目，见表 9-2。

从使用者的角度，可以发现，东南大学九龙湖校区目前的智慧化更多意义上是智能技术的建设，并且已经达到一定的水平。然而，许多服务内容依然没能真正被广泛地应用。这与本书之前所总结的智慧城市建设注重硬件条件提高，忽略人的真实服务需求有关。要解决这个问题，就必须从个体的真实需求出发，调整智慧校园的建设思路。

除了对学生群体的深度访谈，也对宿管阿姨、授课老师等进行了采访，听取他们不同角度的声音。

表 9-1　深度访谈问题表

序号	问题	序号	问题
1	校车班次不适当,有些班次人多,有些人少,浪费资源	19	打印店在人流高峰,排队难问题
2	校门打的不方便,存在黑车宰客现象	20	教室自习异味重(尤其冬季空调教室),不能及时开窗通风
3	距离地铁站太远	21	图书馆书籍经常性失联,未被借走也未被登记出馆等现象
4	校内自行车停车不方便,经常找不到自行车	22	宿舍内设备报修检修不及时
5	自行车偷窃现象	23	公共洗衣房常有洗完衣服不拿走的现象,机子少,经常排队
6	自行车滞留,利用率不高	24	宿舍区出入检查机制形同虚设
7	南门快递中心远,取快递不方便	25	宿舍外卖种类繁多,吸引一部分的学生,但是管理不当
8	其他限时快递不方便	26	与宿舍区工作人员宿管阿姨、维修叔叔等的交流不够,无法对服务互相评价反馈
9	快递常因南门接收后,没有及时拿走而被退回	27	垃圾处理不及时
10	学生上课与老师交流少	28	校园内某些地方有臭水问题
11	学生课后与任课老师的交流不够	29	新校区绿化管理不当,杂草丛生
12	对于课程内容、问题反馈,学生与老师双方交流不够	30	课外运动场地缺乏,种类少
13	学校、院系的信息传递不及时	31	食堂在下课时(尤其中午)的排队困难问题
14	院系管理中,学生的反馈机制不完善	32	学生对食堂饭菜的质量、数量没有控制的权利,有些饭菜供不应求
15	教务事宜处理流程烦琐,手续复杂	33	学校网速慢,无线网覆盖少
16	自习找教室、图书馆座位困难,人时多时少	34	医疗卫生保障制度不完善,日常的就医满意度差
17	常常自习一半后教室被人借走	35	校医院向外转诊过程不方便
18	学期初购书不便,旧书库存不够,新书太贵	36	紧急医疗时间处理程序的不完善,孤身在宿舍时意外时常发生

表 9-2　智慧化项目

序号	学生感受到的智慧化(智能化)校园
1	一卡通平台,涉及学校大多数消费场所的消费、讲座点到、宿舍校门出入门禁、图书馆书籍借阅、校车乘坐、校医院就医、晨练打卡、教育超市等多个方面
2	校园信息门户平台,囊括了每位学生所选课程的交流版块,教务事宜(如报考四六级,奖学金评选认证等),服务事项(学费计算、一卡通消费流水账等)。初步有一个学生信息服务的框架,然而里面的服务内容种类少,并且学生的认知度不高
3	教务处网站,囊括了各类信息教学(讲座、竞赛、课外研学、出国等),课程中心(师生交流平台,精品课程共享平台)。然而学生的认知利用率同样不高。教务处有多个信息系统

（续）

序号	学生感受到的智慧化（智能化）校园
4	图书馆的书籍检索借阅系统，各类报刊、书籍的检索功能，图书出入管理功能，以及强大的资源库共享平台（电子资源、多媒体资源等）
5	教学区的教职工刷卡点到
6	各种的人民日报期刊屏、电视、电子屏等信息发布方式
7	教室内的监控系统
8	覆盖教学楼、图书馆的校园无线网络
9	图书馆四楼的选座系统

9.2.2 焦点小组讨论

通过第一步的深度访谈，收集到了学生生活中遇到的各方面问题，在此基础上，需要对不同的问题提出从"智慧化"视角出发的解决方案。这里，采用焦点小组讨论法（俗称头脑风暴）。采用会议的方式、利用集体的思考，引导每个参加会议的人围绕某个中心议题，广开言路、激发灵感，在头脑中掀起风暴，毫无顾忌、畅所欲言地发表独立见解。要对目前所采集的生活难题进行进一步剖析、挖掘，并提出智慧化的解决方案，就需要参与者具有很强的创新思维能力。因此采用头脑风暴法符合研究问题的要求。

课题组邀请了来自不同专业的 8 位学生（男女比例 1:1），组织了一次焦点小组讨论。采用现场人工记录以及录音记录的方式，收集在讨论过程中产生的各类智慧化创意，见表 9-3。

表 9-3 智慧化创意汇总

序号	问 题	智慧化初步创意
1	校车班次不适当，有些班次人多，有些人少，浪费资源	根据学生的出行需求制定校车班次表，提前预约，减少不必要的班次
2	校门打的不方便，存在黑车宰客现象	① 打车问题已解决——快的、滴滴等打车软件
3	距离地铁站太远	② 节省资源，拼车功能开发
4	校内自行车停车不方便，经常找不到自行车	① 自行车停车位的定位管理系统（将学校的车位设定为一车一位的方式，每次通过刷卡停车及解锁车辆，链接短信提示功能，保证用车人了解停车位置
5	自行车偷窃现象	② 实行租赁自行车制度，鼓励回收不用的自行车，空出自行车位，鼓励使用自行车频率少的用户使用租赁自行车
6	自行车滞留校园，利用率不高	③ 校内自行车身份登记（相当于给自行车上身份证，便于统一管理），自行车追踪器功能
7	南门快递中心远，取快递不方便	① 南门快递中心的业务扩展，学生如需要将快递送到各宿舍区，可通过认证短信等方式申请服务内容。快递送达后，一卡通认证服务内容，并支付额外服务费（鼓励南门快递中心将快递上门送到宿舍区）
8	其他限时快递不方便	② 运用射频识别功能，录入快递内容，自动发送快递短信，降低因人工录入产生错误率
9	快递常因南门接收后，没有及时拿走而被退回	③ 鼓励快递信件等的统一收发，取消限时快递等

（续）

序号	问　　题	智慧化初步创意
10	学生上课与老师交流少	① 师生信息交流平台（留言模块：学生反馈，系统分析并对问题进行分类汇总再反馈给老师，教师做出调整和答复；即时模块：师生无障碍线上沟通，课上可用于老师提问时，每位学生线上作答，系统负责统计分析结果并及时反馈给老师）
11	学生课后与任课老师的交流不够	② 师生信息交流平台配套选课系统，课上形成教学班式的沟通平台，课后又可以形成留言平台，辅助师对师、师对生、生对生的多层次交流
12	对于课程内容、问题反馈，学生与老师双方交流不够	③ 师生平台互评，可以在教学过程中改进教学服务，期末学生对老师的评价又可以替代当前的教学评估，形成最终的教学评价项作为教师考评和选课的依据 ④ 利用慕课（MOOC）学习课程、点评课程、分享笔记和讨论交流
13	学校、院系的信息传递不及时	① 学生工作平台，涉及学生、院系学办、教务处三方，发生教务事宜时，可以在平台上公布信息通告，系统可以第一时间将信息直接发送到相关利益人手中
14	院系管理中，学生的反馈机制不完善	② 学生如果需主动参与教务事宜，发出申告，系统分析后，能够直接给予回复的直接回复，不能直接处理的，将申告推介到相关负责人界面，提醒处理，并预约工作时间，发送双方告知
15	教务事宜处理流程烦琐，手续复杂	③ 留言板块可以作为匿名反馈的机制，便于教职工与师生交流意见
16	自习找教室、图书馆座位困难，人时多时少	① 自习选座系统，学生可以在进入教学区前，通过网上平台检索获取希望预约到的教室的位置，例如，要选择教八楼、三楼以下的、周五下午没课的教室，系统自动弹出符合的教室及其已经容纳的人数
17	常常自习一半后教室被人借走	② 学生预约借教室后，教务系统与选座系统，会互相发布公告，帮助选座学生和预约学生调节或修改日程
18	学期初购书不便，旧书库存不够，新书太贵	购书系统，系统在学期开始之前，提醒教师发布教材公告，系统统计用书量和旧书存量，新书需购量，学生填写用书单，系统公布用书计划给班长（购书负责人），完成购书
19	打印店在人流高峰，排队难问题	快速打印系统，学生将需要打印文件上传至系统，系统记录扣费，预约取件时间，学生随到随取，完成扣费
20	教室异味重（尤其冬季的空调教室），不能及时开窗通风	空调教室智慧通风，系统定时关闭空调、开窗通风
21	图书馆书籍经常性失联，未被借走也未被登记出馆等现象	图书馆书籍检索跟踪系统，书籍状态有外借出馆、馆内借阅、其他等选项，避免书籍失联
22	宿舍内设备报修检修不及时	报修实行网上登记制度，维修人员可根据实际情况安排时间，提高效率
23	公共洗衣房常有洗完衣服不拿走的现象，机子少，经常排队	通过对洗衣机的远程监控来掌握机器占用情况，避免排队等候；对于衣服洗完但在规定时间内没来取的，可以通过监测系统向手机发送提醒

（续）

序号	问 题	智慧化初步创意
24	宿舍区出入检查机制形同虚设	加装门禁智能系统
25	宿舍外卖种类繁多，吸引一部分的学生，但是管理不当	① 建立外卖送餐的网上评价平台，同学们可以对送餐业务进行评价，以此督促商家提高管理水平和服务质量
26	与宿舍区工作人员宿管阿姨、维修叔叔等的交流不够，无法对服务互相评价反馈	② 宿舍区服务项目的反馈评价
27	垃圾处理不及时	① 通过安装感应器监测垃圾箱是否已满并及时向保洁人员发出提醒，以确保垃圾处理的及时性和校园的整洁
28	某些地方臭水问题	② 通过安装感应器对水质进行实时监测，并在出现污染后及时处理
29	新校区绿化管理不当，杂草丛生	③ 建立规范化的环境保护管理机制
30	课外运动场地缺乏，种类少	创建智能体育服务平台，同学们可以通过平台对运动场地进行查询预约或寻找球友
31	食堂在下课时（尤其中午）的排队困难问题	食堂将当日菜单在构建的平台上进行公示，同学们可在课间手机点餐，食堂工作人员将饭菜打包供同学课后领取以提高效率
32	学生对食堂饭菜的质量、数量没有控制的权利，有些饭菜供不应求	建立统一平台供同学对食堂饭菜进行评价与建议，工作人员可据此进行改进并调整菜的量，如较受欢迎的菜可以加大供应量
33	学校网速慢，无线网覆盖少	加快校区网络建设步伐
34	医疗卫生保障制度不完善，日常的就医满意度差	① 建立学生的健康档案，对有特殊疾病的学生进行定期的慰问、关注
35	转诊过程不方便	② 实行与东南大学附属中大医院的联网管理，学生日常看病可以直接去中大医院诊疗
36	紧急医疗时间处理程序的不完善，孤身在宿舍时意外时常发生	

9.2.3　调查问卷

在前一阶段的定性化分析过程中，主要采用了比较开放式的访谈进行探索性的预研究，然而这些预研究所得的结论仅被认为是暂时性的。需要通过问卷数据的证明得到验证。因此，需要基于前期质性分析成果进行定量化研究。

针对不同模块所反映出的问题以及部分已得的解决方案，本书设计了系列的调查问卷，分为三个部分：交通模块、学习模块、生活及其他模块。发放问卷情况见表9-4。

表 9-4　问卷情况汇总

分 类	发放问卷数	回收有效问卷数	有 效 率
交通模块	150	138	92%
学习模块	150	145	96.7%
生活及其他模块	150	140	93.3%

初步的统计结果见表9-5、表9-6和表9-7。

表 9-5　出行篇

序号	项目	选项及占比
1	校车使用	几乎不乘坐 60.0%；每月1次 33.0%；每周1次 5.0%；经常性乘坐 2.0%
2	假设学生专用校车	几乎不乘坐 10.0%；每周1次 15.0%；每周1次 25.0%；经常性乘坐 50.0%
3	校车难题	人多 70.0%；不方便 25.0%；没有问题 5.0%
4	自行车丢失	没有 60.0%；有 35.0%；无自行车 5.0%
5	自行车使用	几乎不用 35.0%；每月1次 15.0%；每月1次 5.0%；经常使用 45.0%
6	自行车用途	取快递 35.6%；上课 31.1%；图书馆自习 26.7%；学校附近出行 6.7%
7	自行车难题	停车 24.0%；找车难 36.0%；失窃 20.0%；其他 20.0%
8	租赁自行车	接受 50.0%；若没有车会接受 10.0%；有车不接受 10.0%；不方便不接受 30.0%
9	新建地铁站	步行 40.9%；租赁自行车 45.5%；骑车去 12.5%；其他 1.1%

表 9-6　学习篇

序号	项目	选项及占比
1	被点名	几乎没有 47.1%；每周1~2次 47.1%；每周3~5次 5.9%
2	点名时间	1min之内 11.8%；1~3min 47.1%；3~5min 23.5%；5min以上 17.6%
3	点名效用	点名无用 0.2%；有用 37.3%；效用不大 62.5%
4	师生沟通	从来没有 11.8%；很少 58.8%；有时 23.5%；经常互动 5.9%
5	评教差评	从来没有 62.5%；有过1~2次 31.3%；每学期都有 6.3%
6	沟通不足	没有平台 77.8%；师生地位 5.6%；气氛不好 11.1%；其他 5.6%
7	上课不主动的原因	学生不配合 17.6%；时间、方式有限 47.1%；认为不需要 23.5%；其他 11.8%
8	自习频率	几乎没有 0.1%；每周1~3次 23.5%；每周4~5次 23.5%；几乎每天都去 52.9%
9	自习难题	教室被借用 41.2%；人多 23.5%；电源插座少 29.4%；其他 5.9%
10	预约找座	不接受 29.4%；可以试试 41.2%；非常需要 23.5%；其他 5.9%
11	教室异味	无法忍受 10.5%；介意 35.3%；无所谓 64.7%
12	教材获取	向前辈借用 7.9%；图书馆借书 8%；书店购新书 36.8%；购旧书 7.9%；网购 26.3%；教材科 2.6%

（续）

序号	指标	选项1	选项2	选项3	选项4
13	购书时间	开学前 29.4%	开学首周 29.4%	开学第二周 35.3%	考试前 5.9%
14	教材要求	全新 11.1%	比较新 50.0%	无所谓 38.9%	
15	购书难题	没问题 5.3%	确定用书晚 52.6%	新书贵、旧书少 42.1%	
16	借书超时	有过 52.9%	经常这样 11.8%	从来没有过 35.3%	
17	打印店排队	几乎没有 11.8%	每学期1~3次 5.9%	每月1~3次 58.8%	经常排队 23.5%
18	打印店优劣	梅园 41.2%	桃园 41.2%	差不多 17.6%	

表 9-7　生活篇

序号	指标	选项1	选项2	选项3	选项4	选项5	选项6
1	洗衣频率	几乎不用 64.7%	每月1~2次 22.2%	每周1~2次 11.1%	经常使用 2.0%		
2	洗衣房难题	洗衣机故障 26.8%	排队 42.1%	衣服不及时取 22.1%	其他 9%		
3	就餐难题	口味单一 32.4%	排队难 24.4%	价格高 8.1%	供不应求 29.7%	其他 5.4%	
4	排队难题	不想 16.7%	不介意 27.8%	会选择其他方式 16.7%	其他 38.9%		
5	订外卖频率	几乎不订 72.2%	每月1~2次 25.8%	每周1~2次 2.0%	经常订 0.0%		
6	订外卖原因	食堂排队 27.8%	食堂饭菜难吃 11.1%	方便 22.2%	其他 38.9%		
7	外卖评价	会使用 50.0%	认为没用 16.7%	大麻烦 11.1%	无所谓 22.2%		
8	空调远程调控	人性化 33.3%	没必要 44.4%	无所谓 22.2%			
9	环境问题	杂草丛生 15.1%	垃圾清理不及时 28.1%	下水道恶臭 11.2%	水体污染 19.0%	垃圾乱扔 25.7%	其他 0.9%
10	报修频率	>6次 0.10%	5~6次 16.5%	3~4次 66.7%	1~2次 16.2%	几乎没有 0.50%	
11	报修看法	麻烦 16.7%	不麻烦 38.9%	维修不及时 44.4%			
12	体育锻炼频率	经常 27.8%	偶尔 55.6%	很少 11.1%	几乎不会 5.6%		
13	锻炼问题	场地不够 18.8%	无人陪同 50.0%	场地关闭 12.5%	其他 18.8%		
14	对校网满意度	不满意 21.1%	不是很满意 38.1%	较满意 35.6%	很满意 5.2%		

9.2.4 个体需求服务体系的构建

在这个模块中，将通过对前阶段的初步调研结果进行分析，以证明目前校园生活中急需被解决的一些现实问题，并结合东南大学九龙湖校区智慧化建设现状，整合资源，初步探索智慧需求的解决方案，形成个体服务需求的框架结构。

以交通模块为例，目前东南大学九龙湖校区有 60% 的学生几乎不坐校车，究其原因是校车目前班次少，主要用来满足教师的需求，校车的资源分配不均。当提及对学生开放专车时，有 50% 的学生表示会经常性地乘坐，比之前有很大提高（图 9-2）。

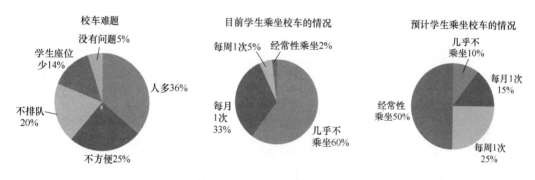

图 9-2 校车情况汇总概况图

就此问题，可以对学生坐校车的规律进行进一步的调研分析，采用调查问卷，实地数据采集等方法，发现学生需求班车的规律性。从而制定出智慧化的校车运行方案。拟根据实际学生的需求，采取网上预约买票的方法，对校车资源进行最有效的开放，解决目前东南大学各校区分立，交流不便的状况。

另外，目前东南大学九龙湖校区各个角落都停满了自行车，然而通过调查发现有 35% 的学生几乎不使用他们的自行车，并有 15% 的学生很少使用自行车（每月 1 次），只有 45% 的学生经常使用自行车。同时目前自行车主要的用途比较单一（取快递、上课、图书馆自习）。更重要的是饱和的自行车停车位造成管理自行车的难题（停车难、找车难、常失窃），从而常有自行车无故丢失的事情发生，提及租赁自行车发现有 50% 的受访者表示愿意尝试（图 9-3）。

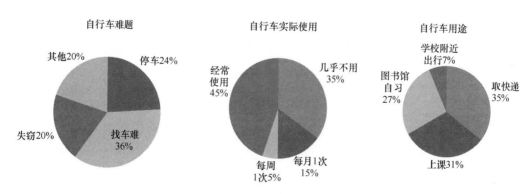

图 9-3 自行车情况汇总概况图

基于现状，校内交通采取自行车、租赁自行车相结合的方式，节约管理资源，方便学生出行。从学生的自行车用途可以看出，校区内的自行车行动路线是比较规律单一的，通过地理信息系统，可以规划出自行车租赁管理的合理决策方案。综上，改善目前同学的校内出行困难问题，需要建立多元化的交通体系。满足学生的出行需求。通过合理的规划，实现部分资源合理、高效的利用。

图 9-4 所示是交通模块服务体系的初步构建。

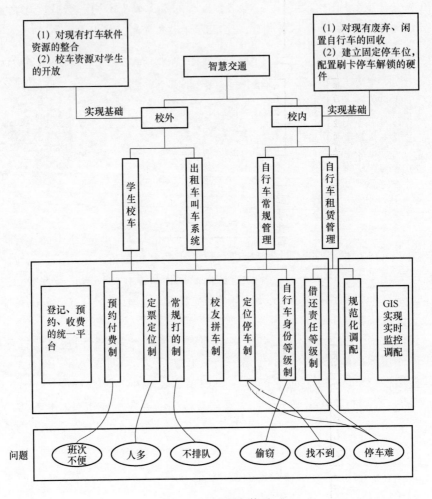

图 9-4　交通服务体系

在学习模块，目前东南大学九龙湖校区的主要问题集中在上课点名耽误时间且效用不大、师生之间缺乏有效的沟通平台、自习室找座位难且教室环境不佳、购教材难和打印店服务等，依照同样的分析步骤，本书建立了学习模块的服务体系，如图 9-5 所示。

在生活模块，目前东南大学九龙湖校区的主要问题集中在宿舍洗衣机故障与排队多、宿舍区环境不佳、报修频率高与维修不及时，食堂就餐服务不佳等，依照同样的分析步骤，本书建立了生活模块的服务体系，如图 9-6 所示。

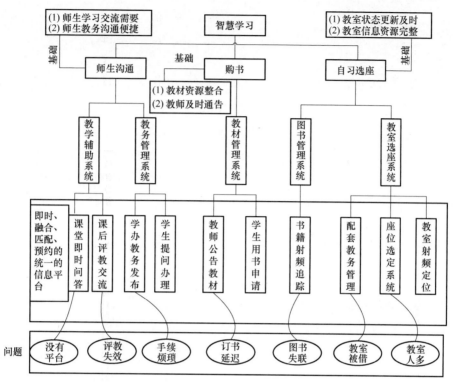

图 9-5 学习服务体系

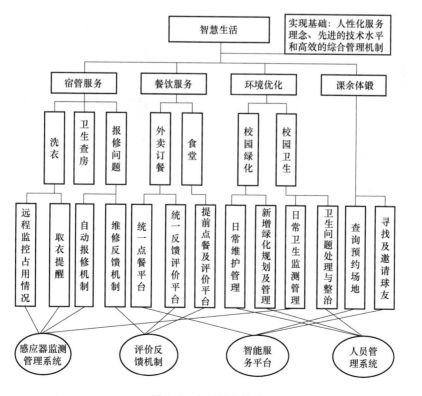

图 9-6 生活服务体系

9.3 | 校园的三维建模

9.3.1 项目建模技术路线的确定

在本书中，利用 Revit 软件对东南大学九龙湖校区主要建筑物进行建模，对于 BIM 与 GIS 之间的数据转换，考虑通过底层数据进行交换，两款软件都支持 IFC 标准。这样的技术思路，也有两种实现路径，第一条途径是将 Revit 建模的数据转换为底层数据，再将底层数据导入 GIS；第二条途径是，寻找一款与 Revit 和 GIS 均有接口的软件，作为中间的媒介，一般来说，这样的软件也一定会支持 IFC 标准。目前选取的软件是 SketchUp（SKP）。

通过上述的方法，将 BIM 与 GIS 两种不同层次的信息整合，添加智慧城市的参数，进一步与智慧城市结合进行研究。

9.3.2 校园模型的建立

1. 建筑模型初步建立

利用已有的 CAD 图，进行 Revit 建模。

Revit 软件不同于 SKP 之处，在于 Revit 是构件建模的，梁柱分明，SKP 只是形体建模，在建筑创作中使用较多。

Revit 建模并不需要拘泥于 CAD 图，按需建轴网。通过构建轴网、柱、墙、梁、门窗、屋顶、栏杆等可一步步完成建模过程。图 9-7 为构建完成的教室 BIM 模型。

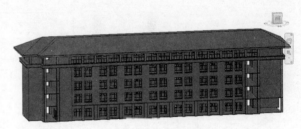

在完成 Revit 建模后，核心问题在于实现 Revit 与 GIS 的数据交换，可以使用 SKP 作为中间转换的工具。

图 9-7 教室 BIM 模型

如图 9-8 所示，可以发现，通过 SKP 导入的模型和 Revit 中的模型并无大致的差异，能够满足使用要求，在生成了 SKP 文件之后，即可以进行导入 GIS 的工作。

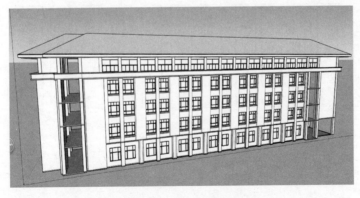

图 9-8 教室 SKP 模型

2. 以 SKP 为媒介的 ArcGIS 与 Revit 联合建模

首先在 ArcGIS 中导入由 CAD 创建的九龙湖校区的 dwg 格式地图,将其转换为 shp 格式,如图 9-9 所示(导入时,地图没有设置任何坐标系,故所转化的 shp 格式此时还没有设置坐标系)。

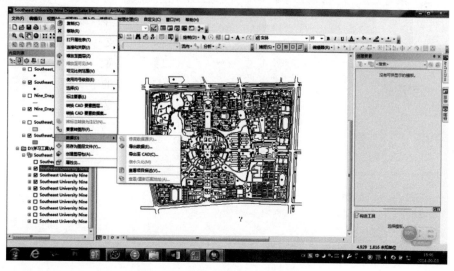

图 9-9　ArcGIS 模型导入地图示范

如图 9-10 所示,分别将新转化的地图中的点、线、面图层的地理坐标系设置为 GCS_

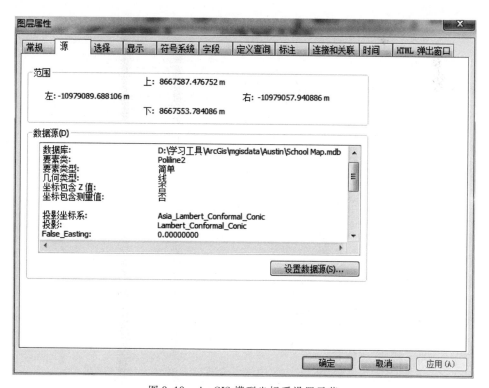

图 9-10　ArcGIS 模型坐标系设置示范

WGS_1984，投影坐标系设置为 Asia_Lambert_Conformal_Conic，新生成的三个图层便具有了坐标系，位置便相应确定下来；Editor 工具条中，将需要选定的绿化和建筑物位置确定，如图 9-11 所示。

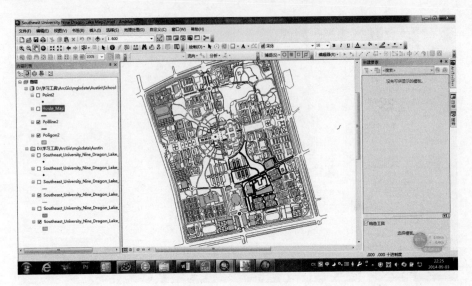

图 9-11　ArcGIS 模型

如图 9-12 所示，将新要素图层在 ArcScene 中打开，将其拉伸，让建筑和绿化部分突出显示，如图 9-13 所示。

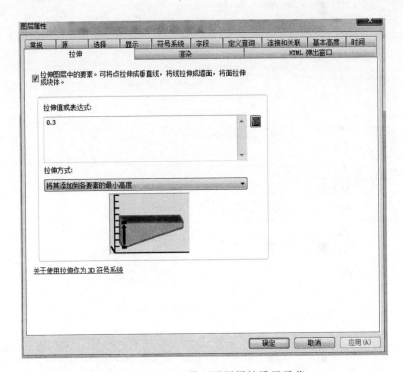

图 9-12　ArcGIS 模型图层属性设置示范

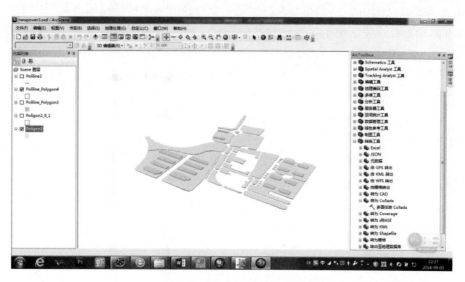

图 9-13 ArcGIS 模型建筑和绿化突出显示图

如图 9-14 所示，通过 ArcToolbar 将上述对象转化为 Multipatch；再次利用 ArcToolbar 将 Multipatch 转化为 Collada，此时图像便可以导入 SketchUp 进行编辑，和已建立起来的 SKP 格式的宿舍、教学楼、土木交通楼等模型进行位置和大小的匹配，匹配成功后，依次通过 3D Editor 导入 ArcScene，3D 可视化模型就初步建立了。

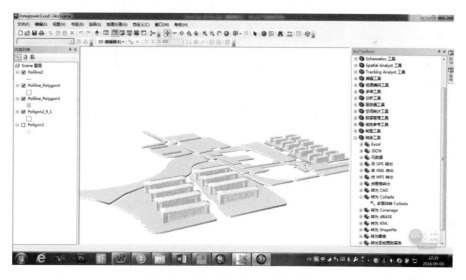

图 9-14 九龙湖校区 3D 可视化模型

9.4 研究应用

通过前述的调研以及定性结合定量的分析，分别构建了三个不同模块的智慧校园个体需求服务体系。虽然智慧校园中的个体类型比较单一（以学生群体为主），且仅仅是 3700 亩

（1亩=666.6m²）范围内，但1.6万人的生活、学习涉及的个体需求服务足够庞大。通过校园3D模型的建立，构建了一个可视化的基础平台。在这个平台的基础上，通过各种资讯的汇集、累积，构成智慧化校园的基础信息平台，为智慧校园服务的完善提供了保障。在应用阶段，选取了交通模块中的自行车调配系统作为进一步开发的对象。通过调研，获取不同时间段东南大学九龙湖校区自行车主要停泊点的自行车数量。运用ArcGIS密度分析的功能，可以实时观测自行车的分布规律。从而为租赁自行车的调配方案提供基础。

1. 数据准备

选取了主要的自行车停泊点，包括教学区和宿舍区，对各个时间段校园部分地区的自行车数量进行统计，分为上午、中午、傍晚三个时间段，见表9-8。

图9-8 九龙湖校区自行车数量统计

时 间 船	位 置	自行车数量
上午	教学楼（教二至教八东侧）	1105
	教学楼（教一至教七东侧）	798
	教学楼（教一至教七西侧）	457
	东大门	253
	宿舍（桃园三舍四舍）	915
	桃园食堂	915
中午	教学楼（教二至教八东侧）	601
	教学楼（教一至教七东侧）	298
	教学楼（教一至教七西侧）	179
	东大门	523
	宿舍（桃园三舍四舍）	1096
	图书馆	747
	桃园食堂	1630
傍晚	教学楼（教二至教八东侧）	1053
	教学楼（教一至教七东侧）	657
	教学楼（教一至教七西侧）	372
	东大门	351
	宿舍（桃园三舍四舍）	1321
	桃园食堂	543

2. 导入ArcGIS

使用"Join and Relates"→"Join"工具，将Excel数据导入ArcGIS地图数据里面，通过构建对应图层属性表，在图层中构建自行车分布图，如图9-15所示。

3. 模拟分析

Excel数据导入图层字段后，采用核密度分别分析上午、中午、傍晚三个时间段校园自行车密度。

经过分析，三个时段的密度分析图如图9-16所示。

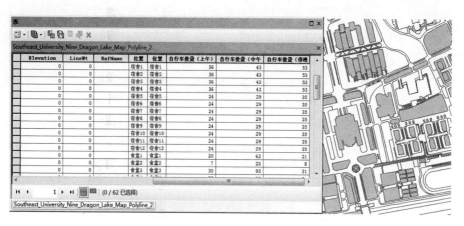

图 9-15　九龙湖校区自行车分布情况

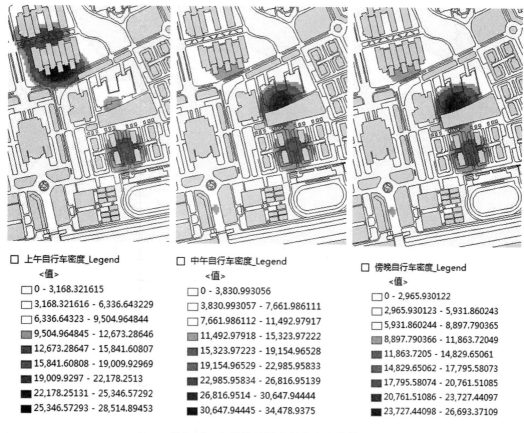

上午自行车密度_Legend <值>	中午自行车密度_Legend <值>	傍晚自行车密度_Legend <值>
0 - 3,168.321615	0 - 3,830.993056	0 - 2,965.930122
3,168.321616 - 6,336.643229	3,830.993057 - 7,661.986111	2,965.930123 - 5,931.860243
6,336.64323 - 9,504.964844	7,661.986112 - 11,492.97917	5,931.860244 - 8,897.790365
9,504.964845 - 12,673.28646	11,492.97918 - 15,323.97222	8,897.790366 - 11,863.72049
12,673.28647 - 15,841.60807	15,323.97223 - 19,154.96528	11,863.7205 - 14,829.65061
15,841.60808 - 19,009.92969	19,154.96529 - 22,985.95833	14,829.65062 - 17,795.58073
19,009.9297 - 22,178.2513	22,985.95834 - 26,816.95139	17,795.58074 - 20,761.51085
22,178.25131 - 25,346.57292	26,816.9514 - 30,647.94444	20,761.51086 - 23,727.44097
25,346.57293 - 28,514.89453	30,647.94445 - 34,478.9375	23,727.44098 - 26,693.37109

图 9-16　九龙湖校区自行车密度情况

　　以桃园片区作为研究对象，通过图 9-16，可以清晰地看出，自行车虽然数量众多，然而其流动的方式还是比较明确的。遵循了从宿舍、食堂到教学区、图书馆等三点一线式的运行方式。从前述调研的质性分析，也发现了同样的规律。自行车的使用主要以"上课、自习、取快递"为主。面对目前校内自行车乱停乱放，自行车停车位不足的现象，可以拟定一套以综合利用自行车资源、规范化管理为目标的自行车管理方案。该方案能够在东南大学九龙湖校区学生集聚点投放合理的自行车数量以便学生们在校上课、自习和取快递，并配套自行车停车位的定位管理系统，以解决自行车难找与停车难等问题。

本 章 小 结

本章首先介绍了目前我国智慧校区的相关研究进展。其次通过对东南大学九龙湖校区的 10 位同学进行深度访谈，归纳总结最常见的日常生活学习问题，并通过焦点小组讨论收集智慧化创意，再通过调查问卷探究个体需求并构建服务体系。然后利用 Revit 软件对东南大学九龙湖校区主要建筑物进行建模。最后，以交通模块中的自行车调配系统为进一步开发的对象，结合调研，运用 ArcGIS 密度分析的功能，实时观测自行车的分布规律，并为租赁自行车的调配方案提供基础。

第**10**章

智慧城市建设与发展的政策建议

政府在智慧城市建设过程中起着重要作用，江苏省智慧城市建设目前处于由初步阶段向快速发展的转变阶段，在这种情况下，合理规划智慧城市建设的整体布局尤为重要，基于分析与仿真，不难看出基于创新驱动，强化智慧应用的开发对智慧城市的发展起着较大的正向影响。本章以江苏省为例，对智慧城市建设与发展的现状提出问题，分析原因，给出建议。

10.1 存在问题

"2018 智慧江苏发展论坛暨智慧城市全国行江苏站"发布的相关信息显示，截至 2018 年 12 月，江苏省信息化发展水平指数达到 78.22，数字经济规模达到 2.39 万亿元，在广东之后位居全国省、市、自治区第二。全省信息基础设施能力明显增强，截至 2017 年年底，全省光缆线路总长度为 324.8 万 km，位列全国第一。智慧江苏门户平台已接入政务、民生以及企业服务应用达 150 多个，累计建成 536 家示范智能车间，上云企业数量超过 19 万家。然而，据调查发现，江苏智慧城市建设发展也存在诸多问题。

（1）区域推进与行业发展不平衡

区域之间的智慧城市发展呈现不平衡状态。全省呈现出苏南、苏中地区的智慧城市建设水平较高，苏北地区相对较低的局面。各城市均自成一体地开发建设，推进进度不一，对未来各地信息共享、资源共通带来了实施障碍。在交通、医疗、教育等方面，智慧城市建设与发展已取得长足进步，但在社会保障等方面仍然存在问题，如在就业、文化、乡村建设等方面就存在投入不足、统筹规划欠缺、智慧应用设计不丰富等问题。

（2）标准统一与数据共享不充分

数据标准统一及信息共享问题成为各城市和各部门智慧城市信息化发展中的主要掣肘。各部门独立建设各自信息中心的方式，造成信息系统重复建设，形成了众多的"信息孤岛"，特别是部分垂直部门信息限于部门内部使用，缺少部门之间数据共享与应用。

（3）市场机制与关键技术不完善

江苏省智慧城市建设目前是自上而下的模式，由政府主导为主。在投资建设方面，资金总体短缺，多元融资渠道不健全；在运维方面，主要由政府部门内设机构直接负责，运维效果差、效率低；在商务模式创新方面，政府购买服务的采购方式、政策保障、业务监管等尚未建立健全，不能根据实际需求或环境变化做出快速响应和调整，导致服务与社会需求不匹配。另一方面，在智慧城市领域实际具备独立自主知识产权和原始创新性的关键核心技术较少，虽已形成南京、无锡等物联网技术研发基地和产业集群，但主要基于传统的业务流程进行研发设计，不能够支撑物联化、互联化和智能化的智慧城市技术路径，难以在全国层面和国际上形成拳头产品。

（4）信息管理与安全防范不健全

根据《2017 年度江苏省互联网发展状况报告》，截至 2017 年年底，江苏省有 4903 万的网民及数量众多的公共信息平台。规模仍在不断增长，信息泄露与遭受恶意攻击等风险加剧。智慧城市带来更复杂的网络与信息安全问题，可能造成个人不受控制地被定位和追踪、智能感知节点被攻击、恶意代码被传播、智慧城市的信息平台被利用发动大规模甚至超大规模的攻击等。

10.2 主要原因

1）顶层设计不全面，区域发展缺乏针对性。江苏省智慧城市的顶层设计在宏观布局、区域差异化发展、多产业协调均衡等方面存在不足，使得各城市和产业的智慧城市建设处于不协调发展状态。从城市发展规律上来看，智慧城市建设水平较高的区域有利于吸引和集聚城市发展中的各类资源，从而在智慧城市建设中产生"马太效应"，导致发生区域间发展不平衡。各城市也未根据本地特色、区域发展需求和产业发展规划等，有的放矢地提出自身的智慧城市顶层设计方案。

2）部门信息不联通，行政业务缺乏协同性。现有的政府管理体系还未适应"互联网＋""工业 4.0"等带来的高度信息化、高度智慧化的转变，缺乏灵活性，与城市发展规律不相符合，造成公众需求与可以提供的服务难以匹配。行政管理体制存在"纵强横弱"的局面，各级政府部门在业务上属于垂直管理，横向上与其他部门并无太多联系，在智慧城市发展方面的职责划分不清，联通不畅、相互割裂，造成了重复建设、信息孤岛等问题，使得信息资源不能及时共享。

3）市场机制不协调，信息技术缺乏原创性。现有的政府主导建设运营模式，缺乏活力，造成公共服务供给能力存在不足，缺乏一个健全的公共基础设施平台与创新发展的建设运营模式，难以形成协调的投资-建设-运营的市场机制，阻碍了多元化创新投资、资源分配和决策管理等工作。核心信息技术原创性不足，未根据各区域智慧城市发展规划进行相应的技术研发，导致关键技术与不同区域智慧城市技术发展路线不符。人才储备匮乏，导致运营模式难创新，技术难突破，管理机制不完善。

4）信息保障不稳固，安全防范缺乏意识性。信息安全防范不足主要由政府、技术和个人三方面的原因造成。政府层面缺乏一个包含组织、制度、管理、技术等方面的信息安全保障体系，信息安全标准体系和法律法规不完善。技术层面中，感知层、传输层、应用层等诸多层面由于节点数量大和网络分布广而存在安全风险和脆弱性，具有区别于传统网络的信息安全风险，可能造成隐私信息泄露、应急决策失误、各类事故频发乃至局部社会动荡的局面。从个人角度来看，缺乏个人信息保护意识与安全防护实践。

10.3 | 对策建议

1）明确服务优先，加强顶层设计与区域发展的全局性。加强对于智慧民生应用的宏观指导，统筹全局。

① 一是顶层设计应以加强新一代信息技术基础设施建设为基础，重点指导城市通过对居民活动、商业贸易、运输联系、能源供应等各个环节的大数据进行采集与分析，转化为具有高度辨析决策能力、洞察发现能力和流程优化能力的信息资源。

② 二是对不同区域和不同产业的智慧化发展制定出相应的全局性、前瞻性指导方案，既要实现"一城一策""一业一策"的智慧城市创建模式，又要避免因智慧城市建设带来新的非均衡、非协调发展，促进不同区域和不同产业实现差异互补、协同发展。

③ 三是各区域智慧城市发展中，加强对保障机制的建设，主要涉及组织机构建设、监管功能完善、基础设施建设、信息安全、知识产权和标准化制定等方面。

2）促进信息共享，加强制度建设与资源整合的协同性。在完善的顶层设计指导下，转变政府管理思维模式。

① 一是实现向服务型政府的转变，要对城市信息按照业务需求进行分类感知、处理与判断，重视智慧的高水平应用，达到服务企业和居民的目的，加强社会学习、人力基础设施和治理制度的建设，创建多元协同治理模式。

② 二是要由条块思维模式向系统资源整合模式发展，实现部门与部门的融通，打破各部门"纵强横弱"的局面，创新政府管理体系，加快智慧城市公共信息平台和应用体系建设，使管理体系与信息化建设相匹配。

③ 三是各部门应根据职能分工，以城市统一的地理空间框架和信息资源为基础，叠加各部门、各行业相关业务信息，加快促进跨部门协同应用，实现基础信息资源和业务信息资源的集约化采集、网络化汇聚和统一化管理，消除"信息孤岛"。

3）加快产业发展，加强标准体系和技术研发的创新性。高度重视智慧产业布局与创新问题将对城市竞争力的提升有重要作用。

① 一是培育新兴智慧产业，布局构建包含智慧技术、智慧基础设施、智慧应用系统的产业链，帮助不同企业精确定位，并确定转型升级的目标，促使各行业的组织形式和生产方式发生变革，带动新产业和城市整体经济的发展。

② 二是解决基础标准"统一"的问题，要通过联合试点试行来解决标准体系规范中的"互让"问题，建立从上到下、横纵贯穿、"多标融合"的标准体系。

③ 三是加大对多网融合的宽带网络、多元异构的海量数据处理、复杂智能化软件、综合集成应用系统、便捷智能终端等领域关键核心技术的研发与创新力度，确立以自主研发核心技术为主体的创新发展体系，避免出现对国外公司和技术的路径依赖。

4）推动市场机制，加强发展模式和人才建设的多元性。打破依赖土地财政的城市开发模式，引入市场机制，是推进智慧城市发展的重要途径。

① 一是通过政府和社会资本合作（PPP）模式创新智慧城市投融资机制，在实施过程中融合政府、企事业单位和市民家庭等多元主体，构建基于绩效的考核与政府监管机制，协同推进智慧城市建设发展。

② 二是创新建设运营模式，结合自上而下和自下而上两种模式，采取政府建设、运营商建设及合作建设等方式，建立服务于政府、企业、城市居民的"三元空间"创新发展模式，形成科学决策、精细化管理、安全运行态势。

③ 三是培养专业队伍，建立多层次、多形式、多途径的人才培养体系，探索建立高端人才引进的有效渠道和创新灵活的聘用制度，推动以人才为基础的创业创新，为各行业智慧高效发展提供人力资源。

5）强化信息安全，加强管理机制与法规建设的全面性。加强智慧城市建设的信息安全管理，降低智慧城市建设运营存在的诸多安全威胁与脆弱性。

① 一是完善全流程网络安全管理机制，设计阶段确定安全保护等级和防护方案，实施阶段加强对安全审查和防护手段，运行阶段加强日常监测和应急响应处置恢复能力。

② 二是完善安全技术与标准体系，进行安全技术的完善与创新，形成感知与终端设备安全监控、网络接入的鉴别和访问授权与控制、数据的分级标记与分发、数据的完整性校验、计算资源的分配与监控等技术，加强城市大数据保护及传播范围控制。

③ 三是完善立法，加强对多元主体安全意识的培养，通过宣传教育提高各环节工作人员与市民的网络信息安全风险意识，鼓励信息安全认证服务，为保障智慧城市网络信息安全提供支持。

本 章 小 结

本章基于前文的分析与仿真，以江苏省为例，对智慧城市建设与发展的现状提出问题，分析原因，给出建议。

参 考 文 献

[1] 安战超. 基于基站数据的用户移动行为挖掘 [D]. 哈尔滨：哈尔滨工业大学，2011.

[2] 白玫，朱庆华. 智慧养老现状分析及发展对策 [J]. 现代管理科学，2016 (9)：63-65.

[3] 鲍烨童. 物联网架构的智慧养老世界 [J]. 中关村，2014 (6)：56-58.

[4] 边兰适. 系统动力学结构模型建模方法研究与应用 [D]. 南昌：南昌大学，2010.

[5] 卜子牛. 智慧城市信息服务体系建设研究 [D]. 长春：吉林大学，2014.

[6] 蔡翠. 我国智慧交通发展的现状分析与建议 [J]. 公路交通科技（应用技术版），2013 (6)：230-233.

[7] 蔡礼强. 政府向社会组织购买公共服务的需求表达：基于三方主体的分析框架 [J]. 政治学研究，2018 (1)：70-81.

[8] 曹小曙，杨文越，黄晓燕. 基于智慧交通的可达性与交通出行碳排放：理论与实证 [J]. 地理科学进展，2015，34 (4)：418-429.

[9] 曹阳，甄峰. 基于智慧城市的可持续城市空间发展模型总体架构 [J]. 地理科学进展，2015，34 (4)：430-437.

[10] 柴晓路，梁宇奇. Web Services 技术、架构和应用 [M]. 北京：电子工业出版社，2003.

[11] 车莲鸿. 上海市医院规模和布局建设现状分析与评价研究 [D]. 上海：复旦大学，2012.

[12] 陈畴镛，周青. 智能养老，让生活更优质 [J]. 杭州（生活品质版），2011 (2)：14-15.

[13] 陈恺文. 面向智慧城市的公共服务设施建设决策研究 [D]. 南京：东南大学，2016.

[14] 陈雷，杨欣，史敏，等. 智慧养老的现状分析与发展对策 [J]. 世界最新医学信息文摘，2017 (12)：113-114.

[15] 陈立，李春香，李志勇. 基于物联网的智慧城市的内涵、特征与要素构成 [J]. 硅谷，2012 (9)：15-16.

[16] 陈莉，卢芹，乔菁菁，等. 智慧社区养老服务体系构建研究 [J]. 人口学刊，2016，38 (3)：67-73.

[17] 陈柳钦. 智慧城市：全球城市发展新热点 [J]. 青岛科技大学学报（社会科学版），2011 (1)：8-16.

[18] 陈清泉，孙立清. 电动汽车的现状和发展趋势 [J]. 科技导报，2005 (4)：24-28.

[19] 陈文伟. 决策支持系统及其开发 [M]. 北京：清华大学出版社，2014.

[20] 陈晓娟，杜葵，曹志菲，等. "互联网＋城市服务"信息平台应用与研究：基于"我的南京"公众信息服务平台应用实践 [J]. 上海城市管理，2016 (2)：77-83.

[21] 陈燕予. 智慧社区养老服务平台构建方案研究 [J]. 智库时代，2018，146 (30)：61-62.

[22] 陈弋. 开发区公共服务设施体系研究 [D]. 杭州：浙江大学，2009.

[23] 程大章. 应重视对智慧城市顶层设计的研究 [J]. 智能建筑与智慧城市，2012 (6)：12.

[24] 程大章，沈晔. 智慧城市的规划设计之规划流程 [J]. 智能建筑与智慧城市，2013（7）：101-106.

[25] 崔曼，薛惠锋. 基于云计算的智能决策支持系统研究 [J]. 管理现代化，2014（2）：72-74.

[26] 沙鸥凌月. 智慧社区养老模式发展现状及对策研究 [J]. 福建质量管理，2017（20）：229.

[27] 戴明叶. 基于结构方程模型的顾客满意度研究 [D]. 长沙：湖南师范大学，2014.

[28] 邓琦. 北京市电动车公用充电设施分布图发布 [N]. 新京报，2015-02-12.

[29] 丁荣贵，刘芳，孙涛，等. 基于社会网络分析的项目治理研究：以大型建设监理项目为例 [J]. 中国软科学，2010（6）：132-140.

[30] 董红亚. 我国社会养老服务体系的解析和重构 [J]. 社会科学，2012（3）：68-75.

[31] 范东琦. 基于社区居家养老平台的服务管理软件的设计与实现 [D]. 北京：中国地质大学，2015.

[32] 方杰，黄坤瑜，陈杏雅. 南京市智慧养老模式推广的问题及对策 [J]. 现代商贸工业，2018（39）：34-35.

[33] 房秉毅，张云勇，程莹，等. 云计算国内外发展现状分析 [J]. 电信科学，2010（S1）：1-6.

[34] 费钟琳，王京安. 社会网络分析：一种管理研究方法和视角 [J]. 科技管理研究，2010，30（24）：216-219.

[35] 封振华. 控规层面城市公共服务设施规划评估研究 [D]. 长沙：中南大学，2013.

[36] 冯俊. 智慧城市建设"硬软兼施" [J]. 中国建设信息化，2014（7）：20-21.

[37] 冯庆华. 基于 JAX-RPC 的 Web 服务应用技术研究 [D]. 南京：南京理工大学，2004.

[38] 付加森，王利，赵东霞，等. 基于 GIS 医疗设施空间可达性的研究：以大连市为例 [J]. 测绘与空间地理信息，2015（4）：102-105.

[39] 高洪深. 决策支持系统（DSS）理论·方法·案例 [M]. 3版. 北京：清华大学出版社，2005.

[40] 高洪深. 决策支持系统（DSS）理论与方法 [M]. 北京：清华大学出版社，2009.

[41] 高瑛. 高校智慧校园建设电子文档管理模式分析 [J]. 档案管理，2013（6）：60-61.

[42] 戈晶晶. 智慧养老离不开信息技术 [J]. 中国信息界，2017（4）：65-67.

[43] 戈智永，吴清. 物联网在我国居家养老服务中的应用 [J]. 上海工程技术大学学报，2016，30（3）：267-271.

[44] 葛梅. 全球智慧医疗发展趋势分析及对策研究 [J]. 中国医院管理，2019，39（4）：43-45.

[45] 管会生，赵新悦. 智慧校园研究现状探析 [J]. 江苏科技信息，2016（21）：29-30.

[46] 国家发展改革委，国家能源局，工业和信息化部，住房城乡建设部. 关于印发《电动汽车充电基础设施发展指南（2015—2020年)》的通知 [EB/OL]. [2015-10-09] http://www.gov.cn/zhengce/2015-10/09/content_5076250.htm.

[47] 郭安辉. 互联网＋背景下，我国智慧养老服务体系的发展路径分析 [J]. 时代金融，2017（9）：282-287.

[48] 郭凤鸣. 动态环境下的车辆调度问题研究 [D]. 上海：同济大学，2006.

[49] 郭巍，王佳，荆伟龙，等. 智慧医疗发展应用及其对策 [J]. 医学信息学杂志，2016，37（8）：2-8.

[50] 郭小华. 智慧城市投资模式研究：以太原市为例 [D]. 太原：太原理工大学，2015.

[51] 韩天璞. 智慧城市建设及运营模式研究 [D]. 北京：北京邮电大学，2013.

[52] 韩竹，全丽，程华. O2O 模式在社区居家养老服务中的路径研究 [J]. 劳动保障世界，2018，505（21）：38.

[53] 郝丽，张伟健. 基于大数据的"医疗-养老-保险"一体化智慧社区养老模式构建 [J]. 中国老年学杂志，2017，37（1）：226-228.

[54] 郝书池. 基于物联网的智慧城市建设问题研究 [J]. 城市观察，2012（4）：62-67.

[55] 何非，何克清. 大数据及其科学问题与方法的探讨 [J]. 武汉大学学报（理学版），2014，60（1）：

1-12.

[56] 何清华,张世琦. 社会网络分析发展与工程应用研究综述 [J]. 建设监理,2012 (2):46-49.

[57] 侯冰. 城市老年人社区居家养老服务需求层次及其满足策略研究 [D]. 上海:华东师范大学,2018.

[58] 侯杰泰. 结构方程模型及其应用 [M]. 北京:教育科学出版社,2004.

[59] 侯荣旭. 健康数据采集分析系统的交互设计研究 [J]. 电脑知识与技术,2014 (18):4193-4196.

[60] 胡杰,金成武,张忠华. 吉林省电动汽车充电基础设施发展现状研究 [J]. 吉林电力,2016,44 (5):1-4.

[61] 胡精超,王莉. 基于 GIS 的城市公共体育服务设施选址优化研究 [J]. 哈尔滨体育学院学报,2013, 31 (4):10-15.

[62] 胡丽,陈友福. 智慧城市建设不同阶段风险表现及防范对策 [J]. 中国人口资源与环境,2013,23 (11):130-136.

[63] 胡明星,王丽丽,虞刚. 南京主城区基层公共设施用地布局优化策略 [J]. 规划师,2015 (2): 90-95.

[64] 胡军燕,纪超逸. 智慧城市建设背景下经济增长的多因素分析 [J]. 统计与决策,2015 (5): 119-123.

[65] 胡亚光. 城市社区居家养老服务的发展困境及路径选择 [D]. 开封:河南大学,2017.

[66] 胡永全,胡养成,张利,等. 一种多功能智慧居家养老服务平台:CN201510735904.3 [P]. 2016.

[67] 黄荣怀,杨俊锋,胡永斌,等. 从数字学习环境到智慧学习环境:学习环境的变革与趋势 [J]. 开放 教育研究,2012 (1):75-84.

[68] 黄少辉,周溪召. 基于系统动力学的智慧城市评价体系研究 [J]. 科技和产业,2013,13 (2): 86-90.

[69] 黄伟,袁竞峰,李灵芝. 基于个体需求的智慧养老服务体系构建与平台设计 [J]. 工程管理学报, 2018 (32):147-152.

[70] 黄有亮,张星,杜静. 土木工程经济分析导论 [M]. 南京:东南大学出版社,2012.

[71] 纪培培. 智能社区养老服务系统的设计与实现 [D]. 武汉:华中科技大学,2016.

[72] 贾斯佳,袁竞峰. 电动汽车充电设施管理与运营研究 [J]. 合作经济与科技,2016 (16):120-123.

[73] 贾斯佳,袁竞峰. 电动汽车基础设施选址定容研究:以南京市河西新城为例 [J]. 科技管理研究, 2018 (1):223-232.

[74] 贾伟,王思惠,刘力然. 我国智慧养老的运行困境与解决对策 [J]. 中国信息界,2014 (11): 56-60.

[75] 矫海霞. 上海社区居家养老服务的现状、问题与对策 [J]. 社会工作,2012 (1):24-26.

[76] 蒋东兴,付小龙,袁芳,等. 大数据背景下的高校智慧校园建设探讨 [J]. 华东师范大学学报 (自 然科学版),2015 (s1):119-125.

[77] 蒋东兴,吴海燕,袁芳,等. 高校智慧校园成熟度模型与评价指标体系研究 [J]. 郑州大学学报 (工学版),2017 (2):1-4.

[78] 蒋恒恒. 基于 GIS 技术的城市规划空间决策支持系统的设计研究 [D]. 成都:成都理工大 学,2002.

[79] 蒋鸿. 基于数据融合的智慧养老医疗健康系统的研究与实现 [D]. 南京:南京邮电大学,2015.

[80] 蒋良孝,蔡之华. GIS 数据库中的数据挖掘 [J]. 计算机工程与应用,2003,39 (18):202-204.

[81] 蒋明华,吴运建,丁有良,等. 智慧城市系统及项目的投资运营模式研究 [J]. 电子政务,2014 (12):93-100.

[82] 蒋明华,吴运建,牛文学. 基于创新资源的智慧城市成长机制研究:基于南京市时间序列数据的研究

[J]．现代城市研究，2015（1）：24-30.

[83] 蒋卫国，李雪，蒋韬，等．基于模型集成的北京湿地价值评价系统设计与实现 [J]．地理研究，2012（2）：377-387.

[84] 交通运输部．交通运输部关于加快推进新能源汽车在交通运输行业推广应用的实施意见 [J]．中华人民共和国国务院公报，2015（18）：33-35.

[85] 乐云，崇丹，曹冬平．基于社会网络分析方法的建设项目组织研究 [J]．建筑经济，2010（8）：34-38.

[86] 雷万云．云计算：技术、平台及应用案例 [M]．北京：清华大学出版社，2011.

[87] 李长远．"互联网+"在社区居家养老服务中应用的问题及对策 [J]．北京邮电大学学报（社会科学版），2016，18（5）：67-73.

[88] 李超民．智慧社会建设：中国愿景、基本架构与路径选择 [J]．宁夏社会科学，2019（2）：118-128.

[89] 李春佳．智慧城市内涵、特征与发展途径研究：以北京智慧城市建设为例 [J]．现代城市研究，2015（5）：79-83.

[90] 李德仁，邵振峰，杨小敏．从数字城市到智慧城市的理论与实践 [J]．地理空间信息，2011，9（6）：1-5.

[91] 李德仁，姚远，邵振峰．智慧城市的概念、支撑技术及应用 [J]．工程研究：跨学科视野中的工程，2012，4（4）：313-323.

[92] 李德仁，姚远，邵振峰．智慧城市中的大数据 [J]．武汉大学学报（信息科学版），2014，58（6）：631-640.

[93] 李光勇，曾珠．国际养老保险制度改革评述 [J]．人口学刊，2002（4）：51-55.

[94] 李建松．地理信息系统原理 [M]．武汉：武汉大学出版社，2006.

[95] 李莉，于嘉懿，杨雅楠．大数据背景下智能化综合养老服务平台研究：基于资源整合视角 [J]．现代管理科学，2017（1）：8-10.

[96] 李亮．浅析欧洲中小智慧城市建设 [J]．北华航天工业学院学报，2012，22（1）：46-47.

[97] 李梦楠，贾振全．社会网络理论的发展及研究进展评述 [J]．中国管理信息化，2014（3）：133-135.

[98] 李胜，呼家龙，刘俞．RFID 智慧校园安防管理系统研究与应用 [J]．现代教育技术，2013，23（3）：95-99.

[99] 李树果．中国如何应对"银发浪潮"：日本养老服务启示录 [J]．侨园，2015（4）：13-15.

[100] 李水金．浅探中国志愿服务时间银行发展的现状、问题及对策 [J]．经济研究导刊，2015（3）：102-104.

[101] 李锡钦，蔡敬衡，潘俊豪，等．结构方程模型：贝叶斯方法 [M]．北京：高等教育出版社，2011.

[102] 李小建．经济地理学 [M]．3 版．北京：高等教育出版社，2018.

[103] 李晓文．需求视角下智慧养老服务体系构建策略探究 [J]．宁波经济（三江论坛），2015（8）：46.

[104] 李晓英．智慧城市发展的系统动力学模拟及政策建议 [D]．南京：东南大学，2016.

[105] 李奕．论政府在社区居家养老服务体系建设中的作用发挥 [J]．科教导刊（电子版），2016（16）：111-112.

[106] 李永奎，乐云，卢昱杰．基于 SNA 的大型工程项目组织总控机制及实证 [J]．同济大学学报（自然科学版），2011，39（11）：1715-1719.

[107] 李永玲．厦门市保障性社区公共服务设施配套情况及交通可达性分析 [D]．厦门：厦门大学，2014.

[108] 李玉芝，王启亮，高晓黎．地理信息系统基础 [M]．北京：中国水利水电出版社，2009.

[109] 李稚萱．云计算在基于 NGB 的智慧家庭业务平台上的应用 [J]．物联网技术，2012（7）：83-85.

[110] 李祖芬, 于雷, 高永, 等. 基于手机信令定位数据的居民出行时空分布特征提取方法 [J]. 交通运输研究, 2016, 2 (1): 51-57.

[111] 梁静国. 决策支持系统与决策知识发现 [M]. 哈尔滨: 哈尔滨工程大学出版社, 2007.

[112] 贾斯佳. 智慧城市中电动汽车充电基础设施选址布局与调度研究 [D]. 南京: 东南大学, 2015.

[113] 林斐. 基于 O2O 模式的社区居家养老服务机制构建 [J]. 山东社会科学, 2016 (5): 457-458.

[114] 刘海燕. 怀旧疗法改善城市独居长者抑郁情绪的个案研究 [D]. 武汉: 华中科技大学, 2016.

[115] 刘红芹, 汤志伟, 崔茜, 等. 中国建设智慧社会的国外经验借鉴 [J]. 电子政务, 2019 (4): 9-17.

[116] 刘华. 上海构建"持续照料型"社区养老服务体系的路径与措施建议 [J]. 科学发展, 2016 (1): 108-116.

[117] 刘惠音. 积极构建多元化养老服务供给体系的对策研究: 以哈尔滨市养老服务供给发展为例 [J]. 学会, 2017 (3): 21-27.

[118] 刘建兵, 齐智, 邢永杰. 什么是智慧居家养老? [J]. 中国信息界, 2015 (6): 63-65.

[119] 刘静暖, 杨扬, 孙媛媛. 我国养老服务产业: 本质内涵与发展战略 [J]. 工业技术经济, 2014 (9): 130-135.

[120] 刘军. 整体网分析讲义: UCINET 软件实用指南 [M]. 上海: 上海人民出版社, 2009.

[121] 刘俊秋, 王斐, 陈志峰, 等. 虚拟养老院服务管理系统设计与实现 [J]. 江苏科技信息, 2016 (13): 58-62.

[122] 刘立峰. 养老社区发展中的问题及对策 [J]. 宏观经济研究, 2012 (1): 29-32.

[123] 刘满成, 左美云, 李秋迪. 基于社区服务的居家养老信息化需求研究 [J]. 信息系统学报, 2012 (2): 87-99.

[124] 刘润姣, 石磊, 蒋涤非. 应用多智能体模型验证中心地理论的空间布局结构 [J]. 地理与地理信息科学, 2016, 32 (6): 18-24.

[125] 刘涛, 彭清山, 方鹏, 等. 城市空间数据库建库软件的设计与研究 [J]. 测绘通报, 2011, 10 (3): 60-63.

[126] 刘霞. 智慧社区养老视角下健康养老服务体系的构建 [J]. 中国老年学杂志, 2018 (7): 1743-1745.

[127] 刘兴智. 项目治理社会网络风险分析方法研究 [D]. 济南: 山东大学, 2011.

[128] 刘学华, 赖丹馨, 罗婕. 新加坡"智慧 2025"发展规划 [J]. 中国建设信息化, 2016 (9): 24-25.

[129] 刘振. 基于数据仓库的城市规划决策支持系统研究 [D]. 开封: 河南大学, 2006.

[130] 刘志鹏, 文福拴, 薛禹胜, 等. 电动汽车充电站的最优选址和定容 [J]. 电力系统自动化, 2012 (3): 54-59.

[131] 刘志宇, 张扬. 我国城市群中心地体系与聚集分形特征研究: 以湖南"3 + 5"城市群为例 [J]. 现代城市研究, 2014 (11): 75-80.

[132] 陆惠民, 苏振民. 工程项目管理 [M]. 南京: 东南大学出版社, 2009.

[133] 陆洁如. 养老服务的供给侧结构优化研究 [J]. 广西经济管理干部学院学报, 2018, 30 (3): 18-22.

[134] 陆天琪. 基于 GIS 的朝阳市中心城区小学教育资源布局及优化研究 [D]. 长春: 东北师范大学, 2015.

[135] 陆小敏, 陈杰, 袁伟. 关于智慧城市顶层设计的思考 [J]. 电子政务, 2014 (1): 15-22.

[136] 陆云亮. 智慧养老存在的问题及对策研究 [D]. 徐州: 江苏师范大学, 2018.

[137] 罗明全. 基于物联网的智慧社区综合服务平台架构设计 [J]. 数字通信世界, 2017 (7): 171.

[138] 罗文. 智慧城市诊断评估模型与实践 [M]. 北京: 人民邮电出版社, 2014.

[139] 罗振，桑梓勤，齐飞. 智慧城市公共支撑平台技术架构及功能要求 [J]. 信息通信技术，2014 (5)：54-59.

[140] 闫志俊. "互联网+"背景下智慧养老服务产业发展对策研究 [J]. 宁波职业技术学院学报，2017 (1)：70-75.

[141] 吕蒙蒙. 政府购买公共服务的角色定位 [J]. 戏剧之家，2017 (2)：267-267.

[142] 马庆钰，谢菊. 政府购买社会组织服务的规范化 [J]. 理论探讨，2012 (6)：144-147.

[143] 马业诚. 一种便携式可穿戴人体生命体征参数监测系统：201710046126.6 [P]. 2017.

[144] 满晓元. 智慧城市信息安全风险及评估方法 [J]. 电子世界，2013 (23)：77-78.

[145] 孟凡兴，PILSUNG CHOE，杨华胜，等. 中国老年人社交网站的可用性评估 [J]. 人类工效学，2014，20 (3)：42-46.

[146] 苗再良. 智慧城市关键支撑技术及应用 [J]. 海峡科技与产业，2013 (9)：20-22.

[147] 莫伟健，任志健，万智萍. 基于物联网的智慧校园无线视频监控系统 [J]. 实验室研究与探索，2013，32 (4)：98-102.

[148] 国家卫生计生委网站. 关于鼓励民间资本参与养老服务业发展的实施意见 [J]. 中国卫生监督杂志，2015 (2)：110-113.

[149] 南京统计局. 南京统计年鉴 (2012) [M]. 北京：中国统计出版社，2012.

[150] 南京智库联盟. 规划建设医养综合体 打造养老服务新业态 [J]. 建言，2016 (3)：1-14.

[151] 欧阳霞辉. ArcGIS 地理信息系统大全 [M]. 北京：科学出版社，2010.

[152] 潘勇，全丽莉. 中学智慧校园信息化学习系统的构建与实践研究：以华中师大一附中为例 [J]. 中国电化教育，2015 (2)：70-77.

[153] 潘兆恩. 城市居家养老新模式：虚拟养老院的可复制性研究 [D]. 北京：首都经济贸易大学，2014.

[154] 彭继东. 国内外智慧城市建设模式研究 [D]. 长春：吉林大学，2012.

[155] 齐建勇. 智慧养老，中国正在发生的一场革命 [J]. 中国公共安全，2015 (8)：56-58.

[156] 齐丽斯. 智慧城市发展对我国政府管理创新的影响 [J]. 人民论坛，2015 (8)：26-28.

[157] 钱斌华. 智慧城市基础设施建设的公私合作模式研究 [J]. 未来与发展，2012 (12)：100-104.

[158] 钱浩. 合肥市社区居家养老的智慧化探索 [D]. 合肥：安徽财经大学，2017.

[159] 钱璐璐. 基于结构方程模型的宜居城市满意度影响因素实证研究 [D]. 重庆：重庆大学，2010.

[160] 秦萧，甄峰，熊丽芳，等. 大数据时代城市时空间行为研究方法 [J]. 地理科学进展，2013，32 (9)：1352-1361.

[161] 阮晓东. 智能居家养老，走出概念适应社会 [J]. 新经济导刊，2014 (22)：50-55.

[162] 赛明明. 网络化治理视角下的居家养老模式之构建 [J]. 西北人口，2013 (3)：107-111.

[163] 司艳红. 老年人志愿服务持续性研究 [D]. 上海：华东理工大学，2016.

[164] 邵云飞，欧阳青燕，孙雷，等. 社会网络分析方法及其在创新研究中的运用 [J]. 管理学报，2009，6 (9)：1188.

[165] 申善毅. 上海电动汽车及其充电基础设施运营模式的研究 [D]. 上海：上海交通大学，2011.

[166] 沈嘉璐. 福州市智慧养老服务体系研究 [J]. 学术评论，2015 (3)：126-133.

[167] 沈岐平，杨静. 建设项目利益相关者管理框架研究 [J]. 工程管理学报，2010，24 (4)：412-419.

[168] 石刚，李子平. 社区智能养老服务系统构建研究 [J]. 电子政务，2015 (30)：97-103.

[169] 石刚. "互联网+"背景下养老服务构建研究 [J]. 电子政务，2016 (10)：33-39.

[170] 史云桐. 网络化居家养老：新时期养老模式创新探索 [J]. 南京社会科学，2012 (12)：59-64.

[171] 舒琅. 基于社会网络分析的项目管理学科热点和主流知识群的研究 [D]. 杭州：浙江大学，2010.

［172］睢党臣，彭庆超. "互联网＋居家养老"：智慧居家养老服务模式［J］. 新疆师范大学学报（哲学社会科学版），2016（5）：128-135.

［173］宋刚，邬伦. 创新2.0视野下的智慧城市［J］. 北京邮电大学学报（社会科学版），2012，19（4）：53-60.

［174］宋克振. 信息管理导论［M］. 2版. 北京：清华大学出版社，2012.

［175］宋亚辉. 城市电动汽车充电设施布局规划研究［D］. 北京：北京交通大学，2011.

［176］宋煜. 社区治理视角下的智慧社区的理论与实践研究［J］. 电子政务，2015（6）：83-90.

［177］宋正娜，陈雯，袁丰. 公共设施区位理论及其相关研究述评［J］. 地理科学进展，2010，29（12）：1499-1508.

［178］孙怀义，王东强，刘斌. 智慧交通的体系架构与发展思考［J］. 自动化博览，2011（S1）：28-31.

［179］孙健，贾晓菁. Google云计算平台的技术架构及对其成本的影响研究［J］. 电信科学，2010，26（1）：38-44.

［180］孙涛，董永凯. 物联网产业发展对智慧城市建设影响研究［J］. 理论探讨，2015（2）：86-90.

［181］孙永平，叶初升. 资源依赖、地理区位与城市经济增长［J］. 当代经济科学，2011，33（1）：114-123.

［182］孙瑜康，吕斌，赵勇健. 基于出行调查和GIS分析的县域公共服务设施配置评价研究：以德兴市医疗设施为例［J］. 人文地理，2015（3）：103-110.

［183］汤国安，杨昕. ArcGIS地理信息系统空间分析实验教程［M］. 北京：科学出版社，2006.

［184］汤雨洋，邓少灵. 基于系统动力学的RFID产业创新系统构建研究［J］. 科技和产业，2013（1）：15-18.

［185］唐少军. 基于GIS的公共服务设施空间布局选址研究［D］. 长沙：中南大学，2008.

［186］田艳平. 国外城市公共服务均等化的研究领域及进展［J］. 中南财经政法大学学报，2014（1）：50-59.

［187］佟贺丰，曹燕，于洁，等. 基于系统动力学的城市可持续发展模型：以北京市为例［J］. 未来与发展，2010，33（12）：10-17.

［188］威利姆斯TR，张文合. 中心地理论［J］. 地理科学进展，1988，7（3）：1-5.

［189］万碧玉. 国内掀起第二轮智慧城市建设热潮［J］. 中国建设信息化，2018（6）：64-67.

［190］汪森，刘亮，吴国静. 合理安排运行方式提高电力系统运行经济性［J］. 经济，2016，10（1）：95.

［191］王彪. 我国社会组织参与政府购买公共服务研究［D］. 济南：山东大学，2012.

［192］王达梅. 招投标过程对政府购买社会组织服务效果的影响：以广州市为例［J］. 城市观察，2014（4）：176-183.

［193］王德，王灿，谢栋灿，等. 基于手机信令数据的上海市不同等级商业中心商圈的比较：以南京东路、五角场、鞍山路为例［J］. 城市规划学刊，2015（3）：50-60.

［194］王恩琦. 电动汽车充电设施运营模式及规划研究［D］. 北京：华北电力大学，2012.

［195］王广斌，崔庆宏. 欧洲智慧城市建设案例研究：内容、问题及启示［J］. 中国科技论坛，2013，1（7）：123-128.

［196］王宏禹，王啸宇. 养护医三位一体：智慧社区居家精细化养老服务体系研究［J］. 武汉大学学报（哲学社会科学版），2018，71（4）：157-169.

［197］王辉. 电动汽车充电站规划与运营研究［D］. 杭州：浙江大学，2013.

［198］王家耀，周海燕，成毅. 关于地理信息系统与决策支持系统的探讨［J］. 测绘科学，2003，28（1）：1-4.

［199］王静. 基于集对分析的智慧城市发展评价体系研究［D］. 广州：华南理工大学，2013.

[200] 王静. 基于数据融合的分布式智能养老系统的应用研究 [D]. 沈阳：沈阳大学, 2014.

[201] 王璐, 吴宇迪, 李云波. 智慧城市建设路径对比分析 [J]. 工程管理学报, 2012 (5)：34-37.

[202] 王冕, 陈森林, 李云涛. 漳河水库优化调度决策支持系统的设计与开发研究 [J]. 中国农村水利水电, 2013 (9)：52-55.

[203] 王森. 北京市空巢老人智慧社区养老服务研究 [D]. 北京：首都经济贸易大学, 2018.

[204] 王倩. 电动汽车充电站对电网的影响与运营经济性研究 [D]. 济南：山东大学, 2012.

[205] 王茹. 互联网＋居家养老服务：养老服务模式的创新 [D]. 长春：吉林大学, 2017.

[206] 王思雪, 郑磊. 国内外智慧城市评价指标体系比较 [J]. 电子政务, 2013 (1)：92-100.

[207] 王新才, 黄兰. 数字城市背景下纽约市政务信息服务模式及其借鉴研究 [J]. 电子政务, 2014 (6)：87-92.

[208] 王永梅. 网络社会与老龄问题：机遇与挑战 [J]. 学术交流, 2014 (8)：202-206.

[209] 王远飞. GIS与Voronoi多边形在医疗服务设施地理可达性分析中的应用 [J]. 测绘与空间地理信息, 2006, 29 (3)：77-80.

[210] 王泽黎, 齐灿. 电动汽车充电站最优规模和布局 [J]. 电力建设, 2014, (4)：132-136.

[211] 韦国森. 基于云计算的决策应用的研究综述 [J]. 中国管理信息化, 2018, 21 (15)：72-75.

[212] 迈尔-舍恩伯格, 周涛. 大数据时代 生活、工作与思维的大变革 [J]. 人力资源管理, 2013 (3)：136.

[213] 魏杰. 乡级土地利用总体规划辅助决策支持系统研究 [D]. 开封：河南大学, 2011.

[214] 文岳. 基于大数据技术的物联网服务平台 [J]. 环球市场信息导报, 2016 (48)：109-109.

[215] 翁列恩, 王振, 楼佳宁. 集成化、信息化与标准化的居家服务创新研究：以杭州市上城区为例 [J]. 公共管理学报, 2013 (3)：1-10.

[216] 巫细波, 杨再高. 智慧城市理念与未来城市发展 [J]. 城市发展研究, 2010, 17 (11)：56-60.

[217] 邬渊. 基于物联网的智慧养老系统的研究 [D]. 兰州：兰州大学, 2018.

[218] 吴鹏, 俞卫林, 薛以锋. 医护患智能呼叫信息系统的设计与实现 [J]. 中国医疗设备, 2015, 30 (3)：76-78.

[219] 吴万禄, 韦钢, 李作明, 等. 城市电动汽车充电站的规划 [J]. 电力与能源, 2013 (6)：642-646.

[220] 吴艳艳. 智慧化居家养老服务模式的探究 [D]. 合肥：安徽大学, 2018.

[221] 吴玉韶, 王莉莉. 人口老龄化与信息无障碍 [J]. 兰州学刊, 2013 (11)：64-70.

[222] 吴运建, 丁有良, 孙成访. 基于复杂产品系统视角的智慧城市项目研究 [J]. 城市发展研究, 2013, 20 (4)：83-88.

[223] 武力. 电动汽车充电设施规划方法研究 [D]. 北京：华北电力大学, 2012.

[224] 仵亦畅, 成虎, 张建坤, 等. 社区居家养老服务供给模式及支撑体系研究 [J]. 现代城市研究, 2014 (9)：21-25.

[225] 席恒, 任行, 翟绍果. 智慧养老：以信息化技术创新养老服务 [J]. 老龄科学研究, 2014 (7)：12-20.

[226] 向春玲. 中国城镇化进程中的"城市病"及其治理 [J]. 新疆师范大学学报（哲学社会科学版）, 2014 (2)：45-53.

[227] 向运华, 姚虹. 养老服务体系创新：智慧养老的地方实践与对策 [J]. 西安财经学院学报, 2016, 29 (6)：110-114.

[228] 肖如斐. 智慧城市建设中的地方政府行为研究 [D]. 福州：福建师范大学, 2013.

[229] 谢岚旭. 智慧养老：让"空巢老人"不再孤单 [J]. 上海信息化, 2014 (4)：50-52.

[230] 谢明均, 张毅, 谢钢. 居民电子健康档案与区域卫生信息平台建设探讨 [J]. 科技资讯, 2011

（17）：223-223.

[231] 谢小胜. 基于 GIS 组件的社区地理信息系统的建立 [D]. 昆明：昆明理工大学，2005.

[232] 邢帆. 信息化服务老有所养 [J]. 中国信息化，2017 (4).

[233] 徐凡，俞国勤，顾临峰，等. 电动汽车充电站布局规划浅析 [J]. 华东电力，2009，37 (10)：1678-1682.

[234] 徐桂霞. 关于社会组织参与社区居家养老服务问题的研究 [D]. 南京：中共江苏省委党校，2015.

[235] 徐宏炜. 智慧社区建设背景下的基层社会治理研究：以江苏路街道为例 [D]. 上海：上海交通大学，2014.

[236] 徐静，谭章禄. 智慧城市框架与实践 [M]. 北京：中国建筑工业出版社，2013.

[237] 徐青山，张建华，杨立华. 高校智慧校园建设的顶层设计及实践应用：以"智慧北航"为例 [J]. 现代教育技术，2016 (12)：112-118.

[238] 徐志立，王红霞. 北京社区养老信息化建设构想 [J]. 电子政务，2015 (12)：41-46.

[239] 许崇华. 智慧养老信息服务平台的研究与实现 [D]. 广州：广东工业大学，2016.

[240] 许加明. "时间银行"模式应用于居家养老互助服务的思考 [J]. 社会工作，2015 (1)：74-80.

[241] 许庆瑞，吴志岩，陈力田. 智慧城市的愿景与架构 [J]. 管理工程学报，2012，26 (4)：1-7.

[242] 许泽宁，高晓路. 基于电子地图兴趣点的城市建成区边界识别方法 [J]. 地理学报，2016，71 (6)：928-939.

[243] 薛薇. 基于统计数据的 OLAP 数据挖掘技术 [J]. 统计研究，2002 (4)：52-55.

[244] 薛在军，马娟娟. ArcGIS 地理信息系统大全 [M]. 北京：清华大学出版社，2013.

[245] 严清清. 创新驱动下的智慧城市建设研究：以合肥为例 [D]. 合肥：安徽大学，2015.

[246] 杨斌，夏仁. 我国智慧养老发展的问题与对策 [J]. 山海经，2016 (12)：68-69.

[247] 杨红艳. "智慧城市"的建设策略：对全球优秀实践的分析与思考 [J]. 电子政务，2012 (1)：81-88.

[248] 杨军，罗遐. 老年人权益保障的现状与应对策略研究：基于安徽省的调查数据 [J]. 安徽行政学院学报，2017，8 (5)：108-112.

[249] 杨丽娜，邵静，彭玲，等. 面向智慧城市数据管理和多维决策的时空数据仓库建设 [J]. 测绘科学，2014，39 (8)：44-49.

[250] 杨现民，余胜泉. 智慧教育体系架构与关键支撑技术 [J]. 中国电化教育，2015 (1)：77-84.

[251] 杨肖肖. 哈尔滨市社区居家养老服务供需研究 [D]. 哈尔滨：哈尔滨师范大学，2018.

[252] 杨颖，郝秋奎，林秀芳，等. 老年人居家养老需求及其影响因素系统评价 [J]. 现代临床医学，2017，43 (6)：466-470.

[253] 杨再高. 智慧城市发展策略研究 [J]. 科技管理研究，2012，32 (7)：20-24.

[254] 杨正洪. 智慧城市：大数据、物联网和云计算之应用 [M]. 北京：清华大学出版社，2014.

[255] 叶应辉. 养老机构老年人健康管理服务需求研究 [D]. 杭州：杭州师范大学，2015.

[256] 应夏晖，李锦霞，陈锦生. 电动汽车充电站的选址优化研究 [J]. 交通科技与经济，2014，16 (1)：43-46.

[257] 尤立思，赵云彦. 服务设计思维下的老年人居家养老模式思考 [J]. 艺术科技，2017 (12)：72.

[258] 于长虹，王运武，马武. 智慧校园的智慧性设计研究 [J]. 中国电化教育，2014 (9)：7-12.

[259] 于玥. 政府购买养老服务的绩效评价与购买路径优化 [D]. 重庆：重庆交通大学，2017.

[260] 宇传华. SPSS 与统计分析 [M]. 北京：电子工业出版社，2014.

[261] 约翰·斯科特. 社会网络分析法 [M]. 重庆：重庆大学出版社，2007.

[262] 曾鸣，曾繁孝，朱晓丽，等. 基于 Bass 模型的我国电动汽车保有量预测 [J]. 中国电力，2013

（1）：36-39.

[263] 曾明星，李桂平，杨明刚. 政府购买社会组织居家养老服务综合信息平台构建研究 [J]. 电子政务，2016（10）：57-67.

[264] 张晨寒，李玲玉. 时间银行：居家养老服务模式的新探索 [J]. 河南师范大学学报（哲学社会科学版），2016（5）：80-85.

[265] 张国平. 居家养老社会化服务的新模式：以苏州沧浪区"虚拟养老院"为例 [J]. 宁夏社会科学，2011（3）：56-62.

[266] 张浩，石进永，杨凤坤，等. 电动汽车充换电站安全性分析 [J]. 可再生能源，2015，33（7）：1054-1059.

[267] 张慧颖. 养老服务机构的困境分析及展望：基于郑州市养老服务机构的调研 [J]. 青年与社会，2014（13）：15-16.

[268] 张建星. 某市社区养老服务需求影响因素及相关法律规制研究 [D]. 长春：吉林大学，2018.

[269] 张雷，韩永乐. 当前我国智慧养老的主要模式、存在问题与对策 [J]. 社会保障研究，2017（2）：30-37.

[270] 张丽雅，宋晓阳. 信息技术在养老服务业中的应用与对策研究 [J]. 科技管理研究，2015（5）：170-174.

[271] 张美杰. 社区养老服务中的供求信息整合研究 [D]. 西安：西北大学，2016.

[272] 张少彤，王芳，王理达. 智慧城市的发展特点与趋势 [J]. 电子政务，2013（4）：2-9.

[273] 张万娇. 基于空间信息服务的城市应急联动系统设计与实现 [D]. 成都：电子科技大学，2013.

[274] 张伟华. 电动汽车充换电服务网络构成研究 [D]. 北京：华北电力大学，2012.

[275] 张文，王东，郑静楠，等. 电动汽车领域的大数据研究与应用 [J]. 大众用电，2016（S2）：64-68.

[276] 张文亮，武斌，李武峰，等. 我国纯电动汽车的发展方向及能源供给模式的探讨 [J]. 电网技术，2009（4）：1-5.

[277] 张新长，马林兵，张青年. 地理信息系统数据库. [M]. 2版. 北京：科学出版社，2010.

[278] 张晓. 大城市系统动力学模型的研究与应用 [J]. 北方工业大学学报，1989（1）：72-86.

[279] 张晓双. 基于智能家居的本体查询扩展研究 [D]. 青岛：中国海洋大学，2014.

[280] 张艳. 虚拟生态工业园信息系统设计模式研究 [J]. 武汉理工大学学报，2010，32（24）：129-132.

[281] 张毅蕾，罗一鸣. 以信息技术为支撑的智能化养老产业的优势 [J]. 品牌（下半月），2015（10）：110.

[282] 张玉琼. 构建失能老年人的智慧养老服务平台：以社会网络为视角 [J]. 老龄科学研究，2015，3（6）：48-57.

[283] 张哲慧. 基于居民电子健康档案的区域卫生信息平台的设计与实现 [D]. 成都：电子科技大学，2015.

[284] 赵大鹏. 中国智慧城市建设问题研究 [D]. 长春：吉林大学，2013.

[285] 赵玎，陈贵梧. 从电子政务到智慧政务：范式转变、关键问题及政府应对策略 [J]. 情报杂志，2013（1）：204-206.

[286] 赵东辉. 基于物联网的智慧园区信息平台的设计与实现 [D]. 石家庄：河北科技大学，2018.

[287] 赵佳寅，袁毅，崔永军. 我国虚拟养老院的信息化服务模式建设研究 [J]. 情报科学，2014（2）：118-121.

[288] 赵健赟. 基于 GIS 的区域规划管理信息系统设计及其应用研究 [D]. 重庆：重庆大学，2007.

[289] 赵洁. 虚拟养老院服务中的政府职能研究：以天津市为例 [D]. 石家庄：河北经贸大学，2016.

[290] 赵娟. 基于系统动力学的宏观调控对房地产价格影响研究 [D]. 北京：北京交通大学，2014.

［291］赵俊华，文福拴，杨爱民，等. 电动汽车对电力系统的影响及其调度与控制问题［J］. 电力系统自动化，2011，35（14）：2-10.

［292］赵赛丽，冯立名，李平. 建设智慧城市，解决"大城市病"［J］. 中国国土资源经济，2013（1）：50-52.

［293］赵银红. 智慧政务：大数据时代电子政务发展的新方向［J］. 办公自动化，2014（22）：52-55.

［294］赵勇，张浩，吴玉玲，等. 面向智慧城市建设的居民公共服务需求研究：以河北省石家庄市为例［J］. 地理科学进展，2015，34（4）：473-481.

［295］郑从卓，顾德道，高光耀. 我国智慧社区服务体系构建的对策研究［J］. 科技管理研究，2013，33（9）：53-56.

［296］郑磊，赵伟光，朱磊. 建筑业企业诚信评价研究［J］. 现代管理科学，2012（10）：93-95.

［297］郑世宝. 物联网与智慧养老［J］. 电视技术，2014，38（22）：24-27.

［298］郑西川，孙宇，于广军，等. 基于物联网的智慧医疗信息化10大关键技术研究［J］. 医学信息学，2013，34（1）：10-14.

［299］郑心怡. 政府购买公共服务与社会需求匹配性研究［D］. 重庆：重庆大学，2017.

［300］中国智能交通协会. 中国智能交通行业发展年鉴（2012）［M］. 北京：电子工业出版社，2012.

［301］周斌，奚加荣，林珂. 城市品质新思维：智慧南京最佳实践及对智慧城市建设启示［J］. 通信世界，2017（27）：41-43.

［302］周利梅. 电动汽车充换电站选址规划布局研究［D］. 济南：山东大学，2012.

［303］周天绮. 基于民政大数据的智慧居家养老服务平台的构建［J］. 物联网技术，2016，6（3）：87-88.

［304］周学静. 大数据时代下的网络问政研究［D］. 石家庄：河北师范大学，2016.

［305］周怡. 基于GIS的实有人口数据挖掘与可视化分析研究［D］. 上海：华东师范大学，2010.

［306］周运新. 政府购买公共服务的问题及对策［J］. 环球市场信息导报，2016（41）：8.

［307］朱冬梅. 养老服务需求多元化视角下的社会组织建设［J］. 山东社会科学，2013（4）：48-51.

［308］朱海龙. 智慧养老：中国老年照护模式的革新与思考［J］. 湖南师范大学社会科学学报，2016，45（3）：68-73.

［309］朱洪波，杨龙祥，金石，等. 物联网的协同创新体系与智慧服务产业研究［J］. 南京邮电大学学报（自然科学版），2014，34（1）：1-9.

［310］朱明颖，刘治彦. 我国智慧养老产业发展的新思路［J］. 江苏科技信息，2018（4）：68-70.

［311］朱晓凤. 基于Android技术的智慧养老平台设计与实现［D］. 北京：北京邮电大学，2013.

［312］朱小丽. 基于对标的上海智慧城市建设对策研究［D］. 上海：华东师范大学，2013.

［313］朱勇. 智能养老［M］. 北京：社会科学文献出版社，2014.

［314］朱勇. 中国智能养老产业发展报告2015［M］. 北京：社会科学文献出版社，2015.

［315］庄丽，高迪，李晓聪，等. 智慧养老社区评价体系研究［J］. 价值工程，2018（14）：6-8.

［316］宗平，朱洪波，黄刚，等. 智慧校园设计方法的研究［J］. 南京邮电大学学报（自然科学版），2010（4）：15-19.

［317］邹国伟，成建波. 大数据技术在智慧城市中的应用［J］. 电信网技术，2013（4）：25-28.

［318］左美云. 智慧养老的内涵、模式与机遇［J］. 中国公共安全，2014（10）：48-50.

［319］BALTA-OZKAN N, DAVIDSON R, BICKET M, et al. Social barriers to the adoption of smart homes［J］. Energy Policy, 2013（63）：363-374.

［320］BILBIL T, EBRU. The Operationalizing Aspects of Smart Cities: the Case of Turkey's Smart Strategies［J］. Journal of the Knowledge Economy, 2017, 8（3）：1032-1048.

［321］BLOOMBERG M R, OLIVER K, ASHER T, et al. Road Map for the Digital City: Achieving New York

City's Digital Future [J]. New York: City of New York, 2010.

[322] CAMMALLERI C, ANDERSON M C, GAO F, et al. Mapping Daily Evapotranspiration at Field Scales Over Rainfed and Irrigated Agricultural Areas Using Remote Sensing Data Fusion [J]. Agricultural & Forest Meteorology, 2014, 186 (10): 1-11.

[323] COSGRAVE E, ARBUTHNOT K, TRYFONAS T. Living Labs, Innovation Districts and Information Marketplaces: A systems Approach for Smart Cities [J]. Procedia Computer Science, 2013 (16): 668-677.

[324] DEAKIN M, AL WAER H. From Intelligent to Smart Cities [J]. Intelligent Buildings International, 2011, 3 (3): 133-139.

[325] DEMIRIS G, HENSEL B K. Technologies for An Aging Society: A Systematic Review of "smart home" Applications [J]. Yearbook of Medical Informatics, 2008, 17 (1): 33-40.

[326] DIRKS S, KEELING M. A vision of smarter cities: How Cities Can Lead the Way into A prosperous and Sustainable Future [J]. IBM Institute for Business Value, 2009 (8): 1-6.

[327] GAUR A, SCOTNEY B, PARR G, et al. Smart City Architecture and Its Applications Based on IoT [J]. Procedia Computer Science, 2015 (52): 1089-1094.

[328] JABLONSKI, IRENEUSZ. Smart Transducer Interface—From Networked On-Site Optimization of Energy Balance in Research-Demonstrative Office Building to Smart City Conception [J]. IEEE Sensors Journal, 2015, 15 (5): 2468-2478.

[329] JENNIFER G. Programming Environments: Environmentality and Citizen Sensing in the Smart City [J]. Environment & Planning D Society & Space, 2014, 32 (1): 30-48.

[330] KIM H S, KYE B K, KIL H J, et al. The Impact of Smart Education on School Education: A Case of A Model School in Sejong City [J]. The Journal of Korean Education, 2013, 40 (3): 27-48.

[331] LO F S, SUN T. Smart Grid Innovation Strategy for Low-Carbon City Administration [J]. Advanced Materials Research, 2014, 869-870: 393-398.

[332] NEIROTTI P, DE MARCO A, CAGLIANO A C, et al. Current Trends in Smart City Initiatives: Some Stylised Facts [J]. Cities, 2014 (38): 25-36.

[333] SHIN W J, KIM D N, CHO Y T, et al. Comparative Analysis Research on the Difference Between U-City and Smart City for the Establishment of International Competitiveness of U-City-By A Comparative Analysis of Smart Cities Index Indicators and U-City Plans Established by the Local Governments in Korea [J]. Journal of the Urban Design Institute of Korea Urban Design, 2015, 16 (5): 5-16.

[334] SOLANAS A, PATSAKIS C, CONTI M, et al. Smart health: A Context-Aware Health Paradigm within Smart Cities [J]. IEEE Communications Magazine, 2014, 52 (8): 74-81.

[335] SURYADEVARA N K, MUKHOPADHYAY S C. Wireless Sensor Network Based Home Monitoring System for Wellness Determination of Elderly [J]. IEEE Sensors Journal, 2012, 12 (6): 1965-1972.

[336] YANG R J, ZOU P X W. Stakeholder-Associated Risks and Their Interactions in Complex Green Building Projects: A Social Network Model [J]. Building and Environment, 2014, 73 (1): 208-222.

[337] YIN C T, XIONG Z, CHEN H, et al. A literature Survey on Smart Cities [J]. Science China Information Sciences, 2015, 58 (10): 1-18.